何以
中国

何以中国

观念的变迁

中国古代政治思想的演变

[韩] 张铉根 著
叶梦怡 译

浙江人民出版社

图书在版编目（CIP）数据

浙江省版权局著作权合同登记章
图字：11-2020-269号

观念的变迁 ：中国古代政治思想的演变 /（韩）张铉根著 ；叶梦怡译. — 杭州 ：浙江人民出版社，2022.10（2024.3重印）

ISBN 978-7-213-10728-3

Ⅰ. ①观… Ⅱ. ①张… ②叶… Ⅲ. ①政治思想史-中国-古代 Ⅳ. ①D092.2

中国版本图书馆CIP数据核字(2022)第152889号

观念的变迁：中国古代政治思想的演变

[韩] 张铉根 著 叶梦怡 译

出版发行：浙江人民出版社(杭州市体育场路347号 邮编 310006)
市场部电话：(0571)85061682 85176516
责任编辑：诸舒鹏　营销编辑：陈雯怡 陈芊如 张紫懿
责任校对：杨 帆　责任印务：程 琳
封面设计：尚燕萍
电脑制版：杭州天一图文制作有限公司
印 刷：杭州钱江彩色印务有限公司
开 本：680毫米×980毫米 1/16　印 张：25.75
字 数：305千字　插 页：1
版 次：2022年10月第1版　印 次：2024年3月第3次印刷
书 号：ISBN 978-7-213-10728-3
定 价：99.00元

如发现印装质量问题，影响阅读，请与市场部联系调换。

序一

一部 “迈向观念史” 的扛鼎之作

张铉根教授大作《观念的变迁：中国古代政治思想的演变》中译本即将面世，嘱我为序，甚感荣光。张铉根教授是韩国著名儒学学者，曾任韩国政治思想学会会长、邯郸东方荀子研究院客座教授等，近期获得韩国政府十年课题“反智论和政治权力：反思中国政治思想史”。铉根教授潜心研究儒学数十载，曾将先师刘泽华先生主编的三卷本《中国政治思想史》译成韩文，用功 20 年（1997—2017），合计 260 万字，于 2019 年 2 月在韩国出版，可知其之笃学、坚韧且功力之深。

儒学在韩国的传播历史久远，14 世纪李朝以来，逐渐与韩国本土文化融合，形成了本土化的儒学。加之数百年来官方提倡，儒学在韩国的传播和延续，影响至为深远。时至今日，韩国还保留着传承儒学、祭祀孔子与儒学圣贤的 200 多所乡校和近 600 所书院。2019 年 7 月，以弘扬儒家文化为宗旨的李朝（朝鲜王朝）时期的 9 所书院[1]，以“韩国书院”（Seowon，Korean Neo-Confucian Academies）之名入选世界文化遗产。

张铉根教授秉承韩国深厚的儒学传承，成就了这一力作，其超

1. 即荣州绍修书院、安东陶山书院、安东屏山书院、庆州玉山书院、达成道东书院、咸阳蓝溪书院、井邑武城书院、长城笔岩书院、论山遁岩书院。

越性与创新性，令我赞叹。这部著作开宗明义即提出“超越思想史，迈向观念史”。作者梳理了中国政治思想史研究的发展历程，认为百余年来，“中国政治思想研究在质与量方面都取得了长足发展，引进西方方法论来书写中国政治思想史的研究倾向逐渐成为主流”。这些研究中虽然不乏观念史领域的研究，但绝大部分还是属于思想史。“思想史主要站在通史立场上，探讨思想经验的持续变迁及其历史意义。”当下，观念史虽非思想史研究的主流，“但我们可以通过观念史研究来审视特定的思想或者思想家们的基本假设与其辩证动机，发掘思想的大原则及其形成的相关社会性观念对政治思想的历史性影响”。基于这样的学术判断，这部著作一改以往中国政治思想研究的惯常框架，“选择以融会贯通为基础展开的研究框架”。

事实上，观念史的研究具有一定的跨学科性质，可以视为思想与社会互动的产物。刘泽华教授 2001 年在讲论“开展思想与社会互动和整体研究”时即提出：“我这里所提出的思想与社会互动过程不是一般的既研究思想又研究社会，也不是思想研究与社会研究的机械相加，而是说主要是两者的互动和混成现象。更具体地说，主要是研究如下两方面的问题：一是思想的社会化和社会的思想化过程问题；二是思想（观念）的社会和社会的思想（观念）。”[1]刘先生在这里提出的并不是政治思想史研究体系内的政治观念解读，而是融于社会政治生活层面的政治观念，例如“观念的制度化与制度的观念化过程研究”。刘先生指出：“现在研究制度本身的著作不少，但对制度观念研究则相对薄弱。比如关于宰相制度的著作已有多部问世，但关于宰相观念的研究则很少。不研究制度观念，也

1. 刘泽华：《开展思想与社会互动和整体研究》，《历史教学》2001 年第 8 期。

就难于准确揭示制度功能。”[1]可知这里说的观念是社会政治层面上的基于相应的制度、社会政治组织和运作而形成的政治观念。刘先生的这番思考，可以说走在了学术前沿。

就我对中国政治思想史研究百年历程的回顾，研究者大体上是围绕着思想家、思想著述或政论家、政治家（帝王）做文章。20世纪20年代以来，中国政治思想研究大体形成了三个流派：一是“新学历史学”流派，典型学者如梁启超、杨幼炯等；二是“马克思主义历史学”流派，典型学者如吕振羽、侯外庐等；三是现代政治学流派，最有代表性的学者是萧公权。萧著《中国政治思想史》至今仍是中国政治思想史研究者不能绕开的参考书。其中，以刘泽华先生为代表的一派学者，承袭了20世纪初叶“新文化运动”的反思精神与批判意识，具有鲜明的学术主体性，构成了马克思主义历史学流派中的“反思学派”。其研究论域已然走出政治思想的藩篱，扩展到政治文化，其中多少涉及一些政治观念。

例如刘泽华先生的三卷本《中国政治思想史》，“作者借鉴了‘政治文化’理论，从政治价值、政治意识、政治心态等层面对中国传统政治思想的某些命题进行了阐发，由于视角新颖，故而新见迭出。例如关于‘汉以孝治天下’，刘著专门列有《忠、孝观念的社会意识化》一节……忠、孝观念的社会意识化直接关系到某些政策方针的制定，对于汉代的政治运行具有直接的影响（秦汉魏晋南北朝卷，第173—174页）。”[2]这里是从政治文化的视角研究某一观念。另外，学界也有关于政治观念的论著，如关于帝王观念、民本

1. 刘泽华：《开展思想与社会互动和整体研究》，《历史教学》2001年第8期。
2. 葛荃主编：《认识与沉思的积淀——中国政治思想史研究历程》，河南人民出版社2007年版，第58页。

观念的研究等。[1]当然，这些研究是零散的讨论，基本没有走出政治思想史的致思逻辑。也就是说，在国内学术界，政治观念的研究或有论及，一般见于专题论文或史著中某一章节，但观念史的研究却没有全面展开。国外的相关研究也是以政治学说史、政治哲学史为主。唯有美国政治哲学家埃里克·沃格林（Eric Voegelin，1901—1985）耗时数十年撰著了一部卷帙浩繁的《政治观念史稿》，这部巨著的中译本于2009年由华东师范大学出版社翻译出版。这部著作以政治观念史为题，其学术视野和论述方式已然超出了政治思想或政治学说史的框架，从历史哲学的层面审视西方政治观念与社会政治秩序的互动和演变，为思想与社会政治的研究提供了新视角。《沃格林：历史哲学家》一书的作者尤金·韦伯评论道：沃格林“将最复杂的哲学反思与最具洞察力的历史探询融为一体，把认知、理解、存在的开放性以及洞见的深度结合起来，使得他成为了我们这个时代的伟大历史哲学家”。[2]

显然，铉根教授笔下的政治观念史总体上吸纳了沃格林《政治观念史稿》的思路，走出政治思想史的研究框架，将政治观念与社会政治史结合起来。关于政治观念，沃格林认为：“观念并非是思想中最为根本的东西，其自身也没有独立的生命，而只不过是各种

1. 如程万里：《古代中国的帝王崇拜观念探析》，《求索》2012第9期；成积春：《论顺治帝的“自罪”帝王观念》，《烟台大学学报》（哲学社会科学版）2007年第1期；周鸿雁、江畅：《中国传统社会民本观念走向官贵事实的历史反思》，《武汉大学学报》（哲学社会科学版）2020年第2期；张师伟：《濡染与改造：现代民主思想中国化过程中的民本观念》，《文史哲》2016年第3期。

2. ［美］尤金·韦伯：《沃格林：历史哲学家》，成庆译，吉林出版集团有限责任公司2011年版，第261页。

不同体验与存在状态的符号化表达。”[1]如若从哲学视角看，“哲学可被称为一个苦闷、质询与追求的连续过程，在此过程中，意识的清晰程度总是不断变动，而且将意识本身表述成许多象征性的符号，观念仅仅是这些象征符号的一种而已，而且往往并不充分”。[2]这里已经将观念的存在样态表述得很清楚了，观念是人的“意识”在社会政治实践即行为中汇聚而形成的集群性认识，意识是观念的前提，观念是思想的内涵和思想的结果，可以说是人的主体认识与客观存在互动的产物，不过是思想的另一种解读。李强教授著文认为：“沃格林将政治观念概括为隐含在所有政治秩序背后的观念力量。政治观念以理性的语言赋予政治秩序一种庇护所的功能，它不仅描述政治秩序，而且创造政治秩序。”[3]这一点评是十分到位的。正是基于这样的考量，铉根教授梳理的中国政治观念史便具有了不同于传统政治思想史研究的致思逻辑，具有了独到的学术视野和研究论域。

例如第十章“忠孝”，讲述忠与孝“这一观念产生与发展的过程。与个人或家族相关的忠孝理念，通常如何与政治关联起来？此外，忠君与孝治思想如何演变成帝国时代统治整个社会的核心体系”。作者分析了忠孝观念的形成、演变、忠君与孝治。最后的结论是：“在君主专制的中国政治传统里，‘孝治’的存在即为了君权的强化与正当化。”很显然，铉根教授走出了传统套路，但也并非简单地从社会与思想互动的层面考察政治观念，而是从既有的作为政治思想论题的政治观念与实际政治相关联的视角论析政治观念的

1、2. ［美］尤金·韦伯：《沃格林：历史哲学家》，成庆译，吉林出版集团有限责任公司2011年版，第5、5—6页。

3. 李强：《西方政治秩序演变的历史分析——沃格林〈政治观念史稿〉述评》，《政治思想史》2021年第1期。

形成、发展及其政治功能或价值。在他看来，忠孝观念正是隐含在君主政治秩序背后的“观念力量”。前引作者自述“发掘思想的大原则及其形成的相关社会性观念对政治思想的历史性影响”，“选择以融会贯通为基础展开的研究框架”，指的正是观念与政治的互动和贯通。这种研究方式并没有脱离政治思想史领域，而是转换了视角和层面，拓宽了政治思想研究论域，延展至政治哲学——政治文化领域，令读者耳目一新。

如果说沃格林的《政治观念史稿》揭示了西方政治观念的历史脉络，可以视为将政治观念史与政治史结合的尝试，那么张教授的这部著作则是对中国传统政治观念脉络的梳理。作者将最前沿的研究范式用于中国传统政治思想研究，具有学术开创性与学科开拓性，意义重大且深远。

作为非母语国家文化的研究者，张铉根教授展现了深厚的学术积累和笃实的学术功底。看其章节分布，可知作者对于政治观念的把握十分精准；观其对政治观念形成、发展的条分缕析，显见作者对中国古代文献之精熟，可谓信手拈来，挥洒自如。全书行文酣畅，旁征博引，点评精到，是近年来中国政治思想与政治文化研究鲜见的上乘之作。这部著述将中国政治思想研究推向了一个新的高度，展现了新视野，直可作为中国政治思想与政治文化研究者的案头书。

好友力作问世，欣喜万分。待疫情过后，铉根教授再莅寒舍，又当把酒论道，击节浮白，不亦快哉！

是为序。

葛荃于巢舍

2022 年 7 月 21 日

序二

在观念的层面理解中国传统政治思想

日前，浙江人民出版社文史中心编辑寄来张铉根教授的大作《观念的变迁：中国古代政治思想的演变》一书的清样，嘱我帮忙读上一遍。此前，铉根教授已有信来，谕我为这本书写个序。这让我不胜惶恐。这些年来，我虽然也一直在做中国政治思想史研究，但自己明白，我对中国政治思想史只是一知半解。读这部书稿，让我又多了一次学习的机会，谨此向铉根教授和出版社谢过。

张铉根，韩国龙仁大学 AI 融合学院院长，韩国政治思想学会会长，吉林大学文学院兼职教授，长期从事中国政治思想史研究，在东西方政治思想比较研究方面建树颇多。我与铉根教授见过几面。2016 年夏天，铉根教授到中国来，走访一些从事中国政治思想史教学与研究的同行。那一次，铉根教授造访寒舍，我们两人就中国政治思想史的一些问题交流了一个上午。那时得知，铉根教授已经把刘泽华先生主编的《中国政治思想史》三卷本（浙江人民出版社 1996 年版）译为韩文并即将付梓。这次见面使我们成了朋友。在以后的几年间，铉根教授也曾参加过我们每年一次的中国政治思想史论坛。韩国政治思想学会召开学术会议时，铉根教授也曾邀请我和葛荃教授等同人与会，只因手头事情一时忙不过来，未能成行。与铉根教授最近一次见面，是在 2019 年“《刘泽华全集》出版暨刘泽华先生逝世一周年”的纪念会上，当时曾与铉根教授约定参加他们的下一届学术年会。没想到，突如其来的疫情，让这次相约又成泡影。

这些年来，海内外的中国政治思想史研究论著可谓汗牛充栋，不过，在研究视角、分析框架等方面有新意者极少。但铉根教授这部《观念的变迁》使我们很有耳目一新的感觉。这本书以中国传统政治观念的历史演变为主题，讨论了政治、国家、礼法、心性、公私等二十四个观念形成、演变的历史。用铉根教授自己的话说，这本书的主旨就是“超越思想史，迈向观念史”，作者不再满足于“站在通史的立场上”，叙述“思想经验的持续变迁及其历史意义”，而是要在观念层面上理解中国传统政治思想。

中国政治思想史是什么，或者说，我们应该如何理解中国政治思想史？这是每一个中国政治思想史研究者都要回答的问题。对这一问题给出的答案，决定着我们的研究所能达到的境界。

自梁启超创建中国政治思想史这一学科以来，在中国政治思想史研究中，人们的注意力主要集中在对历代思想家的思想学说的阐释、评价上。对于许多研究者来说，包括我在内，能在理论上把以往思想家的思想学说做一番梳理，对思想家的思想主张加以分析和评价，就已经算做得不错了。更有一些传统思想的爱好者，醉心于从历史典籍中寻章摘句，把诸如“民为国本”“德主刑辅”之类的金句说上一说，似乎就已找到了解决当代政治文明建设的钥匙。当人们做这些表层功夫的时候，却忽略了一点：中国政治思想史，其本质是政治观念发展、演变、传承的历史。通常所说的传统政治思想，不过是中国传统价值观念的载体，在价值层面上解读中国传统政治思想，是需要我们花更多的功夫去做的事情。

美国学者沃格林曾经写过一部《政治观念史稿》，霍尔维克

（Thomas A. Hollweek）和桑多兹（Ellis Sandoz）在为这部书写的序言中，复述了沃格林对于政治观念的理解："对于任何实在而言，政治观念仅在有限程度上是描述性的，其主要功能不在于认知，而在于建构。政治观念不是描述政治单元的工具，而是创造政治单元的工具。"[1]按照沃格林的说法，政治观念的主要功能不在于引导我们认知，而在于，作为人们在长期的社会生活和理性思维的过程中形成的观念或概念，决定着社会生活的方向。比如说，公元前 4 世纪的雅典城邦，大多数人都"把国家设想为一种持续不断的经营，贫穷的公民群众能够借以谋得舒适生活"[2]的结构，所以雅典人把城邦的财政盈余投放到以戏剧为主的娱乐活动中，而不肯用于军事目的，这导致雅典人最终无法赢得与马其顿的战争。第一次世界大战以后，欧美国家流行的"和平主义观念"和"舒适理想"，也同样以臭名昭著的"绥靖政策"为根源。每一历史时代社会生活中发生的事情，其深层原因都在于特定的历史时期流行的政治观念，中国古代社会也不例外。只不过在以往的中国政治思想史研究中，很少有人注意到政治观念的重要性。铉根教授的这本书，使我们不再有这方面的缺憾。

政治观念是政治思想的基本要素，是思想家理解社会政治生活、表达思想主张的前提条件。作为理性的存在者，人不能直接地表达我们所生活的世界，我们首先要借助语言为所要表达的事物确定一个符号，然后再赋予这个符号一定的含义，这便形成了我们所说的概念（concept）。顺便说一下，在英语世界，"concept"这个

1、2.［美］埃里克·沃格林：《政治观念史稿》（卷一），段保良译，华东师范大学出版社 2019 年版，第 25、91 页。

词也就是观念。然后，我们再用语言在概念之间建立起逻辑关系，于是便实现了意义完整的表达。思想家对社会政治生活的理解也是如此，当历史时期的人们在理解社会政治生活的时候，也要形成一些概念，例如国家、道德、仁义、君臣、礼法等，并且为这些概念赋予一定的内涵，然后再通过语言在概念之间建立起某种逻辑关系，从而形成系统的思想学说。如此看来，概念或者观念，是政治思想的基础元素。对于每一个历史时代的人们来说，他们如何理解社会政治生活，其思想主张的意义如何，在根本上取决于他们如何定义他们所使用的概念。例如，在战国秦汉以后的中国古代社会里，“民为国本”几乎是历代儒家乐道的名言。就强调民众在社会政治生活中的作用而言，这句话在什么时候都不会错。问题是，在古代中国人的观念中，民和国是如何被定义的。真正体现儒家民本思想本质的，不在于思想家都说了些什么，而在于他们所理解的国与民究竟是什么。

政治观念是政治思想的基本元素，在另一方面，又是政治思想向社会输出的产品。人们对社会政治生活的理解和理论表达，最先是在思想文化领域里发生的，思想家阐述其思想主张的过程，也就是把他们所认可的观念向社会传输的过程。在任何历史时代，思想家的思想过程与现实的社会生活之间总是存在着某种距离，由于社会分工与社会地位、知识结构与认识能力等方面的差别，社会生活中的大多数人不仅不会进入思想家的思想过程，而且要使他们完全理解思想家的思想学说也是不可能的。他们所能做到的，只是接受思想文化领域输出的政治观念。对于他们来说，思想家理论反思的结果要比反思的过程与反思的逻辑重要得多。也正是由于这样的原因，思想家如何理解社会政治生活，他们的思想学说向社会输出了什么样的观念，对社会政治生活的质量与发展路向有着至关重要的影响。

中国有一句古话，叫做“半部《论语》治天下”。在儒家思想占据统治地位的中国古代社会，说《论语》乃至儒家的思想学说影响着国家治理过程虽然不无道理，但是，如果真的以为凭借《论语》或儒家伦理政治学说就可以实现良好的国家治理，就大错特错了。事实上，在传统的中国社会，儒家思想之于国家治理过程的作用，是在观念的层面上赋予国家治理过程以目的和意义，为基本的社会安排提供理论的支持。人们可以把从儒家思想中获得的价值观念带入实际的政治生活，但不可能事事处处都按照经典文本去做事。可以想见，如果一代王朝的君主和文武大臣醉心于儒家经术，逐日从《论语》《孟子》之类的经典中寻找处理国家政务的依据，事情多半会被做坏。

较之政治思想，政治观念是相对稳定的要素，很有可能的是，在几千年的中国历史上，思想家产生了一代又一代，但中国社会流行的政治观念却没有发生本质变化。如铉根教授所说：“观念不会突然在某一天被某个特定的人改变，它是时代的产物。”不过，我们又要看到问题的另一方面：传统的政治观念也是在不断演进的。所以，如何在长期的历史过程中把握和分析政治观念的演变过程，便成为思想史研究中最见功力的事情。这恰恰是铉根教授这部著作的可贵之处。

清人张之洞说：“由小学入经学者，其经学可信；由经学入史学者，其史学可信；由经学史学入理学者，其理学可信。”[1]南皮先

1. 张之洞：《书目答问》卷四，《张之洞全集》（第十二册），河北人民出版社 1998 年版，第 9976 页。

生这句话值得每一个从事中国政治思想史研究的人重视。我们都知道，经学、史学、理学是中国政治思想史研究必备的知识，没有这方面的修养，思想史研究无论如何是做不来的。那么，“小学”对思想史研究又有什么意义呢？“小学”，约近于现今的古文字学。如今已是一门专门的学问。据我所知，当今研究古文字者，很少有研究思想史的，而思想史研究者又很少有兼通古文字学的。我们这一班从事中国政治思想史研究的朋友，对于历史文献，大多是随文解读，虽然对原意的理解不会失准，但总是隐约感到，我们的理解有些不完整。

在人文社会科学领域，许多领域的研究都需要语言、文字学方面的支持，中国政治思想史研究尤其如此。中国传统政治思想是在公元前的几个世纪里形成的，而那个时候的人们用来表达思想的概念却是在更早的时候出现的。如果要在源头上追寻传统政治观念的本义，必须借助于古文字学方面的知识。否则，我们只能在战国、秦汉以后的语境下去理解概念的意义。在这方面，铉根教授的这本《观念的变迁》可谓“由小学入经学”的经典之作。对于书中讨论的每一个观念，首先从甲骨文和金文的字形、字义说起，探求概念的原始含义，然后，从历史文献入手，对不同历史时期的观念演变加以叙述，尔后，又通过政治观念的演变来说明中国传统政治思想的历史发展。这是海内外中国政治思想史研究者很少做过的工作。

按照进化的观点，历史是不断进步的，这个进步可以体现在人类文明的方方面面，例如人们的语言能力。可以肯定的是，商周以前的人们，语言能力并不是很发达，换句话说，当时人们的“舌头”没有后来的人们灵便，那时人们说话都是一个字一个字蹦的，一个字就是一个词或一个概念。所以，中国古代语言最初都是单音节的词，我们读甲骨文、西周金文甚至《尚书》的某些篇章时，遇到的大多是单音节的词。至于两个字组成双音节的词，如所谓的双声、叠韵，则是后来的事情。不过，当人们最初用一个字代表一个概念的时候，也把特定的含义赋予了这个概念。至于人们把什么含义给予了这个概念，往往与他们直接的生活经验相关。这一点，可以用“政治”的概念加以说明。

在中国政治思想史上，“政”与“治”在多数情况下是被分别使用并且相互关联的两个概念。“政”约近于我们今天所说的政治（politics），“治”则是治理的意思。如铉根教授所说，现代人所说的“政治”，是古代话语中“‘政’与‘治’的结合体”。既然传统话语中的“政”近于现代人所说的“政治”，那么，古代中国人又是如何理解政治的呢？说到这里，首先想到的便是孔子为“政”这个概念给出的定义：“政者，正也，子帅以正，孰敢不正？”（《论语·颜渊》）或者：“其身正，不令而行；其身不正，虽令不从。”（《论语·子路》）按照孔子的说法，政治，就是统治者如何率先垂范，正己然后正人的事情。孔子的本意是强调统治者的道德责任，但在另一方面，这种政治观念也把优良的社会生活寄托于统治者的道德品质，其价值导向只能是人治。如果研究者的认识只是停留在春秋战国时期的语境里，对中国传统政治观念也就只能理解到这个程度。但是，铉根教授告诉我们，这远远不够。

在先秦文献中，政、正、征这几个字常常是可以通假互训的，在这几个字里，“正”是本字，而“征”和“政”是由“正”派生出来的。在甲骨文中，“正”字写作，字的上半部象征城邑，下半部是“止”字，为脚趾形状，取行军之意，“正”的本义就是征伐、控制城邑。这样，由“正”派生出来的“政”也就有了“凭借武力征服统治”的含义，据说，甲骨文中“政”字的右半边，表示的就是“手持器械敲打攻击”之意。早年间，在论及中国古代国家形成问题时，我曾认为，中国早期国家是在家长制家庭尚未解体的情况下，通过部落征服建立起来的，这在根本上决定了中国早期国家的政治生活与古希腊的城邦国家有着明显的不同。[1]这样理解中国早期国家的政治生活虽然不错，但显然还没说到家。铉根教授的研究为我们打开了一扇窗子，那就是，古代中国人在进入文明时代之初的经历，不仅决定了他们的生活样式，也在长远的意义上决定了人们关于政治的观念。在古代中国人的观念中，政治与治理，在本质上是征服者对被征服者的统治，而不是古希腊的雅典那样管理城邦的公共事务。征服与控制，是远古时期的人们为“政治”的概念注入的基因，在此后的日子里，无论是在孔子的时代还是孔子以后的时代，无论思想家对政治与国家治理做了怎样的解释，教化为主刑罚为辅也好，专任刑罚欲以至治也好，征服与控制的含义总是还在。于是，古代中国人在政治观念上也就先验地设定了统治者与被统治者之间的对立和紧张，中国社会在从传统走向现代的过程中，也就有了一道难以迈过但又必须迈过的门槛。

铉根教授这本书的重要特点，就是注重从源头把握中国传统的政治观念，尤其可贵的是征引了大量的《诗》《书》《逸周书》等历史文献。从而使得我们对孔子以前的政治观念有了更多的了解。

在以往的思想史教学与研究中，对于《尚书》和《诗经》等文献，学界同人的情况我不太了解，我自己一直是绕着走的。除非不得已，很少涉及《诗》《书》的内容。然而，《诗》《书》恰恰代表着中国传统思想文化发展的重要阶段。战国年间的荀、孟，在阐述其思想主张时，每每征引《诗》《书》，例如，孟子在向时人追述周

1. 孙晓春：《中国古代国家形成问题初论》，《天津社会科学》1999 年第 3 期。

代的井田制度时，便引用了《诗经·小雅·大田》的“有渰萋萋，兴雨祈祈。雨我公田，遂及我私”。井田制度在历史上是否真的存在，孟子“方里而井，井九百亩，其中为公田。八家皆私百亩，同养公田，公事毕然后敢治私事”（《孟子·滕文公上》）的说法是否乌托邦幻想，曾是学界争论不休的问题。把孟子的历史叙事与《诗经》联系起来考察，或许会有更加合理的解释。事实上，战国儒家的政治观念有相当一部分源自《诗》《书》。绕开《诗》《书》去理解荀、孟的政治思想，总是有些理解不到的东西。

这本《观念的变迁》是一部难得一见的佳作。这并不仅是因为它在观念史研究领域的筚路蓝缕之功。更重要的是，在厚重的知识含量和鞭辟入里的理论分析之外，这本书也为我们拓展了有关中国政治思想史研究的思考空间。

首先，如何理解和把握中国传统政治观念的逻辑体系。

在这本《观念的变迁》中，铉根教授逐一叙述了中国古代24个重要的政治观念的演变过程。其实，这其中的每一个观念都是认识和理解中国传统政治思想、政治文化的重要视角。当我们通过这些概念审视中国思想传统的时候，便会想到这样一个问题：我们如何在观念层面上实现对中国传统政治思想的整体把握？一般说来，每一个民族的政治观念或者价值观念都是一个体系，如果说中国传统的政治观念也是一个体系，那么，在传统的中国社会，这些观念是如何组合的，哪些观念是这个体系的核心，这些核心观念与其他观念之间的逻辑关系又是什么？这些都是铉根教授这本书留给我们继续思考的问题。

其次，中国政治思想史研究中如何准确地解读历史文献。

历史文献解读是中国政治思想史研究的基础性工作，对于当代学者来说，这又是一项难度颇大的工作，而难度最大的就是《诗》

《书》。清末民初的王国维曾说："《诗》《书》为人人诵习之书，然于六艺中最难读。""于《书》所不能解者殆十之五，于《诗》亦十之一二"，其原因就是汉魏以后的历代注家都强为之解，其说"终不可通"。王国维所说绝非虚言，《诗经》中的《荡》就是一例。这首诗开头的"荡荡上帝，生民之辟"一句中的"上帝"，《毛传》以为是指周厉王，"上帝，以托君王也，"《郑笺》则进一步发挥说，这首诗是在訾骂周厉王为政暴虐。后世诸儒都信毛、郑之说。其实，毛、郑的说法是有问题的。在商周时期人们的观念中，"天""帝"或"上帝"是至上神意义的存在，人们不可能用"上帝"来比喻暴君。如果证之以《尚书》的某些篇章，毛、郑的误读是显而易见的。至于汉儒诗说究竟错在哪里，这里毋庸赘述。我只是想说，文献解读对于中国政治思想史研究至关重要。有些时候需要我们走出历代注家的窠臼。

再次，如何发现传统政治观念的意义。

铉根教授以深厚的学术功力，复原了中国传统政治观念在商周以后的几千年间的演变过程，可以说，铉根教授在这方面的研究已经臻于完美。与此同时，铉根教授也揭开了另一项工作的序幕，就是如何评价中国传统政治观念。

和一般意义的思想史一样，观念史研究也是一项发现意义的工作，在这方面，我们至少有以下两个方面的工作可以做。

其一，传统政治观念之于中国传统社会生活的意义。中国传统政治观念在怎样的程度上规范和影响了中国古代社会政治过程，在怎样的程度上决定了中国古代社会政治生活的质量，秦汉以后历代王朝的治乱兴衰，在怎样的程度上可以从传统政治观念中得到说明，这是观念史研究和思想史研究无可逃脱的责任。

其二，传统政治观念之于现代社会政治生活的意义。中国传统政治观念在本质上是与中国传统社会的历史环境相适应的。当今的中国社会已经进入了现代化的历史阶段，如果说现代社会的政治生活离不开现代的价值观念的话，传统政治观念在怎样的程度上能够与现代价值观念兼容，在怎样的程度上能够转化成为有益于当代中国政治生活的思想资源，这些貌似简单实则深刻的问题，也同样需要我们给出合乎逻辑的答案。

孙晓春

2022 年 4 月

目　录

第一章
观念史研究与“政治”的概念

超越思想史， 迈向观念史

中国政治思想研究历史悠久。到了近代，一部分中国知识分子试图从人文主义的视角出发，通过强化王权实现社会安定。他们推崇的儒家理想道义，交织着对专制王权的怀疑与反省。他们的研究方法也主要采用学案式，即以分学派介绍起源与学说的方式来撰写传记。

在中国，跳出以上窠臼，自主开展近代意义上的思想史研究要到 1920 年以后。面对西方的冲击，中国第一代近代知识分子一方面延续着传统儒家士大夫的改革趋向，另一方面又受到西方文化的 13
影响，开始新的尝试。儒学既是他们学习的基础，又是他们学习的环境，因此研究方法仍未摆脱传统人文主义与文、史、哲一体的整合型框架模式。这仅从梁启超 1922 年所著的《先秦政治思想史》初稿题目定为“中国圣哲之人生观及其政治哲学”这一点来看，便可见一斑。这些人所撰写的文章扎根于中国传统思想，又吸纳着西方政治思想。

百余年过去，中国政治思想研究在质与量方面都取得了长足发 14

展，引进西方方法论来书写中国政治思想史的研究倾向逐渐成为主流。20 世纪三四十年代，唯物论者吕振羽的《中国政治思想史》于 1937 年出版，萧公权的《中国政治思想史》于 1945 年出版。紧接着，陈启天《中国政治哲学概论》（1946）、徐大同等北京大学教授们编著的《中国古代政治思想史》（1981）、刘泽华先生的《中国传统政治思想反思》（1987）与《中国政治思想史》（1996）等大量著作相继问世。

上述中国政治思想研究成果中，虽不乏观念史（the history of idea）领域的研究，但绝大部分还是属于思想史（intellectual history）。思想史主要站在通史立场上，探讨思想经验的持续变迁及其历史意义。[1]西方政治思想史研究同样存在这样的倾向。时至今日，历时性（diachronic）思想史在韩国仍占据着主流地位。然而，考虑到只有与共时性（synchronic）思想史撰述同时作用，才能揭开思想的真面目，“观念史”研究可谓迫在眉睫。

即使是为了主体性的东方政治思想的确立，韩国也有必要以中国的政治和思想经验为基础，完成“中国政治思想”相关的著述。为此，“洞察”中国人的政治语言及思维，通过这一洞察“发掘”中国悠长历史上的政治经验，为接近融合了东西方思想的共同真理而进行“比较”，通过“洞察”“发掘”“比较”来重新创造等，这些工作必不可少。

观念史、思想史、学术史、哲学史虽有重叠的部分，但也拥有各自独特的研究领域。针对中国政治思想变迁的观念史研究在确立政治思想的共同意义方面成果巨大，使得所需的“洞察”“发掘”“比较”成为可能。譬如，董仲舒的天人关系论作为中国政治思想中浓墨重彩的一笔，足足影响了此后两千多年。以往思想史与哲学史方法论往往纯粹叙述董仲舒的主张或其在心态史（history of mentality）中的脉络，但若跳出这个框架，详细比较“天人”观念的形成与变迁、天人哲学蕴含的逻辑结构与发展过程等，则其文化史意义显然会更加鲜明。

同样，西方学界开始注重思想体系内部观念之间的构成关系，尝试采用内在研究方法来厘清“单位观念”（Unit-idea）与“观念群”（Ideas-complex）的变化，时间并不长。阿瑟·O. 洛夫乔伊（Arthur O. Lovejoy，1873—1962）倡导的“观念史”研究正是这种趋势的典型代表。1940 年，他与其追随者们创办了《观念史研究学报》（*Journal of The History of Ideas*）。

观念史虽未能成为思想史研究的主流，但我们可以通过观念史研究来审视特定的思想或者思想家们的基本假设与其辩证动机，发 16
掘思想的大原则及其形成的相关社会性观念对政治思想的历史性影响。观念史研究重视思想的内在结构与逻辑变化，因此容易受到批评，被指无视社会关系实况与时代性条件。然而，就像语言或派生概念一样，无论哪种观念都无法完全摆脱历史背景与社会条件的限制，反而应被视为形成于该背景与条件之中。因此，无论有意无意，对观念的变迁而言，所谓重视思想史变迁的内部逻辑，这一说法本身便带有自主性。[2]

一直以来，传统中国政治思想为人熟知的往往是由汉代学者“粗略”划分的儒、墨、道、法等几类，后世学界的研究重点也往往聚焦于寻找它们之间的差异点。然而，通过探索观念的变迁，基于“差异与区别”的认识可以转变为基于“同质性与统合性”的认识。

譬如，我们可以来看一下古人对人心与周边环境关系的探索。庄子的政治思想强调心的自主性，假定了不受外部因素影响的状态，这与观念史研究颇为契合。《庄子·应帝王》篇说：“至人之用 17

心若镜，不将不迎，应而不藏，故能胜物而不伤。”伟大的人心思就像一面镜子，既不迎合也不留恋，应合事物而又不有所隐藏，所以能超脱世俗而不受伤害。反之，荀子的政治思想虽强调了心的自主性，却假定了人心会深受外界的影响。这点必须通过思想史研究才更能凸显。《荀子·解蔽》篇说：“人何以知道？曰：‘心。’‘心何以知？’曰：‘虚一而静。心未尝不臧也，然而有所谓虚；心未尝不两也，然而有所谓一；心未尝不动也，然而有所谓静。’”人如何知“道”呢？因心可知。心如何知“道”呢？靠虚心、专心、静心的状态得以实现。为什么会需要虚心、专心、静心的状态呢？因为心会藏物、会顾盼、会动摇。

事实上，正是对于心的这些见解，构成了重视思想与行为，或者说思想与环境之间关系的思想史研究的前提。这两种倾向虽然有所不同，但都把心的自主性放在核心位置来思考思想与政治的关系。也是在这一点上，观念史研究与思想史研究形成了协调补充。倘若以融会贯通的视角同时对庄子的“心”与荀子的“心”进行观察，那么理解“心”所蕴含的中国政治思想的特征与普遍性，便要容易许多。有鉴于此，本书一改基于各学派差异展开的中国政治思想研究的惯常框架，选择以融会贯通为基础展开的研究框架。

18

政治观念的诞生

若只看本书标题中的“政治”二字，人们会产生这是近代西方舶来物的强烈认知，以至于认为东方传统上不曾存在过“政治”这一观念。孔子在《论语·为政》篇中说，政治匡正世间事，使之合乎本分，即“政者，正也”，包括朝鲜在内的东方儒生们也都以“治乱之方”作为治学的根本追求。然而，现代意义的“政治”，或者说“政治的”都与这个概念相去甚远，而是与西方的近代殖民社会有所关联，并与现代资本主义的脉络保持一致。因此，在以“前近代事物”，或者说“封建事物”为象征的东方社会的传统里寻找与这一概念的关联，可谓无比困难。

然而，通过掌握东方传统政治思想中“政治”的词源和观念变迁，我们可以找到现代“政治”在市民社会优位论、经济优位论等观念中逐渐沦落为低等观念的原因，也能获得制定对策的智慧。为了将“政治”这一概念视为彰显在人类所有行为之中且作用于一切思考的根源性反省，同时将其看作与人类本性和人际关系紧密相关的思维总体，观念史的探讨必不可少。首先要认识到，“政治”在西方近代市民社会产生以前就早已存在，存在于西方经济尚未在全球范围内占据绝对优势之前，也存在于“东西”“古今”这些文明 19
分野产生之前的每一个人类聚居的角落。在中国思想史上，“政治”是人类生活中最大的基础版图，也是历史智慧的结晶。

如今，“政治”这一词语实际上是“政”与“治”的结合体。“治”字是来源于古代河川名称[3]的形声字，后来被借音用在“大禹治水”等表达上，和“理”的含义一样，逐渐被用以形容治理得好、秩序安定的状态，还引申出了“治疗”“治学”“治国”等常见搭配。

《古文字诂林》提供了“政”字的详细信息。[4]综合来看，既有人将之视为表示“正确”之意的“正”字与表示“敲打”之意的“攴”字的会意字，也有人将之视为形声字。古代既有把“政”写作“正”的情况，也有与表示“整理整顿”之意的“整”字通用的情况。“政”字初期字形的演变如下： 20

燕 686	毛公鼎	《说文解字》
甲骨文	金文	小篆

"政"字的变迁

"正"字原本是表示"征伐"之意的"征"字的本字。在甲骨文里，该字在表示行军之意的""上添加象征邑城的"口"，意思是"控制邑城上的行军秩序"。甲骨文""字是在"正"的右边添加了表示手持器械敲打攻击之意的""所组成的文字，表达"凭借武力征服统治"的含义。其金文形态为"正"字与"攴"字的变形，小篆形态则是金文形态的延续。《墨子・天志上》篇中的"必从上之政下"中"政"字的含义，便与原义相近。《诗经・大雅・皇矣》篇中也有"其政不获"一语，即"此政治无法获得民心"。这里"政"字的意思为"政治教化"。政治教化这一观念逐渐扩大，有《大戴礼记・用兵》篇中"诸侯力政"的"政"字作"征伐"之意，《礼记・乐记》篇中"庶民弛政"的"政"字作"税金"之意，《韩非子・五蠹》篇中"先王之政"的"政"字作"政策"或"法令"之意，《孙子・谋攻》篇中"下政攻城"的"政"字作"策略"之意使用。随着"政"字观念越来越多样化，最终覆盖了政治性事物的全部。

《左传》中常见"执政"一词，如《左传》宣公十二年中"德立，刑行，政成，事时，典从，礼顺"等，说的正是"政"观念的外延。《论语》更是集大成地探讨了这种"政"观念。孔子在《为政》篇提到："道之以政，齐之以刑，民免而无耻。道之以德，齐之以礼，有耻且格。"以政领导民众，用刑罚维持秩序，百姓只会免于犯罪，却没有羞耻心。用德领导民众，以礼维持秩序，百姓不仅会心生羞耻，而且会品行端正。孔子以一种极其灵活的方式解读“政”观念，除政权或政令之外，还把孝顺与友爱都视为“政”的一部分。在同一篇章中，他还反问道：“书云：‘孝乎惟孝、友于兄弟，施于有政。’是亦为政，奚其为为政？”何必一定要从政才算为政呢？即政治存在于我们生命的方方面面。

如此，《论语》可谓是构筑了东方传统时代政治思维基础的最具影响力的代表性书籍。“政”字在《论语》中出现了 43 次，而“治”字出现了 6 次。如果以现代用语来翻译上述引文中的“政”字，则可译为国家或各级组织的行政、从事各种政务或政策立法等事务、协调利害关系、端正社会秩序等。“治”字因此用以形容秩序安定的状态，而如舜帝时的统治是“治”最为理想的境界。如上所述，孔子把刑、德、礼、正等全部阐述为实现“治”之秩序的政治行为。执意以今天的用语来翻译“政”字的话，可有政治、行政、政务、政事、政令、政策、政府等含义。孔子认为建立在刑罚 22
之上的秩序要劣于建立在礼之上的秩序，并以同样的逻辑把作为自己政治理念总纲领的“德”设定为政的高级价值。无论如何，这种从人类社会的诸多关系网中思考秩序的做法，其实与今天我们设想的“政治”的含义大同小异。

由此看来，东方的典籍许多都是与《论语》或《孟子》类似的政治学教科书，它们常常把太平清明、秩序安定的状态称为“治世”。为达成这个“治世”，东方文献创造出包含“政”字在内不计其数的概念。譬如，“治理”一词至少有数十种汉字表达。《大学》中“修身、齐家、治国、平天下”的“修”“齐”“治”“平”等，以及“乂”“理”“拨”“听”“管”等便是例子。尤其儒家思想的“仁”“义”“理”“智”“信”或“学”“文”“孝”，甚至“礼”

“乐”，都是实现“治”的政治行为及政治学性质的探究对象。“君子”则是综合这些优秀品德于一身的伟大政治家。传统时代的知识分子阅读、背诵这些论述“政治类事物”的典籍，凭此走上仕宦之路。他们把“综合体”政治视为一个完整的生命与人际关系的秩序体系，并且始终憧憬成为能够践行“政之治”的君子。

形容“政之治”状态的“政治”一词在先秦典籍、史书及诸子
23 百家的书籍里比比皆是。《周礼·地官·遂人》篇在解释名为“遂人”的负责管理耕地的官职时，提到“掌其政治禁令”一语，指能让“政”实现“治”的一切行政措施。而以教育与教化的政治作用为特征的儒家政治学，秉持着“使政得以治”的关键，把统治者的教化能力视作政治核心。汉代，贾谊在其《新书·大政下》篇中对儒家思想的这种“政治”观念作了以下梳理：

> 夫民者，诸侯之本也；教者，政之本也；道者，教之本也。有道然后教也，有教然后政治也，政治然后民劝之，民劝之然后国丰富也。

大意是，百姓是诸侯的根本，教化是为政的根本，道是教化的根本。有了道，教化才能实现；有了教化，政才能治；政得以治，百姓才会以之互相劝勉；百姓相互劝勉，国家才会繁荣昌盛。

中国传统政治观念象征着端正自身，实现社会道德秩序，以及与共同体良善秩序相关的所有事物。政治是与内在的人性修养以及人类社会几乎所有领域都有所关联的问题，人们一辈子的生活样
24 式，“家人—亲属—乡村—国家”等，一切都被包含在了道德秩序的范围内，一举一动皆是政治。中国直到清朝末期，韩国直到高宗时代，对政治的理解都是如此。

然而，随着近代西方政治观念的输入，作为综合体的传统政治

观念的内涵变得狭隘起来，或是指“对社会稀有价值的专制分配”，或是指“权力统治与服从的相互关系”等意。日本近代思想家西周在 1867 年首次把“politics”翻译为“政治”，福泽谕吉将之扩散到了全日本，该词后又作为所谓的“新学”逐渐流入中国与韩国，最终支配了近代东方的政治观念。孙文把“政治”视为“管理众人之事”，以“civil power”定义“政”，以“government power”定义“治”，主张把中国传统政治思想称为“统治”[5]，忽视了传统“政治”观念的综合性。近代韩国的情况如出一辙。[6]

因此，当我们理解了这一观念变迁的历史，也就能意识到政治学不仅是某一学科，更是结合了人文社会科学整体的综合性学问。政治作为创造把人类社会引向更好境界的共同善的载体，既是哲学，也是经济，还是教育，即在“人间”发生的笼括历史与哲学在内的一切事物。政治是人类生命中蕴含之物，是在人与人之间游走的道德本身，是与共同体德性相关的所有为人的象征。广义来看，经济、经营、法律、教育等都是政治的下属概念。如此，倘若传统 25
政治的本质含义能广为传播并达成某种社会共识，或许能改变现代人仅把“政治”视为权力争斗甚至时而轻视之的情况吧。

以上是以“政治”观念作为例子[7]进行的阐述。我并非把追寻思想内部演变路径作为著述动机与目的的第一人。本杰明·史华慈(Benjamin I. Schwartz)[8]、余英时[9]等人此前已做过一些重视思想变迁的内部路径的研究。他们通过探讨宋明理学中的知性主义与反知性主义、尊德性与道问学等争论，提出了对中国政治思想发展方向的新解释。本书一方面继承了他们的研究，另一方面又在叙事不陷入支离破碎、故弄玄虚的前提下，尽可能坚持思想的社会性这一立场不动摇。譬如同样是孟子研究，本书也会对戴东原的《孟子字义 26
疏证》等重视时代性、社会性的文献所蕴含的观念与观念群进行分析说明。

研究中国思想史需要面对的难题之一是无法断定古文献的形成时期，甚至很多时候，同一书籍中的各篇章出现的时期都会有所不同，因此主张往往会缺乏可信度，还可能出现判断失误。我们现在使用的古典文献大多是汉代重新整理过的，不少尚未溯源定本，不同的学者对这些文献的形成时间也有着不同的见解。随着许多文物的出土，关于伪书的争论愈加白热化，距离最终定论之日仍是路漫漫其修远。还有像《逸周书》，一直以来都被认作是伪书，最近却被学者们鉴定为正本，这样的情况也时有发生。孔子以前的观念、诸子百家的观念等是此书最重要的部分，同样无法避免受这些论争的影响。

仅以本书最重要的参考文献《尚书》为例，虽然有推断说其中一部分内容形成于殷商末期，并定本于战国末期，但从今古文争论兴起的汉代开始直到现在，围绕其是否伪书的争论就不曾中断过。《尚书》包含了从上古尧舜时代到春秋中期的政治史记录，因而很难定位其问世的确切时间。文献时代问题是中国思想研究根深蒂固
27 的难题，本书也无法断定诸观念出现与变迁的准确时代，因而打算以数百年为单位来进行论述。本书以春秋末期的孔子为研究界线，也是出于文献形成时代模糊性这一问题的考虑，望读者谅解。

本书是为正在学习研究中国思想史的人们所准备的一种试论。从历史延续性的层面来看，中国是全世界历史最悠久、内涵最广泛的国家，在政治史领域拥有丰富的经验、高水准的论争以及取得了制度成就的历史。因此，在中国政治思想史上登场的概念不计其数，其中蕴含着根据人们不同的著述意图，重要性也随之发生改变的众多观念。本书汇辑了我钻研中国政治思想 30 余年间认为重要的中国政治思想史内部的诸多基本观念，研究了它们被赋予的基础

性意义，并分析、说明了这些观念的变迁。

中国早些年出版的多达 523.5 万字的《中华思想宝库》与 318.3 万字的《中国思想宝库》两部巨作，对各种观念进行分类，还整理、选取了古典文献中的相应段落。这两本书仅收集了有关观念与相关文段，所以很难把握相应观念变迁的整体脉络，但依然可以从中了解具有代表性的作者的单位观念，因而是极其有用的材料。在甲骨文、金文等方面，上海教育出版社 2004 年版的 12 卷《古文字诂林》具有重要的参考意义。[10]除此之外，为跟上词典与典籍急速电子化的趋势，汉典网、象形字典网[11]、百度百科、维基百 28
科等互联网工具也成为观念史研究的重要资料。“中国哲学书电子化计划”基本网罗了中国古典哲学文献，它在我寻找观念变迁痕迹时可谓起了关键性作用，我将它与中华书局刊行的《十三经注疏》对照使用。

本书包括结论共 13 章，基本每一章都采用语言学（philology）、哲学（philosophy）、政治思想（political thought）三段结构的方式进行分析。第一节会通过分析甲骨文、金文和小篆来说明该观念的词源及词义变迁；第二节会立足中国政治思想史，以对单位观念的转换作出了绝对贡献的孔子为中心，探究在他之前的初期文献中体现出的该观念的意义，在他之后诸子百家思想所呈现出的哲学议论与其历史变迁，以及从秦汉至明清为止属于帝国时代的该观念的变迁；第三节将一一深究这个观念与观念变迁过程在政治思想史上的意义，包括掀起了哪些论争、发挥了何等影响力等。

本书目录及顺序均按我主观思路设计而成，既无可参考的先行成果，也几乎没有就“何为重要”的问题能够给予客观评价的参考书。因网络搜索功能的便利，本书也不会过多着墨于登场人物的生卒年份与各类事迹。虽然诸子百家的书对观念变迁的影响最深，但 29

篇幅所限，无法言及全部文献，所以只能择取给政治思想带来最大影响的儒、墨、道、法四家书籍，以之为中心进行分析。同样，本书也不可能囊括从秦汉开始到明清为止的所有典籍，因此我将优先选取在历史主流脉络中对观念的变迁产生最重要影响的作品作为研究对象。书目的选定很大程度上反映了我的主观思维。

我站在以下立场建构了包含结论在内的 13 章内容目录：政治便是如此——有天命，有心性，有国家，有君王，有臣民；有道德、仁义、礼法的统治原理，才有忠孝与公私的伦理，有华夷的国际关系。前述这些关键词，是我认为在中国政治思想史上这是至关重要的 24 个观念。本书将把重点放在对它们的研究上，其间也会对一些相关概念作简单介绍。

第二章

天　命

政治是人间之事，是关于人与人之间互动行为之事。 31

古代中国人思考人类存在时离不开思考上天。

政治跟上天与人类的沟通有莫大关系，君王的统治要服从天之命。

天命观念的形成 33

天的词源

根据词典，尤其汉典网的解释，“天”大体上可用来表示日期（day）、神（God）、上帝（heaven）、自然（nature）、天空（sky）、天气（weather）等含义。在中国文化里，与人类活动空间相关的这个字，很长一段时间都作为带有神秘宗教色彩的观念发挥着作用。中国人崇拜、敬仰着上天。

从甲骨文到秦代的小篆，“天”字的变迁如下图。汉代楷书出现之后，“天”字逐渐定型成如今这个字形。

甲 3690	乙 1538	颂鼎	《说文解字》
初期甲骨文	后期甲骨文	金文	小篆

“天”字的变迁

董作宾《殷虚文字甲编》3690 里登场的“”字的字形是在大人物，即献祭之人上面放置了代表空无一物的空间的圆圈。在这
34 个字形之后登场的是董作宾《殷虚文字乙编》1538 里的“”字，把表示远方的高地的“二”字结构置于人之上。这些都是“天”字的原型。在西周后期周宣王时代的青铜器颂鼎上出现的“”字，已基本上和今天的字形相差无几了。

一般古代文字中的“人”字都是用“”这样弯腰劳动的形象来表示，也可以说是务农的普通人形象。不过在甲骨文与金文中出现更多的是“”字。综合《古文字诂林》相关内容来看，有人主张“”表示人的侧面，“”表示人直立时正面的模样，但也有人认为这是祖先形象或祭司形象的象形。[1]“天”字可以同时指代存在于人类之上的伟大的抽象意义和自然的天空，特殊情境中还会用作指代位于人体最高处的头顶。许慎在《说文解字》中用表示“顶端”的“颠”字来解释“天”至高无上的意思。段玉裁在《说文解字注》中还对此附注了更详细的解释。一言以蔽之，“天”也就是“颠”，表示“丕大”的意义，也代表“元始”之义。“颠”字用以形容人类头顶，也就意味着最高的地方。臣子以君主为天，子女以父亲为天，妻子以丈夫为天，百姓以食为天，其伟大性可谓是举世无双的至高存在。[2]

《古文字诂林》记载了与“天”字相关的庞大信息[3]，徐中舒
35 《甲骨文字典》整理了“天”字在甲骨文中的四种用法：一是人的头顶，二是大，三是地名或者方国的名称，四是人名。甲骨文资料显示，“天”通“大”，“天雨”常被用作“下大雨”之意。在早期“天”字的使用上，很难发现其有主宰者或启示者等抽象含义。文字的形成普遍从形容人体开始，在古代中国似乎也有用人体的头顶来形容地面上最高最广的空间，称之为“天”的情况。

无论哪个时代，指代远高于人头顶之上空间的“天”字，所蕴含的意思几乎都一样。“天”字在《诗经》《尚书》《周易》等先秦文献中出现了上百次，相当一部分都是这样的含义。七八百年过后，《孟子·公孙丑下》的“天时不如地利”，以及孟子逝世七八百 36
年后诸葛亮《出师表》的“天下三分”，而后再七八百年之后宋朝范仲淹《岳阳楼记》的“上下天光”，这些“天”字的含义都未曾发生变化。如今我们所使用的“天下”一词依然可代表“天”字的词源，其含义与甲骨文中的最早用法相似，这可谓保持着跨时代的共通性。[4]

命的词源

《古文字诂林》记载了多种与“命”字相关的古汉语信息，认为“令”字与“命”字共享相同的词源，两者在古代是通用的状态。[5]朱骏声对此加以区分，主张“令”与事情相对应，而“命”与话语相对应，即“令”为指使做事，“命”为发布号令。下图是两字的早期字形，“令”早于“命”出现，“命”字的小篆与楷书已非
常相似： 37

《铁云藏龟》12·4	免盘	伊簋	《说文解字》
甲骨文	早期金文	晚期金文	小篆

“命（令）”字的变迁

刘鹗《铁云藏龟》12·4与早期金文免盘的字形皆为“令”字。一开始“命”字与“令”字被写作一个字，到了晚期金文伊簋中，逐渐变得与如今的“命”字字形一样。这是一个具有动词词性

的会意字，上半部是嘴巴朝下的形状“亼”，下半部是跪着等待指示的属下形象，跪着的人在听长官用嘴发布命令的情景跃然画上。早期金文的字形变化自甲骨文下半部分跪着的人的形象，晚期金文则在下半部分加多了一个“ᗨ”，以此表示对“命令”的强调。

另一方面，徐中舒《甲骨文字典》以为“命”与“令”是同一个字，但词源不同。对“令”下半部分的解释与象形字典网一样，但其上半部分“亼”被视作由“今”字的甲骨文“今”省略了下面那一笔所构成。这个字是木铎，即木质铃铛的象形，古代人们常通过敲击木铎来发号施令，下属则规矩地跪坐着听从命令。但在发令听令这一点上，两者有着相似的含义。

《说文解字》解释“‘命’为指使干某事之意，服从口，服从
38 令”[6]，即由“口”与“令”结合而成的会意文字。把开口下令联系起来的解释与甲骨文原义很是接近。《说文解字》解释“‘令’为发号施令之意”[7]，那么“命”与“令”都是自上而下指使干某事的含义，这与现代词典中“命令”的定义一致。“命”的词源性含义直到今天仍被原封不动地使用着。

《诗经·大雅·卷阿》篇“维君子命”的“命”字，与《孟子·离娄上》篇“既不能令，又不受命，是绝物也”一句中的“命”与“令”字，都具有相同的词源。诸葛亮《出师表》中“奉命”，或者宋代《资治通鉴》中“大喜听命”的“命”字含义，也与“命令”这一原义相符。[8]

39

天命观念的登场

众所周知，孔子说过“五十而知天命”一语，清太祖努尔哈赤建立后金后，把年号定为“天命”（1616—1626）。孔子的“天命”指的是对接受上天赋予命运的自觉，努尔哈赤的“天命”指的是听

从上天命令开创新王朝。那么，在中国历史上掀起过无数革命与叛乱的上天命令，即“天命”这一观念究竟是怎样登上历史舞台的呢?

“天命”的“天”并非我们认为的“自然”或者物质性质的“天”，而是主宰者、启示者，以及理法的终极实践者。因此一旦了解了“天”字何时从“人类头顶上的苍穹”这一词源引申出上述含义，我们便能对“天命”观念的登场进行解释。相关研究极多，其中冯友兰的主张很具有代表性。他把中国人心中的“天”区分成“主宰之天”“物质之天”“命运之天”“自然之天”“义理之天”五重含义。[9]傅佩荣通过儒家秩序来把握中国文化的悠长脉络，认为“天”包含了统治者（Dominator)、启示者（Revealer)、审判者(Judge)、造生者（Creator)、载行者（Sustainer）五种属性。[10]

欧阳祯人致力于研究先秦儒家文献中出现的天观念，对其变迁 40
做了许多分析。殷商时期虽然以帝为尊，但也赋予了“天”各种各样的意义。从前述的甲骨文卜辞可知，“天”刚开始指代的是最高最宽的存在，因此可推测在神政一体的殷代，天观念会被用来指代“最高的存在”，即至高无上的神。然而，我们无法从现存的甲骨文中找到相关信息。郭沫若得出结论，他认为：“卜辞称至上神为帝，为上帝，但决不曾称之为天。”[11]

在最早的文献如《诗经》《尚书》等中出现了诸多使用“天命”的例子。[12]《尚书》中被认定形成于殷代晚期的《盘庚中》篇有以下内容：

予迓续乃命于天，予岂汝威，用奉畜汝众。

大意是，你们的生命是我受上天之命接续下来的，我怎么会想要威胁你们呢？我是要支持你们、养育你们众人。盘庚是商汤的九

代孙，他将都城迁到殷，结束了混乱的政治局面，促进了文化的蓬
41 勃发展。这段文字是盘庚为说服殷商贵族同意迁都所作的演说，可以视为天命观念首次作为“政治用途”的案例。同时，迁都的成功与政治社会稳定延续了天命的政治角色。天命观念既能劝服当时作为政治主体的贵族，又能取得政治成功的这一事实，也意味着这一观念当时已经普遍化，并且支配着人们的灵魂。毕竟陌生的观念是不可能作为政治性语言发挥作用的。

周初文献《尚书·康诰》载：

> 惟时怙冒，闻于上帝，帝休，天乃大命文王。

大意是，那时（文王）积累了深厚的美德，此事被上帝所知。上帝称善，于是便降大命于文王。天是具有自我意志的存在，主宰着世间万物，其颁布之命即为天命。《康诰》就如何通过经营国政来维持政治稳定的问题对人们进行了训诫，认为大部分政治统治者
42 必须敬德保民才能获得祖先的恩德。“先祖”“先王”等用词大规模出现，并与“天命”产生联系。《诗经·大雅·文王》提到“天命靡常”，也就是“天命无常”一语。“没有人可永恒享有天命”，这句话给君王们施加了相当的压力，因为如果不行善积德来赢得民心，那么天命就可能改变。当然，这样说是为了把周武王以臣子身份推翻纣王统治建立新王朝的行为正当化。无论如何，这句话证明了此观念的存在，周武王与周公试图使用自殷代末期开始一直存在的天命观念来确保他们的政治合理性。

我们来看一下《诗经·大雅·汤》的记载：

> 荡荡上帝，下民之辟。疾威上帝，其命多辟。
>
> 天生烝民，其命匪谌。靡不有初，鲜克有终。

大意是，倨傲放荡的上帝呀，系天下百姓的君王。贪婪暴虐的

上帝呀，所施命令过于荒唐。上天生养众多百姓，所施命令皆在撒谎。万事开头无不称善，鲜少能见良好收场。

这里的“天”既是自然界的天，也是创造万物的造物主和绝对 43
者，占据统治地位的“天”或“上帝”还是压迫百姓的存在。像这样把“天”人格化的事实，反证出从《诗经》成型的殷代后期开始直到周代初期，人们对天命观念的认识已达到了相当的深度。“天”在人文秩序里与权力中心相通，最高统治者也相应地成为最高之神。“天命”则是最高神的命令这一观念隆重登场。

天命观念的变迁 44

孔子之前的天命观念

汉代，刘向在《说苑·建本》中记载了如下一则有趣的故事：

> 齐桓公问管仲曰：“王者何贵？”
>
> 曰：“贵天。”桓公仰而视天。
>
> 管仲曰：“所谓天者，非谓苍苍莽莽之天也；君人者以百姓为天。百姓与之则安，辅之则彊，非之则危，背之则亡。”

大意是，齐桓公问管仲：“对君王而言，什么最重要？”管仲回答：“君王应该以天为重。”桓公抬头凝望着天空。管仲见了又说道：“所谓的‘天’，并非广袤无垠的苍天，而是指成为君主的人应该把百姓当作天。若百姓赞同其政策，（国家）则迎来安定；若百姓辅助其政策，（国家）则得以强盛；若百姓反对其政策，（国家）则日益艰危；若百姓背弃其政策，（国家）则走向灭亡。”

管仲的这一解释把自然物之“天”与作为君王准则的理念之 45

“天”区分开来。虽然都是“天”，但桓公所仰望的天为自然物之“天”，而被管仲比喻为百姓的天则是理念之“天”。春秋五霸之首的齐桓公与管仲是否真有此对话我们不得而知，但是至少可以看到，汉代已经出现了许多对“天”的见解。在当时人们的意识中，宗教、理念之“天”要比自然物之“天”更为重要。

如上所述，殷代中期以后，“天”被中国人视为具有两面性的存在。早在孔子之前，各种典籍与史书便记载了许多这样的用法。众所周知，《尚书》里充满了开国之君对属下发表的有关政策合理性的内容，以及征服者向被征服者证明关于自己支配天下的正当性的话语，如《尚书·多方》记载：

> 天惟时求民主，乃大降显休命于成汤，刑殄有夏。惟天不畀纯，乃惟以尔多方之义民不克永于多享。

于是上天为民众寻求足以成为王的人，向成汤下达光明美好的使命，让其讨伐并消灭夏国。上天之所以不把这个使命赐给众位诸侯，是因为那时各方首长在管束百姓时没有一直劝勉开导他们。这
46 段文字说的是上天向成汤下达了命令，攻打夏国暴君桀，开创新王朝。当然，殷代是否有这种政权正当化的讨论我们无从知道，但至少可以肯定一点，周代初期已存在，或者说已出现伐纣开国的周武王接到了与成汤相同的天命的说法。《多方》篇后半部分以同样的逻辑证明了周朝政权确立的正当性：

> 惟我周王灵承于旅，克堪用德，惟典神天。天惟式教我用休，简畀殷命，尹尔多方。……尔曷不夹介乂我周王享天之命？

我们周国诚心祭祀，虔奉神灵，庇护百姓，广施明德，因而上天赐福我们周王而非各方众多诸侯。你们为何不大力辅助我们周王

以共享天命呢?《多方》篇里满是“天命”这一词语。

《周易》也记录了不可计数的“天命”例句。除了后人注释的《传》，仅仅《经》的卦辞中，便同时存有《乾卦》“飞龙在天”等谈及自然之“天”的情况和《大有卦》“自天佑之”等形容意志之“天”的情况。这说明，此书同时吸收了“天”的两种含义，其成型历经了漫长岁月。尤其在后来形成的《彖传》《象传》《文言》《系辞》等文献中，道德、伦理意味的“天”与“天命”用例比比皆是。“命”在《经》中出现了6次，大部分也是用来形容生命或者命运。来看一下《大有卦·象传》的记载：

火在天上，大有；君子以遏恶扬善，顺天休命。

火出现在天上，因此是“大有”象。君子要遏恶扬善，以顺应上天赋予的美好之命。

《无妄卦》与《萃卦》中的《彖传》也谈到了“天命”。据推测，这些“传”应该形成于周朝成立之后，周朝政权的创立带来了许多观念的变化。由于需要天命来证明政权的正当性，“天”彻底变成下达重要命令决定世间万事的抽象的神性存在，从殷代末期开始强调的德、礼等诸多观念也都与“天”建立了联系。

《诗经》与《尚书》很好地解释了凭天命出现的殷商为何同样被倚仗天命的周朝所取代的原因。《诗经·大雅·文王》篇说道，殷商疏忽了对天的祭祀，而周朝非常恭谨地供奉上天，因而天命发生了改变。另外，《诗经·大雅·汤》提到商纣王荒淫嗜酒，暴虐成性。《尚书·牧誓》篇说纣王只听信妇人的话，残暴苛政，任用奸佞，使得天命变更，认为是道德的堕落招致了上天的惩戒。即因为纣王疏忽祭祀，怠慢神灵，恶贯满盈，所以上天以变更天命的方式施以惩罚，把失德行为与天命联系在了一起。

在祭政一致的殷代，天命观念作为至高无上存在的“天所下达
48 的命令”，经过盘庚迁都事件发挥了使政治行为正当化的功能。靠军事政变掌权的周朝则将天命观念用作解释政权消亡与诞生的机制，而周公在此间发挥了核心作用。“天命靡常”等话语营造出如果不强化君权促进政治安定，国家便会陷入艰危的政权紧张感，由此这一观念日益发展成更加精妙的法则。

站在民众的立场，“天”有时候也是怨愤的对象。《诗经·小雅·节南山》如此吟唱道：

> 昊天不佣，降此鞠讻。昊天不惠，降此大戾。

大意是，伟大苍天待人不公，降下如此混乱灾疫！伟大苍天吝惜恩典，降下如此深重戾气！

《秦风·黄鸟》在所有的叠句部分都用了“彼苍者天，歼我良人”的表述。这是逆境中人发出的呐喊。“天”是最恶劣的无理荒
49 诞之神，也是待人不公的暴君的代名词。百姓眼中的“天”与统治者眼中具有合法性质的“天”形成对比的原因是什么呢？难道不是源自征服王朝所带来的阶级差别吗？各部族的守护神本来就是不一样的，因此征服王朝需要一名凌驾于这些神灵之上的统合神。“天”是周王朝为了政治意图所强调的神，因而对统治者而言是合理的道义性之神，对被统治阶层而言则是压迫性的恐怖之神。

天对古代中国的统治阶层来说是伦理之神，换言之，天是赋予了人类道德权限，保障了政治安全与民生安宁的绝对存在。但是把天与人类连接起来的是“天的儿子”，即天子。这里提出了一个自我警惕的要求，即如果掀起革命的人不遵守道德的话，也会再次丧失天命。“天命靡常”这一思想遍布于古代各种典籍中。

随着岁月流逝，征服者赋予其以复杂含义的天观念深深扎根人

们心底，到春秋战国时代变成了一种普世信仰。天观念还在与地方风俗的紧密联系中发生变化，和星辰观一样，与“天”相关的敬畏观也自然而然与祖先联系起来，接替殷商时期象征“始祖”的“帝”信仰成为新的信仰。到了春秋时期，“以人为本”的讨论不断扩展，天观念的变迁区分开了宗教观念的“天”与原始观念的自然“天”，使得该时代涌现出许多从思想层面进行辩论的思想家们。如此，“天”在春秋时代变成了一种人间法则，渐渐丧失了其崇高感与神圣感。正如自然秩序也有好恶，“天”同样被看作是兼备恒常性与任意性的存在。

人们之所以对下达天命的神圣的上天产生不适感，其原因与声 50
称被授予了天命的权力不无关系。尤其在公元前 771 年，西周受西戎驱逐，首都被迫迁移，政治局面混乱不堪，民众苦难日益深重，声称奉天之命的周室力量式微。诸侯由此凭借实力促成“会盟”，开始了霸者们的政治时代。在春秋这样的时代中，天命观念的变化是顺理成章的事情。对比超脱人类世界且高高在上的上天的命令，人们逐渐对人世间自身的问题表现出更大的关心。

面对人世间这样的“伦理”，决定着世间万事的天命的内容也合乎目的地发生了变化。与孔子同时代的左丘明在其史书《左传》与《国语》中充分地展现了这个过程。许倬云通过《先秦诸子对天的看法》一文，详细探讨了《左传》中与天相关的 20 多条记录，得出了以下结论：“可以看出春秋时大率可有两种不同的态度。一类是人事决于天命的畏天论，一类是天命因于人事的修德论。”[13]《国语》中也多次出现了与人一样具有自我意志的充满神性意味的
“天”。《左传》中则经常出现支配国家兴亡（僖公二十年）的 51
“天”，以及作为惩恶扬善的道义标准的“天”等。《左传》昭公十八年记载，当时郑国发生大火，在民心惶惶之际，子产说了这样

的话：

天道远，人道迩。非所及也，何以知之？

天道遥远而人道临近。既然远不可及，那如何能通过天道来获知人道呢？

子产把“天道”“天命”云云视为多言者的诡辩。相较于“天”，引领了郑国政治改革的子产更加强调人间法则。

和子产隔了一代的晚辈孔子虽然表现出要回归传统的保守倾向，但也精准抓住了当时时代的脉络。《论语·先进》中，面对自己最得意的门生颜渊的英年早逝，孔子叹道：

噫！天丧予！天丧予！

《论语·八佾》篇则有“获罪于天，无所祷也”一语。这表明孔子对天的看法具有浓厚的宗教情绪。

孔子坚持的是对天怀有畏惧之心的畏天论。孔子在《季氏》篇有言：

君子有三畏，畏天命，畏大人，畏圣人之言。

52 《左传》所载的诸如德兵论、王不可专利论、和同论等各种西周后期的政治主张，都充分说明了这种观念普遍化的过程。孔子是古代经典与思想的集大成者，培养了众多弟子，在为已有概念赋予新内涵或者创造新观念方面作出了极大贡献。孔子宣称彻底继承了周公，遵循周公所制定的法律，并试图将其升华为人文主义。在孔子把周公的政治视为理想，意图“回归”的基础之上，包含着他对现实政治与社会的强烈否定与“救世意识”，毕竟他所处的春秋时代是霸者与“会盟”政治正当流行，“力量统治”得以正当化的时代，而周公希望通过“德的统治”来实现天命正当化的想法早已沦为陈年旧事。

在《论语》里，“天命”一语出现过三次。一是众所周知的《为政》篇中的“五十而知天命”，另外两次出现在《季氏》篇。

> 君子有三畏，畏天命，畏大人，畏圣人之言。小人不知天命而不畏也，狎大人，侮圣人之言。

君子有三件敬畏的事情，一是敬畏天命，二是敬畏大人，三是敬畏圣人的话。小人不懂得天命而不敬畏天命，蔑视大人，轻侮圣人的话。

从把不懂天命的人称为“小人”这点可知，天命毫无疑问是当 53
时知识世界的普遍主题。然而，孔子更加关心的是人的生命这一具体问题，而非天命这一抽象观念。他在强调人的努力的同时，把天命视为道德使命的原则。《论语·庸也》载孔子说：“予所否者，天厌之！天厌之！”我如果做了错事，天会厌恶我的！天会厌恶我的！孔子既把天视为道德的命令者，也把其视为某种不合理的残酷命运的存在。“天何言哉？四时行焉，百物生焉，天何言哉？”天何曾说过什么呢？即便不语，四季照常运转，万物依旧生长。天何曾说过什么呢？孔子深知上天授予的文化使命，也承认命运的无可奈何性（知天命）。换言之，孔子不在现世以外寻求安慰，而是作为政治家一如既往地活下去。孔子超脱了此前朴素的宗教观念，一方面倡导重视道德伦理的以人为中心的人文主义，另一方面又不得不接受把天命视为命运的寄托。孔子形成的这样的天命观，成为了之后诸子百家思想发展重要的里程碑。

诸子百家的天命观念 54

墨子曾师从孔子学派，天命观念在他手中大为扩展。墨翟在世时创立了声势浩大的组织，举国闻名。他在《墨子》中专门用《天志》与《非命》两篇论述了“天”与“命”的内容，《天志上》记载了墨子的话语如下：

> 其事上尊天，中事鬼神，下爱人，故天意曰：“此之我所爱，兼而爱之；我所利，兼而利之。爱人者此为博焉，利人者此为厚焉。”

对上尊重天，于中敬奉鬼，对下热爱民。所以天意有言：“这就是我所热爱的事物，所以彼此要相亲相爱；这就是我所兴利的事物，所以彼此要互赢互利。爱人者愈发宽宏，利人者愈发笃厚。”

墨子思想的核心是“兼爱”与“兼利”，即通过无差别的爱来构建能使所有人受利的社会。墨子将之表达为上天的想法，即“天意”。如果说孔子重视人内在的道德正当性，那墨子则是从超然的天的立场，重视人的义务。[14]

《墨子》引用了许多夏朝的政治事例，这反映了墨子对“要遵
55 从周朝”的孔子持反对立场。如前文所述，周朝把“天”作为权力正当化的手段，而孔子也延续着这样的天命观。即使在这一点上，对儒家举起反旗的墨子也走上了与孔子截然不同的路，最终试图把“天”定义为类似周朝以前作为绝对者兼超然神存在的“帝”以及“上帝”。这乍一看是回归到了旧观念，其实大大丰富了天观念的内涵。《非命》上、中、下篇全部类似地引用了以下这段话：

> 于《仲虺之诰》曰：“我闻于夏人，矫天命布命于下，帝伐之恶，龚丧厥师。”此言汤之所以非桀之执有命也。

大意是，《尚书·仲虺之诰》有言：“我听说夏朝的人歪曲天命，对下面的百姓传播天命说是帝讨伐罪恶，消灭了他的军队。这句话是汤王对桀王声称受命这一事所作的指责。”

这里的“命”指的是天命，也就是上天的意思。虽然难以置信，但是根据对《墨子》有关段落的分析，夏桀时期也存在着通过天命来实现权力正当化的故事。在与上帝同质化这一点上，可以把意指“上天的意志”的墨子的“天志”视为一种宗教观念。他朴素地把天想象为具有自我意志的人格神，认为鬼神能监督人的善恶，56
给人带来祸福。墨子既不是强调畏天论，也没有把天命当作走投无路的说教方针。天命无常，儒家主张天命转移到了周朝，对此，墨子则是把“天”作为其兼爱、功利、非攻等理论的最终依据提了出来。他还从实用的意义出发，主张“节用”与“非乐”，还特别强调了“节葬”思想，反对当时祖先崇拜这一宗教情感。从墨子的天命观强调超然的天，以及同样地重视人类生活和政治生活的标准这一点来看，他的观念是对孔子天命观的补充而非脱节。

道家思想才是果断地否决了孔子的天命观。道家派系的思想家们把天看成自然物，反对追求理念而人为地给天赋予含义的做法。譬如《庄子》中有多篇标题带“天”字的文章，如《天运》《天地》《天道》等，但在这些地方，“天”基本上都是作为表示蔚蓝天空的自然物。如上述孔子主张遵从周朝、墨子列举夏朝政治的例子，道家对“天”会追溯到更早的黄帝时期，可以说他们从当时的天观念及已有的东西中挣脱出来，溯流穷源，信仰更加原始、自然含义的“天”。

老子几乎不曾提过天命。他所说的“命”既不是天命，也不是命运，而是生命。《老子》第十六章有如下内容：

> 夫物芸芸，各复归其根。归根曰静，是谓复命。复命曰常，知常曰明。不知常，妄作凶。知常容，容乃公，公乃王，王乃天，天乃道，道乃久，没身不殆。

57 虽然万物蓬勃生长，但最终都会各自回归其根本。回归其根本就叫做清净，清净就叫做复命。复命是恒久的现象，知其恒久则称为明智。若不明其恒久，恣意妄为，则会招致灾难。若知其恒久，则愈发宽宏；若愈发宽宏，则重视公义；若重视公义，则得以成王；若得以成王，则得以成天；若得以成天，则能实现道；若能实现道，则永恒不变，终身不殆。

这里的“复命”并非指得到命运的肯定，而是回归到最初的自然状态。同样，“王乃天”一语指的也并非实现抽象意义的天道，而是指真正的王会依照自然状态施行统治。

老子用橐籥（相当于烧火时用来鼓风的风箱）来对天进行说明。《老子》第五章载：

> 天地不仁，以万物为刍狗；圣人不仁，以百姓为刍狗。天地之间，其犹橐籥乎？虚而不屈，动而愈出。

天与地之间不正像风箱吗？它中空而不枯竭，越鼓动风就越大。天不被视为固定之物，而是如鼓动风箱时空间的扩张与压缩，会呈现出气球中空般的状态。

庄子进一步把天形容为在宇宙之间随心所欲生活运动之物，但
58 对天命采取的却是一种无可奈何的态度。《庄子・德充符》提到：“受命于天，唯舜独也正，幸能正生，以正众生。”大意是，受命于天的人当中，只有尧舜最为端正，幸好他们通过管理自身本性，端正无数人的心性。认为天命是人无论如何都无法抗衡之物，其存在超越人类自身意志。《庄子・人间世》篇引用孔子的话语作了如下论述：

> 天下有大戒二：其一，命也，其一，义也。子之爱亲，命也，不可解于心；臣之事君，义也，无适而非君也，无所逃于

天地之间。

大意是，天下有两个必须引以为戒的东西，一是命，二是义。子女敬爱父母是为命，不可自内心解除；臣子侍奉君主是为义，所至之处，莫非君主之土，于天地之间无处可逃。

命是天的“命”，义是人间的“义”。如父子关系一般不可避免的存在便是天命，也称“命运”。庄子在《德充符》中还把生死、存亡、贫富、饥渴等都视为已定之物。庄子这种认为天命决定了贫富或贵贱的主张，实际上是对靠人为努力勉强行事的警戒。这里的“天”也并非儒家那种具有人格性、道德性和伦理性的“天”，只不过是人无可奈何的、高不可攀的存在。

道家的天观念基本上与自然观念相同，认为它是生命的根源或者无穷无尽的生息繁衍的世界。尤其庄子持有一种消极观念，认为 59
只有摒除自我意志才能自然而然认识到“天”。从强调对天命的理解这一点上，道家与儒家并无二致，但是如果说孔子将它看成君子之德，那么庄子则是将其视为无可奈何之物。在这一点上，两者观念的出发点与立足点截然不同。[15]

自认是孔子继承者的孟子发表了不同于庄子的非常积极的天命观。《孟子》中出现的“天”的意思，没有几处用来表示自然“天空”，主要以具有意志的“天”和作为意志的主宰者的“天”居多。《梁惠王下》中，孟子提到“吾之不遇鲁侯，天也”一语。天间接地主宰了人的意志与想法，控制人的际遇。《万章上》的阐述更加具体：

> 天与贤，则与贤；天与子，则与子。……舜，禹，益相去久远，其子之贤不肖，皆天也，非人之所能为也。莫之为而为者，天也；莫之致而至者，命也。

天要把王位授予贤人，则授予贤人，天要（把王位）授予儿子，则授予儿子。……舜、禹、益辅佐主公的时间长短和他们儿子的贤明与否及不肖与否，都是天的意思，不是人力所能做到的。没
60 人命令这样做，最终做成了，这便是天意；没人让其过来，最终却来了，这便是命。

天具有救赎人类社会这一明确意志，且主要在政治层面体现出来。在孟子的思想当中，天是有意志的人类社会的主宰者，上天不仅扮演着问罪无能掌权者的消极角色，还扮演着把政治权力转交给贤人的积极角色，天命一词正是用来形容这种上天的积极意志。天在运行卓越的政治，并把政治权力移交给有道之人。因而，天命并没有固定的框架，而是会根据政治情况发生变化。孟子甚至还在《离娄上》引用了《诗经》的“天命靡常”，对其原因进行了详细解释。

孟子不认为承应天命是一件可耻之事，反而认为“顺天者存，逆天者亡”。《梁惠王下》篇中有如下记载：

> 以大事小者，乐天者也；以小事大者，畏天者也。乐天者保天下，畏天者保其国。

以大国身份侍奉小国的，是以承应天命为乐的情况；以小国身
61 份侍奉大国的，是敬畏天命的情况。以承应天命为乐之人拥有天下，敬畏天命之人能保全自己的国家。

孟子把人力无可奈何的状态视为天命及命运，在这一点上与庄子的观念相似。不同之处在于，孟子认为既然认同天命，就必须通过正确的实践找到顺应之法。《孟子·尽心上》载：

> 尽其道而死者，正命也。桎梏死者，非正命也。

尽力行道而死，方为端正其命之法。犯罪受刑而死，绝非端正

其命之法。孟子既重视仁德，也持有畏惧天命的观念。他在道德论的范畴内对天命进行思考，天命观实际上是他一贯的道德实践论的延伸。可以说孟子的天命观非常接近“尽人事待天命”，即竭尽全力去做事，剩下的交给命运这种思想，与孔子的天命观一模一样。[16]

与孟子不同，荀子既不畏惧天，也没有宗教情感。他并不认可天对人类的支配力。他将上天视为一种亘古不变的自然体，其运行规律也不会发生偏离。《荀子·天论》篇提到：“天行有常，不为尧
存，不为桀亡。”天的运行有其不变的规律，不会因为尧帝而存在， 62
也不会因为桀帝而消失。上天在那里岿然不动，无法让人贫穷，无法让人生病，无法降下灾难，无法让人富有，无法给予吉凶祸福。《天论》主张不要顺应天命，而是要控制天命的制天命论：“大天而思之，孰与物畜而制之！从天而颂之，孰与制天命而用之！”大意是，只是一味地推崇天而敬慕它的话，怎么比得上把它当做物加以培养控制呢！只是一味地顺从天而赞颂它的话，怎么比得上掌控并利用它呢！

荀子认为可以通过人的努力来帮助自然所创造出的万物在其位各司其职，从而成就宇宙万物。他的思考方式具有彻底的人为属性与人类中心属性。荀子的这一主张似乎否定了已有的天命观念，摆脱了当时的迷信风潮，强调以人类为中心的王道政治是实践法则的一环。圣人的政治并非对命运服从，而是如《富国》篇说的“天地生之，圣人成之”，积极成就世间万物。

荀子主张“不求知天”，即“不要尝试去理解天”。他关注的问
题在“人”不在“天”，重点尤其放在人类社会的政治领域。荀子 63
曰：“天生万物，不能辨物也。”我们来看一下《荀子·礼论》篇的内容：

天地合而万物生，阴阳接而变化起，性伪合而天下治。天能生物，不能辨物也，地能载人，不能治人也；宇中万物生人之属，待圣人然后分也。

天地相合产生了万物，阴阳相遇引起了变化。本性与人为相结合，则天下大治。天能诞生万物，但不能治理万物，地能养育人类，但不能治理人类。宇宙万物与生活其中的人类等，都必须依靠圣人才能被安排得宜。

荀子重视人世间的事情，并始终贯彻着人文主义。他注重对自然加以利用与管控，认为可以通过人的努力来帮助自然所创造出的万物在其位各司其职，从而成就宇宙万物。他的思考方式具有彻底的人为属性与人类中心属性，主张政治顺遂与否跟上天无关，仅仅取决于人类。《天论》篇发出了明确宣言：

“治乱，天邪？”

64 曰：“日月星辰瑞历，是禹桀之所同也，禹以治，桀以乱；治乱非天也。”

大意是，“安定与动乱，难道是由天决定的吗？”荀子回答道：“日、月、星辰、天文历象，无论是在禹帝时期还是在桀帝时期都是一样的，但是禹帝时社会安定，桀帝时天下大乱，因此安定与动乱并不取决于天。”

至此，荀子看似否定了儒家的天命观念。然而，荀子提出了要“明于天人之分”。这意味着他并不完全把天道置之度外或否定天的存在，而是重在阐明两者的不同角色。《荀子·富国》之所以认为“天地生之，圣人成之”，是因为上天与人的职分不同，但存在着调和的可能性。荀子主张天人之分的目的大致有两个：一是试图打破自然崇拜的迷信，二是试图扩大人的主观能动性。他摆脱了孔、孟天命观中展现出的宗教思维，尝试把重点放在人的身上，实现对“天”的客观化。儒家的天命观历经了漫长的岁月，到了荀子这里，天的客观化才得以实现，相关观念也发生了变化。命运不再是上天的事情，而是人的事情。

此外，在先秦诸子百家的文献中，有关天命的论述还有好些，但基本上都沿袭了上述观点，或仅提出了折中方案。譬如，屈原《楚辞》中出现了两次“天命”。《天问》提到：“天命反侧，何罚何佑？”天命反复无常，何人受罚，何人受助？这与之前提到的“天命靡常”观念很类似。

比起荀子，法家思想更加彻底地以人类社会，尤其是君主专制 65
社会为前提，因此甚至不曾谈论天命本身。《商君书》中没有一处言及“天命”，而是充满了要借助君权强化实现力量征服“天下”的观点，商鞅只不过是以直接具体的用语来主张“尊君”的思想。至于韩非子，“天命”一词在《韩非子·大体》篇出现过一次：

> 因道全法，君子乐而大奸止；澹然闲静，因天命，持大体。故使人无离法之罪，鱼无失水之祸。

依据道来健全法的话，君子就能享受安乐，大奸大恶就会停止。淡泊闲静，立足天命，守护大体，从而使人不会犯下触犯法律的罪过，使鱼不会遭遇离水的灾祸。

韩非认为，只有所有人都遵守法律，才算是拥有与上天一样宽广的心，而这个便是道的实质。因此，如果最终能达到所有人都不触犯任何法律的自治状态，则天下大治，实现幸福世界。鱼和水的关系意味着君主与人民的关系。韩非的老师荀子在《荀子·王制》
中论述了相对的君民关系，认为：“传曰：‘君者舟也，庶人者水 66
也；水则载舟，水则覆舟。’”虽然他提到的是相对的君民关系，但

他的弟子韩非将之一转而变成绝对的君民关系，认为百姓必须服从君主。他主张百姓将君主之法当作天命来遵从的状态，才是最好的
66 太平盛世。

帝国时代的天命观念

随着以武力统一全国的秦帝国的出现，不同意见的声音逐渐减少，对法家路线的坚持极大地制约了思想界的发展。虽然在秦朝，诸子百家生动活泼的辩论氛围一时间销声匿迹，但随后汉朝一登场，儒家与道家的思想家们马上又重新活跃起来。为刘邦建立汉朝立下汗马功劳的陆贾在其著作《新语·道基》中引述：

> 传曰："天生万物，以地养之，圣人成之。"功德参合，而道术生焉。

天诞生万物，以地来培育，圣人使之完整。功德交融合一，道
67 术由此产生。这是直接照搬了荀子"天生人成"的天观念。汉代初，儒学发展阶段在时间上与荀子时期相近，也受到其学术上的深刻影响，因而很难说天观念发生了大的变化。只不过陆贾在《道基》中提到："罗之以纪纲，改之以灾变，告之以祯祥。"对于社会而言，天"用纪纲来囊括它，用灾变来修正它，用祥瑞来告知它"。在这一语境之下，"天"带有了神秘主义与天人感应论的色彩。这可以看作是董仲舒"天人合一论"与"天谴论"的起源之一。[17]

虽然董仲舒以儒家自居，但其思想实际上糅杂了阴阳家、法家、墨家等诸多主张。他把诸子百家有关天的理论升华为政治思想，提取出一种"天人政治论"。经由周公、孔子、荀子演变而来的天命观念，到了董仲舒这里，发生了意义深远的变革。董仲舒是诸子百家天命观念与汉初陆贾、黄老思想等的集大成者。他创造性

地提出了“天人感应论”等引用天来回应人间事的带有神秘主义色彩的主张。《春秋繁露》浓缩地反映了他的天命观念，其中《为人者天》篇作了如下论述：

> 人之血气，化天志而仁；人之德行，化天理而义；人之好恶，化天之暖清；人之喜怒，化天之寒暑；人之受命，化天之四时。

人的血气，由天志变化而成，因此仁慈；人的德行，由天理变
化而成，因此正义；人的喜好与憎恶，由天的温暖与明澈变化而 68
成；人的喜悦与愤怒，由天的寒冷与炎热变化而成；人的生命授
予，由天的四时变化而成。

如这里“天志”“天理”等观念所呈现的一样，董仲舒从天人合一这个观点出发，在神秘主义层面上，对天进行人格化处理。先秦儒者们对天的态度虽然也带有神秘主义性质，但大致上坚持的还是孔子“敬而远之”的立场。然而，董仲舒索性把人塑造为天的造物，把人的存在塑造成活着就必须一直服从天意或天命的形象，天因此成为了人的主宰者。

董仲舒严谨构建的通过将儒、法两家结合及天命观念所实现的
君权正当化，究竟只是来源于他独特的思维体系，还是形成于与具
有强烈专制欲望的汉武帝的交涉中，这个问题还需另外研究。但从
政治思想的养分来自现实政治供给这一层面看，董仲舒的《天人三
策》可谓是产生于与专制君主汉武帝的交流之中。他把天命极大
化，为汉武帝的权力正当性穿上了神圣的外衣。由此可见，他给法
家的尊君论附加了强烈的意识形态。然而在另一方面，作为继承孔
子、荀子的儒家思想家，董仲舒在《举贤良对策》中提出了“独尊 69
儒术”的主张，并自任为大儒。儒家认为必须通过民生保障与道德

实践来实现政治安定，而在此基本脉络中的董仲舒援引各种灾异论来讨论天人感应，并且把天命与君权相提并论，这反映了他想要最大限度减少专制君主暴政的意志，同时也体现了他在儒家尊君论的基础上，尝试用道德和喻指它的天的权威来制约君权的努力。

从董仲舒的天命观念与其制约权力的尝试有关联这一点来看，可以说他比此前的天命观念更进了一步。《春秋繁露·玉杯》篇有如下阐述：

> 春秋之法，以人随君，以君随天。……故屈民而伸君，屈君而伸天，春秋之大义也。

大意是，按照《春秋》，人们必须服从君主，而君主必须服从天。……因此，让百姓屈服而扩大君主的权力，让君主屈服而扩大天的权力，是春秋的大义。

君主是人在世上最高的主宰者，但是君主也是人，而天是所有
70 人的主宰者，因此天也是君主的主宰者。就像所有的百姓都要服从君主的命令一样，君主也要服从天的命令。董仲舒的“天人合一论”认为上天与人相互感应，万事得以实现，这一理论借助了无从得知的天的权威，来说明现实状态的人，特别是君王的行为，因此也可理解为一种君权制约说。尤其是《春秋繁露》中包含了各种各样制约君权的具体理论。譬如，君主不得随心所欲进行赏罚，必须遵从四时规律，各种国家灾难都是上天对君主政治错误的训诫，等等。董仲舒通过这些主张，为天命观念在干涉政治权力的产生及扩张之外，能够同样作用于政治权力的维持提供了依据。即便如此，这些对君权的制约并非出自发展民权的意图，本质上依然是用关联天命与君权的方式来强化君权正当性的手段。

董仲舒把天命观念改造成了革命观念。《春秋繁露·三代改制

质文》篇提出了一种历史循环论，认为历史只是“三正三统”，即夏王朝的“正黑统”、商王朝的“正白统”、周王朝的“正赤统”的反复循环，除此之外别无他物，并立足于这个“三统论”，提出了“改制”，即“新王必须改变制度”的观点。这意味着，得到天命的君主为了体现新王朝的合法性，会根据“三统”的顺序，通过调整具体制度形式与部分次序的方法，来表明自己的政权确实来自上天。主要采取的做法有徙居处、更称号、改正朔、易服色等。

这种“改制”成为王莽等后代政治家们的理论武器，并与谶纬 71
相结合，成为给王朝交替提供正当性的政治权谋术的工具。“天命”一词在后代每次王朝更替中都会作为政治语言出现，但它与吸收了儒家与法家逻辑的董仲舒的权力正当化及权力制约理论已大相径庭。[18]

董仲舒的天人关系对宋代的朱熹和明代的王阳明产生了深远影响。从这一点上看，董仲舒既是已有的天人关系论的集大成者，也是定型后代的“天”及天命观念的人。董仲舒之后，“天”观念虽然有过小变化，但再未发生划时代的变革。

南北朝的《世说新语·言语》提到：

今晋祚虽衰，天命未改。

如今晋朝虽然衰微了，可是天命还没有改变。把王朝的更替讲述成天命。在同一时代的《颜氏家训》里，《省事》篇谈到了应当守道崇德的君子的品质，认为“信由天命”；《归心》篇则有“不知富贵并由天命”一说。这意味着，天命观念不再限于王朝的更替，也可用在谈论一般人命运的情境中。清初《红楼梦》“魇魔法叔嫂逢五鬼 通灵玉蒙蔽遇双真”一章有云：“儿女之数总由天命，非人力可强。”意思也是儿女的命数最终是由天命决定的，非人力可以强求。这种观念原封不动地沿用至今。

72 当然，与董仲舒对天的人格化处理不同，把“天”视为自然的观点同样是始终支配中国思想史的基本观念之一。《淮南子》的作者们把天与“道”等同起来，表示万物的本质性原理。《淮南子·原道训》说：“循天者，与道游者也。”遵循天的人，是与道相遨游之人。天根植在与大地相对应的高不可攀的大自然中。

汉代，人们对自然之天有着各种各样的想法，而唐代，房玄龄等人编纂的《晋书》的《天文志》则对“天”作出了详细说明。《天文志》的记录为理解汉代与唐代天观念提供了重要线索。试举几例，第一种是“盖天说”，认为天如圆伞，地如棋局。“盖天说”为殷朝以来的天观念添加了道德要素，后来转变为天与地都是曲面的说法。第二种是“宣夜说”，认为宇宙如同一个鸡蛋壳。四时与昼夜的长短不同，而上天静止不动，随着地球上的人观察视角的不同而发生变化，星辰漂浮在其中。如果“盖天说”是一种天动说的话，那么“宣夜说”则相当于地动说，不过这种说法发展到一半便断绝了。第三种是“浑天说”，是以汉代先进的天体观测工具浑天
73 仪为依据形成的理论，认为大地是一个球体，而宇宙整体就像一个鸡蛋，蛋白部分是宇宙，蛋黄部分是地球。这一学说科学地观测了天体的运行，主张天地间是“气”的活动空间。“浑天说”虽然把天视作人类思想的根源，但是又把人类生活的地球视为宇宙的中心，此外，还主张与天有直接关系的人类社会的永久道德性。由于“浑天说”相信天的秩序是永恒的，因此与认可天命变异与赞同放伐的“盖天说”不同，它反对所有的革命，提倡封建秩序的永久性。直到宋朝以后，这种天观念都作为一种科学根据得到持续的研究，这对明朝之后吸收西方的科学知识也有很大帮助。

如此把天视为自然根源的天观念，与因董仲舒而转变为具有人

格化意义与政治意识的天观念，历经了汉朝、唐朝与宋朝后，具备了更加丰富的内涵。尤其是它一方面受到汉朝与唐朝以来佛教的影响，另一方面随着北方少数民族风俗与南方中国风俗的折中调和，到了宋朝后被综合为集大成的产物。宋朝学者引进佛教理论对天观念进行扩充，把佛教的宇宙构造与传统的人间伦理联系起来，发展出了形而上学。性理学学者们在《周易》及《中庸》基础上吸收老庄及佛家的影响，自成一家。朱熹在《朱子语类·理气下·天地下》篇作了如下发言：

> 离骚有九天之说，注家妄解，云有九天。据某观之，只是 74
> 九重。盖天运行有许多重数。

大意是，屈原《离骚》有九天之说，注释家们胡乱对它作解读，认为说的是存在九个天。据我观察，“九重”指的只是多重的意思，天的运行具有无数的多重性与多样性。

朱熹有关天的观念并未脱离董仲舒的思想，但是通过充分结合佛教的宇宙观与人类内在的伦理价值，他改进了天理论。对他而言，天观念的定义为：“宇宙的严谨法则既是人类世界的阶层性，也是人类内在的道德律。”[19]一方面，朱子具有认为气聚而生、气散而死的庄子式思维；另一方面，他认为天即理，鬼神即气，死即消亡。清代编纂的《康熙字典·大部》对“天”字进行了说明，它引用了宋朝邵雍的话，认为“自然之外更无天”。从结果而言，汉代以来，天观念的自然之义与伦理之义逐渐重叠，随着时代与局势的不同，有人强调其自然性，也有人侧重其主宰性，而这种现象一直延续到了今天。

75

天命与中国政治思想

天人关系与中国政治思想

天人关系是定义中国政治思想的重要内容之一。初期，人们认为天是人的绝对主宰者，不会插手人间的事情。然而，殷周更迭期间天命观念盛行，统治者被赋予沟通上天与人类的半人半神的“天子”称号。由此可见，当时主张天与人的关系密不可分的观点开始增多。比起看不见的神界，认为当下活着的现实世界更重要的人文主义性质的思想也早已蔚然成风。到了孔子时期，具有划时代意义的观念转变得以实现。

当然，无论是在孔子以前还是孔子时代，都存在着认为天与人异轨殊途、互不相干的“天人相分说”。《国语·周语下》记有一事，晋发生内乱，鲁侯问原因是天道还是人事，周单子对此回答说：“吾非瞽史，焉知天道?”大意是，我既不是负责音乐的瞽者，
76 也不是负责天文历法的史者，怎么可能知晓天道呢？《国语》与《左传》还列举了许多这种认为天不会插手人间事的事例。《左传》昭公二十六年记载了晏子的话：“天道不谄，不贰其命。”天道不容怀疑，天命只有一个。当然，这一主张出现的原因在于存在着天与人相互照应的观点，而制作年代争议颇大的《尚书·洪范》篇尤其记载了许多这样的内容。虽然其中也有缺乏科学依据的部分，但无论是“天人相分”还是“天人相应”，都把人视为政治的主体，以天人关系来解释政治的盛衰兴废。这一事实本身就可谓是在大力主张弱化作为神秘主宰者的天的权威。

孔子提出的仁学，作为人际关系的原理原则，是儒家思想的核

心，还是构建中国人政治意识的重要基础。孔子对天的情绪虽然也带有浓厚的神秘主义色彩，但其言行一向以人为中心。荀子很好地继承了其以现实为重、人民在先的思考模式，他在《荀子·天论》篇中提到："故明于天人之分，则可谓至人矣。"如果能够明确区分天与人，那便可称为至人。荀子所说的"至人"指的是最高政治统治者，即认为只有那些对天人关系具备全面洞察力的人，才算是伟
大的政治家。虽然荀子站的是天人相分的立场，但是战国时代诸子 77
百家大部分都主张天人合一，认为人受天的制约而生存，天与政治有着极为密切的联系。

荀子对天人关系的看法经过陆贾的发展，相当程度上呈现出神秘主义的趋向，而董仲舒更进一步地总结融合了已有的诸子百家的天人关系论，《春秋繁露·深察名号》篇提出了"天人之际，合而为一"的"天人合一说"，《阴阳义》篇对此作了如下阐述：

> 天亦有喜怒之气、哀乐之心，与人相副。以类合之，天人一也。春，喜气也，故生；秋，怒气也，故杀；夏，乐气也，故养；冬，哀气也，故藏。四者，天人同有之，有其理而一用之。与天同者大治，与天异者大乱。

天也有喜悦与愤怒之气、悲伤与快乐之心，这与人不相上下。类别上相互合拍，天人是为一体。春天为喜悦之气，所以主生长；秋天为愤怒之气，所以主衰亡；夏天为快乐之气，所以主养育；冬天为悲伤之气，所以主隐藏。这四种是天与人都拥有的，必须一起合乎其道理地应用它们。与天一致则大治，与天殊途则大乱。

天人合一意味着人与自然的和解与融合，是中国政治思想的重
要特征之一。当然，历史学家刘泽华说过："不容忽视的一点在于， 78
天王合一才是天人合一的主旨与主体。"他认为，由于古代中国是

王权主义国家，因而并不会有谈论人民的个人生活与自然相一致的思想境界。[20]无论是民权还是王权，对董仲舒而言，天人关系都是构建他的政治哲学的最重要的观念之一。

董仲舒把君主专制视为基本理念，认为国家的盛衰兴废与统治者的作为有密切关系。他研读过去的历史，分析先代君主的功过，在自己独特的君权观念基础上，重新整理了天人关系。特别是他对君主的思考有四个层面，一是君权神授，二是法天政策，三是不合天道便会发生天谴的观念，四是在儒释于天的层面确立了不同以往的天人关系论。董仲舒虽然通过《春秋》来认识万物，但他把人类社会与宇宙构造看作一体，创造出了试图借助天人关系解决政治问题的独特观念。《春秋繁露·为人者天》篇有言："为生不能为人，为人者天也，人之为人本于天。"一个人可以说是出生，但不是成人，使一个人成为人的是天，人之所以成为人的本源在于天。

79 董仲舒思想的影响力贯穿整个汉代。汉代儒学受其天人关系论的影响，呈现出许多神秘主义要素，在某一层面上还具备了宗教约束力。随着《春秋公羊传》神格化了孔子并盛行一时，立足于天命的政治越发突出。就算董仲舒披露诸如此类的看法的隐含目的是为了找到控制当时无限扩张的皇权的方法，但他的继承者或一般人都达不到那样的思想境界，对天人关系的神秘主义性解读于是逐渐深深地渗入民间，占据了时代主流。尤其，董仲舒把天命观念改造为革命观念，立足于"三统说"来进行"改制"的尝试等，成了王莽等后代政治家们的理论武器，并且与谶纬相结合，沦为了炮制王朝更替正当性的工具。

汉朝，汉武帝的独尊儒术政策带来了孔子神格化与五经神圣化的结果。五经成为官学，违背经的意思与违背法律等同起来。因
80 此，出现了把五经神圣化，收录天命预言的纬书。《诗纬》《尚书

纬》《易纬》《春秋纬》等文章把所有话语都包装成上天降下的命令。西汉后半期开始，纬书与图谶说成为一股强劲潮流，天命观念不再是想象，而是作为历史真实被人所接受。《孝经纬·援神契》篇提到：

《易》长于变，《书》考命符授河。

《易》在变化上有优势，《书》阐明了把河图视为天命来接受的信物。

西汉末年，王莽以外戚的身份掌握了内外的权力，身居大司马、安汉公、宰衡、摄政、假皇帝等相当于皇帝的职位，而为了成为真正意义上的皇帝，他需要“天命的更新”。他伪造上天预示帝王接受天命的符命，运用祥瑞来营造新王朝的正当性。这意味着以人的立场顺应天意，“顺天应人”的“更命”被用作政权更替的法则。这个例子为了解当时社会接受天人关系的方式提供了证据。

打败王莽，建立新政权的汉光武帝刘秀同样把以“天人感应”为依据的天命更新当做法则。当然，也有思想家对这种使世界陷入不合理的神秘主义，通过荒唐的逻辑来正当化权力的做法，提出了反对意见。桓谭因尖锐批评光武帝的图谶，差点被斩首处死；东汉 81
王充认为天只是自然，不是神灵，无法主宰人类。他在《论衡·谈天》中写道：“天地，含气之自然也。”天与地，是含着气运的自然，而天只不过是物质实体。虽然王充尝试用客观的科学视角来看待天人关系，但却没有得到任何人的认同。[21]东汉时代，天命观念的神秘主义性就是达到了这样的程度。

王符在他的《潜夫论》中以民心为中心，论述了政权合法性的基础，同时围绕着天人关系，以平民为主展开了迥异于他人的思考。魏晋南北朝时期，天人关系观念的变迁主要分为两种展开方式。一种由董仲舒的“天人感应论”发展而成，用天命来解释王朝更替与盛衰兴亡；另一种由天人关系发展而成，认为天与人通过不同存在来相互作用。然而无论是哪种情况，大部分人都接受把天命引入人类社会的思维内，用来解释现实社会发生的重大事件。直到清朝，天命的更迭依旧被用作政权合法性的法则，这说明了这种神秘主义性质的天人关系始终被中国传统时代的社会所接受。

隋唐时期，试图兼合儒、道、佛三教的思潮盛行一时，也形成
82 了对已有的天人感应论的批评与否定。有关何物为真正的“道”的论争非常激烈，比起天命，此时人们对天道的关心更甚。孔颖达在《五经正义》中主张天道自然，在《文王世子疏》中提到：“父子天性自然，故云道。”父母与子女因为是天性自然，因此可称为道。孔颖达所重视的是人伦，还特别强调了作为天道与人道之纽带的五伦。理所当然地，他关心政治的伦理化，并向君主谏言，劝他与其期待天命，不如行善积德。

唐朝，为培养儒学者作出巨大贡献的王通，同样煞费苦心地想从天人感应论的神秘主义中挣脱出来，重新把天人感应的重心放置到人类社会。他在《中说·魏相》篇中说道：

> 天地之中非他也，人也。……人事修，天地之理得矣。

大意是，天地之间存在着人，而无他物。如果人间事处理得好，便能获得天地的道理。他认为天命是用来称颂人间事的东西，政治的兴亡盛衰取决于人。

柳宗元索性撰写了《天说》一文，提出“天人不相预论”，旨在重视人间之事。《柳河东集》收其《贞符》篇提到：

> 受命不于天，于其人；休符不于祥，于其仁。……未有丧仁而久者也，未有恃祥而寿者也。

国家的兴亡与吉凶祸福等，受命不是来自天，而是来自人。好 83
的征兆不会产生于祥瑞，而是产生于人的仁。统治者们不应该执迷天命，而是要重视人间事，广施仁政。

然而，到了韩愈时期，这种降到俗世的现实性天人观念又重新亮出了天命论的旗帜，趋向于天人感应论。当然，韩愈的文章中不乏强调人的“心”，重视人类社会的言语，但是他对天人关系的认识基本如他在《贺册尊号表》里说的：“先天不违之谓法天，道济天下之谓应道。”在上天面前，不忤逆是为“法天”，即效法上天；道拯救天下是为“应道”，即回应道意。韩愈一方面没有无视天道自然说，另一方面又认为必须借助仁义来拯救世界。因此这并非完全具备神秘主义性质的天命观，而是在强调“道”的过程中，引入天道来作立论基础。

在韩愈的绝对影响力下，宋明理学基本上关心天道甚于天命。对性理学学者而言，道统比天命更重要。由此，以天命观念为中心的天人关系论，把强调道德法则的天道与天理视作了中心观念。对其所涉伦理纲常的细节，将会在相关章节论述。

革命与放伐 84

与中国天命观念有关的最热门的话题，想必还是变更政权的事件，即革命。《周易·革卦·彖传》记录了一桩划时代的大事，它显然掀起了中国历史上持续时间最长的一场学术争论。

> 天地革而四时成，汤武革命，顺乎天而应乎人，革之时义大矣哉！

大意是，上天与大地由于变革而形成四季，汤王与武王发动革命，遵从了上天，也回应了人民。革命的时代性意义实在是伟大啊！

这是汉语中“革命”这一表述的起源，如果说是孔子写下的这段话，那么他的评价就是对革命的正当化。汤、武是以残暴出名的夏朝末代国君桀和殷朝末代国君纣的臣子，他们掀起的与其说是革命，不如说是军事政变。然而，正是基于这样短短的一段话，在历史上诞生了多少的革命家，又作为祸根，导致了多少人被当成逆贼而招致三族或九族被赶尽杀绝的厄运呀！但是，汤王和武王还是被视为历史上圣王的典范。此后，无论是成功的政变，还是失败的政变，都在高喊着“天命的变革”。

85 天命思想由来已久。“天命不常在固定的地方”“天命不会永远伴随一个王朝”等革命思想，或者说更命思想，同样十分悠久。上述《周易·革卦·彖传》的语句，代表了中国天人关系的政治性变化，为天人感应认识论奠定了基础。诸如荀子等思想家，还提出了“易位”（王位更迭）及“诛一夫”（可以诛杀暴虐的君主）等主张，把汤武革命正当化。顺天应人是历史上许多革命的发动依据，也是赋予新诞生王朝合法性与正当性的法则。

曾为臣子的汤杀死自己的主君桀，建立新政权，这到底是如何取得正当性的呢?《尚书·汤誓》篇有“伊尹相汤伐桀”一则记录。大意是，伊尹成为汤王的宰相，讨伐了桀。“伐”指的是以正义的名义进行的公开攻击行为，“伐”动员了众位诸侯。类似的还有“征”，“征”指的是得到天子的命令，去攻击其他民族或诸侯等地方势力的行为。“征伐”指的是所有具备政治正当性的王攻击、铲除那些无理挑战王权的人的行为。所以，臣子汤“伐”君王桀这一说法，在语义上其实是矛盾的。即便如此，《尚书》还是将之称为“正义”在前的“伐”行为，其目的是为了标榜曾是臣子的周武王对君王纣的伐是正当的，而“天命的变革”是对此加以证明的武器。在天人关系中，由于天的地位高于人，因此“征伐”借助的是天而不是人的名义，这被称为“革命”。《尚书·多士》篇最早记录 86 了“革命说”，如下：

> 乃命尔先祖成汤革夏，俊民甸四方。

你们的先祖成汤得到了革夏之政的命令，让杰出的百姓治理四方。

革命与放伐虽经春秋战国时代儒家思想家们的解释而得以正当化，但也引起了许多争论。论点大体上分为两种：一是它们究竟属于篡弑君主还是属于执行天命，二是革命究竟属于无法逃避的命运还是可以规避的事情。放伐与王位的禅让论一样，可能是早期儒家思想家们创造出的水平极高的象征性操作，而后世的许多思想家们对此则表示怀疑。[22]每一王朝开创之际，都会推出“天命的变革”这一借口，而每一王朝谢幕之际，也都会对王朝命运提出疑问。《史记·儒林列传》记录了西汉政权建立之初，发生在景帝面前的有关革命的论争。黄老学派的黄生反对革命论，认为“汤、武非受命，乃弑也”。汤王、武王并非受命于天，而是篡弑。对此，赞同革命论的辕固生反驳道：“不然。夫桀、纣虐乱，天下之心皆归汤武， 87 汤武与天下之心而诛桀纣。”辕固生认为汤武是由于包含天意的民心所向，不得已而登上王位。这不是天命是什么呢？随着激烈的论争波及到汉朝建立政权的正当性问题，“汤武革命”有关的讨论遭到了禁止。对掌权者而言，围绕革命的论争总是弊大于利。

董仲舒更加精巧地提出了天人合一论，以天命论取代了革命论。他把天命与王权等同起来，提出“新王改制论”，为“永命”，即现王朝的永恒生命，提供理论上的支持。即便如此，汉朝眭弘等一部分人看到怪异现象的出现，还是提出了“当求贤人禅帝位，以顺天命”的观点。理所当然，这些神秘主义性质的主张最终只为他们招来了凄惨的死亡，被诛杀的理由是妖言惑众。这种间接的革命论因直面了汉帝国的政治危机，于是以思潮的形式重新复活了。

谨慎的刘向也认为自古及今未有不亡之国，上疏称：“明天命所授者博，非独一姓也。”被赋予天命的人非常多，不会只给一个姓氏，这一点必须要清楚。天命只会走向有德之人的主张，是为警告王室要端正政治。西汉后期的皇帝们接纳了这样的观点，并主要通过更改年号的方式谋求政治革新。皇帝自己成为有德之人，以图重新获得天命更命的论点，与依靠暴力的政权更迭无关，而是与让位给贤人的“禅让论”有关。这种和平的政权更替形式，也给政权末期的君王们打开了一条活路，因此也成为了百姓们可以接受政权转移到王莽等新的实权者身上的理论依据。

纬书是记录了最多易姓革命的文献。纬书的作者们认为革命是无可避免的，也不存在永恒不变的王室。《尚书纬·帝命验》篇：“自三皇以下，天命未去飨善，使一姓不再命。”大意是，自三皇以来，天命使他们享有善，使同一个姓氏不能再次受命。《易纬·乾凿度》认为世界的原理在变易当中，因此革命是必然的：“君臣不变不能成朝。”君主与臣子不发生变化的话，就无法延续王朝。那革命何时会发生呢？纬书认为，如果如今的天子暴虐，天地转向，那么为了使天地运行正常化，就应当接受神圣的暗示，发动革命。在改朝换代的层面，革命必然会引起巨大的社会变动，但并不意味着会改变“君王—臣子—百姓”的结构，只不过是在维持君主专制体制不变的情况下更换君王。因此，南北朝时期，在王朝时时刻刻都在发生改变的情况下，涌现出了无数的革命论，但是基本没有产生真正意义上改变体制的对革命的讨论。
89

在把革命论运用为政权创设的正当化法则的人当中，唐太宗无疑是最成功的一位。隋唐皇帝们大部分都夸赞自己积厚德、建丰功，通过革命、禅让等方法登上了龙榻。唐太宗为了论证唐朝李氏王朝的合法性，提出了“顺天革命”的主张。《帝范》序：

帝王之业，非可以智竞，不可以力争者也。……皇天眷命，历数在躬……叨临神器。

帝王之业，既不是通过智谋竞争得到的，也不是通过力量斗争得到的。……上天赐下命令，把帝王的历数放到我身上。……（我）得以获得名为玉玺的神器。既然革命是上天定下来的事情，那么君王只要行善积德获得民心即可。民众不是革命的主体，而是完成革命的手段。

“布衣天子”朱元璋同样从天命观念中借来了明朝建国与革命的正当性。当然，认为应当驱逐胡虏的“华夷论”也成为他革命的重要理由，但就为何必须是朱氏的问题，答案还是需要依托天命。《明太祖实录》第二五五卷记载：

岂非朕无心于天下而以救民为心，故天特命之乎？

“难道不是因为朕无心于天下，一心只为拯救百姓，因而上天才特别授命的吗？”朱元璋成功地给革命披上了正统性与合法性的外衣，但同时，也正是他在成为皇帝后彻底地禁绝了革命，全面打 90
压与革命相关的语言及思想。白莲教是朱元璋自身的根基，也是对元朝发动革命的“根据地”，但就连他们的弥勒佛信仰都被朱元璋判为迷信而受到打压。此外，即便朱元璋重视儒教，他也还是命人删去了相关文献中“易位”等令其不适的语句，对文献进行重新编纂。如此，革命论被用作夺权手段，可一旦统治者实权到手，又会再次成为被禁止的观念。

天道、天理与君权

90 理解天道离不开天命。如上所述，因孔子得以创立的天命观成为改变中国古代政治的重要价值标准，只要是儒生，谁都会产生立足于天命、试图改变现实的“弥赛亚”意识。在此，不得不提到天道观的发表。

天与道本来是两个不同的观念。“道”的本意是道路，也被用来指代规则。《尚书・康诰》：“皇天用训厥道，付畀四方。”这一句中首次出现了“天道”这一观念。大意是，上天教导其道，交代要引领四方。“天道”这一概念有时会和“天”或者“天命”观念一同出现在《诗经》或《周易》等文献中，但到了春秋时期才正式成
91 为流行观念。在《国语・越语下》中，范蠡说：“天道皇皇，日月以为常。”大意是，因为天道非常显眼，所以太阳和星辰都将之视为不变的法则。这时的“天道”指的是上天的运行规则。而在《左传》襄公二十二年中，晏平仲说：“君人执信，臣人执共，忠信笃敬，上下同之，天之道也。”大意是，成为君主的人立足于信任，成为臣子的人立足于恭敬，君臣通过忠实的信任与笃厚的恭敬，上下一心，这便是天之道。这时的“天道”比喻的是人伦关系。

天道观念的思想基础是，只有顺应自然，人类社会才会变得幸福。人类只有遵从自然规律才能生存，权力也是如此。君主如果忤逆天道，即自然规律的话，整个国家都会受到自然的报复。天道还与天命观念类似，是会随着对待天的态度的不同而发生变化的概念。在受人文主义与理性精神所支配的时代，天道观念会自然而然脱掉神秘外衣，变成世俗属性的天道观。反之，不管有意无意，在神秘主义气氛笼罩全社会的时候，带有宗教与哲学色彩的天道观就会流行起来。法家思想中也强调制定法律时必须考虑自然规律，要

求“顺应天道”。

《庄子》有《天道》篇，在长沙马王堆中发掘出的与黄老有关的书籍中，也发现了对天道的讨论。譬如，《十大经·前道》[23]篇有以下内容：

> 故王者不以幸治国，治国固有前道，上知天时，下知地 92
> 利，中知人事。

大意是，因此君王不靠侥幸治国，治国理所当然会有先行之道，所以于上要懂天时，于下要知地利，于中要晓人事。

《经法·六分》篇也提到“王天下者之道，有天焉，有人焉，又（有）地焉，三者参用之，（故王）而有天下矣”。大意为，天下君王之道，有天，有人，有大地。君王因为兼用了这三者，因此拥有了天下。人道，即人类之道的核心，在社会秩序。君臣之间区分贵贱，建立秩序之事便是人道。天道与人道既是两物，也是一体。世俗天道观的逻辑结果就是民本思想，起着为政治变革提供理论框架的支柱作用。同时，以天道为中心的政治思想的形成还会带来消极结果，即会招致道德相对主义与道德虚无主义，最终会压制人对政治的积极作用，还会严重制约规则的遵循或制度成果的获取。如果万物都依附于天道，那么百姓们的政治主体性将不复存在。

据推测，《管子》成书于战国时代至秦汉时期，书中出现了 22 处关于“天道”的表述。既有指代自然运动的轨道之意，也有规则之意，还有“天之道，满而不溢”（大意为，天之道，虽然满了也
不会溢出来），这种表达不变真理的意思。某些段落还用天道来表 93
示社会关系或人类的行为标准。《管子·版法解》篇认为，为政者必须顺应天道才能取得成就，如果违反天道就会遭遇失败。

在“天”受到重视的汉朝，无论是政府还是民间，天道都是影

响整个社会的重要观念。陆贾在其《新语·明诫》篇中提到人间事来源于天道，甚至还说君主在分辨是非时必须遵循天道。《汉书·文帝纪》记载了文帝发的牢骚：

> 意者朕之政有所失而行有过欤？乃天道有不顺，地利或不得，人事多失和，鬼神废不享欤？何以致此？

大意是，难道是朕的政治有过失，行动有错误吗？因此天道不顺畅，地利也得不到，而人事大部分失去了和睦，所以鬼神放弃了我，万事也无法亨通吗？怎么就到这种地步了呢？

尤其是把天视为思想中心的董仲舒认为，所有的活动和政策都必须依照天道、天意的指示来进行。他在《春秋繁露·阴阳义》篇说："天道之常，一阴一阳。"天道的一般规律就是一阴一阳。他认
94 为，所谓的圣人，就是使天道运行的规律与政治原则相一致，追求政治大一统，担任沟通天道与人事的仲裁者角色的人。从这一点上看，现实君主应当以圣人为目标，积极加强道德修养，同时要更加恭顺地执行天的命令。那么一来，君主应该会一边承受着相当大的压力，一边行使着权力。对天道的强调在一定程度上发挥了制约君主权力的作用。当然，如刘泽华先生指出的那样："试图用天道规律约束君王个人的情感好恶、行为举止和政治素质，则未免显得荒唐。在实践中，用这样的方法制约君权是难以取得实效的。"[24]

后汉时代的天道观念具有神秘主义色彩，更加深入地渗进民间，而纬书的出现正是代表了这样的趋势。《白虎通义》也认为，三纲五伦整体是顺应天道而成之物，应当无条件服从。王充对这样的神秘主义天道给予了尖锐的批评，认为"天"只不过是自然体，在繁衍人类或者制约社会方面发挥不了任何作用。反之，人类也无法干涉天道。《论衡·乱龙》篇："夫东风至，酒湛溢，鲸鱼死，彗

星出，天道自然，非人事也。”大意是，春风吹拂，酒香四溢，鲸鱼死亡，彗星出现，这些都只不过是按照天道出现的自然现象，而
非人为之物。他认为，以人的言行举止来撼动上天是不可能的。王 95
充的天道自然观念是基于理性思考的极其合理的判断，但在当时未受瞩目，甚至反被当成了傻瓜之论。

魏晋之后，王充的天道自然论逐渐被人关注，得以在中国思想史上占据重要地位。一方面，天人感应论逐渐弱化，政治观念转变成人事比天道更重要。尤其是仲长统，主张人世间的所有灾难与福乐、秩序与混乱以及兴亡盛衰全部是人类自己决定的，与天道无关。《群书治要》第四十五卷收录了仲长统的《昌言》，其中提到，天的自然性虽然可以加以利用，但是神秘主义性质的天道则毋须相信也毋须知晓。人事为重是仲长统主张的要点：

> 故知天道而无人略者，是巫医卜祝之伍，下愚不齿之民也；信天道而背人事者，是昏乱迷惑之主，覆国亡家之臣也。

大意是，只知天道而不知人事的，是巫医算卦之类的人，是应 96
当不齿的下级愚蠢之民；相信天道却排斥人事的，是助长昏乱与迷惑的君主，是摧毁国家与家庭的臣子。

另一方面，作为汉代道家经典之一的《太平经》依旧重视天道，强调君主应当获得“天心”。该书在西汉末年的黄巾之乱时发挥了很大作用，社会影响力不可小觑，但其天道决定人间的想法只是作为道教一派的宗教主义被遗留下来，在政治思想方面的影响力基本化为乌有。唐朝时期，道家学者李筌在《太白阴经·天无阴阳》篇提出“天道鬼神，视之不见，听之不闻，索之不得”，也认为人为因素决定了万事万物。

唐朝，儒教、道教、佛教盛行一时，对“道”本身的讨论要比

对天的讨论更加激烈，焦点转移到怎样才是真真正正服务于人类社会的道这一问题上。由此，柳宗元等大部分学者文人都持“天道自然”这一主张，认为应该以相同标准来运用天道与人伦，把人间事放在更加重要的位置。

唐末，儒学与佛教展开竞争，儒学拔高“道学”的价值，把儒教的道德伦理归纳为道统与天理这些观念，得以发挥比佛教更占优势的政治影响力。道教也开始推崇天理，使其与人类社会的伦理相结合。著名道士成玄英在其《庄子注疏·人间世疏》中提到：“夫臣子事于君父，必须致命尽情……安心顺命，不乖天理。”大意是，臣子与子女只有在侍奉君主与父母，听从他们的命令行事之时，才能安心且顺应天命，不悖离天理。把伦理纲常上升到天理层面的议
97 论也受到了佛教的不少影响。这种讨论到了宋代性理学时期集其大成，天理变得与人欲相对立，掀起了浩大的思想论战。

天理这一表述虽然不曾见于初期典籍，但出现在了战国时代。尤其《庄子·天运》篇等出现了“顺之以天理”的说法，《韩非子·大体》篇也有“古之全大体者……不逆天理，不伤情性”的语句。大意是，古代顾全大体的人……不忤逆天理，不伤害人的性情。董仲舒《春秋繁露·为人者天》中则有“人之德行，化天理而义”之语。大意是，因为人的德行是天理幻化而成，因此正义。其实，《礼记·乐记》中出现的以下段落提前千年预示了性理学的论战：

> 人生而静，天之性也。感于物而动，性之欲也。物至知知，然后好恶形焉。好恶无节于内，知诱于外，不能反躬，天理灭矣。夫物之感人无穷，而人之好恶无节，则是物至而人化物也。人化物也者，灭天理而穷人欲者也。于是有悖逆诈伪之

心，有淫佚作乱之事。

大意是，人生下来是沉静的，这是上天之性。感应到物质而运动，这是性之欲。……于内好恶没有节制，于外则受到诱惑，导致无法做回自己，那么天理就会丧失。外物对人的影响是无穷尽的，如果人的好恶再不加节制，那么一旦与物质接触，人就会因物质而动摇。人如果因物质而动摇，就会泯灭天理放纵人欲。于是便会产生悖逆与欺诈的心理，干出纵欲与作乱的事情。

唐朝，孔颖达的《五经正义》为天理与人欲的相关论辩开启了
一条路。在针对以上段落的《乐记疏》中，孔颖达把情欲的扩展批 98
评为“灭天理而穷人欲”的行为，认为“天理灭，大乱之道”。天理丧失是引起大乱的途径。因此应该通过政治来抑制人们的情欲。可见“存天理、灭人欲”作为性理学的代表主张，根源在此。程颢与程颐两兄弟的“天理论”把天理升华到北宋新儒学的最高观念，成为了所有人伦的本源，以及君主也必须遵从的根本。直到清末，知识分子与政治家们都没能超出这个范畴。

《河南程氏遗书》第七卷中写有“人伦即是天理”这一明确宣言，“人伦者，天理也”。“天理”意味着伦理的绝对化。性理学学者们的天理论作为制定宗法伦理、政治制度及规范的基础理论发挥着作用，“天理”成为亘古不变的具备所有合法性的至理。朱熹在《朱子语类》第六十一卷中认为：

天分即天理也，父安其父之分，子安其子之分，君安其君 99
之分，臣安其臣之分，安得其私！

大意是，因为天理的存在，父母安适于父母的本分，子女安适于子女的本分，君主安适于君主的本分，臣子安适于臣子的本分。那怎么会有自私呢！如此，天理比起君主的私人判断享有更高的地

位，成为了牵掣君主自私的有效武器。黄宗羲甚至在其《破私论·从祀》篇说出了“以天理把捉天地”的话。大意是，用天理来管理天地。

最终，“天”在中国政治思想史上被人格化，成为寻求支配正统性的手段。而对于普通百姓而言，“天”是令人畏惧的存在，以致要服从皇帝的支配秩序。与天相关的诸多观念致力于调用天人合一及神秘的天命观念等，来确保统治的正当性，因此毋庸置疑成为支撑君主专制主义的重要理论。然而，天命与天理等“观念”还给无限扩张的君主权力施加了一定意义的制约，这点同样也是中国政治思想史上重要的特征之一。

第三章
心　性

心与性的出现孰先孰后，至今尚无定论。 101

理学的“心即理”与“性即理”的论战，是关于心与性，该首先对哪个问题进行思考的争论。究竟是立足于心来阐述性，还是把性看作更本质的东西，这是东方哲学学术研讨的核心范畴之一。在政治思想领域，这显然也是不可忽略的主题。

心性观念的形成 103

心的词源

“心”字出现由来已久，但是在甲骨文碎片中只找到了几处类似的字形。《古文字诂林》收录了数十种“心”字，其中并没有甲骨文。下图展示的第一个文字据说是“心”字的甲骨文字形。《古文字诂林》中，于省吾用很长的篇幅来说明该字虽然与“贝”字形相似，但实际上是其他文字。[1]于省吾的观点没有被采纳为定论，而且具体用例至今尚未出现。无论如何，“心”字是指代人体内心脏的象形文字，这一点从字形上可以看得很清楚。

汉典网引用第一个字形作为“心”字的甲骨文字形，考虑到“心”字从初期金文开始呈现出心脏的象形这一点可以推断，在殷代，解剖学已经达到了相当精湛的水平。有些金文的字形标示了流向心脏两边的动脉与静脉，还有些如上图所示，在中间把血画了上去。小篆体的象形文字展示了更加细致的心脏形状与血管，这意味着伴随时代发展，解剖学的水平越来越高。

104

未详	𪓐镈	克鼎	《说文解字》
甲骨文	初期金文	后期金文	小篆

“心”字的变迁

《说文解字》“心部”有如下说明：

心，人心，土藏，在身之中。象形。博士说以为火藏，凡心之属者从心。

大意是，人的心是属土的内脏器官，位于身体的正中间，是象形文字。也有某些博学之士主张这是属火的内脏器官。所有属于心的字都把“心”作为偏旁。

从“土”是指代中央的阴阳五行观念中的“土”这点来看，这个解释是在后代的抽象概念介入后产生的。在五行中，认为心脏属火的见解着眼的可能是心的作用与机能。《黄帝内经》专门论述了人体内部器官，如果其散佚部分得以复原的话，那应该能够从中获得比较精确的对人体构造及心脏的描写。

105 **性的词源**

“性”字是由“心”与“生”组合而成的会意字，许慎《说文解字》提到：

性，人之阳气性善者也，从心，生声。

大意是，所谓性，指的是人之中阳气性善的部分，以心为偏旁，发音为生。“阳气”指的是使气运明亮，“性善”说的是本性之善。许慎的这种解释显得极其模棱两可，恐怕是受了孟子“性善说”的影响。但无论如何，这个字都和“人”有关。甲骨文的“ʔ”字描绘的是在田野上劳动的形象，但马上成为了代表“人”的文字。对此，许慎在《说文解字》中将之解释为：“天地之性最贵者也。”人是天地之性当中最宝贵的存在。清代段玉裁在《说文解字注》中认为“性”的古文字是“生”字，意思是“性”与“生”同样指代生命体。而上天与大地的生命体之中，人是最宝贵的存在。段玉裁还把“人”解释为“天地之心”。虽然在甲骨文和金文时代没有“性”字，但其出现在了《诗经》等古文献中，这可能是后人为了与“生”字区分开来，对其进行抽象化而在旁边添加了“忄”字。[2]下图展示了“生”字的变迁。

 106

甲 380	丰尊	史颂簋	《说文解字》
甲骨文	初期金文	晚期金文	小篆

“生”字的变迁

“生”字是甲骨文中出现最多的文字之一，其形状基本与甲 380 的字形一致。象征地面的“一”字上发出幼芽的“生”字，把大地与植物的关系清晰地表示了出来。“生”字为大地上长出植物的象形，再加上代表人类最重要特征的“心”字，从而构成了“性”字。“性”字在维持“生”这一原义的状态下衍生出了两种意思，一种是本性与本能，如性欲、性感等；另一种是人的内在特征，如性质、品性等。后者也可以说是从心中冒出的生命力的表现。

《古文字诂林》囊括了有关“生”字的古文字信息，[3]许慎将它解释为形容前进的“进”字，和草木生出土上的样子。随着“生”字的含义日渐丰富，与人内在相关之物被称为“性”，在女性生育这一点上，则添加“女”字构成“姓”字。在金文中，“百生”与“百姓”两词并存。[4]直到春秋战国时代，“生”与“性”都被混用在一起。譬如，王念孙在注释《国语·周语》中“厚其性”，即“使其性笃厚”时，将“性”称为“生”。《吕氏春秋·知分》篇“全生”，即“保全生”中的“生”，意思是“性命”。

徐中舒《甲骨文字典》收录了甲骨文“㞢”的四种用法：具有代表性的第一种是如“生鹿”的用例（粹 951），表示“活着，新鲜”之意；第二种是如“苯生”的用例（合集 34078），表示“希望如草丛一般繁茂发育”之意；第三种是如“生月”的用例（合集 29995），表示与本月相对的“下个月”之意；第四种是如“多生”的用例（合集 27650），可读作与诸多儿子对应的“姓”或者“甥”。此外，还存在着一些表意不明的用例。

108 ## 心性观念的变迁

孔子以前的心性观念

“心”与“性”从单纯表示肉体器官或者人的本能发展到具有指代心情、灵魂、精神等含义，成为哲学的伦理观念，由来已久。首先是“性”的情况，早期文献使用“生”字多于“性”字，基本上没有用“性”来表示与人类内在相关的抽象概念的用例。《诗经》中只有一处反复用到了“性”字，在《大雅·卷阿》篇只提到了“俾尔弥尔性”，即只到“祝长命百岁”的程度，其中没有包含其他的社会含义。

“性”在《尚书》中倒是出现了三次，具有代表性的是《汤诰》篇以下文段：

> 惟皇上帝，降衷于下民。若有恒性，克绥厥猷，惟后。

大意是，伟大的上帝给下面的百姓们展示了无所偏倚的真诚，如若顺从人民的常性，能使他们安于教导的就是君主。

和如今的用法一样，“恒性”可被解释为不变的本性与品性。109
如此看来，在《汤诰》篇成书的年代，可能已经出现了对人类内在本性的初步理解。作为参考，《尚书》的《太甲》篇有“习与性成”的短语，《西伯戡黎》篇则有“不虞天性”的话语。

“性”字没有出现在《周易》的经文里，但是在《乾卦》的《彖传》中有“各正性命”的表述，《文言》中首次出现了“性情”一词，性既可以解释为“天性”，也可以视作“生”，其意思未尝不通。“性”字没有被写在周易的经文里，而是被使用在后代的注释书籍中，从这一点来看，可以推断出本性观念是之后才产生的。《系辞上》写道：“和顺于道德而理于义，穷理尽性以至于命。”大意是，顺利同化于道与德，其理通过义来联结，通过深究其理并竭尽本性，可以抵达天命。“深究其理并竭尽本性”的“穷理尽性”作为儒家哲学的核心主题，成为后代性理学学者们的基本治学之道。可以说，本性观念在孔子之前已经成型，且几乎无变化地绵延至今。

早期文献《逸周书》中出现了不少“性”字，但《周礼》中不见一处。由此推测，“生”向“性”的转换与本性观念的确立大体是在《尚书·周书》成书以后。而成书于与孔子接近时期的《左
传》则提到了9次“性”字，大体上是被用在“民失其性”（昭公 110
二十五年）等语境。把君主的起源和人的本性联系起来，这一点很

有趣，来看一下《左传》襄公十四年的内容：

> 天生民而立之君，使司牧之，勿使失性。

大意是，上天创生了百姓且立了君主，让君主管理监督百姓，不让百姓丧失天性。

《国语·周语上》也有“正其德而厚其性”等例子，其中“性”字的含义都类似。在《论语·阳货》篇，孔子说：“性相近也，习相远也。唯上知与下愚不移。”性是相近的，但会随着习的不同而相差甚远。只有非常杰出的智者与非常愚蠢的下民才不会发生变化。他认为可以通过教育来使人之性发生变化。

反之，“心”字从早期文献开始就出现非常活跃的用例，尤其在寄寓了大量百姓的心灵之歌的《诗经》中，包括类比性释义与变异性表达在内，“心”字共出现了 168 处。其中《小雅·杕杜》的“日月阳止，女心伤止”（光阴已是十月，女子心底悲切），《小雅·巧言》的名句“他人有心，予忖度之”（他人那般心意，我可揣度而知）等，都是其中具有代表性的例子。“心”字从一开始就不单纯指代生物学上的心脏，而是被认为满含着回应外界感情的“心情”之意。

《尚书》当中，“心”字用例非常广泛，常以“民心”等结合语
111 以及具有政治含义的群体意识表达的形式出现。《尚书》中出现的 65 处“心”字，大部分都与伦理以及政治权力的正当化有着深刻联系。

《周易》则不分经文与传文，都展现出了多种多样的“心”的用例。《明夷卦》的六四爻辞提到了被黑暗遮蔽的光明，即“获明夷之心”。在《春秋》《国语》当中，“心”也是受到最为广泛讨论的主题之一。诸如《论语·为政》的“七十而从心所欲不逾矩”等

例，“心”字在《论语》中出现了 6 次。作为参考，《周礼》不曾用到“心”字，而成书于汉代的《冬官考工记》篇中也只出现了“乡心”1 处用例。无论如何，在早期的诸多文献当中，与“心”关联的各种观念绝大部分都已出现。可知从早期文献开始，“心”的抽象性的观念化便取得了极其蓬勃的发展。

诸子百家的心性观念

在《论语·公冶长》篇，子贡说老师孔子从未跟弟子们解释过本性。即便在许多据说是孔子作品的文献当中，也不曾发现孔子对人性进行过深入讨论。对性的议论似乎始于孔子的弟子们，并在孔子之后成为百家争鸣过程中的重点论题。

其中，《中庸》作者对本性展开了深刻探讨。从第一章开始提 112
出了“天命之谓性，率性之谓道，修道之谓教”的观点。大意是，天命是为本性，率领此性是为道，遵从此道是为教。在第二十一章又说：“自诚明，谓之性。”大意是，真正的明悟，可以称之为本性。道是随着既有的本性所出现之物，这个性在本质上意味着善。在这一点上，应该说《中庸》的内在与孟子的性善说相呼应。

众所周知，孟子以性善为前提分析了社会矛盾，竭力呼吁德政的必要性。他通过“性善论”主张“不忍之政治”，即不忍人的仁政，构建政治与伦理的一体化。他非常关心庶民的痛苦，认为借助统治者与百姓们都具有的普遍的善良本性，能够促成盛治的实现。到了孟子时期，本性观念正式具备了政治意义。尤其他与齐国学者告子的以下辩论，可以说是中国政治哲学史上具有代表性的论争之一。来看一下《孟子·告子上》篇：

告子曰：“性犹湍水也，决诸东方则东流，决诸西方则西

> 流。人性之无分于善不善也，犹水之无分于东西也。”
>
> 孟子曰：“水信无分于东西，无分于上下乎？人性之善也，犹水之就下也。人无有不善，水无有不下。今夫水，搏而跃之，可使过颡；激而行之，可使在山。是岂水之性哉？其势则然也。人之可使为不善，其性亦犹是也。”

大意是，告子说：“人的本性就像湍急的水，东边路通则向东
113 边流去，西边路通则向西边流去。人性不分善与不善，就像水不分东边与西边流一样。”孟子回答：“水流动确实不分东西，但是难道也不分上下吗？人性善良，就像水往低处流一样。人没有不善良的，水没有不往低处流的。如果用手拍打水使之飞溅而起的话，也能使它高过额头；建造水坝来堵住水道的话，也能将之引上高山。这难道是因为水的本性吗？是外部的力量迫使它如此的啊。人之所以会变得不善，正是因为遭受了与之同样的逼迫。”

孟子排除了外部的力量，把人类天生存在的道德之物看做本性，也就是把本性理解为人类所具有的区别于动物的特征。[5]从这一点上，可以说孟子针对本性观念发表了独创性见解。尤其他在《告子上》篇提到：“耳目之官不思，而蔽于物。物交物，则引之而已矣。心之官则思，思则得之，不思则不得也。此天之所与我者。”大意是，眼睛、耳朵这类器官不会思考，所以会被外物蒙蔽，但心这个器官则能够思考，可以领悟事物，是上天所赋予的能力。比起
114 原本的“心脏”这一含义，“心”更多地转变为形容抽象性精神作用的观念，孟子对此功不可没。在这之前的文献中并非没有这种观念，但没有一部能像《孟子》这般强调心的作用，且推动其发展为具有政治性质的社会观念。孟子把政治品性加以区分，认为君子“尽心”，小人“存性”，还把君子的“尽心”视作政治的关键。

孟子的“即心论性”，指的是该以人类的特征“心”来对“性”进行讨论。以现代哲学用语来说，就是把“道德理性”囊括到心性观念中去。孟子认为只有人类才具备道德“心”，这一观点在著名的恻隐之心、羞恶之心、辞让之心、是非之心的“四端说”中发扬光大。[6]孟子心性论的主旨是通过使心不丧失仁义来达到太平盛世。

荀子的观点与孟子这样的心性论不同。他以性恶为出发点，探索社会与政治问题。荀子认为礼是所有价值基准的核心和顶点，要通过大力弘扬礼来改造恶的本性，以构建美好人间。荀子对孟子的观点进行了更加精妙的理论化，并在哲学层面加以观念化。他使所有主张都回归到具有自主行动能力的人的问题上。

荀子在《性恶》篇里宣称：“凡人之性者，尧舜之与桀跖，其 115
性一也；君子之与小人，其性一也。”大意是，人的本性，无论是尧舜还是桀王和盗跖，都是一样的。无论是君子还是小人，他们的本性都是一样的。这种对普遍性的肯定是综合了已有的本性观念所形成的见解。他认同本性是自然，并忠实于古代“性”字的基本意思，在此之上赋予其逻辑意义。再来看一下《荀子·正名》的相关段落：

> 散名之在人者：生之所以然者谓之性；性之和所生，精合感应，不事而自然谓之性。性之好，恶，喜，怒，哀，乐，谓之情。

大意是，看与人事相关的各种散名，即具体名称，人生下来就具有的东西叫做性。性之和气所创造出的，精气与外物相感应，不必特意努力自然而然便形成的东西就是性。在性之中，喜好、厌恶、喜悦、愤怒、悲哀、快乐等，叫做情。

人类与生俱来存在的东西即为性，好恶与喜怒哀乐的情感即为情。性涵盖着情，也就是欲望的流露衍生出情，而各种各样的情构成性。荀子认为“性”不依靠后天学习或者人为努力，而是先天便存在的自然欲求，由此摆脱了强制推行道德理性的孟子式本性观念。

这种荀子式本性观念的变迁同样与心观念有着深刻联系。基本
116 上，荀子坚持的是“以心治性”，即“用心来治理性”的观念。唐君毅认为荀子思想并非来源于性恶观念，其思想核心存在于他对“心”的言论之中。[7]大家如果仔细研读《荀子》，会发现荀子把心与性分为两个层次进行思考。他将心放在人体中最尊贵的层级，主张心是一切的主宰。《荀子·解蔽》篇认为：

> 故人心譬如盘水，正错而勿动，则湛浊在下，而清明在上，则足以见须眉而察理矣。微风过之，湛浊动乎下，清明乱于上，则不可以得大形之正也。心亦如是矣。

所以人心就像一盘水，端正地放着而不要去动它，那么它的泥渣就会沉到下面，而清澈的水就会浮在上面，就能够照见人的胡须眉毛并能看清人的肌肤纹理了。微风吹过，泥渣在下面晃动，清澈的水在上面乱动，就不能看见人体的本来面貌了。心也是这样。

荀子将“心”视作经验性认知的对象。他把“心”的存在与身体天生的眼、耳、口、鼻、形体等五官的感官放在一条线上看待。荀子《正名》篇提出了“心有徵知”这一独特的哲学概念，指通过“心”的思维活动，对耳、目、口、鼻等感官认知所得的对象进行经验性的分类、辨别、取舍，加深对客观事物的认识。“心”具有道德认知能力这一见解与孟子的人类具有区别于动物的道德判断能力这一观念有相通之处。正如徐复观所说，荀子很早便清楚心是知识得以成立的根源。[8]

在法家思想中，“性”也是被重点论述的观念之一。他们基于“人性好利”，即人的本性喜欢追求利益的观念，提出了独特的赏罚 117
论与富国强兵论。[9]法家经常使用“民性”或者“民情”这样的字眼，而不去计较善与恶。他们关心的重点只在如何利用这种性来实现政治目的。《商君书·算地》篇提到：“民之生，度而取长，称而取重，权而索利。”大意是，百姓的本性，是度量长短而取其长，称量轻重而取其重，衡量利弊而取其利。商鞅还提到了人性随时代所发生的变化，认为上世喜好自私，中世喜好仁义，下世喜好利益。韩非子则对“性”持有更加否定的态度。《韩非子·心度》篇提到：“夫民之性，恶劳而乐佚。”大意是，百姓的本性，就是厌恶辛苦，享受安逸。这一观点认为，人类完全是基于计算来采取行动，喜好混乱而不愿亲近法度。另外，这种“性”既会随着时代的
发展而改变，也会随着局势的变迁而有所不同。法家虽然没有针对 118
“性”进行过争论，但就重视时代性这一点而言，他们还是为“性”之观念的变迁做出了一定贡献。

墨子格外重视“心”的作用，用“心”解释了许多观点。《墨子》中“心”字出现了48处，而“性”字只以天性的含义出现了3次，如《大取》篇“性不可正而正之”（性即使不可改正，也必须加以端正）等。《墨子》中还出现了许多后来常用的“民心”“怨心”“愁心”等与“心”相关的观念。《备城门》篇提到：“适人恐惧而有疑心，因而离。”大意是，敌人恐惧生疑，就会撤离。在心观念的多种运用方面，墨家贡献不小。

道家主张人性自然说，把人视作自然的一部分，这种见解在《庄子》中体现得淋漓尽致。《知北游》篇提到：

> 人之生，气之聚也。聚则为生，散则为死。

大意是，人的生命是气的聚合，气一旦聚合则生命形成，气一旦离散则生命消亡。庄子在原始层面上强调了活人的本性，即“原生性”的概念。他在《天地》篇中说：“形体保神，各有仪则，谓之性。”大意是，形体保有全部的精神，各有基准法则，故称之为性。在《庚桑楚》篇中说：“性者，生之质也。性之动，谓之为；为之伪，谓之失。”大意是，性是生命的本质，性的活动称作行为，人工矫饰出来的作为称作失。在庄子看来，人类的能动性行为和本
119 性是对立的。他所说的“性”指的是与生俱来的本质与本能。这种本质与本能不受人类主观意识的支配而转变，这一点可以看作是庄子本性观念的独创部分。

此外，《庄子》还在许多地方都把“心”与“性”对立起来。《缮性》篇指出：“去性而从于心。”由于人为教化与政治的兴起，人类淳厚质朴之道丧失，舍弃本性顺从内心。即“心”是破坏“性”的根源。庄子认为人类各种各样的心计制造了许多破坏自然本性的工具。《骈拇》篇说到钩绳等机器伤害了事物的本性，《天地》篇认为所谓美丽的色彩、声音、味道，都会给生命带来破坏。他把“性”视作自然之生命，经济、政治等各种社会关系也是对性的桎梏，这些东西都产生自声称是人类独有特质的“心”。这意味着，人类只有去除一切心计，停止欲望，从政治关系中脱离出来，才能维持纯粹自然状态的本性。庄子虽然把“性”看作自然，但又与荀子观点不同，还与把“心”视作人类独有特质的孟子站在了截然相反的立场上，这可以说是庄子心性观念的独到之处。

此外，先秦诸子从自己的观点出发，表述了对心性的见解，在心性观念的各种变迁中发挥了各自的作用。虽然数量繁多，无法一一列举，但诸如《管子》《吕氏春秋》等杂家著作所展现的心性观念，大部分是上述儒家、墨家、道家、法家心性观念的折中，或是

对其中一方主张的遵从。到了秦汉帝国时代，心性观念通过一定的规律性走上定型化的尝试之路。

帝国时代的心性观念 120

汉代，“孝”等有助于稳定帝国秩序的政治性德目受到重视。所有思想家都提到秦朝只依靠法治而招致急速灭亡的教训，并由此提出主张，认为只有维持内在的、自发的社会秩序，才能最有效地达成长久统治与百姓安定的政治目的。他们通过控制儒家强调的“孝”等人类社会的内在价值，实现政治权力的维持与扩张，达成政治稳定。他们还尝试从哲学层面证明这些德目是内在于人类心性中的东西。陆贾之后，贾谊写了《过秦论》一文，说道：“元元之民冀得安其性命，莫不虚心而仰上。”大意是，天下所有百姓都将自己的生命托付在那里，无不虚心向上仰望。有关心性的讨论基本都遵循着荀子的逻辑，衍生自荀子思想的《礼记・乐记》说道：“人生而静，天之性也；感于物而动，性之欲也。”认为人生下来是沉静的，这是上天之性；感应到物质而运动，这是性之欲。

这时期还出现了各种各样试图从心性中寻找社会价值的依据的
尝试。《淮南子》更加充分地引用了本性观念，《泰族训》篇认同本 121
性善良，主张“人之性有仁义之资”（人的本性中蕴含着仁义的基础）。然而与孟子不同的是，《淮南子》还采纳了荀子强调后天教育的重要性的观点。《修务训》篇甚至还结合了人性好利说，提出本性各有长短的观点，并认为性既会受到环境的影响，自身也会发生改变。《齐俗训》篇有言：“凡人之性，少则猖狂，壮则暴强，老则好利，一人之身，既数变矣。”大意是，但凡人的本性，孩童时恣意妄为，青年时凶狠逞强，老年时唯利是图。明明是一人之身，却发生数次变化。其对先秦与“性”相关的观念进行整合的尝试显而易见。

董仲舒还站在治国思想的立场，对心性论给予了莫大关注。他在《春秋繁露·玉杯》篇说："人受命于天，有善善恶恶之性，可养而不可改。"大意是，人受命于天，便具备了尊重善、嫌弃恶的性，这只能培养而无法更改。然而，他并不追随孟子的性善论，反而在《春秋繁露·实性》篇指出："孟子以为万民性皆能当之，过矣。"大意是，孟子由己及人地认为所有人的本性皆可与自己相当，这种想法是错误的。董仲舒还把孔子所说的"上知"（极其杰出之人）与"下愚"（极其愚笨之人）之间的那些需要教育的大部分人
122 设定为对象，提出了"性三品"说。在《深察名号》篇，董仲舒说："善过性，圣人过善。……王承天意，以成民之性为任者也。"大意是，因为善超越了本性，圣人超越了善。所以天子秉承天意，把成就百姓的本性视为己任。

汉代思想家们表现出想要通过结合人性与神性来使君主权力更加神圣化的意图，此外还展现出他们为寻找"性"在哲学与逻辑层面上的依据而作出的不懈努力。纬书《孝经纬·钩命诀》说：

> 性者，生之质，若木性则仁，金性则义，火性则礼，水性则智，土性则信也。

大意是，性是生命的基底。就像木之性指代仁，金之性指代义，火之性指代礼，水之性指代知，土之性指代信一样。这就将作为生命基底的性与五伦的人际关系联系了起来。《白虎通义·情性》的论述更为具体，区分了性与情，提出了性产生于阳，情产生于阴这一独特见解。"阳气者仁，阴气者贪。故情有利欲，性有仁也。"大意是，阳气仁义，阴气贪婪。因此在情之中存在着利益欲望，在性之中存在着仁义。这是一种认为情为恶、性为善的逻辑，也是一

种为了证明人类生来便具有五伦的主张。同时，还有人认为它与董 123
仲舒强调的“三纲五伦”形成了互为表里的关系。汉代学者们为把心性论升华至具有哲学基础的观念作出了各种努力。

王充以决定人一生之核心道理的宿命论来区分性与命。他在《论衡·初禀》篇提出：“人生受性，则受命矣。性命俱禀，同时并得。”大意是，人生下来便得到性也得到了命，性与命全部禀受，且同时获得。然而他在《命义》篇又说：“夫性与命异，或性善而命凶，或性恶而命吉。操行善恶者，性也；祸福吉凶者，命也。”大意是，性与命存在差异，有的人性善而命凶，有的人性恶而命吉。控制善与恶的是性，决定祸福与凶吉的是命。性有善恶而命有吉凶，这一道理可谓决定了人生。《初禀》认为性与命在孕育时便已经被决定了，是无法忤逆的命运。它还批判道，虽然政治也无法忤逆，但与政治不同，上天不会对人间的善恶施以任何赏罚。

王充主张人的本性中既有善，也有恶。他在《论衡·本性》篇将之前出现的人性论整理划分出七种类型。第一种是周人世硕等人提出的人性中既存在善，也存在恶的“人性有善有恶”说；第二种是孟子主张的本性全是善的“皆善”说；第三种是告子主张的本性
中善恶没有区别的“性无善恶之分”说；第四种是荀子主张的本心 124
为恶，善是人为的“性恶善伪”说；第五种是贾谊主张的上天诞生人类，并把礼义设为本性的“礼义为性”说；第六种是董仲舒主张的性生于阳，情生于阴的“性阳情阴”说；第七种是刘向主张的性无法发出体内，是为阴，情表露于体外，是为阳的“性阴情阳”说。王充把已有的本性观念整理得一目了然。

王符在《潜夫论·德化》篇提出民众的行为决定于心性的观点：“民有性，有情，有化，有俗。情性者，心也，本也。化俗者，行也，末也。末生于本，行起于心。”大意是，百姓们有性，有情，

有化，有俗。情与性既是心，也是根；化与俗既是行为，也是枝叶。枝叶生于根，行为发自心。王符认为，顺应百姓们的心来施行政治，社会恶就会消失。这种比起以法治实施统治更强调顺应民心的政治主张，把民本思想与性善论联系了起来。王符这种结合心性观念与民本思想的立场，进一步提高了德治思想的说服力，深刻影响了后代儒学家们的政治思想。

125 心性观念的扩展与其对内在修养的重视衍生出了修养论，隋唐皇帝们由此产生了“修养本性”的想法。本性观念开始从对外显露的生命深入内里，成为需修养锻造才能获得的存在，促成了观念的演变。唐太宗亲自编纂的《帝范·崇俭》篇注解了“俭以养性，静以修身”一语。这说明心性思潮的盛行实现了对帝王个体思想与行动的控制。这种思潮认为只有君性经过精心锻造，民性才能发生改变。

当皇帝也站出来表明对心性修养的重视时，在隋唐时期具有强大社会影响力的佛教、道教、儒教等就都竞相对心性的有关问题展开论争。通过论争，观念的融合与折中得以实现，心性思潮由此盛行并汇成了一股巨流。中国政治的各种观念从此具备了坚实的哲学基础，并迎来了全新局面。隋唐以后的儒学被称为“性理学”，并非偶然。

佛教的中国化进程与心性论的深化有着莫大关系。魏晋时代，心性观念也是佛教思想的重要组成部分。鸠摩罗什的弟子道生谈论性净之心的佛性的同时，认为所有人都持有天生的明净心性，即“心性本净”。如果回归本心，则“全部”成佛的观点意味着佛法面前人人平等。这一主张也可以说是揭示了当时社会的不公平状况。

由本体、心性、方法所构成的佛性论是中国佛教的特征。中国化的佛教宗派，尤其是禅宗的教义与“一切众生皆可涅槃成佛”的

佛性论有很大联系。六祖慧能于《坛经》中所说的“人皆可以为尧
舜”，吸收了孟子与荀子的心性论，既重视道德主体，也强调中庸
之道。佛教把顿悟的要义视为“即心即佛”与“顿悟见性”等，这 126
同样是心性观念的一种延伸。因为心即是菩萨，因此木石等森罗万
象全部具有佛性。禅宗的这种佛性说被唐宋儒学者们所接受。作为
性理学重要纲领的“理一分殊”（理只有一个，但是其作用分类不
可计数）事实上与佛教的理论也有所关联。性理学的“天命本性”，
即性命论的绝大部分，都可与佛性论联系起来。

道教始终重视人性自然论。唐代，道教在皇室的庇护下取得了飞跃性的发展，内丹比外丹更加受到重视，而道性论和修养论作为内丹的基础也备受强调。唐朝，道士们校注了老庄思想，认为众生作为道的普世存在，皆有道性。看得出这是受了佛教的影响，且用“得道”替换了“成佛”。这一主张还对儒家性理学的心性论产生了影响。朱熹认为道即本性，而万物皆拥有伦理本性。这一思维是糅合了儒、佛、道三教而成的产物。

佛教与道教的影响对观察心的视角的变化有特别大的关系。“心之外无事、无物、无理”的“心即理说”是禅宗思维方式的变型，尤其在性理学中，陆象山、王阳明的心学深受佛教与道教影响。唐代，道士们把得道的核心视为心，把“清净心”的维持与“去除内心污垢”当做修道之法，而这也成为了性理学学者们治学方法的重要基础。性理学扩大了心性观念的范畴，把太极、道、理、气等观念视作重要主题。这些观念都能从佛教与道教中找到渊源，三教只在一些具体内容上存在较大区别。

三教都用“消灭欲望，保存本性”的共同逻辑来强调心性观念 127
的内在修养，这对当时社会产生了巨大影响。这一抽象化的哲学原
理的终极状态，便是三教都奉为至高命题的“道”。儒学家们集此

抽象化观念之大成，伴随着他们对政治与社会主导权的掌握，交融本体、心性、伦理、政治于一体的心性观念最终成型，亦即宋明理学、程朱学、朱子学、性理学等。在特定的意义和范围内，可以说“宋明理学是儒学化的佛学、道学”[10]。

最终，儒学成为了心性观念的主流，唐代中后期，主导了这一脉络的人物是韩愈。他在《原性》一文中提到，性与生俱来，情则产生于后天与事物的接触。他虽然持有与荀子相似的思想，但又批评荀子“有所瑕疵”，选择追随孟子的主张。他还认为在性与情之中存在着等级，性为善、情为恶，并放弃了心性平等的观念。同时他认为，像性有三品一样，情也分七种：“其所以为情者七：曰喜，曰怒，曰哀，曰惧，曰爱，曰恶，曰欲。”韩愈主张性与情之间并不存在对立关系。

反之，曾是韩愈门人的李翱则把性与情视为对立之物。他的
128 《复性书》是集儒、佛、道三教的心性观念之大成的名作。他提出的“性善情恶，灭情复性”这一命题，进一步深化了心性观念，成为性理学人性论的核心。李翱认为，人的本性之所以为善，是因为天地生来本性就是善的，因此即便是恶人，其原来本性也是善良的。李翱在《复性书中》说：“情有善有不善，而性无不善焉。……乃情所为也。……桀纣之性犹尧舜之性也，其所以不睹其性者，嗜欲好恶之所昏也，非性之罪也。”大意是，桀纣的本性与尧舜的本性是一样的，但是因为他们没有好好看待本性，耽于欲望，无恶不作，所以变得昏庸，这不是本性的罪过。他认为，性通过情得以展露，而无性则无情，因此两者是相互依存的关系。然而，恰恰情才是性的敌人，《复性书上》篇写道：

人之所以为圣人者，性也；人之所以惑其性者，情也。喜

> 怒哀惧爱恶欲，七者皆情之所为也。情既昏，性斯匿矣，非性之过也。七者循环而交来，故性不能充也。

大意是，人之所以成为圣人，是因为本性。人之所以使本性陷入迷惑，是因为情。喜、怒、哀、惧、爱、恶、欲，这七感全部因情而生。情要是发昏，性就会隐匿不见，这不是性的过错。由于这七感循环交替而来，因此性便无法充盈。

那么如何才能实现本性的恢复，即“复性”呢？李翱提出了自 129
律与他律。所谓他律，指的是传统儒学的礼乐。李翱政治哲学的核心是借助礼乐的制约来恢复善之本性，由此成就理想政治社会。李翱的“复性说”试图通过规范作恶的人的情欲来施行统治，这一主张可以说是性理学的先驱。

随着天才思想家们的出现，以心性论为主旨，高度形而上学化的性理学，在原有儒学的基础上引入道教与佛教的理论，增添了许多创新，朱熹是其中的集大成者。对朱熹造成很大影响的张载尤为关注性与心的关系。在《正蒙·太和》篇，张横渠说：“合虚与气，有性之名……合性与知觉，有心之名。”大意是，虚与气合二为一，便有了性这一名称。性与知觉合二为一，便有了心这一名称。他在《神化》篇提到，通过扩大内心，与“天心”合并，可以实现与上天的合二为一。张载为道德修养论提供了理论依据，由其主张再进一步便是所谓的心学。

陆九渊进一步发展了心性之学，《陆象山全集》“杂著”部分记载了他提出的“宇宙便是吾心，吾心即是宇宙”这一著名命题。把心视为根本的形而上学体系自建立以后，通过王阳明取得了长足发
展。朱熹也强调心，《朱子语类》第九卷载：“心包万物，万理具于 130
一心。”直到清朝末期，以心性论为中心的性理学一直支配着中国

学界。在之后的中国思想史中，如何对心性观念进行再解读，以及如何将它与经世论联系起来，也存在着一些议论与主张。然而在观念史层面上，这一心性观念延续至今都未再经历重大变化。

131 心性论与中国政治思想

人性自利与法家政治思想

上述心性观念是从儒家思想、道家思想及其延长线上的儒、佛、道三教的宗教与哲学观点出发的，也是中国政治思想史研究的重要理论基础。相反，法家的人性论虽然以这种哲学观点为基础，但全然没有考虑形而上学，仅仅以权力的运用及其效果为中心分析人性。法家思想从现实层面理解人性，并作了基于经验的判断。相比展开与人性相关的讨论，他们的目的更多是为了有效实现以人性为手段的法治。在这一点上，法家对人性的见解对后代政权经营者，尤其统治者产生了深刻影响。

（1）利己禀性

132 法家认为人性是自利自私的，即追求的是私利私欲，完全不去争论人性究竟是善是恶。无论是《商君书》还是《韩非子》，都不曾透露出一句“性恶”或“性善”的言辞，只是提到人有“所好”也有“所恶”，因而要据此恰当运用赏罚，以实现富国强兵的目标。自私自利的人本质上喜欢赏赐，讨厌刑罚，所以法家人性观念的重心就落在如何有效“利用”这一点的讨论上。《商君书·君臣》篇说道：

> 民之于利也，若水于下也，四旁无择也。民徒可以得利而

为之者，上与之也。瞋目扼腕而语勇者得，垂衣裳而谈说者得，迟日旷久积劳私门者得。尊向三者，无功而皆可以得，民去农战而为之。

大意是，人民趋利而行，恰如水往低处流，于四面八方的方向上别无选择。他们只会朝着可以获得利益的方向行动，而利益是君主提供之物。有横眉竖眼、展示肌肉而夸耀勇武的人获利的情况，或衣冠楚楚、坐而论道的人获利的情况，或虚度岁月、为自家事劳碌的人获利的情况。万一世上是这三种人获得尊崇，他们无功却可以受利，那么百姓们就要朝着放弃农事与战争，即放弃农战的方向行动了。

要想富国强兵，人民必须从事劳累的农耕和艰苦的战争，可人 133
们却想要安逸，用空谈挣钱糊口。于是《商君书·君臣》说：“故农战之民日寡，而游食者愈众，则国乱而地削，兵弱而主卑。”大意是，因此，参与农战的人民日益减少，而游手好闲的人越来越多，那么国家就会混乱，国土会被割削，军队弱而国君地位卑微。所以，圣明的君主必须慎重制定法律制度，让人民认识到只有通过农战才能获得利益。当然，还要明确指出，危害农战分子非但无法获得利益，还会招致刑罚。商鞅不仅试图将人类贪利的本质利用到他的农战政策中，甚至进一步想利用人们讨厌受损的本质。《商君书·错法》篇说：

人情而有好恶，故民可治也。人君不可以不审好恶。好恶者，赏罚之本也。夫人情好爵禄而恶刑罚，人君设二者以御民之志，而立所欲焉。夫民力尽而爵随之，功立而赏随之。人君能使其民信于此明如日月，则兵无敌矣。

大意是，人情有所好，即有喜欢的东西，也有所恶，即有讨厌的东西，可以好好利用这一点来治理人民。因此，为君者不能不深入把握人民的爱好及厌恶之物。好恶才是施行赏罚政策的根本，所有人的性情都是喜欢爵位俸禄而讨厌刑罚。为君者如果可以控制好爵禄与刑罚这两种权力，左右人民的心志，那么便能如愿以偿，实现富国强兵。民众如果竭尽全力，爵位将随之而至，如果建立功勋，奖赏也唾手可得。假如君主能让所有百姓都相信这一点，让它明确得如同日月一般，那军队就会天下无敌。

134 法家不关心人性为何物，重视的是如何把握百姓们的性，将其利用到统治上。《韩非子·心度》篇有言："夫民之性，恶劳而乐佚。佚则荒，荒则不治，不治则乱，而赏刑不行于天下者必塞。"大意是，纵观百姓们的性，都是好逸恶劳。安逸就会荒废，荒废就会无法治理。无法治理就会陷入混乱，赏罚无法推行天下，必将中途阻塞。他们的目标是实现政治安全，使百姓辛勤劳动，达成富国强兵。人性如果置之不理，则会无比懈怠，所以必须凭其喜好来赏赐，依其厌恶来刑罚，彻底将它用作富强的工具。

《韩非子·八经》篇敦促要切实利用好"所好"与"所恶"：

135 凡治天下，必因人情。人情者，有好恶，故赏罚可用；赏罚可用，则禁令可立，而治道具矣。君执柄以处势，故令行禁止。柄者，杀生之制也；势者，胜众之资也。

大意是，凡是治理天下，必须依据人情。所谓人情，有所好和所恶两种，因而可以运用赏罚，赏罚行之有效，则禁令得以建立，那治道也就完备了。君主掌握刑罚的权柄，并据有势位，所以能够令行禁止。权柄是控制生杀的大权，势位是制服众人的威慑力量。

禁令还包含了权衡人性的争论。法家不去追究人性，他们只是直观地把现实中人类追求利益与安逸的极其自私的属性看作"性"。

法家的法治及农战政策全部植根于他们的这种人性观之中。这种人性观不过是试图把人性当做手段的一种工具观念罢了。

（2）所欲与所恶

《商君书》直接谈论“民之性”与“民之情”的地方有 9 处。然而，诸如《说民》篇的“民之有欲有恶”与《错法》篇的“人情有好恶”等与人性相关的言辞相当丰富。从他们的文理来看，“性”或“情”几乎都用作同一个意思。有时候“民”字还蕴含着比 136
“人”字范围狭窄的统治对象之意，但是用作“民性”时，两者大部分情况下都指代同等的意思，包括民、臣、君在内，全部可以称为“人性”。

法家们更加具体地把人性与各种欲求关联起来，他们从经验世界中观察所得的结论是，人性随着“所欲”与“所恶”发生改变。所欲大体上指的是“生、食、佚、乐、显荣、爵禄、富贵”等，“所恶”指的则是“死、饥、劳、苦、羞耻、刑罚、贫贱”等。《商君书·说民》篇提到了以下观点：

> 民之有欲有恶也，欲有六淫，恶有四难。从六淫，国弱；行四难，兵强。故王者刑于九而赏出一。刑于九，则六淫止；赏出一，则四难行。六淫止，则国无奸；四难行，则兵无敌。

大意是，百姓们有所欲也有所恶。所欲中有六淫，即六种引起混乱之事；所恶中有四难，即四种难以实践之事。国家如果依六淫行事，就会走上衰亡之路；如果实践四难，军队则会变得强大。所以，为王者治国九成应通过刑罚，只用一成来制定赏赐。九成是刑罚的话，那么六淫就能制止；一成是赏赐的话，那么四难就能推行。六淫被制止，那么国家的奸邪就会消失；四难能推行，那么军队就会无敌。

高诱对“六淫”及“四难”作了注释，大意是，人的六种欲望
137 为生、死、耳、目、口、鼻，泛指人的生理需求。大体上，心因死亡与生存的问题而困惑，耳朵因声音，眼睛因色彩，嘴巴因味道，鼻子因气味而困惑。四种困难指的是严厉刑罚、严格执法、致力农事、投身战争。

法家的人性观念完全否定了道德涵养及人类性善实现的可能性。根据法家的历史观，纵然在财物充裕、亲亲之德支配下的古代有实现的可能，但在竞争激烈、虚伪泛滥的当今时代则根本不敢奢望。[11]他们认为人的历史是作为的历史，在这一作为的世界中，如果相信善良的本性或者强调以自律的仁义支配，人类终将陷入放纵，日渐淫逸，反而招致不幸的结果。这种对人类本性的批判性见解必然与严苛的刑罚统治脱不了干系。法家认为，只有根据拥有自私属性的人类的所欲与所恶来执行刑罚统治，政治秩序才能安定，社会成员们才能获得幸福，也就是必须用严酷的刑罚来治理人类的自私本性。在他们看来，上古的人可能确实质朴淳厚，但现在的人已变
138 得乖张虚伪。《商君书·开塞》篇如此说道：

> 故效于古者，先德而治；效于今者，前刑而法。此俗之所惑也。今世之所谓义者，将立民之所好，而废其所恶。此其所谓不义者，将立民之所恶，而废其所乐也。二者名贸实易，不可不察也。立民之所乐，则民伤其所恶；立民之所恶，则民安其所乐。何以知其然也？夫民忧则思，思则出度；乐则淫，淫则生佚。故以刑治则民威，民威则无奸，无奸则民安其所乐。以义教则民纵，民纵则乱，乱则民伤其所恶。吾所谓刑者，义之本也；而世所谓义者，暴之道也。夫正民者，以其所恶，必终其所好；以其所好，必败其所恶。

大意是，所以要效仿古代，就要基于道德来治理；要想效仿今世，就要重视刑罚，执行法治。对此，世上之人都感到非常困惑。但今世所谓的义，就是要标榜百姓们喜好之物，即所好，消灭他们厌恶之物，即所恶。而所谓的不义，就是留下百姓们喜好之物，废弃他们所乐之物。这两者名称与实质是颠倒的情况，不可以不明察。留下百姓所乐之物，那么人民反而会被他们所恶之物伤害；留下所恶之物，那百姓们反而会满足于他们所乐之物。为什么知道会是这样呢？一般来说，人忧虑时会深入思考，深思熟虑就能找到应对之法；人如果快乐就会放荡，放荡了就会耽于安逸懒惰。因此用刑罚治国，百姓就会畏惧，一旦畏惧就不会行奸邪之事，没有奸邪之事发生，百姓们最终便可以安于所乐。反之，如果以道义教化，百姓们就会耽于放纵，一旦放纵就会陷入混乱，因为混乱，民众终将被所恶伤害。因此，我所说的刑，实际上是义的根本；而世间之人所说的仁义，则是暴乱的原因。所有把民众引向正途的统治者，如果依照所恶，那么最后会实现所好；如果依据所好，最终必然因所恶而导致灭亡。

法家书籍从各种各样的角度提及了人的欲望，但大体上刻画的都是直观目睹所得的充满私欲的人类形象。实际上，自出生之时 139
起，饿了想觅食，累了想休息是动物的本能。由于法家意图把这种基本的肉体欲求利用到政治上，因此遭受了批评。然而，企图以“荣华爵禄”为赏赐，以家族间的爱和平安等的丧失为刑罚手段来实现富国强兵的做法，实际上超越了生物学层面的欲求。所欲与所好在政治上的利用是想以“满足最小限度的生物欲求”为武器，“达成最大限度的政治目标”。

有关人性的底线与欲望的极限在哪里的问题，不同的法家学者有不同看法。《商君书》据说是商鞅及其追随者所撰写而成的，即便只在这一书籍当中，关于对所欲与所好的控制，究竟是重刑厚赏有利，还是轻刑厚赏有利，都记载着不同的主张。[12]

即使对如何利用人性这一问题的具体观点存在差异，但在法家
140 富国强兵的基本目标之下，人性实际上只不过是工具，是为了实现“试图用统一力量使百姓致力于农战”的富国强兵政策，而充分利用人类喜好爵禄讨厌刑罚之情的做法。《商君书·说民》篇提到：“民勇，则赏之以其所欲；民怯，则刑之以其所恶。”大意是，百姓们勇敢投身农战，就应该给予赏赐，让他们得到所欲之物；百姓们胆怯萎靡，那就根据他们所恶之物加以刑罚。法家们之所以能够将“所欲”与“所恶”转变为法治与富国强兵政策，其根本原因在于遵循了人性自私这一判断。

（3）计算心

为了证明人性是自私的，法家学者们提到了工于利害算计的心。来看一下《韩非子·备内》篇中有名的段落：

> 医善吮人之伤，含人之血，非骨肉之亲也，利所加也。故舆人成舆则欲人之富贵，匠人成棺则欲人之夭死也，非舆人仁而匠人贼也，人不贵则舆不售，人不死则棺不买。情非憎人也，利在人之死也。

大意是，医生舔舐病人的伤口，吮吸他人的污血，不是因为有骨肉之亲，而是因为利益所加。所以，制造舆车之人希望所有人都
141 富贵，贩卖棺材之匠希望所有人都早死。这并不意味着造车之人仁慈而制棺之人狠毒，而是在于如果别人不富贵，舆车就卖不掉；如果别人不死，棺材就没人要。不是因为生性憎恨他人，而是因为只有他人死亡，利益才会产生。

医生受那种苦是为了钱，殡仪馆、汽车销售员等所有人都是经

过利害计算才采取的行动，这些与心性是正是邪并无关系。韩非子的指点可以说是破天荒的，它揭穿了被种种华丽辞藻所包装的人类社会的另一面。商鞅在《商君书·算地》篇提到：“民之性，度而取长，称而取重，权而索利。明君慎观三者，则国治可立，而民能可得。”大意是，百姓的本性，是度量长短而取其长，称量轻重而取其重，衡量利弊而取其利。英明的统治者认真观察这三种情况，就能集结起人民的力量，把国家领向太平盛世。

法家学者们认为，在所好与所恶两种禀性之外，人还存在着“计算心”。因此要求君主把握好名利的权柄，使人民将富国强兵政策“计算”为中心。尤其《商君书·算地》还将它与君主必须具备的谋略联系起来，提出了如下主张：

> 故圣人之为国也，入令民以属农，出令民以计战。夫农，
> 民之所苦；而战，民之所危也。犯其所苦，行其所危者，计 142
> 也。故民生则计利，死则虑名。名利之所出，不可不审也。利
> 出于地，则民尽力；名出于战，则民致死。

大意是，圣人治国，在内使人民全心全意投身农耕，在外使他们精心计算利益后愿意参加征服战争。从事农耕，是人民认为辛苦的事，而打仗，是人民认为危险的事。能够去做痛苦之事，勇敢去干危险之事，都是源自利害关系的计算。由此可见，人类生前忙于计算如何获得利益，死时则疲于考虑如何留下名望。所以对名利的来源，不能不细心考察。最终，利益若出自土地，那么人民就会竭力农耕；名誉若来自战争，那么人民就会拼死打仗。

商鞅认为，人类是依靠无休止的计算来生活的存在。《商君书·开塞》说：“不知则学，力尽而服。”大意是，不懂就要学，力量用尽了就会服输，这一行为是来源于计算的习性。《商君书·算

地》说："故名辱而身危，犹不止者，利也。"即便名誉受到损害，身陷危险之中，却仍不停下所做之事，同样是出自"那里有利可图"的计算。因此，君主应该把人民以利益为中心的计算心引入富国强兵政策当中。计算的结果如果是人民专注生产，打仗视死如归，那么富国强兵就唾手可得。

143 人类计算的本质直到死后才会停止，一旦计算到有利可图，便会不顾一切，甚至不惜牺牲生命。《商君书·赏刑》篇认为："民之欲富贵也，共阖棺而后止。"大意是，人类想要变得富贵的欲望，直到棺材板盖上之后才会停止。而君主理应好好利用百姓们的这种计算心，引导他们认识到获得利益的途径只有一种，即投身富国强兵政策。如此一来，无须君主鞭策，百姓们自会在农耕上全力以赴，战争中奋不顾身。

可以说，法家对人性的见解以人类乃追求名利之存在为前提，旨在把这些名誉与利益的出处统合到君主手中。换言之，通过利用人性把社会价值统一到"利"上来，以取得最大限度的政治效果。他们斥责那些看重仁义的行为只是不理解计算心的虚构，《韩非子·六反》篇甚至把父母与子女之间的关系、想要儿子的心理等，都理解为计算心：

> 且父母之于子也，产男则相贺，产女则杀之。此俱出父母之怀衽，然男子受贺，女子杀之者，虑其后便，计之长利也。故父母之于子也，犹用计算之心以相待也。

144 大意是，来看一下父母与子女的关系。生了男孩就互相祝贺，生了女孩就把她杀掉。这些都是父母把所生子女抱入怀中就会发生的现象。是男孩就受到祝贺，是女孩就被杀的原因，就在于考虑到了今后的方便以及长远的利益。因此，综观父母与子女之间的关系，都是用计算之心相对待的。

这种观点可以说是彻底否定了伦理的根本。法家观点的特性不在高尚的伦理道德，而在显而易见的政治现象。他们看重眼前明确的事实，不扎根某些无形之物，追求非抽象主观性的具体客观性。法家思想家们不依赖主观，重视经验。《韩非子・显学》篇提到："无参验而必之者，愚也。"把未曾经历又无法认证之物断定为某物的行为，是愚蠢的。经验世界的集中性表现即为现实，一切历史皆为现在的历史。法家关心的所有事项，组成世界的可能状态都只存在于现实之中，他们没有理由去争论看不见的、带有形而上学性质的、故弄玄虚的"人性论"。他们从现实中的经验性事实出发，观察得出人类计较利害得失的样子，即"计算之心"，以及服务自身的样子，即"自为心"（《韩非子・外储说左上》）。他们如实把握人类的现实性，尝试利用它来建立政治秩序，让君主一人执掌人类自私逐利的属性，最终实行社会价值一元化的极权主义君主专制制度。

性理学的官学化及其局限 145

（1）对官学的反思与性理学的成立

汉武帝独尊儒术以来，随着孔子的神格化，作为统治阶级意识形态的儒家思想以经学为中心，逐渐丧失了思想层面的独创性，只专注于训诂一途。唐高宗永徽五年（654），《五经正义》颁布，成为科举考试答卷中所有经籍解释的依据，以僵硬的考试科目的形式，使经学最终变成了死学问，即"官学"。一部分学者感觉到这种思维的干涸，因而沉浸到佛教与道教之中，韩愈与李翱批评了这种行为，倡导儒学复兴运动。

然而，与不深究人性根本的他们不同，北宋初期的孙复、胡

瑗、石介等“宋初三先生”重视“经义与治事”，坚持儒学理念与
146 现实应用相结合。他们努力宣扬儒学新精神，对当时人们试图以背诵诗文或经籍通过科举考试来走上仕途的腐朽的官学倾向，敲响了警钟。

“北宋五子”沿袭了对官学的反思，为儒学开创了新道路。邵雍从数学的角度解释宇宙的结构原理，为儒学的天观带来了一大改变。周敦颐吸收了佛教与道教的哲学思辨，催生出无极、太极、中和等有关“性与天道”的新范畴，重新构建了可作用于新的统一中央集权国家的新的意识形态。韩愈以来，这种学术倾向先是被称为“道学”，后因其主要以对心性的讨论为主，于是被称为“性理学”，简称“理学”。对它的完成起决定性作用的人是张载与“二程”。张载抛弃了被官学浸渍的儒学，借由对根源性道理的思辨，提倡寻找终极真理的“太虚之气”论。这个理论为从“二程”传到朱熹的“程朱学”（新儒学，Neo—Confucianism）的确立作出了决定性贡献。

程颐与程颢结合儒学基本典籍《周易》，发展出天理与人欲、性即理、理一分殊、形而上和形而下等性理学的主要命题。“二程”领悟并创造出作为万物根源及宇宙通则的“天理”概念，成功推动了新的政治思想的诞生。换言之，这是传统儒家道德秩序的哲学命题化，由此为应该实现于政治社会的善的观念准备好了先验性依据。

朱熹，即“朱子”，通过深入思考与广泛探究，完美整合了所
147 有这些概念性范畴。他吸收了传至“宋初三先生”“北宋五子”的道学精髓，建立起系统的哲学逻辑结构，借助以“理”为中心的道体论、道统论，成功实现了“哲学的伦理化”与“伦理的哲学化”。将性理学称为“程朱学”或“朱子学”的原因就在于此。由此，始于对官学的反省的儒学新趋势最终以性理学的形式确立下来。

（2）朱子学的扩散与官学化

理想才是裁断现实最好的标准，因为缺乏理想的现实批判不过是为了批判而批判。性理学学者皆是探究现象万物终极原理的理想主义者。他们探求理想，虽然深入研究佛教与道教，但是依旧坚守着圣贤之学儒学，积极参与作为儒家本质的实践活动。

朱子所生活的南宋初期，汉族在与北方民族的对决中遭受屈辱，而把持朝政的是新法党派系和议论者们。他们谋求的是现实性的政治安定。一方面是“天理”，即“理”必须体现人类社会的理想，另一方面又存在着现实的局限。为此，朱熹似乎产生了许多的思想纠葛。

他苦恼于如何将为己之学与现实相联系以实践王道，即如何处理修己与治人之间的关系。他一方面强调要修复书院，做修己之学问，而非利禄之学问，另一方面又让儿子们准备科举考试，晚年还表现出对两者皆认可的宽容态度，其原因皆出于此。

朱子的立场是秉持理想优先。“理先气后”指的不是时间上的先后，而是逻辑上的先后。[13]他所推行的强硬政策也应如此理解。这种把理想放在首位的强硬逻辑和对待现实的矫激态度，借助被困在名利欲望中的“保守派官员们的直觉，从无法得知的道学这一实体的教义中，察觉到了威胁自身存在的危险”[14]，是追求治学理想的学者们从长远角度出发对历史之限度所作的思考。朱子学就这样在民间士大夫群体中广为传播。

朱子一方面与当时最优秀的学者们交好，另一方面以协调理想与现实的道学者身份，持续向皇帝上奏相关的政策提案。朱子曾受皇帝传唤担任过经筵侍读，但由于受政治斗争牵累，在庆元二年（1196）被褫夺官职，一切学术成就都被斥为“伪学”，遭到禁止。如此，朱子的性理学甚至变成了政治问题，可见其在南宋全国所具有的广泛影响力。

149 最后，朱子的《四书集注》因为宋理宗的认可而备受推崇，到了元朝，这一道统的普及化达到了几乎无人表示怀疑的程度。许衡担任国子祭酒，“每先提小学，再及四书”[15]。根据《元史》第八十一卷《选举志一》记载，从元朝延祐二年（1315）的进士选拔考试开始，《四书章句集注》被选为标准书籍，朱子学步入官学之路。

朱子学之所以官学化，除了因为朱子学集结了当时的学术，并成了学问的主流外，还因为性理学本身就蕴含了合乎君主专制制度统治的意识形态。

第一，先讲一下性理学最高理念之“理”。朱熹把理与气的关系描述为“不离不杂，相依相分”。换言之，既相互区分，也相互联系，同时还把“理”延伸解释为现象体系的幕后本体。《朱子语类》第一卷提到：“未有天地之先，毕竟也只是理。”那么这是否意味着，因为在皇帝统治出现之前已存在更加本质的道理，因此也能以理来制约皇权呢？逻辑上确实如此，然而在现实层面，基于皇帝至尊无上的假定，这一番话反而使得皇帝存在于一切道理的根源之中。换言之，皇帝成为了亿兆苍生价值判断的终极根源。朱子对理的论述最终标志了在宗法君主制度下，以皇帝为中心的社会规范的绝对化和统一化。

第二，朱子综合了前辈学者们的理论，将理与气的关系归纳为
150 “天地人”，认为三者既为一体又相互区别。从意义上说，“理”是不在时间维度，而在逻辑维度上先行于“气”的根源性存在。然而在现实中，这种差别的核心指的无疑是身份等级的尊卑差别。换言之，一旦将拥护旧有秩序的伦理道德与纲常名教上升到理的本体世界，那么低层现象世界就不得不服从。“对朱熹而言，理可以说是支撑封建身份等级体系的基础。”[16]也就是说，朱子的“理先气后”

说使得封建身份秩序正当化，并成为捍卫现有阶级统治的政治秩序的一种手段。

第三，无论是程朱理学还是陆王心学，性理学学者们实际上把《中庸》的“人心惟危，道心惟微，惟精惟一，允执厥中”16 个字视作圣人的传承秘诀。对朱熹而言，它是旨在“存天理，灭人欲”的存养修习的要义。性理学所吟诵的这一道德性、理想性境界的天理，实际上是在政治社会中发挥道德伦理意识形态作用的永恒不变的至高原则。这也就意味着，在被君主专制与权威主义的身份秩序
压抑着的社会中，一切违反这种制度的行为、思想与感情等，统治 151
者们都可以通过把它们圈入“人欲”的范畴，理直气壮地让百姓们“忍着”，“勒紧裤腰带”。

第四，朱子重视《大学》，认为齐家、治国、平天下是学者的任务。他把人、天、地视作“三才”，强调人才是天地的中心。自然与社会因“人”而具有了意义，而“人”也对“天地”有着特殊的义务。如此，在“为生民立道”之时，才得以拥有作为人的存在价值。借助道来实现本性之事，与被称为孝悌的社会秩序的建立不无关系。这个“理”成为普世原则，作为人的道德伦理行为规范奔涌而上。换言之，学者们认为，通过治学来为现实政治竭诚服务是他们应尽的职责。这使得所有人都不会被议论所左右，并共同参与到治国平天下这一封建专制制度下的权威主义建设事业中。

朱子认为，由于目标是通过为己与为圣的治学以在这片大地之上构建天理，因此要求皇帝也必须遵守伦理道德，竭尽全力并永无休止地进行自我修养。来看一下《朱文公文集》第十二卷《己酉拟上封事》的以下段落：

臣闻天下之事，其本在于一人，而一人之身，其主在于一 152

心，故人主之心正，则天下之事无有不正；人主之心一邪，则天下之事无有不邪。

大意是，臣听说，天下之事的根本都在一人身上，而这一人的身体驻在一心之上。因此，人主之心端正，则天下之事不会不正，人主之心只要一次陷入邪境，则天下无有不邪。

朱熹“把站在封建社会权力最高点的君主的‘心’视为社会历史发展的决定性因素”[17]，认为要依靠君主一人之心来实现道德政治。这一主张是东方传统政治的核心框架。乍看之下，这给君主施加了压力，但实际并非如此。站在最高点的君主根据“天理”创造出价值，从他的立场来看，他可以借此向臣子们要求更多的道德服从。而对臣子来说，他们可以借由君主的修为形式来发现自己的道德依存处，自然也愿意对此表示欢迎。

（3）朱子政治思想的局限与对策探索

朱子把对孟子的传承视作道统之核心，提出王道的实现与礼仁一体的中和政治论。[18]然而，他的现实实践与政策方案都过于侧重道德主义，最终成为了皇帝独裁的理念性工具。譬如，针对与北方金国的外交关系，朱子以《春秋》的名分论与差别意识为基础，宣扬以中国为中心的天下观念下的主战论；推行耕地改革法之“经界法”；倡导以乡为中心，春荒期借米，到秋收时加付利息偿还的“社仓法”；认为土地兼并违背了《春秋》之义，提出了“井田论”。然而，在不具备力量优势的情况下，主战论在以皇帝为中心的一元化独裁体制与文治主义社会中无法拥有现实名分，以宗族差别为前提的论述又否定了他自己提出的天理本源性的平等意识；除非是伟大的道学者，不然乡村统治阶层的土地豪强们也绝不会轻易基于道德而主动发赈救灾，在不消灭贵族与士大夫的情况下，井田也绝无可能。最终，所有这些思想都归于以皇帝为中心的国家理念，并被用作专制统治的意识形态。

从理论层面来看，朱子学在各种方面同样无法从内在出发提供具体的认识对策。第一，天理作为森罗万象的终极根源，其实体是什么？理在其所处的气之世界中如何体现？在现实中，理的目的在于伦理的绝对化，而理在达成这一点的过程与手段上没有具体明示，最终就会导致绝对者的任何话语都可以用绝对伦理来加以操作。

第二，朱子把蕴含着天理的人性，即天命之性视作至善，从本性的层面提出了平等论。然而，由于他过度强调理，并以此否定了人间的一切欲望，因此他的理论被批评为是以理杀人的严酷主义。在同样的脉络中，性理学学者们将公与私、义与利对立起来，主张以公义为主的纯粹道德主义。《朱文公文集》收录朱熹《辛丑延和奏札二》，文中将公私描述为“一念之间”的事情，然而在这样一个只能通过彻底否定人类欲望才能实现的充满公义的社会中，所有人都只会变成没有任何个性的道德君子。如果人类个体的自觉性缺失，那么文化也将不复存在，更别提文明的进步了。

第三，正如陆象山批评的那样，朱子学显得支离破碎。如果忽 154
视人们活蹦乱跳的心，只采用格物致知这一治学方法来体会天理的话，将难以达到预期目的，因此需要加以折中。朱熹其实也清楚，安顿理和实现格物致知的方法是“即物穷理”与“内心求理”。他知道，即便“即物”后可以通过支离的学习与修养来实现“穷理”，但最终这种“理”除了内求于“心”来获得之外别无他法。因此，正如《朱子语类》第九卷自述的那样，他对“理”的论辩大部分为“心包万物，万物具于一心”。

朱子的认识论与陆九渊的心学没有太大区别。性理学派别甚多，发展路径也丰富多样，但他们的主张其实大同小异。从性理学发展史的角度看，学派主要分为性理学、心学与气学。从哲学角度看，各派之间差异显著，彼此纷争，有时形同水火，但从政治思维角度看，各派殊途同归。[19]正如黄宗羲在《宋元学案·象山学案》中所言："同植纲常，同扶名教，同宗孔孟。即使意见终于不合，亦不过仁者见仁，智者见智。"大意是，同样根植纲常，同样扶持名教，同样视孔孟为宗主。即使最后意见不一致，那也不过是"仁者见仁，智者见智"罢了。

"二程"或朱熹的"性即理"与陆象山的"心即理"虽然有所
155 不同，但相同的是，他们皆从道体出发，视理为核心。《朱子语类》第九卷提到，"不能穷得理，不能尽得心"。这里的"穷理"既是贯通道体、理、性、命、心的中枢，还是王阳明在《传习录》中提到的"明明德"。

在这一点上，程朱学和陆王学其实追求着同样的境界。穷理的精髓指的既是天人合一，也是万物与我同体到达极乐的理想境界。由此可以看出，陆象山与朱熹的成就及气概是相同的。双方在探讨治学的本质意义时，都强调《中庸》与《大学》，并为自己能够延续中断了的孔孟传统而感到自豪。相同之处还在于，他们都将佛教的禅引进儒学，不计较异端观点，甚至还吸纳了各种学说，如王安石等人的思想。

尽管存在着种种同质性，陆象山与朱熹还是因为各自理论基石
156 与秉性不同，展开了激烈的争论。陆王学的"心即理"是易简的思想，认为由于心被提升至理的高度，所以对此心加以存养与扩充即可，无须对心进行分析或穷理等复杂过程。相反，朱熹的"性即理"主张认为，由于繁杂之物无法将混作一团的心直接连接到理之上，因此为了恢复性的原始光彩，需要有步骤地完成居敬穷理的支

离修行。“易简”与“支离”无法调和，后来还发展成更大的“无极”与“太极”之争。他们至死各持己见，相持不下。

这一场辩论使得宋代学术向前迈进了一大步，这基于双方对彼此实力的认可。宋末元初，儒生们相互奔走，倡导朱熹与陆九渊的和会。[20]无论强调心与性的哪个部分，都有着优点与缺点，也都存在着相互完善发展的空间，他们思想的局限性与探索出的相应对策理应由此出发去寻找。

第四章
国　家

157 本章将一览在中国政治思想中，有关政治运行空间的观念的诞生与演变过程。

在中国政治思想的初期观念里，天子所支配的领域被称为“天下”，天子之下的诸侯所支配的领域被称为“国”，诸侯之下的大夫所支配的领域被称为“家”。随着时间流逝，这些观念也发生着变化，尤其战国末期以后，“国”“家”混用在一起，开始作为同一概念登上历史舞台。

159 国家观念的形成

国的词源

“国”观念的形成由来已久。一开始是甲骨文中的“或”字，但当其与大地有所关联时，现代汉语读音为“yù”，与“域”通用。[1]

金文中同时存在着“或”与“國”两字，并逐渐定型为“國”字，此后在字形上几乎不再发生改变。可以看到，“或”字开始用来指代疑惑之意时[2]，便促成了被表示土地轮廓的“囗”字所包裹形成的会意字“國”字的诞生。依此类推，其字形的变迁大抵如下图。

 160

铁 117・3	彔卣	禹鼎	《说文解字》
甲骨文	后期金文	中期金文	小篆

“國”字的变迁

在《说文解字》中，许慎解释道：“或：邦也。从口从戈，以守一。一，地也。域，或又从土。”大意为，“或”指的是邦。字形由表示嘴巴的“口”和表示长枪的“戈”组成，是会意字。用它来守卫“一”，“一”指的是大地。地域之“域”是“或”的异体字，加表示泥土之“土”旁组合而成。许慎的解释或许就是刘鹗《铁云藏龟》117・3 的甲骨文字形。因此在古代，国、邦、或、域等词语都可以用来指代政治施行的实际空间，而它们的词源都是“或”。

在殷代甲骨文中，并没有“或”加“囗”组成的“國”字形态，西周初期的金文和石刻上也没有这个字形，只发现了意指土地边界区分的“或”字的甲骨文与金文字形。而西周中期青铜酒器彔卣[3]上出现了“國”字，西周末期的青铜炊器禹鼎[4]上则有“或”字。由此可判断，西周中期至末期，两字先是相互混用，后来“國”字成了代表文字。在这个过程中，“域”字作为异体字也混进其中，被使用了一段时间，并直至今日还被用在“疆域”等表达
中。以此推断，与政治施行空间相关的观念在甲骨文时期之前就已 161
存在，而“國”这一文字则是出现在西周中期。

从构成来看，“或”字由象征武力的长枪的象形“丅”字与指代城邑（而非嘴巴）的“ㅂ”字组成，表示依靠武力来守卫的政治边界。结合金文，“國”字呈现出或、㕵、國、域四种形态。[5]其反映出的是希望能够明确边界的意识。由此看来，土地划分的初级领

土概念此时似乎已经形成了。

字形确定为“國”并被用作普通名词的时期，大概与依靠武力来守卫一定疆域的诸侯国的出现不无关系。也就是说，诸侯们从天子那里得到封地，拥有了独立的军队后，他们的疆域开始被统称为“國”。

根据《说文解字》，“國，邦也”，“邦，國也”，“邑，國也”。“國”字被用来代表人们聚居生活、施行政治的疆域。总的来说，“或”字是“國”的初期文字，它先是被用来指代军队守卫的小邦国，后来随着本义的丧失，加“土”成“域”，互相通用。再随着“域”字本义的丧失，与强调用城墙围起来的“國”字通用，到了春秋战国时期，“國”字可能已成了主要的使用文字。[6]

162

邦的词源

许慎用“邦”来解释“国”，认为不从文字本身，而是从政治施行空间这一观念来看，“邦”字可能更接近原始的“国家”之义。譬如属国、属邦等例，在汉字概念当中，指代国家的“国”字与“邦”字可以通用。从早期文献开始，“邦”与“国”就是混在一起使用的，《诗经·大雅·烝民》篇有“肃肃王命，仲山甫将之。邦国若否，仲山甫明之”的表述。大意是，仲山甫严格服从君王命令，仲山甫清楚把握邦国兴衰。句中“邦”与“国”都出现了。《尚书·周官》篇也提到“司马掌邦政，统六师，平邦国”。同时使用了“邦”与“国”。

尤其在论述古代政治制度的《周礼》一书中，邦国的用例出现了百余处。譬如，《天官·冢宰》篇提到了“佐王治邦国”，从它的有关注释来看，“大曰邦，小曰国”。然而，当《夏官·司马》篇提到“方千里曰‘国畿’”，《春官·宗伯》“诅祝”中“以叙国之信用，以资邦国之剂信”，称方圆千里的大地为“国畿”时，贾公彦注释称：“国，谓王之国；邦国，谓诸侯国也。”说“国”指的是王畿，“邦”指的是侯畿。这里又认为国大于邦，这使得前后两种解释产生了矛盾，这种混乱似乎来源于“邦”“国”的混用。比起“国”字的抽象观念，“邦”字明显呈现出具体的象形：

 163

前 4・17・3	盂鼎	毛公鼎	《说文解字》
甲骨文	早期金文	后期金文	小篆

“邦”字的变迁

王国维等古文字学者一致认为，罗振玉《殷虚书契前编》4・17・3 的“”字就是“邦”字，由象征草木繁盛的“”字在其下添加指代疆土的“”字组合而成。它的意思是，在政治支配的边界线四面种上草木，以此划定领土。金文去掉下半部的“田”字，在右边添上了“邑”字。“邑”同样有“国”的意思，指代疆域，形容人们在一定的疆界内聚居的状态。[7]由此明确了它是指代统治区域的政治主题。

周朝初期青铜器盂鼎上的字形略有变化，为“”字，而周朝后期青铜器毛公鼎上的字形再次发生细微改变，为“”字。字形从这里开始就与今天的“邦”字相差无几了。秦汉确立了隶书之后，“邦”字右半部以“阝”替代了“邑”。

文字的出现及发展跟政治支配有着非常密切的关系。《古文字诂林》展示了古代中国使用过的数百种“邦”字字形。[8]这表明 164
“邦”字作为普遍观念，被使用到各种政治活动与仪式中。它似乎比“国”字更早地具备了丰富多样的含义，为人们所用。

还有一些学者推测，虽然无法确定是从殷代后期还是周朝初期开始，但中央的天子以自然边界给各区域的代表或功臣分派土地的行为“封”，就是“邦”的开始。《古文字诂林》记载了戴家祥的主张，“封”字的一边是关节之“寸”，用作动词，表示分派土地；“邦”字的一边是“邑”字，指代作为分封结果的诸侯国邑。可以看出，“诸侯”的疆域称为“邦”，而诸侯们在邦内自己所生活的地方筑起人工墙，部署兵力后，“国”也就随之出现。因此，“国”观念的出现可能要晚于“邦”，用来表示都城之意。[9]

《说文解字》把“邦”解释为“国”，对此，段玉裁在《说文解
165 字注》中用“封”来注释“邦”，说“邦”字与“封”字在古代是通用的。[10]有学者认为，虽然汉字的“国”字大体上有邦国、国都、封地三种含义，但基本是以封地为出发点。[11]史书主张“封”这种政治行为开始于黄帝时期，推测甲骨文时代便已出现了这种封土行为，并在周朝通过正式的政治制度被固定了下来。

“邦”字代表着具体的政治空间，从用草木来标注边界这一点来看，其出现可能要早于用围墙来标注边界的“国”字，然而到最后，具有更多人为抽象含义的“国”字得到了更广泛的使用。“国”字是古代典籍最常见的用语之一，《诗经》《尚书》《周易》《春秋》等都是记录与“国”有关之事的书籍。因此毫不夸张地说，“国”字几乎被用在所有段落中。其中还出现了许多派生词与派生观念，譬如《诗经》的《国风·墓门》篇有“国人”，《小雅·四月》篇有“南国”，《大雅·民劳》篇有“中国”。

166 家的词源

“家”字似乎起源于形容众人融洽生活这一含义。“家”字由宝盖头“宀”字与意为猪之“豕”字组合而成，属于会意字。“家”

的字形从早期甲骨文开始到小篆为止的变化参看下图：

京津 2152	前 7・38・1	㸓氏壶	《说文解字》
早期甲骨文	后期甲骨文	金文	小篆

“家”字的变迁

胡厚宣《战后京津新获甲骨集》2152 的“”字被视为殷代初期甲骨文“家”字的原型，在形似房屋的“”字中，放进了一头大腹便便的猪。正如罗振玉《殷虚书契前编》7・38・1 的“”字所展现的那样，后期甲骨文把猪形简化为“”字。金文略有变化，早期金文也有把现实的猪描画出来的情况，如“”字[12]，但 167
从春秋时代后期中山国青铜器㸓氏壶的“”字开始，其字形与现在的“家”字已相去不远。小篆直接继承了金文的字形，隶书以来采用的则都是猪之“豕”的形态。

猪是温顺、繁殖力旺盛的动物，在韩国也是能为家庭带来肉与财物的优质牲畜。“家”字还被用来形容蓄养生猪的居所。《说文解字》说明道：

家，居也。从“宀”，豭省声，古文“家”。

大意是，家指的是居住的地方。字形采用“宀”作偏旁，采用省略了“叚”的“豭”作声旁。这是古文写法的“家”字。也就是说，家表示“居处”，发音随公猪之“豭”。段玉裁在《说文解字注》中对此作了解释，认为小篆的“家”字本义指的是猪生活的地方，后来引申假借为人生活的地方。朱骏声提到，这与给“牛”字戴上表示窑洞的“宀”字，表示圈养牛的场所的监狱之“牢”字是同样的道理。饲养猪可以得到很多幼崽，引申其意变成众人聚集繁衍之居所。逐渐地，“家”的“猪舍”这一本义消失了，“人的住所”这个代表性含义保留了下来，一直延续到今天。[13]

学界还存在着许多有关“家”字词源的主张。譬如，有人认为，“家”的“宀”字之下原先并非“豕”字，而是“犬”字，后来是因为《说文解字》在传达过程中出现错别字才变成了那样。[14]如
168 果联系民间传说，调动我们的想象力，还可以将其与古代人的生活方式或祖先崇拜仪式联系起来，也可以把猪想象为农业社会表达丰收意义的起源。无论是为了驱蛇，还是为了肥肉，在家中养猪的历史由来已久。因此在古代，结合猪形与屋型，可以用“家”字来表达与猪生活的场所。[15]

不管怎么说，考虑到祭祀是殷代当时生活的一部分，“家”字有可能描述的是祭祀用的小猪被摆在家中祠堂的情形，后来转变为家的含义。吴大澂等认为，在古代，庶士或庶人阶级由于没有另外的庙堂，因此在寝房内用猪来举行祭祀，这个字可能由此衍生而来。[16]这种说法目前在中国学者中最具影响力，可以说是最令人信服的“家”字的起源。还有学者主张，这个字的产生源于庶人们在家中豢养猪的历史。[17]

在中国，文字的出现及发展与政治权力的扩张及维持密不可分。形成甲骨文的殷朝是祭政一致的社会，汉字的出现便与司祭的角色及权力不无关系。[18]“家”字与他们所使用的祭品有关，那么根据权力大小的不同，它可能是牛，也可能是猪或羊，但是“家”字与猪相关，也因此在学者中引起了很多关于为何偏偏是猪的争论。譬如，《古文字诂林》第六册在第 744 页至 747 页特别介绍了顾实的长篇论辩，他提到有说法认为，女性掌握着作为贡品与食品核心的猪，因此是家庭的中心，这个字描绘了这种居住状态；还有说法

认为，这个字展示了下为猪舍、上为用栏杆围起来的人的住处的形态；等等。

后来，“家”字含义发生变化，与猪相关的本义消失，成为象征人类生活空间的文字，指代相同血缘的人同甘共苦、一起生活的居处。取而代之的是出现了意为猪圈的“圂”字。在甲骨文与金文中，“家”字用作地名、人名、“嘉”字的假借字，以及衍生的居所之意。[19]围绕家观念的各种争论，既与当今“家”字的含义息息相关，也与我们的生活有着密不可分的联系。

国家观念的变迁 170

孔子之前的国家观念

《周礼》集中记载了周公的政策，内容主要涉及随“封建”产生的“邦国”事宜，其中多处还把“大国”与“小国”区分开来，以对职官进行说明。它既包含了有关“国”之制度的设计，还强调了依照功绩划分的身份等级与封土大小。《地官·司徒》篇同时出现了邦、国、域、疆等观念：

> 凡建邦国，以土圭土其地而制其域。诸公之地，封疆方五百里，其食者半；诸侯之地，封疆方四百里，其食者三之一；诸伯之地，封疆方三百里，其食者三之一；诸子之地，封疆方二百里，其食者四之一；诸男之地，封疆方百里，其食者四之一。

大意是，凡建立邦国，会使用土圭[20]来分配他们的土地，按以下方法设立其域。各公爵的封疆，即封地以方圆 500 里为界，收取租税的食邑占 1/2；各侯爵的封疆以方圆 400 里为界，收取租税的食邑占 1/3；各伯爵的封疆以方圆 300 里为界，收取租税的食邑占 1/3；各子爵的封疆以方圆 200 里为界，收取租税的食邑占 1/4；各男爵的封疆以方圆 100 里为界，收取租税的食邑占 1/4。

拥有公、侯、伯、子、男爵位的被统称为诸侯“国”，而方圆
171 不足 100 里的被称为“小国”或者“附庸”。天子虽然是“天下”的拥有者，但其“直辖地”，即王畿，只有方圆千里。

《左传》桓公二年记载了与国、家出现有关的政治话题：

> 吾闻国家之立也，本大而末小，是以能固。故天子建国，诸侯立家，卿置侧室，大夫有贰宗，士有隶子弟，庶人、工、商各有分亲，皆有等衰。

大意是，我听说对国家建立而言，如果根本强大而末梢弱小，则得以坚固。因此，天子分地以建国，诸侯分地以设置卿、大夫的家，卿以诸子嗣来设室，大夫以嫡子之外的子嗣来另外立宗，士让子弟隶属某地以从事工作，庶人、工、商按照亲疏关系各有分支，皆有等级。

天子统治的区域为“天下”，诸侯支配的区域为“国”，大夫管
172 理的区域为“家”，而士只对自己负责。由这点可知，士这一阶级完全无法拥有生产资料，只能倚仗自身力量生存。天子“建国”，赐予诸侯，所以诸侯筑起城墙，居住之地被称为“国”；诸侯“立家”，修建大夫的祠堂，所以大夫建城祭祖，生活之地被称为“家”。周室同时施行直接统治与间接统治，通过封建与宗法，建成了特有的中央集权国家。尽管它具有世袭继承的特征，但要行使违背天子政策方向与意识形态的独立权力并不容易，因为天子掌握着动员各诸侯的征伐权。[21]

根据封建规定，诸侯国们具有为国家公共事业提供力役与贡纳的“职贡”义务。此外，诸侯需要每隔三年带领家人向天子汇报工作，谓之“大聘”，每年亲自朝觐王室，谓之“小聘”。不仅如此，天子会定期把诸侯们召集至王畿以外的区域举行“巡狩”，发动征伐战争时会让诸侯集合于某个特定地区，行“会同”之事，而且还设置了监察各国内政的“行人”，以实施监督与管制。在制度松弛之前，周室行使着对各国的统制权，因此，当时的国虽然拥有单独的行政，但似乎并不能行使独立的政治权力。

另一方面，在统合为“国家”之前，家观念也派生出了许许多 173
多引申义。“家”字的意义从猪的住处转变为人的居所，其在社会与政治层面的重要性与日俱增。随着“家”范畴的扩大和凝聚力的增强，它倚仗权力成为社会的基本单位。这一事实同样说明了家观念用例的衍生程度之大。

《诗经》中有许多家观念的衍生用例。首先，表示人类生活场所的“家室”一词出现了5次，倒过来写成“室家”一词出现了9次。比如《大雅·绵》篇的“古公亶父，陶复陶穴，未有家室”这句，“家室”指的是带有门窗的屋子。《左传》桓公十八年篇“女有家，男有室，无相渎也，谓之有礼”一句中的“家”“室”，则是夫妇的意思。室表示夫妇生活的房间，家表示带有大门的里屋整体。《孟子·滕文公下》篇提到：“丈夫生而愿为之有室，女子生而愿为之有家。父母之心，人皆有之。”大意是，男子生而有室，女子生而有家，这是父母的心愿。可见，家的含义已扩展为表示家族制度化与强调家族作为社会构造核心单位的角色的观念。

家观念还表示世代传承的家业或家产。《左传》文公十四年篇“尽其家，贷于公有司以继之”中的“家”指的便是家族传承下来的财产。大意是，把家族传承下来的财产都用光了，向公共机关的官员借贷以维持。这表示，“家”随着家族、家门等含义的牢固，还为家族制度附加了社会经济意义。

虽然“国”与“家”也以其自身的含义被使用着，但是早在孔子之前的典籍文献中，已经出现了“国家”的用法。当然，无论何种情况，把“国”与“家”分开来解释的做法都是正确的。据说是形成于后代的《尚书·金滕》篇有这么一句话：“我国家礼亦宜之。”大意是，我们国家的礼也完全是合适的。这句话既可以把“国”与“家”分开来解读，也可以合为一词来解读。在相同的脉络中，《立政》篇提到了“其惟吉士，用励相我国家”，《文侯之命》篇也有“侵戎我国家纯”的句子。《周易·系辞下》的“国家可保”一语与如今的国家观念几乎完全一致。《周礼·春官宗伯》中，“国家”这个词集中出现了5次，在提到根据等级来改变装饰程度的内容时，“国家”与宫室、车旗、礼仪被放到一起谈论。然而，今天的“Nation State”作为一个政治行政单位，所定义的是成员们的共同体生活，与这里的“国家”观念并不一致。

175 《论语》将“国”与“家”分开使用，《季氏》篇记载了体现孔子国家观念的代表性段落：

> 丘也闻有国有家者，不患寡而患不均，不患贫而患不安。

大意是，我孔丘有所耳闻，有国有家的人，不担忧分配得少，而是担忧分配不均等，不担忧财政孱弱，而是担忧政治不安定。

在此，“国”与“家”都被视为政治行政单位。当然，由“国家”一词的各种用例可推断，把“国”与“家”视作一体不加区分的趋势也正在出现。譬如，《左传》隐公十一年提到了“礼，经国家，定社稷，序民人，利后嗣者也”一语。大意是，礼是运营国家、安定社稷、建立国民之间的秩序、造福后代之物。在这里，尽管“国”与“家”被分开解释，但实际上连在一起读也无妨，当时也有人采用了这种解读方式。如此看来，孔子时期前后，《左传》的出现使得“国家”开始被统合为一个词语，表达一种观念。

诸子百家的国家观念 176

如上所述，“国”与“家”分开使用或一起使用的例子都很多，后来，其意义扩展出诸多观念，并最终被统称为“国家”。虽然诸侯所管辖的地区被称为“国”，大夫所管辖的地区被称为“家”，但到了战国时代，随着大夫转变为诸侯，国与家的界限变得模糊不清，“国家”合并使用的事例也就频繁出现。

自公元前651年第一位霸主齐桓公主持了首次会盟以后，春秋时代的中国政治领域一再发生诸侯无视天子之事。由此，诸侯“国”所划定的界线逐渐丧失其意义，而在春秋后期，由于大夫们杀死主君诸侯并分割土地，大夫“家”与诸侯“国”之间的界限就被打破了。其中最有名的是公元前453年发生的“三家分晋”事件，中原强国晋国被韩氏、赵氏、魏氏三大夫瓜分。

比起“国”这一公共空间，大夫的“家”意味着相对独立的空间。虽然《墨子》成书于战国时代初期，但《尚同下》篇的内容尽是对家、国、天下之间关系的阐述。譬如，“治天下之国，若治一家；使天下之民，若使一夫”。大意是，治理天下之国，如同治理一个家，管理天下之民，如同管理一人。“家”作为与“国”相对应的概念，是一个政治行政的基本单位，很好地说明了其在执行国之诸侯们的命令或嘱托的同时被纳入整个共同体秩序的过程。可以说，它充分反映出了春秋时代的政治变化。

很难推测“国”“家”被写成“国家”的确切时间，《孝经·谏 177
诤》据说成书于秦汉年间，在这章的以下段落中还能看到与《左传》相同的“国”“家”观念：

昔者天子有争臣七人，虽无道，不失其天下；诸侯有争臣五人，虽无道，不失其国；大夫有争臣三人，虽无道，不失其家；士有争友，则身不离于令名；父有争子，则身不陷于不义。

大意是，从前天子身边如果有七名擅长谏诤的争臣，那么即便无道也不会失去天下；诸侯身边如果有五名争臣，那么即便无道也不会失去国；大夫身边如果有三名争臣，那么即便无道也不会失去家；士身边如果有几名肯谏诤的朋友，那么其身便不会丧失名誉；父亲如果有个肯谏诤的儿子，那么就不会身陷不义的境地。

然而，到了战国诸子百家时期，将“国”“家”分开考虑的现象逐渐消失。最常谈论“国家”，并将其当做一种观念来使用的人是墨子。《墨子·尚贤上》篇提到：“今者王公大人为政于国家者，皆欲国家之富，人民之众，刑政之治。”大意是，如今的王公大夫们治理国家政治，都希望国家变得富有，百姓人口增加，刑政施行得当。《墨子》中出现了81处“国家”，虽然也有把“国”与“家”分开解释的地方，但很多时候还是把它们当做一个观念来使用。

178 《孟子·滕文公下》篇提到“士之失位也，犹诸侯之失国家也”的表述，给诸侯使用了“国家”而非“国”。可是，《离娄上》篇的“天下之本在国，国之本在家，家之本在身”一语又部分采纳了以前的观念。

到了《礼记》《荀子》时期，“国家”的用法与战国时代基本一致。《荀子·富国》篇论述了以下主张：

利而不利也，爱而不用也者，取天下者也。利而后利之，爱而后用之者，保社稷者也。不利而利之，不爱而用之者，危国家者也。

大意是，使百姓得利而不从他们身上取利、爱护百姓而不使唤他们，这种人可以获得天下；使百姓得利而后从他们身上取利、爱护百姓而后使唤他们，这种人可以保有社稷；不使百姓得利又从他们身上取利、不爱护百姓又使唤他们，这种人只会危害国家。

社稷与国家相等。此外，“国家”在《荀子》中出现了20次， 179
全被设定为说明其政治思想的中心单位。

儒家认为，在政治上，德与礼的公同（common）价值比行政或法律的公共（public）价值更重要。因此，《中庸》第二十章把“修身”这一阶段摆到了治理“天下国家”之前，《大学》提出了“修身、齐家、治国、平天下”的公式，认为“身修而后家齐，家齐而后国治，国治而后天下平”，主张从士到天子的政治单位中始终如一的理念统一性。在这里，齐家的“家”自然指的是家庭、家门等，而非大夫所管辖的地区。

《庄子》以春秋时代的各种“国”名来解释他的寓言。既喜欢用“国”字，比如《大宗师》篇的“亡国而不失人心”，也使用过“国家”，比如《让王》篇的“道之真以治身，其绪余以为国家，其土苴以治天下”。大意是，道的精髓在于治理其身，剩余的则在于治理国家，糟粕在于治理天下。在天下与自身之间，家国不分，合二为一。《老子》既有“国”“家”分离的用法，也有统一为“国家”的现象，比如第十八章与第五十七章中出现的“国家”，便是既可以连读，也可以分开来读。

在《商君书》《韩非子》等法家著作中，“国”字出现了数百 180
次，用来描述所有国家之事，此时的“国”即为国家。譬如，《商君书·徕民》篇：“夫秦之所患者，兴兵而伐，则国家贫。”大意是，秦国担心的事情是一旦发兵讨伐，国家就会变得贫穷。《韩非子·外储说左上》篇："国家不定，百姓不治，耕战不辑睦，亦子之罪。"这里"国家"一词的含义与其他部分的"国"观念一致。法家用"国"字替代"国家"一词，不再将"家"字视为官方的政治空间。

最终，在战国时代后期，随着强大的中央集权制国家基础的建立，以及各种战争此起彼伏，起源于诸侯的"国"观念与今天作为国际政治单位的"国家"具有了相似的含义，也基本具备了当今用以定义民族国家单位的领土、人民、主权、政府等要素。原先的"国"拥有一定疆域和独立的土地税收制度，军事权力和基本人事制度，具备地方分权型结构，这一观念逐渐转变为配有独立政府的国家。

战国时代后期，"国家"基本涵盖了过去作为大夫政治空间的"家"，被视作政治与政策的最终单位，而大部分诸子百家则以"国"字囊括了这一观念。随后，西边的超强霸权国家秦国登场，并不断进行合纵连横，战国的"国"最后全部消失在嬴政的武力之下。

181 **帝国时代的国家观念**

春秋战国时代，政局风云变幻，中央权力被削弱，以伦理及教化为基础的封建名存实亡，权力的实际行使掌握在强大的诸侯国手中。秦始皇统一天下后，以土地为基础的世袭制权力支配被否定。君主专制制度全面施行，分封制度从形式到实质全部宣告终结。正如后面将要提到的，国家观念从表示划分土地来统治的观念转变为形容君主直辖的观念。

分封制的废除使得"国"观念发生了改变，从多国并存变成只承认一个国家，天下统一也就意味着诸国灭亡，战国的“国”被天下所吸收。人们在抽象意义上对“天下国家”有了更广泛的理解，认识到这是由皇室永恒私有的天下国家。这个观念下的“天下国家”指的并非是由德与礼这种公共性所支配的公天下，而是皇帝制定法律来守护皇室的家天下。在统一帝国中，家不再具有独立政治行政单位的机能，而是回归到“家门”这一最原始的含义，并逐渐成为帝国时代的最低政治单位，与作为确定税额及摊派兵役的基础单位“户”发挥着类似的机能。

当然，即便秦始皇推行了郡县制，也并不意味着以前的国观念 182
就完全从人们的脑海中消失了。秦王朝统一天下仅 15 年便退出了历史舞台，之后登场的汉朝刘邦采取了郡国制，重新恢复了“国”。汉帝国初，诸“国”的规模稍大于“郡”，与战国时代具有独立履行政治、行政、司法、军事机能的“国”很相似。部分的“国”配备了比中央政府更出色的官僚组织，还提供更高的官员俸禄。如何削弱这些拥有独立力量的国，强化中央皇室，实现真正意义上的统一国家，成了汉初君主与思想家们共同关心的问题。最终，汉武帝重新恢复了君主专制的一元政治体制，自此之后，中国再没有正式实施过分封制度。从汉朝中期开始，拥有独立力量的国消失，只留下了授予皇亲或功臣的名义上的国与诸侯，皇帝赋予他们部分收租权以维持生计。此后的国不再被允许拥有独立武装，人事问题也全部统辖于天子的直接命令之下。

汉朝以来，除非特殊原因，中国大部分王朝都把儒家视作国家统治理念。结果，比起行政与法律，强调德与礼的道德统治思想占据了国家观念的中心位置。由此可见，直到近代国家观念确立为止，相较于法律这种制度框架，思考何人施政才能实践道德的人治思维支配着中国思想史。这使得国家观念的核心聚焦到人，尤其君

183 主身上。东汉的荀悦认为国家政治构造的基本要素是君主、臣子、人民。虽然君、臣、民的地位与角色不同，但在政治过程中共同组成了一个有机整体。他在《申鉴·政体》篇提出："天下国家一体也，君为元首，臣为股肱，民为手足。"这种有机体型国家论把君、臣、民比作身体的各部分，相互制约补充，以臻完整，这一点可谓极其特别。荀悦的目的在于通过君、臣、民相互协调来实现政治安全，这里的"天下国家"指的是政事通达的一个空间，而非分离状态下的政治空间。天下国家的核心在于皇室与君主。

针对国家应该重视什么的问题，后代各个儒学家们的侧重点略有不同。虽然他们都把在这个世界实现道德视为基本目标，但在实际政治方面，着重点会随着时代与状况的不同而发生改变。譬如，王符认为对国家的治乱与存亡而言最重要的因素在于人事政策，尤其强调要把"明选"，即贤明的选择，视为人才选拔的核心。《潜夫论·本政》篇说："国家存亡之本，治乱之机，在于明选而已矣。"在《后汉书·崔寔传》中，崔寔强烈要求君主需要具备创新精神，他指责守旧的书生们不懂权力与制度，认为："俗人拘文牵古，不达权制，奇伟所闻，简忽所见，乌可与论国家之大事哉！"大意是，那些书生只认为过去之物是伟大的，而疏忽了眼前的实际，因此不能与他们探讨国家大事。

184 魏晋时代，王弼点明老子政治思想的核心，提出与战国时代法家类似的有关国家与百姓对立关系的观点。他在《老子注》第五十七章中提到："民强则国家弱，民多智慧，则巧伪生；巧伪生，则邪事起。"大意是，百姓强则国家弱，百姓如果足智多谋，就会产生虚伪不实，虚伪不实如果出现，奸邪之事就会四起。这种观点把权力者陷入危险描述为"国家"陷入危险，认为如果能使百姓们如同幼儿一般不具备任何知识，就能解决无数政治问题。这种主张为的不是国家，而是权力者的独裁，历史上长期存在持有这种国家观念的人。

孔子在《论语·安颜》篇针对弟子们提出的政治问题，曾作出“足食，足兵，民信之矣”的回答。大意是，粮食充足，武备修整，百姓们就会信赖政权。其中“信赖”最为重要。唐太宗在《贞观政要·纳谏》篇提到，无论发生何事，都必须守信，只有有信于法令，才能使天下臣服。《旧唐书·褚遂良传》也认为：“信为国本，百姓所归。”褚遂良把信赖视作国家运作的核心，强调国法要以信任为基础，一旦制定，即便是君主，也要忍小忿而存大信。孔颖达认为这种信赖的基础应该是礼，而不是法。他在《五经正义·仲尼 185
燕居疏》中提到，必须把礼仪视为国家的管理方针，“国家尊卑上下制度，存在于礼”。大意是，国家的尊卑上下制度，全部存在于礼仪之中。

在强调国家观念的唐代，社会思想在与佛教的论辩中变得愈加具体，处在儒佛论辩中心的韩愈批评佛教与道教“旨在治心，不在治世”。从韩愈的《原道》一文可以看出，韩愈认为只有儒教才是为了国家与共同体，用修身、齐家、治国、平天下的道理来处理一切事务，而佛教与老子的道则是“欲治其心，而外天下国家，灭其天常；子焉而不父其父，臣焉而不君其君，民焉而不事其事”。大意是，想要修养身心，却将天下国家置之度外，蔑视天伦；儿女不把父母当父母，臣子不把君主当君主，百姓不侍奉该侍奉的人。韩愈的观点回归到了强调德与礼的儒家国家观念中。

性理学学者的国家观念与韩愈的思想相差无几，强调五伦，认为应任用有德之人，重视民生与安全，这种观念也为后代帝王所共 186
有。由《明太祖实录》第八十七卷可见，朱元璋把大臣称作肩负“国家”重任之人，而非肩负王朝重任之人，认为：“君国之道，以民为本，故设官分职，简贤用人，惟求安民而已。”大意是，君国之道以百姓为根本，因此，分别设置官职，挑选任用贤人，都只是为了追求百姓们的安宁而已。他从肩负国家重任的立场出发，要求官员们孝悌忠信，强调对礼仪的实践。这并未超出早期儒家国家观念的范畴。

187 封建国家与天下思想

封建、宗法与中央集权

随着定居农耕与人口增长，以及经济盈余的扩大，社会发生了一系列变化，殷朝从第十九代君主盘庚开始，强化政府的中央统治。[22]部落首领们以血缘为基础，独立管理着规模不一的耕地与人口，他们形成了大家、小家的社会基层机构，并各自主管对祖先神灵的祭祀。根据《尚书·盘庚》篇记载，中央政府强化德、礼等政治理念，为把拥有不同姓氏、行政独立且负责生产与分配的诸家团结起来，作了政策与理念上的努力。

《尚书·酒诰》等文献揭示了各个氏族首领就是地方行政首长的事实，曾姓“姬”的周氏与西方戎族都在部落附近形成了庞大的聚居集团，在解决家门与周围地区的各种冲突方面发挥了政治性作
188 用。武王与周公成功以下犯上推翻殷朝后，将天下分成了 71 个国，推行所谓的“封建”，天子坐拥“天下”，天子之下的诸侯们管理国，诸侯之下的卿或大夫管理家。家与国具有相同的构造，家的伦理也就变成了国的伦理。[23]于是，曾经是血缘集团的“家”成为具有相当规模的卿大夫们的一种食邑。换言之，它为那些曾作为基本政治单位而存在的“家长”赋予了“大夫”的称号。[24]周礼的《地官·

司徒》与《夏官·司马》等篇对此有着各种记录。

殷朝后期，在中国人的实质生活空间中，家已被公认为社会的基本构造，成为政治社会的核心单位。贵族的家主管着基本的祭祀，拥有相当规模的农耕地，逐渐成长为庞大的集团。他们按照自己的特性独立行政，在生产、分配以及解决集团矛盾等诸多方面发挥着政治作用。

《庄子·骈拇》篇："小人则以身殉利，士则以身殉名，大夫则以身殉家，圣人则以身殉天下。"大意是，小人为了利益而献身，士为了名利而献身，大夫为了家而献身，圣人为了天下而献身。比 189
起国家这一公共空间，大夫的家意味着相对独立的空间。家作为政治行政的基本单位，在执行国之诸侯们的命令与要求的同时，被编入到共同体整体的秩序中。

另一方面，男性作为农耕社会主要劳动力的地位上升。在其集合体的家中，男性行使着支配权力。在强调力量和以物理暴力为存在核心的政治世界中，女性的作用相对减弱。作为一种政治行政单位，家成为了拥有更大支配力的国的下位存在，以诸国的主人天子，即天下的主人，为中心的上下位阶秩序清晰地展现了出来。以男性为中心的政治权力所追求的中央集权政治体制需要采取措施维持这一体系，这促进了宗法观念的形成。"宗"为首，意为"至高无上"。这个制度强调了姓与氏，并把权力与财产传给了作为父系血统首领的嫡长子。[25]这套观念形成于殷朝后期，还体现在王位继承的过程中。

周公以分封与宗法为两大支柱，开始着手权力的组织化，分封 190
基础政治单位之后，这些封国会定期或不定期地朝觐上级单位，即天子，以宣誓效忠。宗法对于这种封建中央集权体制的维持至关重要。周王与周公旦推翻殷朝后，改革了殷的氏族制政治机构，实施封建制度，把百姓与土地分封给同族和功臣，同时立足于嫡长子继承这一大原则，推行宗法制度。在这种方式下，小宗室受制于大宗室，最终，由中央最高地位的天子以大宗室中的大宗家身份来统领天下。

就这样，封国们在宗法的秩序中建立起来。既有与王室同为姬氏的鲁国、燕国、蔡国等，也有功臣太公望的齐国等，还有分封给先王后裔的封国，如称颂黄帝的祝国、尧帝的蓟国、舜帝的陈国、夏国的杞国以及周成王时期分封给殷朝微子的宋国。《荀子·儒效》篇提到，周朝所立 71 国中，姬氏占了 53 国。周王室把亲族诸侯放在自己的土地周边，交叉安置功臣及其他姓氏，以使他们相互制衡。

一方面，天子通过利用宗法的家族纽带关系，以及对伦理关系的强调（如向长辈问安），来维护天下秩序的根本，另一方面也可以利用册封及征伐的权力来惩戒违背制度的封国。譬如收回长期不参加朝觐的诸侯的封地，不遵循宗法的诸侯国会遭到数达万乘的天子的直属军队，以及接受天子命令的其他诸侯国的联合讨伐。

中央集权观念因周公强化的服制得到了进一步发展。[26]根据《尚
191 书·禹贡》的内容，“五服”作为一种制度，其核心由税金、兵役和政治教化构成。通常王畿周围 500 里的区域被称为“甸服”，“甸”代表王的田地，“服”字表示服务君王；甸服以外 500 里为“侯服”；侯国以外 500 里为“绥服”，代表满足并服从于王的教化和政治之意；绥服以外 500 里为“要服”，是蛮夷的居住地，也是罪人流放之地；要服以外 500 里大部分为未开垦的荒野，称为“荒服”。五服规定的核心是越靠近王城附近，文化水平越高，王的统治力越强，反之越远离王城，文化水平越低，对王的服从程度越弱。最偏僻的要服与荒服是连王的教化都无法企及的蛮夷之地，因

此让他们按照自己的习俗生活下去。

周朝的首都镐京位于今天的西安一带。如果以五服的规定来打量镐京四周 2500 里环形区域的话，可以说已覆盖当今中国的大部 192
分领土。把无数分散到各地的诸侯国集中到中央的方法就是五服。周公在实施封建、宗法制度的同时，推行“三年大聘，比年小聘”政策，要求得到封地的国主们每隔三年需带领家族觐见、每隔一年需亲自参加朝觐，并汇报政务。这是服务于中央集权的一种构想。在这种构想下，天子所管辖的拥有无穷影响力的这一广阔地域，即为“天下”。

作为理想的政治制度，五服、九服规则的内容还考虑了百姓的生活便利，以及蕴含着天子想通过广播文化、伦理教化来祈求天下太平的含义。它把封建制度的政治效果提高到了最大化。它象征着以中国为中心的国际秩序，追求的是中央集权与君主专制。

根据封建、宗法和五服规则，天下只有一个，最高地位的大宗只能是中国，而只有天子能够位于最中心的位置。如此，认为现实政治权力的核心在中国，道德伦理也要服从中国的中央集权观念，与文化优越主义相结合，久久未从中国古代政治思想内部消失。

天下观念的登场与变迁 193

“天下”一词在表示天之下，即“天空之下”的含义时，是一个无法精确界定的模糊概念。但是据推测，从殷朝开始，“天子”一词就与“天下”一同使用了。因此，“天下”拥有了政治意义，意指天子代替上天管辖地域。天子的秩序畅通无阻的世界是为“天下”，无论是天子直接管辖的诸夏和中国地区，天子的教化和间接影响力所遍及的四方，还是更远的夷狄之地，全部被合称为“天下”。

在中国思想史上，“天下”指的是当今一般意义上的宇宙或世界。“宇宙”一词出现在战国时代《尸子》一书中：“天地四方曰‘宇’，往来古今曰‘宙’。”该词同时还出现在《庄子·庚桑楚》篇中：“有实而无乎处者，宇也，有长而无本剽者，宙也。”大意是，具有实体但没有确切处所之物为宇，具有长短但没有根本起点之物为宙。从天地交合、万物生长这一层意思上看，中国人所说的天地与宇宙实为同一概念。“宇”象征巨大的空间，以及在该空间中的无限运动；“宙”指的是人生与自然的永恒时间。

194 “世界”这一用语的出现要比“宇宙”晚一些，直到佛教进入中国之后才开始被使用。在此之前，“世”“界”两字从未被合在一起写过，类似含义的词语有“世上”和“世相”。一世代表 30 年，“世世”通过“世”的重叠，来表示与自然界区分开来的生命界的有限性或分辨性。在现实社会中，中国人具有基于时间变化形成的纯粹空间意识的传统，而佛教的宇宙观区分了无数的空间层“界”，认为每一个界域的属性皆不相同，在与佛教的这种宇宙观接触当中，“世界”这一新的概念才得以发展。

具体而言，“世界”的梵语为 lokadh（a-）tu，其中 loka 被翻译为“世”，Dh（a-）tu 被翻译为“界”。《楞严经》：“世为迁流，界为方位……上下为界，过去未来现在为世。”大意是，世为变化的流动，界为方位，东西南北和上下等方向为界，过去、未来和现在为世。“世”意味着过去、现在、未来的时间变化，“界”指的是上下四方空间的界限。像国家与国土，或者我们的生活空间“世间”一样，与其他世界隔离开的空间称为“世界”。从这一点上看，可以说“世界”比中国传统的“宇宙”“天地”观念更接近“天下”的含义。

“天下”的含义包含了宇宙诞生性质的“天地”之意，也囊括了存在于其中所有事物的和谐与秩序之意。换言之，“天下”具有与世界秩序或人类世界的各种秩序相关的强大政治意义。这也是对现实政治抱有极大兴趣的儒家为何在典籍中多次使用“天下”这一用语的原因。从政治秩序这一含义来看，“天下”既不同于哲学意义上的“宇宙”，也不同于宗教意义上的“世界”。

现在，“天下”一词的用法类似于宇宙、世界等，但是在中国古代，“天下”一词指的是诸侯国之间的相互关系等国际秩序所通用的政治领域。秦汉以来，帝国实现统一之后，都会把皇帝称作天下的主人，与之相对地，会把地方君主称为王或者君，这一现象可以说是原封不动沿袭了上述的这种初期观念。《诗经·小雅·北山》的以下段落是有关古代天下观念的代表性名句：

> 溥天之下，莫非王土。率土之滨，莫非王臣。

大意是，普天之下，没有一处不是王的封土；大地之上，没有一物不是王的属臣。当时，“王”指的是唯一者，也就相当于后世的天子或皇帝。

中国的天下观念与当今的领土国家观念不同，指的是一个非常抽象的空间，延伸至整个世界或全部宇宙。正如我们在五服规定与封建论中所看到的那样，“天下”还代表着王的教化这一意识形态所遍及的政治空间，这无法用现代的民族国家观念来替代说明。“天下”指的是最高政治统治者的直接、间接及文化性影响力所触及的空间，它与国境意识没有任何关联。“天下”既是蕴含着这种世俗性支配秩序之意的政治概念，也是一个与世界秩序或世界共同体有关的概念。正如金忠烈先生所说，“在使用‘天下’时，应将其视为兼具哲学含义，以及认为国际政治秩序通用且必须通用的国际性的政治领域”，同时将其理解为“道德实践的领域和可以支配 196

整个人类生活的唯一政治行为现场”。[27]

作为天子，周朝的王是连接天与人间的绝对统治者。而作为天的子嗣，天子不仅是受命于上天、上帝，并将这一点具体体现到人类社会中的贤德之人，还是肩负着守护百姓这一重任的人。天赋予了周王室保民的任务，而承载着这个“天”下所有存在物的地方即为天下。将天之意志实现到人世间的天子，即周王室所支配的政治领域成为了天下。尤其如果考虑到天的人格神的含义，天下概念会进一步扩大。天的普遍意志即选择一个有德有礼之人来保民，这句话实际是把没有受到周王室直接统治的地区也要服从天子的政治秩序的意义也囊括在了其中。换言之，天下指的是人们最为追求的那个世界共同体。

随着人间之事的受重视程度超过了对天的信仰，天下观念也在
197 发生变化。春秋战国时代，随着君主权力的中央集中化现象的出现和对霸权世界秩序的追求，天与人间王之间的关系最终流于形式。无论通过哪种手段掌握政权的人，都会把它寄托到天命上，霸主还会把“天”引入基于自身力量形成的国际秩序中。到了战国时代荀子那里，还发展到了“利用上天来帮助生产”的程度。“天”完全丧失了其宗教性质的机能，所以“天下”的概念也被用作一般名词，指代过政治生活的人们所居住的任何地方。因此，诸子百家著作当中出现的“天下”在很多情况下与天观念无关。

虽然天下的概念始于与“天”的联系，但是只有与天的宗教性无关的政治秩序及世界秩序的含义得到了强化。特别是在春秋战国时代，天下被用作诸如“World Order”之类的政治术语，或仅被用作我们所说的“世上”或者“世界”等的同义名词。在《论语》等书中，“天下”一词也出现了20多次，但被混用为一般意义的天下之意，或者具有政治思想含义的世界秩序之意。特别是当用于

“治天下”等通过政治使人类世界达到理想境界的含义时，“天下”一般指的都是纯粹由人类创造的世界。《荀子·仲尼》篇：“圣人治天下必自人道始。”大意是，伟大的政治家在天下建立杰出的政治秩序，必须始于人类之道。

到了汉代，天下观念又迎来一次新的大变化。汉代虽然建成了
大帝国，但在与北方匈奴的斗争当中也曾败北，因此不得不容忍周 198
边民族的存在。由此，中央集权性质的天下观念发生动摇，调整为新的以中国为中心的国际秩序观念，体现在政策上即羁縻政策。“羁”指的是牲口的辔头，“縻”指的是牲口的缰绳。“羁縻”这一外交政策的意思是，中国皇帝作为天下的主人，存在于世界中央，对待周边民族则要用拧紧辔头、拴住缰绳的方式进行管理。从中心是中国皇帝这一点来看，可以说与过往的天下观念并无区别，但从它仅是观念上的中心，实际上肯定了与中国不同的其他民族的存在及政治体制这一点来看，其与以往作为政治与文化的同质体的天下观念并不相同。

根据封建、宗法和五服的规定，天下只有一个，最高的大宗也只有中国一个，但自从其他地域被承认后，天下观念发生了变化。即便如此，因为天下观念主张道德和伦理应该遵从中国，它与文化优越主义的中华思想相结合，始终发挥着威力。

封建观念的变化与中国天下思想的局限

如上所述，中国的封建制度指的并非诸侯国的独立政治制度，而是起源于诸侯世袭“天子”所赏赐的领土的状态。孟子认为，王与诸侯之间并非君臣关系，而是像君主与人民的治者与被治者的关
系，诸侯的领土不是采邑，两者的关系是被治者向治者提供兵役与 199
贡纳的关系。从这一点上看，它与西方的“Feudalism”或日本德

川幕府下的幕蕃体制不是一回事。在国观念的成长、发展以及变迁过程中，它是象征政治权力的分支的中国式观念，也是与中央集权制统治机制——郡县制度相对应的观念。

然而，公元前221年，秦始皇统一中原，中央集权制统一国家出现。秦立足于刑法与制度的统治体系的完成，标志着封建与宗法作为政治制度的结束。汉代实行郡国制，这似乎实行的是分权制的封建制度，但最终仍因中央集权专制皇权的收拢而宣告中断。此后，中国不再施行分权制封建制度，专制政体的中央集权制官僚国家维持了2000多年。

然而，直到清乾隆四十三年（1778）朝廷以敕命方式禁止封建的相关争论为止，复古派思想家们一直把封建视作限制君主专制权力的方法进行着长期讨论。尤其在唐代，针对牵制帝国皇帝的中央集权的封建制度的辩论盛行一时。唐太宗即位之初，向所有大臣问了以下问题，记载于《唐会要·封建杂录》：“朕欲使子孙长久，社稷永安，其理如何?”大意是，“我想让子孙永久世袭、社稷永远安宁，究竟该怎样办呢?”就这样，围绕封建的争论成为唐代知识分子之间的热门话题。

200 对于是否实行分封制的问题，朝野大体上会分为赞成派、反对派、折中派三个派系，而三个派系的根本目标都是为了拥护王权。什么有利于解决皇位继承问题？哪种体制可以提高君主的威望？哪种体制可以改善被称为吏治的地方行政？哪种体制可以使得君主与大臣相互安定？什么体制是为公，什么体制是为私？诸如此类的问题是争论的核心。结果，这种使得中央集权专制正当化的论争反而刺激了权力的集中。然而，虽然中央集权制度的强化有利于维持国家的政治统一，却无法解决地方长官的腐败问题。因此，对封建制度的讨论又往往再度循环出现。

柳宗元撰写《封建论》一书，提出了秦始皇以“大私”的立场成就了“大公”体制的观点。他认为，封建不是“圣人”的发明，而是源于必然性的制度。虽然秦始皇废除封建制度是出自企图让天下人民都臣服于他的私欲，但结果是促使了公体制的成立。唐代当时，节度使们掌握了土地、人民和武力之后，拥有了独立的课税权和人事权，继而成长为独立的政治势力，横行霸道。柳宗元的《封建论》正是对这种情况的一种回应，旨在将他们置于中央控制之下。

明末清初，吕留良发展出了另一种含义的封建论。他反对柳宗 201
元，认为所谓无法实行封建的主张只是抱有私心、企图把天下私有化罢了。他认为，秦朝之后的大混乱才是废止封建制度的主要原因，封建来源于把天下引向公天下的精神，而非引向私天下。郡县制的意图是私有化，由此产生了尊君卑臣的风潮，使得立足于“义理”的上下沟通变成不可能之事，大臣贪图恩惠与俸禄的结果便是郡县制带来的弊端。依照他的看法，郡县时代的君臣关系并非由义理组成，而是由君主独断所构成。吕留良试图通过先秦儒家独有的君臣观念，立足于理想化的封建制度来限制君主权力的过度集中和专制政治。[28]

封建观念的变化与以中国为中心的世界秩序的天下观念的变化不无关系。后世对封建的议论是在家天下而非公天下的观念上展开的。如天下观念依旧未能偏离家天下的思想及其背景。从“天”与“帝”的概念性渊源来看，中国的天下思想既包含作为人类史的普遍共同体的“四海同胞主义”（Cosmopolitanism）含义，也包含自然史的纯粹空间的“宇宙秩序论”（Cosmism）含义，是一个神圣
的支配领域。然而，中国人的天下观念经历了春秋战国的政治风浪 202
后，逐渐丧失了宗教属性，只剩下政治属性。

正如《荀子·荣辱》篇所说的，这个“天下”在内不仅是以“夫贵为天子，富有天下”的方式形成的以统治层为中心的秩序，在外还象征着以中国为中心的世界秩序与政治秩序。《孟子·滕文公上》说：“我闻用夏变夷者，未闻变于夷者也。”大意是，我只听过用夏来改变夷的说法，从未听说过夏被夷的文化所改变。这种自信心，最清楚地体现了这一点。“夏”（也称为中华或者华夏）观念代表的是中国的文明和文化，“夷”（也称为蛮夷或夷狄）观念代表的是中国周边四方的异民族。换言之，以中国为中心的世界秩序指的是中国文化向其他地区辐射出去的秩序。

前文提到的《诗经·小雅·北山》的语录也应该以这种方式来理解。虽然天下观念也可以被解读为“天空之下”这种普通空间的含义，但同时还意味着“王的土地”“王的臣子”“家天下式思维”等从属于政治的通义，将之扩大化的是中国式封建论与王土思想，即通过王道的实践准备好共同理念的土壤。此后古代中国向内追求的中华思想和向外标榜的世界秩序等，都建立在这种以中国为中心的天下认识的基础上。

一般情况下，中国与韩国古代都把人类生活的这个世界称为“天下”。然而，深究政治意识，其实是出于以自我为中心的思维方式，把中国王室放在了天下的中心来设定与周边的关系。虽然中国极早便建成了具有完美体系的中央集权国家，但是在传统政治话语的展开当中却找不到国境概念，这与上述的现象有着非常密切的关系。

尤其就“莫非王土”这一观点来看，古代中国以统一的形态强盛起来后，天空以下所有地区都受到中国王室的支配，或者说都必须接受支配。此时，人们的生活空间领域全部是这一王室的“天下”，中国王室外的周边诸王室则与中国王室构成所谓的兄弟国或者君臣国的政治从属关系。

当然，由于这种家天下意识是一种文化施惠意识，建立在力量强盛的基础之上。因此即便在朝贡制度中，中国施惠给周边诸王室的也比中国从周边朝贡中得到的要多。[29]另一方面，中国王室当处于相对弱势，或遭到异族入侵时，就会产生一种平等意识，即承认周边诸国具有与其相当水平的独立的关系。然而，从根本上来看，这还是以文化优越意识来看待对方，未能摆脱国粹主义与自我中心主义的框架。[30]在这种含义下，天下概念在文化层面应该被理解为以中国为中心的“世界政策”（Cosmopolitic）。

无论是将“天下”理解为人文秩序的领域，还是从人类的道德能力层面进行期待，这些思维都能够引起共鸣，认为世界共同体的构成是基于文化而非暴力的观点也能得到认同。然而，如果说这从根本上是出于以中国为中心的家天下性质的思考，那么其普遍性则无法得到确保。只有在主权平等的基础上展开协商，真正的世界共同体才有实现的可能。近代历史中，当以自由、平等、协商、理性为基础形成的西方近代民主主义到来之际，古代中国的“天下”观念一瞬崩塌，理由也在于此。

第五章
君　王

203 君与王一开始都是现实的政治统治者，虽然逐渐把自己理想化到具有高尚品德的存在，但是在中国政治思想史上，君王主要还是占据着价值的究极判断者这一理想地位的存在。他们施行残酷法律，掌握对百姓的生杀予夺之权。

207 君王观念的形成

君的词源

《尔雅》：“帝，君也。”帝是殷代民族的氏族神，既是宗教崇拜对象，也是殷代后期用来形容掌握权力的王的最确切且强力的文字。有关“帝”的甲骨文“采”（铁 159・3）的分析众说纷纭，《古文字诂林》以长篇的形式记载了多种主张，使人切实感受到了“帝”字所具有的政治分量：有像吴大澂一样认为是由象征祖先的文字所构成的说法；有像孙诒让一样认为是由象征天帝，即天神的文字所构成的说法；有认为与象征黄瓜的瓜蒂或花萼的“蒂”字相关联的说法，认为花之主人为“蒂”，那么人之主人则为“帝”；有认为是祭祀天神时燃烧的柴火垛儿的形态的学说；也有像裘锡圭一样认为天子死后，儿子会把驾崩的父亲称为“帝”的说法；还有认为殷人拥有祖先崇拜与生殖崇拜的传统，“祖”字是男性生殖器官，“妣”字是女性生殖器官，“后”字是妇女生育的形态，而“帝”字
208 同样是女性生殖器官的形状等各种各样的说法。[1]不仅如此，还有一

种说法认为，这是一个指事字，指的是持有木柄末端带有弯曲刀片的武器的人。

“帝”字最终成为殷代王的称号，在《说文解字》中是赋予统治天下的王的称号。[2]大体而言，像赵诚在《甲骨文简明词典》和《汉语大辞典》中主张的那样，把“帝”看做花蒂的象形的说法占主流，花蒂演化为天帝的“帝”字是借了它的读音。殷代人相信，帝生活在天上，主宰一切，只要人类诚心祭祀，就能使其降临人类社会。[3]

如果说“帝”是“君”的话，那么初期的“君”代表怎样的观念呢？在甲骨文中，“君”字的本字是“尹”字。在古代，“君”与“尹”是通用的。“君”字的变迁如下图所示。

后下 13 • 2	天君鼎	《说文解字》
甲骨文	金文	小篆

“君”字的变迁

尹的甲骨文“”是手中拿着象征权力的手杖的象形，表示掌握执政权、执掌事务的人。晚期甲骨文中，表示命令的“”字被加在下方组成会意文字，这成为了“君”字的词源。甲骨文的意思是发布命令，执掌政务，管理国家。

象形字典网收录了以下“君”字相关词汇的有趣论述。“古人称开创缔枝为巢时代的首领为‘帝’；称手持特大战斧的首领为‘王’；称文治天下的智慧首领为‘君’；称头戴金冠的至上王者为‘皇’[4]。”虽然很难证明这是“帝”或“皇”的词源根据，但是这种推测具有可能性。

210 《说文解字》中的情况也是一样的，虽然很难找到根据，但是具有一定道理。“君，尊也。从尹，发号，故从口。”大意是，君的意思是至尊，字形采用“尹”字作为偏旁，因为发号施令，因此同时还采用“口”字作为偏旁。此外，还用“”字来表示君主端坐的模样。根据《古文字诂林》记载，这个字是一个人握着双手小心翼翼侍奉的模样，去掉左手的形状后，就变成了今天“君”字的形态。[5]

赵诚《甲骨文简明词典》记载的甲骨文，字形的下半部分为“口”，上部分的左边为“笔”，右边为“手”。同时，以卜辞的几处为例：“在殷王左右的人，地位相当高崇的人，属于史官类别。”[6]伊
211 尹正是辅佐汤开创殷朝的中国历史上最伟大的名宰相。虽然徐中舒的《甲骨文字典》还是把“君”字和“尹”字等同视之，但也认为它可能指代古代部落的酋长或者邦国的军长，此外以“多君”为例，“君”也有可能是殷代职官的名称。[7]

总而言之，“君”字既可以是至尊的自称，也可以指在君王周围辅佐君王并制定政治命令的人。此外，还有一种主张认为，大夫分封自己的宗族时，会将他们视为君。[8]正如白川静先生的想象，如果把“口”视作祝告器的话，那么这个字还有可能指的是在作为祭司长的君王祭祀时，用手把祝文等物贴在祝告器上的辅佐官。[9]原本是赋予重要权力的核心之物，后来随着含义的扩大，它逐渐变成管理国家的人、国家最高统治者的称号。当然，这一原意到后来也没有丧失，“君”字被用来称呼仅次于王的职务，从诸君的主人这一含义出发，最高统治者也被称作“君主”。

212 **王的词源**

虽然我们现在联想到的“王”在某种程度上带有道德形象，但

是“王”字在一开始出现时明显带有更加具体的象征意义。虽然现在有诸多说法，但如下图所示，与“王”字相关的文字大体上存在以下几种。

佚 386	甲 426	觥尊	颂簋	《说文解字》
初期甲骨文	后期甲骨文	初期金文	后期金文	小篆

“王”字的变迁

初期及后期的区分实际上非常暧昧，白川静等认为“”（甲2906）字样是“王”字的最初原型。[10]赵诚也同意这种说法，在象形字典网中把佚386“”与“士”字的金文“”（尊）视作同一字形，是用于战斗的斧头的象形文字，后来在其上加了一横构成“”形的指事字，指示文字“王”开始出现，用以形容拥有超级力量的“士”，也就是说，把手持最大斧头的人视为战场上天下无敌的首领。手持小斧头的人称为“兵”，站在旁边手持较大斧头守护首领的人称为“士”，手持特别大的用于战斗的斧头的人称为“王”，手持竹制武器的人称为“不”，手持带有刀刃的木制武器的人称为“帝”。这是其中一种学说，除此之外，对“”的解读可谓众说纷纭。有人说这是男性生殖器官的象形，也有人说这是兵器斧钺的象形，等等。

有关“王”字词源的学说中，斧头由来说是最被广泛接受的。白川静也支持这一学说，认为“王”字“有可能是因为与表示大斧 213
头的‘钺’字同音才产生的通假字，也有可能因为大斧头首端是象征王权的仪礼道具，因此变成了指代‘王’的文字，至于究竟是哪一种情况，难以下明确的结论”[11]。

在战争年代，用以斧头为象征的“王”来称呼军事领袖，这一主张是说得通的。然而，《诗经・商颂・长发》篇把“王”字用在死去的君王身上。[12]无论是像白川静一样，把“王”字视为来源于仪式用斧头的文字，还是像赵诚一样，认为斧头向下放平的模样是“王”字起源，将其视为象形字与会意字的结合，[13]大家在“斧头”这一立场上都是一致的。但是，赵诚是把朝下的斧头刃视作权力的象征。而和儒生“士”字一样，白川静强调“王”字“仿造的是将
214 兵器的刀刃仪式道具化的器皿形状”，提到“在和中国青铜器文化相似发达的克里特岛的古代文化当中，与之类似的仪式道具也用于象征王权，并被放在了王座旁边，这一事实也可作为一个参考”[14]。

“王”字在甲骨文中出现的次数非常频繁，一般用于三种情况。

第一种，用在祖先，即先公的名称上。郭沫若的《殷契粹编》75 中有“隹王亥 雨”的用例，意为向祖先之一的亥求雨，这一卜辞在前面加了一个“王”字，以表示对先祖的尊崇。相传，这位名为王亥的人是殷民族始祖契的六世孙，夏朝时把牛与马驯为家畜，为人类文明做出了巨大的贡献。殷民族的子孙们把王亥奉为具有神格的伟大先祖，并几乎只在他的名讳前加了“王”字，[15]推崇其为高祖。[16]甚至会给他举办与祭天同规格的祭祀活动，举行祈雨祭时也会向王亥祈祷。“贞之于王亥。”[17]

第二种，“王”字被用来称呼方国的首领。像“方舟”一词的使用一样，“方”字原先指代的是船，但到了殷代，被用来指代与
215 自己不同的人生活的地方。自此，“是地方还是四方”的说法出现，将生活在其他地区的最高首领称作“王”的例子可见王襄的《簠室殷契征文》（人 96）。徐中舒的《甲骨文字典》中有“令王隹黄”的表述，虽然无法获知它的详细意思，但是可以看出这一表述是把黄国的首领称作“王”。[18]

第三种，在甲骨文中最常出现的“王”字仍是一种普及性称谓，用来称呼殷朝的王。“王其田于宫。”[19]“缶其来见王。”[20]“辛酉卜，贞，季（崇，祟的误写）王?”[21]“王令多尹圣田于西。”[22]等等。

如果认同斧头的象征意义，那么将“王”的词源视为手持斧头的有权执行死刑的最高权力者，似乎是合理的。掌握军事统领权的人将斧头用作他的象征，《诗经·汤书》等篇还有把斧头用作刑具的例子。斧头并非战场上直接取人头颅的道具，而是对不听从战争 216
命令的人施加刑罚的工具。将斧头用在典礼上这一点，最终不也是用来形容王的象征意义吗?

君王观念的变迁 217

孔子之前的君王观念

王这一用语指的是掌握物理暴力，构成权力核心的人。有些地方用来称呼最高统治者，有些地方则用来指代军队首领或者地方头目。由于最高统治者只能是一个人，因此王成为了称呼人类社会最高支配者一人的用语，在殷代末期和西周时代具有“天下所有人依附、服从、想念的对象”的含义。

甲骨文时期，“王”字是指代最高统治者一人的用语。[23]可以说，在《周易》“或从王事”等经文中经常出现的“王”直接沿用了甲骨文时期的“王”概念。“王”字在《诗经》中出现了197处，它的用法与《周易》类似。与《诗经》一样，在《尚书》中登场的“王”字也蕴含着许多有关唯一者君王的意义。从历史上看，《大禹谟》篇“四夷来王”一语，在培养中国人的中华意识方面发挥了重要作用。在这里，“王”既指代统治中原的最高统治者，同时也指代文化造诣卓越之国的君王或该君王的美德。《逸周书》包含了许多无法见于《尚书》的内容，但出现的“王”字的用法还是与《尚书》类似。其中大部分用来表述实际存在的唯一者商王、文王、武王、成王、穆王等人。

《左传》桓公六年中有“楚武王侵随”的记录，之前“王”字只赋予作为执行上天命令的唯一者——天子，即周王朝的最高统治者一人，现在用在了楚国统治者的身上。前 740 年至前 690 年在位的熊通向中原各诸侯们发出了强有力的个人主张，在《春秋》成书之前，他登上王位，在前 704 年自称“武王”。《左传》对称王的楚国君主并无批判之意，还提及了 19 处。春秋时代，“王”字再也不是周天子的私有物。

219 《国语・越语下》有以下段落：

> 反至五湖，范蠡辞于王曰：“君王勉之，臣不复入越国矣。”
>
> 王曰：“不穀疑子之所谓者何也?”
>
> 对曰：“臣闻之，为人臣者，君忧臣劳，君辱臣死。昔者君王辱于会稽，臣所以不死者，为此事也。今事已济矣，蠡请从会稽之罚。”

范蠡返回五湖没多久，就向越王告辞说：“君王您这样说，那臣再也不回越国了。”

越王说：“我不明白你说的是什么意思。”

范蠡回答：“我听说，为臣者，如果君王忧虑，臣下便会殚精竭虑；如果君王受辱，臣下便会为他去死。过去君王在会稽受到侮辱时，我之所以没有去死，正是因为此事。如今君王已摆脱困难，我范蠡恳求接受在会稽就应该接受的惩罚。”

在这段文字中，“王”“君”“君王”“不穀”等用语都出现了，根据《国语》的记载，越到春秋时代后期，“王”越不是专指唯一者的用语，可以说是自然而然地接受了南方三国楚、吴、越的王。比较特殊的是，“君王”这一称谓频繁出现在三个国家的记录中。220
《国语》里出现了23次“君王”的用语，在《越语上》篇，君主不仅自称为“不穀”，还会用“寡君”这种表述。

另一方面，在《尚书》的《周书》中，《君陈》《君牙》《君奭》三篇都用了“君”字，既指的是人的名字，也与君的地位不无关系。尤其“君奭”是在周公的弟弟召公奭的名字前面加上“君”字以示尊称。“君”就像“王”字一样，既是用在唯一者身上的固有名词，同时也是用来表示成为至尊的动词用法。《礼记·曲礼下》篇有以下文段：

君天下曰天子。朝诸侯，分职授政任功，曰“予一人”。

大意是，君临天下的人称作天子，他接受诸侯的朝觐，分派职责，授予政务，根据功劳任用人才，称“予一人”。

在这里，君成为统率天下的最高存在。“予一人”也被写作“余一人”，是最高统治者自称的用语，相当于后来出现的寡人、朕等概念。殷代的金文或书籍中也出现了“余一人”的说法。由《左传》哀公十六年与《史记·孔子世家》的记载可知，虽然春秋时代也有诸侯自称“余一人”，但这是忤逆礼义的行为。“余一人”不仅是称呼君王的一般性称号，还是一种指代唯我独尊的超越一切的人的政治观念。秦始皇将“朕”作为仅属于皇帝的个人称号，正是发展自“余一人”的用法。“余一人”恰是反映了君主专制主义的表 221
述，而“王”和“君”则是他人称呼“余一人”时的用语。

相比“王”仅用于称呼一个人，“君”字从早期用例开始，就是用来指代包括最高统治者在内的权力核心层的称号。此后，“君”字逐渐分化为两种概念，一种表示抽象意义的至尊，另一种则是在称呼现实中位于“王”之下的人们。这在早期经典之后，又比《左传》《论语》出现得要早得多。成批的王出现后，君成为了更多人的称号，要说比王低一个等级的话，就是指代王的夫人或者子弟，“君”一般使用在这些人身上。即便如此，“君”在抽象意义上还蕴含着至尊的意味，“先君”是对君的祖先的推崇用语，它与象征理想君主的“先王”具有类似的含义。《左传》隐公三年：“先君以寡人为贤，使主社稷，若弃德不让，是废先君之举也。岂曰能贤?”先君认为寡人贤明，因此让寡人统率社稷，如果寡人丢掉道德却不让位，那么就是废除了先君的提拔，哪里还有贤明可言?

在周代初期文献《周礼》当中，相较于“君”字只局限在与“国”有关联的事例，“王”字出现超过300处。反之，在记录了春秋时代的《左传》当中，“君”字与“王”字可以说是出现了无数次，但相较于“王”字只是实际存在的王的名称，“君”字有了各种用法，还成为宣扬君主或者君主气概之理的抽象观念。譬如，《左传》襄公十四年：“民奉其君，爱之如父母。”作为孔子政治思想核心概念之一的“君子”也具有“君的子弟”这一原义，并出现了很多次。

在孔子的时代，以“君”“父”相对应的观念似乎已经非常普遍，随着作为最高统治者的“君”的不断抽象化、概念化，将君主与臣下的关系比作父母与子女的关系是常有的事情。孔子的君主论包含了许多早期儒家观念有关君臣相对关系的论述。与其他观念一样，孔子给“君”字赋予了有道德的伟大统治者的含义，使其流行起来。在《论语·阳货》篇，孔子对君与父进行了比较：

> 《诗》可以兴，可以观，可以群，可以怨。迩之事父，远之事君，多识于鸟兽草木之名。

大意是，《诗经》可以激发兴致，可以使人观察得失，可以使得社会和谐端正，可以使人没有怒气地表达怨恨。近可以用来更好地侍奉父母，远可以用来更好地侍奉君主，还可以更多地知道鸟、兽、草、木等的名字。

在《论语・子路》篇，孔子曰："如有王者，必世而后仁。"大意是，如果有成为王的人，也一定要经过一个世代才能实施得了仁政。在这里，"王"字是对能够实施仁政，建立道德社会的伟大君 223
主的统称，是能够想象的抽象统治者。孔子把"君王"全部抽象化了。

正是在春秋时代，通过君臣对比以及"君臣"这一表述，政治权力的中轴与权力的边缘得以放在一起被世人称呼。不知是否因为如此，"王臣"的表述仅仅是"王的臣下"这一所有格概念，无法像"君臣"一样表达相对关系。

齐国名臣晏婴去世于公元前500年，后世与他相关的记录记载了特别多有关君臣关系的争论，"君臣"一词的观念化与他似乎有着莫大的关系。在《左传》襄公二十二年中，晏婴说："君人执信，臣人执共，忠信笃敬，上下同之，天之道也。"大意是，君执守信任，臣执守恭敬，忠实的信任与诚笃的恭敬，上下合一，这是上天的常道。在《左传》襄公二十五年中，晏婴将以下道理视为礼义的基本内容：

> 君令臣共，父慈子孝，兄爱弟敬，夫和妻柔，姑慈妇听。

大意是，君主发令，臣下执行；父母慈祥，子女孝顺；兄长友爱，弟弟恭敬；丈夫和睦，妻子温柔；婆婆慈爱，媳妇听话。

他把君臣关系与父子关系、夫妇关系、兄弟关系等放到一起进
224 行对比。晏婴还把君与社稷等同为一体，晏平仲有关君臣关系、君民关系的基本思路可以归结到共存与和谐的“和同”论当中去。[24]

诸子百家的“君王”观念

“王”字出现在《老子》第二十五章：“故道大，天大，地大，王亦大。域中有四大，而王居其一焉。”在这里，王被描绘成与道、天地一样伟大的存在。“王”字的用法与其说是用来指代特定的政治家，不如说是作为普通名词用在代表者的身上。这与《老子》第六十六章“江海所以能为百谷王者，以其善下之，故能为百谷王”中的“王”观念有异曲同工之妙。

大概比孔子晚两三个世代出现的墨子也尝试过把“王”观念抽
225 象化。《墨子·亲士》篇：“越王句践遇吴王之丑，而尚摄中国之贤君。”大意是，越王句践战败受辱于吴王，最后还是成为了威慑中国的贤君。在《墨子》中，“王”字大部分情况不具备特殊含义，而是作为一般名词被用在各种地方，但也有一些例外。“王天下”的表述在《尚贤中》篇出现了 4 处，共 9 回。其中一段如下：

> 今王公大人欲王天下，正诸侯，夫无德义将何以哉？其说将必挟震威彊。

大意是，现在的王公大人想要王天下、正诸侯，没有德义的话，那倚靠什么呢？他们说必须依靠权位与武力。

“正诸侯”的意思是匡正诸侯，即指成为众诸侯国之长，匡正秩序的盟主或霸主角色。与“正诸侯”形成对仗的“王天下”则是成为更高一层的天下的王，即统一天下，成为和以前周国天子一样的王的意思。

《墨子》还提出了许多足以称作“君主论”的有关君的论述，
既提出国的主人称作君，还创造了抽象意义上的贤君等概念。《亲 226
士》篇将晋文公、齐桓公、越王勾践等霸主称作“中国之贤君”，
认为他们全部都以国之持有者的身份扬名天下。在同样的篇章里还
有：“故虽有贤君，不爱无功之臣；虽有慈父，不爱无益之子。”大
意是，即便是贤君，也不会珍惜无功之臣，再慈祥的父母，也不会
爱惜无益处的子女。这里把君比作了父亲。《墨子·兼爱》篇：“臣
子之不孝君父，所谓乱也。”大意是，臣下与子女不孝顺君与父，
就是所谓的乱。春秋时代，作为称谓的“君”得以抽象化，而墨子
原封不动地沿用了这一君观念。墨子甚至还把一些大夫也称作君，
《所染》篇将吴王夫差、宋国康王这些诸侯王以及晋国的范、中行、
知伯等大夫们共称为亡国“六君”。

战国时代，诸子百家大部分并不把“王”单纯视为最高政治统治者的称谓，而是为之附加了抽象含义；“王”指的是推行完美道德政治，即王道的贤明神圣的领袖，在使用上与武力先行的“霸”区别开来。之后，统一帝国汉朝推行郡国制度，设置了无数“臣下”王。秦汉以后，“王”字下降到指代天子皇帝下面诸侯国首领的含义。

《荀子》为了给“王”字赋予含义作出了许多努力，《王制》篇
既说：“臣诸侯者王。”大意是，把诸侯当做臣下来领导的人是王。 227
也说：“令行于诸夏之国谓之王。”大意是，能够在中国的各个诸侯
国施行命令的人称为王。同样的篇章里还说“能用天下之谓王”，
仍将王与天下联系了起来。韩非直截了当地把王形容为权力者，
《韩非子·五蠹》篇：“夫王者，能攻人者也。”大意是，所谓王，
指的是能够打败和领导其他人的人。

“君”成为了更加一般的观念，《黄帝内经·本病论》：“心为君

主之官，神明出焉。”大意是，心是君主的器官，神明出现在那里。“君主”一词被用作与身体心脏相对应的器官。此外，在诸子百家的文献当中，“君主”一词只在韩非子那里出现了3处，而《韩非子》是一部探讨君主论的书，“君”字出现了近900次。《爱臣》篇：“诸侯之博大，天子之害也；群臣之太富，君主之败也。”大意是，诸侯的势力扩大是天子的损失，群臣的过度富足是君主的失败。

对战国时代的诸子百家而言，“君王”不再指代特定的人，虽然其意思还是国家的最高政治统治者，但在众多独立国家相互竞争、相互战斗的时代背景下，它更多地被用作一般名词。成为了一般名词的“君”字有时候还会被用来形容自己所侍奉的主人。《韩非子·难一》篇：“易牙为君主味，君惟人肉未尝，易牙烝其子首而进之。”大意是，易牙为喜欢美食的君主服务。君主唯独没吃过人肉，易牙就把自己儿子的头煮熟后进献给他。描述了宫中厨师长奉承齐国君主的场面。

228

帝国时代的君王观念

众所周知，《周易·序卦传》成文于汉代，文章把君臣上下的秩序与天地万物相提并论，隐约让人联想起儒家五伦以下这一段话，它很好地代表了汉代的君王观念：

> 有天地然后有万物，有万物然后有男女，有男女然后有夫妇，有夫妇然后有父子，有父子然后有君臣，有君臣然后有上下，有上下然后礼义有所错。

大意是，有天地之后有万物，有万物之后才有男女，有男女之后才有夫妇，有夫妇之后才有父子，有父子之后才有君臣，有君臣之后才有上下，有上下之后才有安置礼义的地方。

天地万物公平的造物主最终造就了父母子女的天伦关系，有了因此产生的人们后，属于社会关系的君臣关系也随之形成。政治通 229 过君臣关系诞生，这就是所谓的上下关系，是构成礼义通行的世界的基础。可知荀子把君臣关系看做立足于礼义的相对关系，他的君王观念一直延续到了汉代。

汉代是帝王的时代，但也是帝王的政治与精神重压尚不严重的时代。陆贾的《新语》成型于这个时代，原封不动地保留了许多战国时代的君王观念。他尤其标榜儒家思想，采纳了《荀子》的君王观念。《道基》篇说道，“百官立，王道乃生”，“圣人王世，贤者建功”。这些用法可以说是很好地调和了王观念的现实性与理想性。

针对王观念，贾谊在他的《新书·过秦中》篇展示了充满霸气的用法，看着周室衰微，五霸既灭，令不行于天下的局面，他说：“近古之无王者久矣。”这里的“王”指的是现实中号令天下的最高权力者。“今秦南面而王天下，是上有天子也。”这一句话基于历史现实，表示秦始皇成为了统一天下的王。但是秦王“废王道而立私爱”中的“王道”，应该是指使得天下百姓真心服从的道德君主之 230 路，这一道德的建立者是过去的“三王”。贾谊很好地展示了当时各种审视“王”观念的视角。

贾谊生活的时代已经是很多“诸侯王”散落在各地的时代，贾谊认为应该通过大幅度限制他们的权力，提高中央王室的权位来实现政治安全。贾谊的君王观念包括了在现实中承担政治责任的理想统治者与现实君主。针对君与王，他把表示政治统治者的普通名词普遍化为“君”字，将“王”看做君主们应该到达的某种状态。这再次明晰了《孟子》以来各种儒家经典所尝试提出的新的“王”概念。

《淮南子·本经训》：“帝者，体太一；王者，法阴阳；霸者，则四时；君者，用六律。”大意是，帝体现太一；王将阴阳视作标准；霸者以四时为榜样；君运用六艺。对帝、王、霸、君进行抽象化的同时，也给它们划分了等级。“太一”的意思是宇宙根源，和道是一致的概念，在自然科学方面也象征着作为天文基准的北极
231 星，这是将它视作帝的榜样的意思。霸指的是以春夏秋冬一年四季的生长与收获为基准推行政治的人；君指的是执掌对比他地位低下的人进行生与杀、赏与罚、予与夺等六种权力的存在；王指的是参与天地调和，通过使万物变化的阴阳之理来推行政治的人。如果说帝是抽象性的极端存在，那么王就是在现实中统率作为被统治者的百姓，以及使得天地自然自发服从的人物。《淮南子》所指向的君王观念在很大成分上与儒家思想类似。

董仲舒虽然受到荀子思想的影响，但并不试图相对地看待君主，而是专注于利用上天来使君王权位正当化。可能由于战国时代存在无数的王而汉代仅有一位皇帝，对董仲舒而言，自己已最大限度扩大了皇帝权力，而“王”则是给这一权力赋予道德性权威的象征用语。《春秋繁露·楚庄王》篇有以下论述：

受命于天，易姓更王，非继前王而王也。

大意是，受命于上天，改换姓名，变更君王，并非继承之前的王位而成为的王。

在这里，“王”字用在掌握新权力的最高权力担当者身上。《春
232 秋繁露·玉杯》篇：“孔子立新王之道。”跟贾谊一样，董仲舒也积极地定义了君王，但是贾谊的《新书》对当时的诸侯王们持批判态度，尝试将王与现实权力的道德性联系起来，而董仲舒则是试图提高现实皇帝的地位，在抽象性的天道与王道之间建立联系。《说文

解字》引用了董仲舒以下的话："古之造文者，三画而连其中谓之王。三者，天，地，人也，而参通之者王也。"大意是，过去人们画了三横，将中间联系起来后称为"王"，这三横代表的是天、地、人，贯穿三者的人是王。

纬书是赞颂君主专制的代表性书籍。《春秋纬·感精符》："三纲之义，日为君，月为臣，列星为民也。日以阳明，月以阴承化，行昼夜，星纪乃行，列星分布耀舒精。日者，阳之精，耀魄光明，所以察下也。"大意是，观察三纲的意义，太阳是君，月亮是臣，所有的星星是百姓。把君主比作太阳，阳的精髓，就像太阳光照大地一样，君主庇护着万物与百姓。《乐纬·稽耀嘉》："八卦以干为君，八音以磬为长。"贵贱上下、亲疏关系等全部都要以君王的判断为依据。

战国时代大部分学者都主张君主专制，但是会将君主、社稷、国家区分开来思考。虽然也有人受到孟子"民贵君轻"思想的影响，强调社稷高于君主，但是大体上还是认为君主等同于国家与社稷。《春秋公羊传》庄公四年出现了"国君为一体"的说法，《白虎通义》里也有"君统"一词。这些都强调了统管天地万物的君王的重要性。

后代君王观念大部分把焦点放在君主的地位和角色上。虽然性理学把天理置于君主之上，但是因为它的逻辑是通过君主来构筑天理，因此还是无法挣脱君主专制主义的框架，就像顺从君主，尤其君、师、父一体这些话语所揭示的一样，社会的所有成员都应依靠君主进行终极价值判断。自董仲舒以来，由于三纲之首为"君为臣纲"，因此君主即为圣人与绝对者，有时候是比父母地位还要崇高的存在。有些主张甚至认为教化与养育最终都属于王。

234
王道、霸道与君主专制主义

王霸论

今天，“霸”字用于形容依靠力量掌握秩序的人，但其早期与政治并无关联。《说文解字》：“月始生，霸然也。”“霸”字与形容月光的“魄”字通用，本义为初生之月。只不过“魄”字还可以用来指代满月，而“霸”字无此含义。[25]有关“霸”字最初指代什么的问题，至今众说纷纭。

屯 873	令簋	《说文解字》
甲骨文	金文	小篆

“霸”字的变迁

235 百度百科的根据虽然很薄弱，但做出了以下想象，把“霸”字视为由雨、革、肉组合而成的形声字。肉指的是人体，革肉意为“以皮革裹体”，与上面的雨联系起来即为“暴雨如注，似鞭子抽打人体，人体只能用皮革裹体来抵挡”，因此也有“强暴者”的含义在里面。如果非要找寻其含义的话，这种解读不无可能。然而，从“霸”字假借“白”字读音这一前提出发，将其视为“伯”与“魄”的通假字的说法更有说服力。

《康熙字典》援引《左传》的记录，认为“五伯之霸也”。《白虎通义》：“霸者，伯也，行方伯之职。”另外，伯作为“长”之意还有诸侯之长的意思。还有人认为“霸”指代完全掌握政治教化权力的人。[26]虽然文字的出现由来已久，但是据推测，“霸”字是从春秋时代开始才拥有了政治含义。下图的甲骨文“伯”字表示的是拥有智慧的族长。

 236

后 2・4・11	古鉨	《说文解字》
甲骨及早期金文	金文	小篆

“伯”字的变迁

在甲骨文中，“伯”通“白”。表示语言的“”字加上“”字就组成了形容见闻广博、明白事理的族长的文字。在象形字典网中，“仲”表示周旋其中仲裁矛盾的人，“叔”表示祭祀神灵的男性。甲骨文中既有“”形态的文字，也有“”形态的文字。

在使用中，“霸”字可以取代“伯”字，由于没有可以形容真正的管理全体的权力者，即“伯中之伯”的文字，因此很有可能借“霸”字来加以区分。[27]“霸”字虽然早已问世，但在与指代有智慧的族长的“”字产生联系后才具有了政治含义。

春秋时代的关键词是“霸者”与“会盟”。“霸”在春秋晚期被用作一般名词，形容依靠武力支配世界的人。春秋战国的诸子百家们把“霸”字与“伯”字混用在一起。《慎子・威德》篇出现“三王五伯”的表述。《孙子兵法》出现了两次“霸王之兵”的用法。《吴子・图国》篇：“国不乏贤，能得其师者王，得其友者霸。”大意是，国家不缺少贤人，能得到他们做军师的人成为王，能得到他们做友军的人成为霸。这和《孟子》《商君书》中讲述“如何能成为王”的用法异曲同工。

《论语》在说到管仲时，有一处直接提到了霸，“管仲相桓公，霸诸侯”。管仲帮助齐桓公完成了霸业。来看一下《宪问》篇：

> 子贡曰：“管仲非仁者与？桓公杀公子纠，不能死，又相之。”
>
> 子曰：“管仲相桓公，霸诸侯，一匡天下，民到于今受其赐。微管仲，吾其被发左衽矣。岂若匹夫匹妇之为谅也，自经于沟渎而莫之知也。”

大意是，子贡问：“管仲不是仁人吧？齐桓公杀了公子纠，他不能以死相殉，反而去辅佐齐桓公。”孔子说：“管仲作为桓公的宰相，协助他成为众诸侯的霸主，一举匡正天下，百姓们到今天还受其恩惠。如果不是管仲，我们大概都会是披头散发，衣襟向左边开的野蛮人。难道要像普通百姓一样，受限于小节小信，自杀于山沟也没有人知道吗？”

孔子称赞管仲以霸业守护了中国文明，即端正政治秩序，从异
238 民族的侵略中保住了中国。《左传》记录了 20 余处霸业的事实与对此的说明，因此，孔子门下的弟子们围绕着“霸”展开了许多讨论，其他诸子百家们也对“霸”有着不同的定义。

墨子原来也出身于孔子门下，“霸”在《墨子》中出现了 3 次，但他并没有对其作价值判断，他对端正世间秩序的武力政治持肯定态度。和孟子生活在同一时期的商鞅对此区别得更加明确，《更法》篇：“三代不同礼而王，五霸不同法而霸。”肯定了“霸”虽然处于王的下一位，但也取得了重要的政治成就。《修权》篇的叙述更加分明：“三王以义亲，五霸以法正诸侯，皆非私天下之利也，为天下治天下。”大意是，三王依靠仁推行亲睦政治，五霸通过法律控

制诸侯。他们都不是贪图天下的利益，而是为天下人治理天下。《史记·商君列传》生动描绘了商鞅初次觐见秦孝公并说服对方的场景。商鞅一开始用圣人及注重道德的王道政治来劝说，遭遇了失败，而后以霸道的武力政治劝说，得到了认可，最后凭借富国强兵的强国之术获得成功。[28]

孟子造就了王霸论的巅峰。包括题目在内，“王”字在《孟子》
里出现了 300 多次，而且不再是只用于天子的词语。《孟子·梁惠 239
王下》第一章最后一句话很值得注意：“今王与百姓同乐，则王
矣。”大意是，现在，如果王能够与百姓分享快乐的话，就会成为
王。在包含了“与民同乐”这一成语的句子当中，孟子想要强调的
是最后的“王”字，前面那个“王”是指代齐宣王，后面的“王”
字则是动词用法，既是孟子所说的实践所谓王道的王，也是指依靠
王道成为王的一种表述。换言之，孟子所用的“王”字既与《告子
下》篇的“秦楚之王”一样，主要用作普通名词，有时也与“成为
实践王道的真王”一样用作动词。这一用法可以说是孟子的创造， 240
《梁惠王上》篇出现了 3 次“王之不王”，在这里，前面的“王”指
的是谈话对象齐宣王，后面的“不王”的意思是无法成为实践王道
的真王。在这句话中，孟子批评道，王道的实践并不像越过高山大
海那样困难，而是像折断树枝一样简单，只是现实中的君王没有尝
试这样做。孟子直接提到“王道”，说：“养生丧死无憾，王道之始
也。”大意是，使百姓对生养死葬没有什么遗憾，这是王道的开端。

孟子还为“王”字的用法提供了另外一种新的思路，把“王”与“霸”定为反义词。[29]晚一个世代的荀子对“王”与“霸”全部持肯定态度，由此可见，“王”与“霸”的对立似乎在当时并不怎么流行。不过对推崇孟子的人来说，这种观念的影响一直在持续，特别是把孟子奉为圣人的性理学学者们，他们再次对“王霸”展开了

对比研究。春秋时代是霸者的时代，特别是被称为“春秋五霸”的拥有强大军事力和经济力的诸侯王们通过会盟的形式主导国际秩序，孟子对此表示了强烈的反对，认为“王霸”是一种屈服于暴力压迫的虚假秩序，不符合发自人们内心，自发整顿秩序的政治本意，因此对于“实践王道的真王”所统治的世界是不可行之事。《公孙丑上》篇第七章记录了以下内容：

241 以力假仁者霸，霸必有大国；以德行仁者王，王不待大。汤以七十里，文王以百里。

大意是，用武力假装仁义的政治称作霸，霸一定需要大国。用道德实行仁义的政治称作王，王并不一定需要大国。商朝汤王只有方圆七十里，周朝文王只有方圆一百里。

与孟子不同，商鞅认为王与霸拥有同样的价值，在《商君书·更法》篇，商鞅把作为唯一者的最高政治担当者称为“王”或“霸”，虽然他所说的“王”与三代有所关联，但是并不像孟子一样用“王”来形容建立在高尚人格修养之上的伟大君主，而只不过用来指代掌握政治权力，推行法制，成为帝王的人。这一点与孟子形成了鲜明的对比。《商君书》也说到了“王道”，来看一下《农战》篇的以下文段：

壹务则国富，国富而治，王之道也。故曰：王道作外，身作壹而已矣。

大意是，百姓专注于一个任务，即农事与战争时，国家才会变得富有。国家富有且治理稳定，才是王的道路。所以称王的道路没有别的，就是自己专心从事农耕和战备罢了。

242 “王之道”指的是帝王必须走的道路，“王道”指的是一个国家的最高统治者必须强力推行的政策。《商君书·慎法》篇提到，如果如此有效推行法治，那么“霸王之道毕也”，即霸王之道将得以完成。《商君书》认为，擅长战争、推行强力法治、达成富国强兵等组成了“王道”，这一独特的观点丰富了“王”的用法。当然，《算地》篇也使用了类似《墨子》或《孟子》的“王天下”，即“统一天下的王”的表述，它是在充分吸收既有的众多概念的基础上构建而成的。

荀子实现了王霸区分的精密理论化。他集诸子百家的思想及学说之大成，为“王”字赋予了新的含义，完成了他的王道政治论。他首先认可了“百王”的存在，把自己视为理想的道德君主称为“后王”。荀子肯定现实政治家的努力，并试图从中寻找政治正当性。在这一立场上，刚登上历史舞台的“霸者”也可以被视为努力的政治家。在这里，他发表了与理想主义者孟子截然不同的宣言。与尝试通过否定霸者来突出王者的孟子不同，荀子在承认霸者的同时，将其置于王的次序之下，以此更加凸显王的存在。如此一来，既能得到历史的肯定，又能将一直作为鸿沟横亘在王道与现实政治之间的“政治信义”变成正面价值。虽然孟子在强调仁义道德是最高政治价值这一点上取得了成功，但在战争与冲突蔓延的现实政治中，他对最高政治统治者总是无奈妥协于霸道这一点的完全否定，使之理论与现实情况相距甚远。大部分政治家们认为，孟子的王道只不过是一种必须的价值取向，难以在现实中实践。反之，荀子虽然也志向于同样的王道，但是他认为霸道也是通往王道的一种价值，应该予以肯定和培养，这种逻辑培育出了许许多多的后继者。《荀子·王霸》篇专门论述了王道与霸道的问题，说：“义立而王，信立而霸。”大意是，道义先行者为王，信义先行者为霸。

虽然“霸”字在《荀子》中出现了41次，但“王”在书中还是处在最高地位。而在评价某个国家的政治时，书中则通常把

“霸”置于“王”之下。《荀子》不把对现实政治的评价标准分为王、亡两种，而当以三种标准来评价时会分为王、霸、亡，当以四种标准来评价时可以参看《天论》的以下段落：

> 君人者，隆礼尊贤而王，重法爱民而霸，好利多诈而危，权谋倾覆幽险而尽亡矣。

大意是，成为君主的人，推崇礼义、尊重贤人的话，则称王天
244 下；重视法律、珍视百姓的话，则成为霸者；追逐利益、多行欺诈的话，就会危险；玩弄权术、出尔反尔、阴险狡猾的话，就会走向灭亡。

当以五种标准，即如《王制》篇记载的“王、霸、安存、危殆、灭亡”来详细区分时，“霸”也位于“王”之下。

儒家思想家们的共同思想是，过去的先王、贤人已经制定了完美的道德标准，只要遵循它们行动即可，连批评过孟子的荀子也是一样的立场。儒家王霸论最终还是不可避免地归结到了圣王论当中。

圣人与暴君

圣人、圣王概念是贯通全部中国政治思想史的核心主题。从最初形成的文字来看，“圣”字未曾具备很大的社会意义，然而随着岁月流逝，该字逐渐发展出形容有智慧、有能力的人的意思。“圣”字最终成为指代伟大的、有道德的最高政治统治者的文字。之后数千年间，包括中国皇帝在内的东亚政治家们都因为“圣”字而不得不承受莫大的压力，他们的政治意识也受到它的支配。对于梦想成为政权支配者的人，还有对无限制的帝王权力感到担忧的学者和思想家而言，“圣”无论何时都是最理想的价值标准。

繁体“聖”[30]字上方由“耳”与“口”结合而成，下面则写作代 245
表君主的“王”或者第九天干的“壬”字。在这里，虽然上方一直是“耳”与“口”，但下面的文字一开始并不是“王”或“壬”字。据推测，如图所示，甲骨文“”（人）前面加一个“”（口或者家畜的肉），再在上面加一个“”（耳），便组成了“聖”字。[31]

乙 6533	师望鼎	《说文解字》
甲骨文	金文	小篆

“聖”字的变迁

徐中舒《甲骨文字典》把这一文字视为甲骨文第一期——武丁时代的文字。[32]甲骨文与金文的“聖”字是一个人站在地上用心倾听
其他人说话的形态。“”是某人正在说话的样子，由于特别突出 246
了人的耳朵，因此有指具有超强听力的人之意。具备敏锐听觉、倾听上天与人们的全部声音的人，分明就是祭司。

另一方面，对比金文展示的咒术性质与宗教意味，《说文解字》所采纳的“”字更多受到周代以人类为中心的思想的介入：“圣，通也。从耳呈声。式正切。”大意是，圣字的意思是通晓万事，意思来源于耳，读作“呈”。这里的“圣人”指代的是耳聪目明的聪明人，即洞悉世间道理的人。

在孔子之前的书籍《诗经》中，“圣”字被当做普通名词使用，来形容具有外在或者身体能力的人。可以说，《尚书》的圣人形容的是外表体现出坚强意志的样子的人。作为广泛听取百姓们的话，并将之告诉上天的祭司兼统治者，“圣”字的旧含义被含蓄地表达了出来。

《春秋经》虽然没有“圣”字的用例，但《春秋左氏传》，即《左传》进一步推动了圣人观念的发展。《左传》桓公六年：“夫民，神之主也，是以圣王先成民，而后致力于神。”大意是，所有的百姓都是神灵的主人，所有圣人首先要成就百姓，而后才致力于侍奉神灵。《左传》在各个地方都创造性地引入了“圣王”，并为它赋予了政治伟大性、历史性、道德正当性等高级价值。

《左传》作者左丘明是与孔子同时代的人，因此可知到了孔子
247 时代，“圣”字具有了指代伟大政治家的新定义。通过《论语》，我们可以详细了解孔子是如何使用“圣”字的。孔子心目中的“圣人”指的是作为政治阶级的君子们进行更深层次修养、领悟后到达一定的高境界的人。早期“圣”字的意思是具有咒术性宗教能力的政治统治者把上天的命令传达到人类社会。从这一点看，孔子心目中的“圣”与之不无关系，只不过用学问或者道德能力取代了咒术能力。如此看来，孔子可以说是为“圣”字赋予了咒术的道德化和宗教的学问化。孔子及其时代重建了“圣”观念，用来表示道德的集大成者，这一意义延续至今。从这一层缘由来看，尧帝等成为伟大“圣人”及政治统治者的象征，也与孔子的再创造息息相关。

孔子之后，学问得以普及化，人文主义变得成熟，解读经典的书籍层出不穷，“圣人”有了新的含义，得到了重生。《周易》的传是这样，《春秋》的传也是这样。此外，在孔子之后形成的各种传，大多数都借用了孔子的话，尤其是他的“圣人”观念。因此可以说，象征最完美人格及人类社会最高政治家的“圣人”，是由孔子及其时代创造的。《论语·泰伯》篇描写了孔子对尧帝的论述：

248 大哉尧之为君也！巍巍乎！唯天为大，唯尧则之。荡荡

乎！民无能名焉。巍巍乎其有成功也，焕乎其有文章！

大意是，尧这样的君主真崇高呀！真伟大呀！只能说天最崇高，只有尧才能效仿。他的恩惠真是广博呀！百姓们简直不知道怎么称赞他。他的功绩实在太崇高了，他的礼仪制度也真够美好了！

《论语》的许多篇章都对尧舜给予了高度肯定，孟子也总是把尧舜挂在嘴边。儒学家们对尧、舜、禹的赞颂究竟来源于何处，现在不得而知，但至少有两点是很清楚的。第一，三位伟大的君主，即被后世称为“圣王”的尧、舜、禹，是因为孔子才被推崇为“圣人”的。第二，观察这一推崇的内容，可以说是对自我修养的强调，尤其是必须成为具有君子风范的政治家。换言之，对这三人的盛赞是由孔子赋予了新含义后再创造出来的，目的是为了强调孔子政治思想核心的“仁”。除了谈论尧帝的伟大的部分外，其他大部分文句是对具有人情味的政治统治者的期待，希望作为政治家的他们能够担心百姓安危，真正为百姓竭尽全力。继因孔子得以重生的尧、舜、禹等人物之后，继承他们被推崇为“圣王”的历史人物是殷朝开创者成汤和周朝建国者文王、武王。实际存在过的他们是怎么像尧舜一样被接受为圣王的呢？这主要得益于孔子弟子及其再传弟子和追随者们。

诸子百家中几乎没有不称颂尧舜的学派，只有《韩非子·显学》篇展示了一点不同：“孔子、墨子俱道尧舜，而取舍不同，皆自谓真尧舜。尧舜不复生，将谁使定儒墨之诚乎？”大意是，虽然 249
孔子与墨子都称赞尧舜，但是取舍的部分各有不同。他们都说自己的话是真的源自尧舜，但是尧舜已经不会重生了，那么谁来判断儒家和墨家哪一边的话是真的呢？但即便如此，并不意味着韩非子否定尧舜的存在。如前所述，几乎没有关于尧舜之前的记录。有的只是片面的赞颂或怀念，缺乏具备具体事迹或政治含义的事件记录。即使关于尧、舜、禹的记录可能存在相当多的虚构成分，但诸子百家还是把他们看作客观存在的人物，将他们描述为以人类身份统治人类社会的存在。尧、舜、禹是诸子百家一致称颂的古代“圣王”，此外，他们还把汤王、文王、武王，甚至周公都视为“圣王”。

《尚书》是对周朝建国的礼赞，是强调天命降于周朝的政权交替的正当性的文字记录，往好里说就是数千年间为东方人揭示了何
250 为好政治的神圣之书。其中《商书·汤誓》有“伊尹相汤伐桀”的记录。伊尹成为汤王的宰相，辅助汤王讨伐桀。“伐”的意思是具备政治正当性的最高权力者攻击并摧毁一个非法挑战权力的人的行为，曾是臣下的“汤”讨伐曾是王的“桀”，这种说法本身是矛盾的。然而，这种说法隐含的意图是想说明曾经当过王的纣王是被周朝武王讨伐的。《尚书》花了相当大篇幅来阐述“这并非矛盾”，其逻辑的核心内容是“天命”，认为“汤”和“武”因为得到了天命才成为了“圣王”。如果反过来解读的话，那就意味着如果一个人在讨伐暴君的革命中取得成功，就可以成为“圣王”。这是和前面被创造出的尧、舜、禹截然不同的“圣王”。换言之，它把“圣王”置于暴君的对立面。

《尚书·汤诰》记录了殷朝开国者汤王的训诫。这一篇章写道，由于夏朝最后一位君王桀推行暴政，于是汤举行祭祀，希望上天能够对夏桀降下惩戒：“聿求‘元圣’，与之勠力，以与尔有众请命。”大意是，终于求得“元圣”与你们的军队一起竭尽全力，执行上天的命令。由寻找能够执行上天命令的“不凡之人”的内容来看，这个“元圣”指的是汤王的臣子伊尹。这里把“圣”字赋予了拥有杰出能力的贤明臣子，而非祭司本人。

通过构建“圣王—贤臣”“暴君—佞臣”的结构化框架，“圣

王”成为了更加神圣的目标，暴君的出现也使得民众们更加渴望 251
“圣王”的登场。秦汉统一帝国建立后，这种结构作为儒家思想的政治意识形态发挥作用，在数千年间成为中国政治思想史框架中的真理般的存在。真理化的“圣王”模型和暴君模型可能与历史事实并不一致。夏、商、周三代“圣王”被囿于这样的模型当中，其背景和预示是什么呢？理想才是能够批评现实的重要根据，如果没有理想，现实政治的弊端很难被指出来。是为了批判当时的现实政治才“创造圣王”的吗？还是“创造暴君”呢？

《墨子》也构建了“圣王—暴君”结构，墨子把夏、商、周三代视为最好的太平时代，而禹、汤、文、武、周公是如太阳般光芒四射的“圣王”。然而在这种光芒当中，还是出现了桀、纣统治这样的黑暗时代。桀、纣的出现引发了大混乱，汤、武则兴起与之对抗。因此，墨子把治乱的原因归结到“存乎上之为政也”这一点上。《墨子·非命下》认为天下百姓都一样，“存乎桀纣而天下乱，存乎汤武而天下治”。天下大治是“汤武之力也”，因为汤、武的努
力。“圣王”所创造的太平盛世并非来源于偶然或者上天的恩惠， 252
“圣王”有时也会遭遇上天的灾祸，但是因为“其力时急，而自养俭”（《墨子·七患》）。大意是，竭尽全力投入到紧迫的生产，节约自己的开支。所以“圣王”能够克服一个又一个的困难，最后从危险中挣脱出来。

孔子之后的世代，用“圣王—暴君”结构来解释治世与乱世逐渐变成固定形式。孟子认为历史的进行过程就是一治一乱，即一次天下太平的治世之后又会遇到一次天下大乱的乱世，治是“圣人”“圣王”的功劳，乱是“暴君”的过错。圣王与暴君决定了历史的面貌，君主施行暴政的话，百姓就会离开，君主施行仁政的话，百姓就会顺从。《孟子·滕文公上》：“君子之德，风也；小人之德，

草也。草尚之风，必偃。”大意是，君子的德行就像风一样，小人的德行就像草一样，风从草的上方吹过，草就会自然而然随着风吹的方向倒下。类似的内容同样见于《论语·颜渊》。《孟子》批评殷纣王为暴君的次数大概为 14 次，而称颂周朝文王为圣王的次数则达到 35 次之多。在《公孙丑上》篇，面对弟子公孙丑关于文王成为圣人的疑问，孟子做了如下回答：

> 253 由汤至于武丁，贤圣之君六七作。天下归殷久矣，久则难变也。武丁朝诸侯，有天下，犹运之掌也。纣之去武丁未久也，其故家遗俗，流风善政，犹有存者；又有微子、微仲、王子比干、箕子、胶鬲，皆贤人也，相与辅相之，故久而后失之也。尺地莫非其有也，一民莫非其臣也。然而文王犹方百里起，是以难也。

大意是，从殷朝汤王到武丁，贤明仁慈的君王出了六七位，天下归顺殷朝很久了，久了就很难改变。武丁接受诸侯们的朝觐，掌握天下就像把手掌翻转过来一样容易。纣王距离武丁的时代不算远，还遗留着过去家族的习俗、流行的风气以及好的政策。另外，朝廷还得到微子、微仲、比干、箕子、胶鬲等许多贤人的辅佐，所以过了很长岁月才丢失天下。当时没有一寸土地不是殷朝的疆土，没有一人不是殷朝的臣子。即便如此，文王还是在不到方圆百里的地方兴起，所以是很困难的。

孟子将纣视作匹夫，干脆连王的称号都不加，而在文王和武王还是纣的臣下时，却加了“王”字，把他们视作“圣王”。他甚至还强调了有名的“诛一夫”说，认为暴君不过是一介匹夫，即便死了也没关系。反过来想，这种说法延续了以孔子与儒家政治思想为绝对基础的从周，即“遵循周朝”的理论，为了文王、武王的“圣王化”而加深了桀、纣的暴君化。到了孟子时期，“圣王—暴君”结构为革命、放伐等提供了坚实的理论基础。

到了《荀子》，“圣王—暴君”结构将桀纣放到一起，用来指代 254
暴君，这种用例出现了33次，其定型化可见一斑，而“圣王”存在于这些暴君的对立面。荀子追究礼与法的起源，认为它们是由“圣人”君子创造出来的，而且从根本上来说，人要比礼与法重要。单从历史经验来看，荀子认为“圣王”与暴君造就了国家的兴亡盛衰，因此起决定作用的不在礼或法，而在于人，这个人正是开国者，即“圣王”。荀子觉得，前代这些“圣王”早已准备好了治理国家的经营方针，它藏在历史的仓库里，用与不用取决于后代君王。《荀子·君道》篇：“羿之法非亡也，而羿不世中；禹之法犹存，而夏不世王。”大意是，名射手后羿的箭法没有消失，但羿并不能使后代人百发百中；禹治理夏朝的方法犹存，只是夏朝无法世世代代称王。《荀子·非十二子》还提到了具体的姓名，认为作为“圣人”却无法得到权力的人是孔子和子弓，而作为“圣人”得到了权力并消除天下灾害的人是舜帝和禹帝，在他们的对立面则有桀王和纣王。《劝学》篇：“学也者，固学一之也。一出焉，一入焉，涂巷之人也。其善者少，不善者多，桀纣盗跖也。”大意是，学习本是件需要专心于一的事情，一会儿出去，一会儿进来的是街边的普通人。好的行为少，错的行为多的人是桀、纣和盗贼跖。他把桀王与纣王比作了盗贼，这与孟子把纣视作匹夫的做法一脉相承。《荣辱》篇对“圣王—暴君”结构作了明确的论述：

> 是若不行，则汤、武在上曷益？桀、纣在上曷损？汤、武 255
> 存，则天下从而治；桀、纣存，则天下从而乱。

大意是，如果不推行这些事情，那汤与武就算处于高位又有什么好处呢？桀与纣就算处于高位又有什么坏处呢？汤与武在位置上，则天下随之安定，桀与纣在位置上，则天下随之混乱。

中国最为普遍化的“汤武—桀纣”对“圣王—暴君”结构就是这样形成的，汤武作为治的象征，桀纣作为乱的象征，被编入到中国政治思想史的基因里；甚至《淮南子·缪称训》篇在探讨治乱的终极原因时，将“圣王—暴君”结构视为善恶的问题，分析了三代圣王与暴君之所以被两极定型的原因：“故三代之称，千岁之积誉也；桀、纣之谤，千岁之积毁也。”大意是，三代的善名是千年积累而来的荣誉，桀纣的恶名是千年积累而来的毁誉。

圣王与暴君的典型化是后代的产物，即使是春秋战国时代的诸
256 子百家，也有相当大部分人对这种逻辑持有异议。《论语·子张》篇里，孔子的弟子子贡阐明了这样的意见：“纣之不善，不如是之甚也。是以君子恶居下流，天下之恶皆归焉。”大意是，纣王虽然不善良，但是似乎并没有那么严重。因此君子讨厌自己的行为留下污点，因为一旦留下污点，那么天下所有的罪恶都会被归到自己身上来。荀子虽然尤其强调“汤武—桀纣”的“圣王—暴君”结构，但是在《非相》篇作了如下描述，对暴君桀与纣的登场表现出了暧昧的态度：

> 古者桀、纣长巨姣美，天下之杰也。筋力越劲，百人之敌也。然而身死国亡，为天下大僇，后世言恶，则必稽焉。

大意是，古时候，桀、纣身材魁梧，长相英俊，是天下的豪杰。他们力气非常大，可以对抗一百个人。即便如此还是身死国亡，成为天下想要诛杀的混蛋。后世的人一说起坏人，就一定会提到他们。

按照这种说法，桀、纣虽然拥有不凡的相貌和力量，但因为身

死国亡，因此被“造就”为人人喊打的坏人。对比现实政治的失败，后世的评价更加严苛。《史记·殷本纪》：“帝纣资辨捷疾，闻见甚敏，材力过人，手格猛兽。”大意是，帝王纣天生明辨是非，身手敏捷，耳聪目明，才能与力量比其他人要杰出得多，可以空手对抗猛兽。从这种称赞来看，可知以暴君闻名于世的纣王在一开始并不是没有出息的人。纣王，即帝辛即位后，重视农桑，全力发展生产力，大大增强了国力；还举兵摧毁东夷，扩大了中原的疆域，将殷王朝的势力延展到江水、淮水一带。今天的山东、安徽、江苏、浙江、福建省的沿海一带都是纣王时期开拓的。这样的纣王为什么会成为暴君的代名词呢？难道不是新晋权力者构建政权正当化模型的牺牲品吗？

春秋战国时代末、秦朝统一中国之前，儒家的活动为“圣王—暴君”结构典型的形成发挥了极大的作用，儒家在学术上最为积极投身于著述与研究活动，他们还综合了诸子百家的学说。尤其在秦朝统一前后，荀子的作用是压倒性的。荀子一生都在广泛学习，深入研究全部诸子百家，到晚年集五经和诸子学问之大成，培养了众多弟子。得益于其弟子和再传弟子等标榜荀子的继承者们，“圣王—暴君”结构变成了固定的框架，一直延续到帝国时代。

用道德武装的“尧舜禹汤文武”圣王观念，与其说是为了正当化对暴君的放伐或警戒暴君的出现而形成的，不如说是由将追求圣人及道德观念完美化视为目标的孔子及其后继者们所创造出来的。“圣王—暴君”结构并不以暴君为先，而是以“圣王”为先。后代中国的专制君主们都生活在这个抽象化“圣王”的阴影之下，无法离开。

258 君主专制主义的展开

理论的抽象的君王概念早在《诗经》中就出现了，在春秋时代，学者们对这一问题进行了更多的研究。思想家们在讨论君王的品格和德行过程中，创造出了与暴君相对立的“圣王”。这也成为了批判现实君主的理论武器。另一方面，这还日益强化并集中了现实君主的权力，完成了君主专制制度的构建。

将君主比作上天的思维方式由来已久，《左传》襄公十四年：“天生民而立之君，使司牧之，勿使失性。”大意是，上天孕育了百姓，设立君主来管理监督他们，以使他们不至于丢失本性。这句话是春秋时代最为流行的君主论。伯阳甫认为，天命虽然重要，但是人间事更加重要，从《国语·郑语》来看，他主张：“夫成天地之大功者，其子孙未尝不章。”大意是，凡是为天地立下大功劳的人，
259 他和他的子孙没有不显达的。一个人只有为人类历史做下宏大贡献，他以及他的子孙才有成为君主的资格。在《国语·周语下》，周太子晋更进了一步，认为：“天所崇之子孙或在畎亩，由欲乱民也；畎亩之人或在社稷，由欲靖民也，无有异焉。”大意是，即便是上天所拥护的子孙，也有沦为农夫的，那是百姓因他而被扰乱的结果；即便是干农活的人，也有后来担当治国重任的，这是给百姓带去了安定的结果。这有什么不同呢？可以说，从认为即便是农夫也能成为社稷的主人这一点来看，人们对于成为君主的条件的认识有了非常大的转变。春秋战国时代，诸子百家的众多主张可以说是消除了君主的神秘性。

古代君主论还有一个特征是尝试把君主地位置于抽象价值之下。在《国语·晋语一》，晋国丕郑说：“吾闻事君者，从其义，不阿其惑。……民之有君，以治义也。”大意是，我听说侍奉君主的

人，只能遵从义，而不能谄媚于其错误。……对百姓而言，之所以要有君主，是要通过他来治义。这里把义的价值置于君权之上。孟子主张遵从先王，否定现实的霸道，也是想要借助先王这一武器来批判现实政治，企图把君主的地位放在圣王这一抽象价值之下。《荀子》的《臣道》篇和《子道》篇所举的“从道不从君”，也是相同的脉络。唐朝韩愈提出的道统，宋明性理学学者们提出的天理，都与想要限制无限扩张的君主权力的意图息息相关。

但是，如果政治体制无法摆脱君主专制的话，那么这种抽象的
价值标准就会被现实权力所管制或改变。无论天、义、先王、道、 260
天理是多么重要的价值尺度，只要君王能够把自己定位为圣王与天理的话，那么专制反而会得到更大的强化。这说明中国君主论无法摆脱君主专制主义的桎梏。

因此最后的结果是，中国依靠标榜强大君主专制的法家思想获得了统一，汉代之后，外儒内法（即表面上重视道德，实际上用君主制定的法来统治）成为了中国的政治传统。君主的权力至高无上，必须独占天下所有事物，国无其二与唯君独尊的逻辑达成了一致。《左传》哀公六年：“君异于器，不可以二。器二不匮，君二多难。”大意是，君主与其他东西不一样，不可以有两个。器物如果有两个的话，就不愁不足，但君主如果有两个的话，那么祸难就会相应地变多。这句话的意思是绝对禁止将君主的权力分配出去。

所谓的本末论进一步强化了君主专制主义。来看一下《左传》桓公二年的内容：

> 吾闻国家之立也，本大而末小，是以能固。故天子建国，
> 诸侯立家，卿置侧室，大夫有贰宗，士有隶子弟，庶人、工、 261
> 商，各有分亲，皆有等衰。是以民服事其上而下无觊觎。

大意是，我听说，国家的建立，如果加大根本减小末节，就会变得牢固。因此天子分配土地，建立国，诸侯分配土地，建立卿大夫的家……所以百姓们服从上面的人，下面的人不会觊觎超越本分的事情。

君王是“本”，下一等级为“末”，本理应比末大，末必须服从本。君主只有阻止新兴精英阶层，即会颠覆社会的新兴势力的出现，占据绝对优势，才能把政治影响力最大化。“本大而末小，是以能固。……是以为君，慎器与名不可以假人。”大意是，加大根本减小末节，就会变得牢固。只有器物与名声不可外借给其他人。类似这些表述都是为了防止本末倒置而设定的必须遵循的原则。

春秋战国时代，关于强化君主专制的论述非常具体，人们试图通过强调臣下的绝对服从来确立君主的绝对优势，还将君王的命令神秘化。《论语·晋语九》篇：“委质为臣，无有二心。”大意是，
262 臣子是被托为人质的人，因此不能有二心。强调臣子必须全心全意为君主服务，而且把这种心意视为天性。《左传》庄公十四年：“臣无二心，天之制也。”大意是，对臣下而言，无二心是上天的制度。在先秦文献中，有关把君主权威最大化和扩张其权力的事例不可计数。

将君臣关系与父子关系联系起来的意图也是君主专制主义中不可缺少的，宗法是一种父权制专制主义。主张君主专制的人们借用这一逻辑来强调臣下对君主的服从，《国语·晋语一》篇展示了晋国大夫栾共子“君师父一体”的典型：

> 成闻之：“‘民生于三，事之如一。’父生之，师教之，君食之，非父不生，非食不长，非教不知生之族也，故一事之。”

大意是，我听说：“‘百姓从三种事物中诞生，因此要如一地侍

奉他们。’父母孕育之，师长教诲之，君主喂养之。如果不是父母，人就没有生命；如果没有饮食，人就无法成长；如果没有教育，人就不知道如何为人，因此要一视同仁地侍奉他们。”

臣民必须无条件服从君王的观念采纳了所有传统的道德观念，并做了对君主有利的解读和规定。来源于农耕社会重视丧葬礼风俗的“孝”观念、需要修养心态建立良好人际关系的重要美德之“忠”、作为依靠对长辈的恭谨来端正家族与村落秩序的核心观念“敬”等，都是需要奉献给君主的美德，这些美德都被包装命名为臣下之道，即臣道。《国语·晋语四》强调：“事君以敬，事父以 263
孝。”大意是，以恭敬来侍奉君主，以孝顺来侍奉父母。

春秋时代旨在强化君主专制的众多讨论，因战国时代诸子百家的努力，已经成为了更加精妙的理论。法家、儒家、道家、墨家等有关“把性命奉献给君主的命令到底是多么正当的事情?”的讨论，内容全都非常相似，思想内涵更隐秘地集中到君主的统治手段上。前文提到的越国范蠡所说的话就很好地展示了为君主献上生命的行为：“臣闻之，为人臣者，君忧臣劳，君辱臣死。”

过错由臣下承担，成功则是君主的荣誉，这一矛盾的结构直到清末君主专制灭亡为止——不对，也许到今天的政界——都持续与独裁者隐秘的快乐结合在一起，随着岁月流逝，被包装成为更加精细的理论体系。

第六章

臣　民

从广义上看，虽然臣民全体都是君王的统治对象，但是臣与民观念的生成与变迁并不相同。除了臣民，本章还会一起讨论与臣民观念相关联的民本、民贵君轻等思想。

267

臣民观念的形成

臣的词源

中国拥有长久的统治历史，从夏、商、周三代开始就维持着以君王为顶点的中央集权制国家形态，因此也就有了辅佐君王的各种官僚和官职名称。他们被统称为“臣”，而如《诗经·小雅·北山》中“率土之滨，莫非王臣”所描述的那样，“臣”是王以下所有平民、奴婢、贱民的统称。从广义来看，除了王以外的所有人都是臣。

从狭义来看，臣指的是近距离辅佐主君，执行命令的辅佐团。“臣”字的古代文字变迁过程如图所示。

甲 2851	前 4·27·41	臣辰父父癸鼎	《说文解字》
甲骨文	晚期甲骨文	金文	小篆

“臣”字的变迁

《古文字诂林》记录了与臣字相关的许多古代文字[1]，甲骨文也呈现出“”（铁 1 · 1）、“”（524）等各种重要的字形。在这个 268
意味上，《礼记 · 礼运》把“仕于公”的人称作“臣”。《古文字诂林》还认为“臣”是目字的另一种形态，是眼睛朝着大地笔直站立的变形[2]，就像是一个人低着头，眼睛看着地面站立的样子，以此来形容俯首屈服之意。这个字既是对贫贱男女的贬称，也是对所有侍奉君主的人的称呼。郭沫若认为它还是指称军人的字，而叶玉森则将它视作两只脚完全陷进泥土，匍匐跪地的奴隶形象。也有人认为，这个字指的是俘虏以及俘虏中地位较高的人。大家基本都认为该字是指代服从的奴隶形象的用语。

《说文解字》也反映了这一意思。“臣，牵也。事君也。象屈服之形。凡臣之属皆从臣。”大意是，臣，即牵引，因此是侍奉君主的意思。指的是屈从、服从的形象，与臣相关联的文字全部都从属于臣。甲骨卜辞有言：“贞（类似‘惟’的虚词），小臣令众黍？”[3]大意是，问卦，小臣向众人发布命令，让他们种植黍？这句话是后世使用的“小臣”的最初原型，意思是受命于上面的君王，向众人发号施令的存在，同时意味着那些维持具备官僚体制的国家运营的存在。

《史记 · 殷本纪》中提到了无数的殷朝臣子，最近发现的甲骨
卜辞可以说是证明了这些人的实际存在。譬如，“丙寅，贞，又 269
（升）岁于伊尹二牢”[4]。大意是，丙寅日占卜，在升祭和岁祭时，向伊尹献上了两头牛。这类记录非常多，内容是关于给殷朝初期著名臣子举行的祭祀。在这一卜辞出现的时期，这种示范性例子为的是忠告各位臣子们要铭记过去的贤明臣子。根据《殷本纪》的记载，“伊尹乃立太丁之子太甲”为王，但由于其无作为，因此“放之于桐宫”，由此可见伊尹权力之大。这虽然一方面也说明了殷初

君权的不够强大，但另一方面也证明了上有君主，下有侍奉他们的臣子的事实。卜辞还使用了他们的姓名。

臣的另一个词源还可以追溯至西周时期。西周贵族管理着从事农业和手工业的奴隶，当时单身的奴隶被称为“人鬲”“鬲”“讯”“丑”等，而已婚的成家奴隶则被称为“臣”，数量以“家”计算。[5]这与侍奉上位之人的意义可以说是同一种观念。

270

民的词源

从晚期甲骨文时期开始，被认为是“民”字词源的文字出现期。“民”字在殷代中期以前的原型不得而知，至于出现在稍晚一些的金文中的样子，来看一下镌刻在青铜器上的这些字形：

乙 455	盂鼎	素命镈	《说文解字》
晚期甲骨文	初期金文	晚期金文	小篆

“民”字的变迁

人们对“民”字的古文字解释大体上分为两种。根据《古文字诂林》的记录，一种以林义光等人的见解为代表，金文的“”等古文字形就像草的嫩芽一样，由“旺盛繁多”的意思衍生出“人民”之意。发音变为百姓之“萌”后，再次改变为百姓之“氓”。另一种则以商承祚等人的主张为代表，“民”字的古文字形指的是用利器刺瞎奴隶的左眼，使他们无法逃走。[6]之后，“民”字丧失了奴隶的本义，与“亡”字共同组成了新的“氓”字。象形字典网认为民字甲骨文下面的“”是“用手抓住”的形态，金文的“”字与甲骨文字形上半部分“”类似，只不过眼睛里缺少了瞳孔。

对此，许多学者提出了反对意见。第一，有人认为这个字指的 271
是人类的裸体，字形与强调两个乳头的“母”字类似，可以理解为脚上挂有器具的形态。根据清代陆次云的《峒溪纤志》[7]的记录，苗族把俘获的汉族人当做奴隶使用，让他们穿上木鞋，戴上木制脚镣，使他们一生无法逃走。“民”字的金文字形恰如陆次云的比喻，形容赤身裸体，脚上戴有器具的奴隶，此后发展成为称呼一般民众的用语。

第二，有人认为这个字形的意思是用签子刺瞎人的眼睛，这一观点是被最广泛接受的。其中谢光辉认为，从“民”字的各部分可以看出，古代奴隶主为了防止奴隶的叛乱，会给他们穿上沉重的足枷，用草绳绑住脖子，折断一条腿，或者用签子刺瞎他们的眼睛。[8]这一观点依然还是将“民”字视为奴隶的象形，之后发展成为指代包括奴隶在内的平民的用语。

第三，有一种趋势是反对将“民”视为奴隶，而是围绕周朝的典籍，试图将它看作意指迁徙百姓的“萌”“氓”字的假借字。《说
文解字》是其中的代表，它认为：“民，众萌也。从古文之象。”大 272
意是，民，指的是萌之民众，遵循古文象形。它将“民”字看作一种指事文字，所指事的古文象形正是上面提到的代表繁殖与养育的“母”字。《广雅》认为“民，即为氓”，同时将代表土著民的“民”与外来人的“氓”相区分开来。姚垚把“民”解释为“萌”与“氓”的假借字，并作了以下解释[9]：一是在奴隶与奴隶主的关系最为普遍化的殷代，甲骨文中并没有“民”字；二是从图形来看，它与“目”字没有任何关系；三是既然奴隶必须负责生产，那么把他们搞成残疾人有什么好处呢？四是从文字的意思来看，“民”字要么广泛用来指代人民，要么仅仅指代某一个国家的国民，要么用来指代独立的个人，并没有用作奴隶的例子。[10]

第四，郭沫若在《十批判书》中综合了刺目的主张与文献记录，再结合氓人的说法，认为殷代存在着被称为“民”的特殊群体。如上图所示，无论周代初期《大盂鼎》，还是春秋时代的《秦公铜鼎》等，里面记载的“民”字指的都是横目而带刺，盲其一目
273 的奴隶。根据郭沫若的说法，民一开始是负责生产的奴隶，在周初又称为“人鬲”。[11]后面经过身份变动，“民”字成为称呼全体被统治者的用语。

综上所述，被俘虏回来的奴隶在眼睛被刺伤的情况下从事劳作，随后逐渐组成家庭，形成一个人数众多的群体，随着他们从事农业，“民”的身份地位发生了变化，最终衍生出指代所有被统治者的含义，既包括奴隶，也包括平民。到后来，这个字甚至可以用来指代除了国王一人外的所有政治社会成员。如今，它已经发展成为指代包括最高统治者在内的“国民”概念。

根据金文的解释，“民”具有瞎子、盲人、黑暗等贬义，也被用来指代与中原民族相对抗的苗民、黎民等其他民族。苗民指的是自古以来与汉族争夺中原的民族，从《尚书·吕刑》篇“苗民弗用灵，制以刑”（苗民不采用向神灵祝祷的手段，而是用刑罚来统治）等初期文献开始便一直受到非议。因此，它似乎在某种程度上与具有贬义的早期“民”字有所关联。

274 臣民观念的变迁

孔子之前的臣民观念

在开展青铜器制造等活动时，周朝动员了许多奴隶从事这些劳作。除了从事手工业的他们外，从事农业活动的普罗大众们被称为

"民"，其身份地位要高于奴隶，在当时也被称作"庶民"或"庶人"。由于农耕的特性，他们结群而居，虽然受到贵族的统治，但并不属于买卖对象，也不是贵族们可以任意杀害的对象。他们中的大多数人都组成了家庭，一部分还拥有自己的农具与家畜，以事生产。然而，他们的人身受到非常严格的束缚，不能随心所欲迁移到别处。这一方面是因为贵族的控制，另一方面则是因为其自身被绑在农田上这一属性。

也许是因为这些农民在从事劳作时不戴帽子，露出黑发，因此也被称作"黎民"。被统治者大部分都是黎民，这一概念将光着头的人与戴帽子的官人、贵族、统治阶级区分、对立起来。这种通过穿戴来形容被统治者的汉字，还有原意为黑色头发的"黎首""黔首"[12]，以及原意为穿着粗布衣服的"布衣"等。秦始皇二十八年（前219），泰山刻石用了与"黔"字具有相同含义的"黎民"。秦始皇三十二年，碣石山的石刻也将被统治者称为"黎民"。 275

然而，就像"黔首"一样，"黎民"这一概念的使用在秦始皇时期并非首次，而要追溯到更早。中国人坚信黄帝是自己的始祖，黄帝族、炎帝族、夷族代表着百姓联盟，与周边的黎族、苗族展开争夺中原的战争，并最终取得了胜利。"黎民"不同于"百姓"，一开始更是与之相反的概念。将蚩尤驱逐到涿鹿的军事大联盟集团各自拥有不同的姓氏，因而称为"百姓"，反之，被俘虏的九黎人则被称为"黎民"，这两者的不同意味着贵贱的区分意识在发挥着作用，即指代贵族的"百姓"与指代贱民奴隶的"黎民"的对立。

拥有姓氏的是具有家门，即一定的土地基础的贵族。然而，今天的百姓被称为"民"，两者代表相同的观念，这是不断发生身份变动所造成的结果。初期的"百姓"，即"具备姓的人"这一概念并不包括从事农耕、手工业、商业的人。"百姓"一词在典籍中出现了很多次，《尚书·盘庚下》：“今予其敷心腹肾肠，历告尔百姓于朕志。”大意是，现在我把心脏、腹部、肾脏、肠子全部展示出来，向百姓们传达朕所有的意思。《诗经·小雅·天保》篇：“群黎百姓，遍为尔德。”大意是，黎民与百姓全都感谢您的功德。来看一下《尚书·尧典》篇的段落：

> 九族既睦，平章百姓。百姓昭明，协和万邦。黎民于变时雍。

大意是，九族都和睦的话，百姓便能得到公平，光芒四射；百姓昭明的话，万邦便能和谐协调；黎民的态度也会因此发生变化，继而和睦相处。

这里的“百姓”不同于“黎民”，“百姓”指的是在最高统治者之下从事政治的人，而“黎民”指的是被统治或被教化的人。古文学始祖孔安国把这里的“百姓”注释为“百官”，百姓等于百官这一现象与“姓”有着密切关系。关于父系血统，直到春秋战国时代，女性体系的“姓”与男性体系的“氏”都是分开使用的。虽然随着男性中心社会体系的形成，表示官职与领域的“氏”得到确
277 立，但是从战国时代后半期开始被与“姓”混用。到了秦汉时期，“姓”“氏”合而为一，专门指代姓氏。[13]这可能是因为此时已没有能够以“氏”来分封的土地和官职，也可能是因为在战国时代，以家门为中心的势力不断壮大，同一“姓氏”被看做力量的象征。

拥有姓的女性既是贵族，也是统治阶层，而不是贵族的人不可拥有姓。前文谈到，黄帝族、炎帝族、夷族作为百姓的联合体代表，在涿鹿与九黎族的蚩尤展开斗争。这里的“百姓”指的就是贵族们的联合体。之后，随着以男性为中心的世袭制度的建立，姓氏成为贵族们更加重要的象征。王占有着辽阔的土地和无数奴隶，在

王之下则设置诸子、诸妇、太师、少师、侯、伯、男等贵族协助统治。除此之外，还有掌管祭祀和占卜的巫史和贞人，以及负责统治异族的酋长代理人邦伯和邦侯等人。在许多情况下，官职的名字都直接用姓氏来表示，因此也被统称为“百姓”。[14]

早期的“百姓”相当于“臣”，而非“民”。《论语·泰伯》篇
引用了武王的话：“我有乱臣十人。”大意是，我拥有十名杰出的臣 278
子。这些帮助武王治理国家的人并非只限于兄弟，还包括了其他姓氏集团的协作者，这里把百姓看作了臣。然而，《周礼·秋官·小司寇》提出了以下有意义的观念：

> 掌外朝之政，以致万民而询焉。一曰询国危，二曰询国迁，三曰询立君。其位：王南乡，三公及州长、百姓北面，群臣西面，群吏东面。

大意是，（小司寇）掌握外朝的政务，召集万民来进行征询。一是问国家是否有危难，二是问是否要迁都，三是问是否要选立君主。有关他们的位置：王面朝南而立，三公、各州长官、百姓面朝北而立，群臣面朝西而立，群吏面朝东而立。

回想一下图片或电影中，在国王下面列队的人们的位置。“百姓”站在面对着王，处于朝北而立的人群当中。他们的地位虽然低于三公以及地方长官，但要高于群臣。无论是地方还是首都，他们都是行使各氏族势力的“姓”的代表们。据推测，他们与直属于统治者的臣与负责处理臣以下行政职务的吏不同，能够进行独立的政治行为。

到了春秋时期，人口增加，国际环境复杂化，各种盈余带来了 279
身份变动和“百姓”规模的扩大。在这一过程中，“百姓”不再指代特定的人群或家门集团，而是像普通名词一样被使用起来。这意

味着，“百姓”既指百官的族姓，也用于称呼所有参加政治活动的人。《国语·楚语下》篇展示了这种倾向的扩大趋势：

> 王曰：“所谓百姓、千品、万官、亿丑、兆民，经入畡数者，何也？”
>
> 对曰：“民之彻官百。王公之子弟之质能言能听彻其官者，而物赐之姓，以监其官，是为百姓。”

大意是，昭王问：“所谓百姓、千品、万官、亿丑、兆民，税入达到畡数（即极大的数目）这是什么意思呢？”观射父回答说：“通达民事的官职有百种，王公子弟中能胜任这些职事的，便根据他们的功绩赐予姓氏，这就是百姓。”

如此一来，得到姓氏的百官数量急剧增多，达到千品、万官、亿丑，因此必须从亿兆的民那里收取税金，并养活他们，这便是君王应做之事。由此，我们可以知道，百姓已经增加到千、万、亿，280 最后达到了“兆民”的程度。至此，百姓不再限于拥有特定姓氏的贵族集团，而是扩展出了身居官职的人以及参加政治活动的一般民众的含义。

“臣”并不属于一般民众，是君王与民众之间的人的统称。《国语·齐语》篇很好地揭示了当时有关“臣”的观念，它引用了管仲的话：“为君不君，为臣不臣，乱之本也。”大意是，为君者没有君的模样，为臣者没有臣的模样，这就是乱的根本。君与臣是相对的概念，在这一情况下，君主以外的人都成为了臣。直到春秋时代，“莫非王臣”这一臣的观念还是发挥着作用。

就像君道要求君主行道德之事一样，对臣下而言，也有强调必须服从的臣道。《左传》与《国语》都提到了善于谏言的臣子，即谏臣的故事。譬如，《国语·晋语六》篇：“兴王赏谏臣，逸王罚之。”大意是，兴旺之国的王会赐予谏臣奖赏，灭亡之国的王会给谏臣降下刑罚。

“臣”的观念变得越来越抽象，不仅象征着对君主献上忠诚的所有存在，还象征着必须像绝对服从父母一样地绝对服从君主的存在。《墨子·兼爱上》：“臣子之不孝君父，所谓乱也。”大意是，臣子与子女不孝顺君主和父亲，这就是所谓的乱。这是通过把亲族与家门关系等同于政治或国家关系，来诱导出对君王的肉体性、精神性服从。

晏婴对“臣”观念的确立和变迁作出了重要贡献，作为名臣，他得到了包括孔子在内的几乎所有诸子百家的称赞，《左传》襄公二十二年记录了晏平仲的君臣观念：

> 君人执信，臣人执共，忠信笃敬，上下同之，天之道也。

大意是，君主立足于信任，臣子立足于恭敬。忠实的信任和笃定的恭敬，便是上下合为一体的天的道理。

如此，臣子若能得到君主的信任就必须向其献上忠诚，这一贯通古今的君臣关系上升成为上天的道理。《国语·晋语五》也认为“大者天地，其次君臣”。大意是，最伟大的事物是天与地，其次是君与臣。把君臣关系与天地放到比较的天平上。

君主专制主义的出现与对臣子的高度忠诚的要求交织在一起，甚至出现了只有献出生命才配成为臣子的主张。

诸子百家的臣民观念 282

作为具有政治意义的存在，民与指代全部人类的“人”字在使用上还是有所区别的。孔子在《论语·学而》篇作了以下论述：

> 道千乘之国，敬事而信，节用而爱人，使民以时。

大意是，治理千乘之国，就必须恭谨地对待政事，恪守信用，节约国用，爱惜人们，合乎时宜地征召民众。

这句话有两种解读。一种是把“人”看作身居官职的人，也就是《左传》中提到的“国中之士”以上的存在，朱熹区分人与民的方法也是如此。这一情况下，“人”与春秋战国时期参与政治的所谓“国人”的概念趋于类似。还有一种解读是把“人”视为诸侯国内的所有人。如此一来，“人”是包含“民”在内的宽泛概念，“民”则是指代任由国家驱使的具有政治性含义的所有存在。然而，就像《孟子·尽心下》篇谈到的“民为贵，社稷次之，君为轻”一样，具有政治含义的“民”与不被视为人的奴隶阶层并不是一回事。最后，不包含奴隶在内的“民”成为了政治言论当中最为普及的用语。

283 孔子之后，在诸子百家的作品中，“百姓”被用作一般名词，几乎涵盖了除下层奴隶阶级以外的所有被统治者，与指代被统治者的“民”具有相同的含义，两者达到了互相通用的程度。非要加以区分的话，“百姓”的涵盖度还未达到“民”的程度，因为“民”几乎没有身份上的限制，用来表示所有普通人。

百姓和民之间微妙的差异在《孟子》中得以体现。《梁惠王下》篇：“此无他，与民同乐也。今王与百姓同乐，则王矣。”大意是，这并没有其他的原因，只是因为与民同乐罢了。如今，如果王能够与百姓同乐，便是实行王道了。在这里，民与百姓是同一概念。但是，在《梁惠王上》篇中关于齐宣王不忍看到牛含泪的模样，下令以羊相替的故事中，情况就不一样了。在齐宣王“而易之以羊也，宜乎百姓之谓我爱也”一语中，“百姓”可以就王的命令进行评价，可见这一用语的范围具有一定的局限性。在战国时代诸子百家的书当中，涉及评价政治或政策，大部分用的是“百姓”，而不是

“民”。然而，随着时代发展，“百姓”变成指代所有被统治者的用语，得到了普及。

这样的转变与时代氛围不无关系。战国时代是以下克上事件频发，身份发生大动荡的时代，今天的贵族不是昨天的贵族，今天的 284
奴隶也不是昨天的黎民，黎民中也不乏建立功勋成为拥有姓的百姓。包括自由民、农奴、奴隶等在内的“黎民”与贵族的统称“百姓”不再是对立的概念。百姓变成黎民，“黎民百姓”一词成为了一般名词。到了战国时代，百姓成为平民的事实可能意味着除了奴隶以外，百姓几乎囊括了所有平民的姓。

到孟子生活的战国时代中期为止，“国人”的政治作用似乎变得相当大。孟子在《梁惠王下》篇中主张，比起亲信和大臣，更应该以“国民们的话”作为政策制定的判断依据，在这个时期，“民”指的是全体被统治者，用语范围要比“国人”更广泛。[15]此外，“民”还与“人”具备几乎一样的意义。

战国时期，王土思想更加普遍化，获得独立的各国君主们将国家的所有存在都视为自己的所有物，所有的民都是臣。从政治含义上来说，所有国家的臣民都应该将侍奉君主视作上天之道。将臣下视作君主所有物的观念可以追溯到春秋时期，《国语·晋语九》篇：“季质为臣，无有二心。”大意是，臣托身为人质，绝无二心。这句话与后世主张的臣子不能同时侍奉两名君主的观点相一致。《左传》
庄公十四年：“臣无二心，天之制也。”大意是，对于臣而言，无有 285
二心是上天的制度。这句话神秘化了君主。最后，这些主张预示了建立在臣子的绝对化服从基础上的君主专制主义理论的强势登场。

孔子以下的一番话很好地揭示了儒家对君臣关系的看法，[16]《论语·八佾》：“君使臣以礼，臣事君以忠。”大意是，君主以礼来使唤臣子，臣子以忠来侍奉君主。这一句话不是要强调臣子必须绝对忠诚，而是表达了“君主如果以礼相待，那么臣子便会报之以忠”的意思，因此可以解读出“如果君主无礼，那么臣子也不必献上忠诚”的含义。这证明，春秋时期的晏婴等人曾主张的为君主献出生命以及绝对忠诚的君臣观念正在发生改变。孔子提出了无数的道德原则，也针对君权提出了诸多相对重要的价值。

这些观念也传给了孟子和荀子，因此初期儒家的君臣关系论被称为相对的君臣关系。然而，就像《论语・乡党》篇所展示的那样，孔子忠告人们在君主面前要屏息敛气，毕恭毕敬。事实上，儒家的相对君臣关系一方面是对君主专制主义的拥护，另一方面则是对君权神圣不可侵犯观念的强化。孟子虽然十分推崇孔子的立场，但是鼓起“勇气”果敢地对君主权力提出了异议。他确实是走在时代前列的思想家，我认为，他之所以坚信“道德政治”而非“力量之政治”，是因为他主张道德优于君权。《孟子・离娄下》篇有一段有名的论述：

> 君之视臣如手足，则臣视君如腹心；君之视臣如犬马，则臣视君如国人；君之视臣如土芥，则臣视君如寇仇。

大意是，君如果把臣视作手足，那么臣就会把君视作心脏般重要；君如果把臣视作犬马，那么臣就会把君视为普通国人；君如果把臣视作草芥，那么臣就会把君视为仇敌。

这是孟子为了强调道德政治而胁迫君主的一种典型方法，反对君主将臣子们视为草芥，提出臣子可以将君主视为仇敌。上面这段话表达的正是这种意思。在《公孙丑上》篇，孟子甚至劝告君主要向臣子学习。

比起相对独特和进步的孟子，大部分的儒家思想家们仍是坚持
287 尊君论，荀子就是其中的代表，他的儒学思想也给汉唐带去了深远

影响。虽然《荀子·臣道》提出“从道不从君”，拒绝对君权的无条件服从，但内容说的还是以“尊君”这一基本命题为基础的相对君臣关系。《荀子》设《臣道》篇是为了专门论述臣子的种类、品格和道理。《王制》篇：“君君臣臣，父父子子，兄兄弟弟，一也。”大意是，君主有君主的样子，臣子有臣子的样子，父亲有父亲的样子，子女有子女的样子，兄长有兄长的样子，弟弟有弟弟的样子，尊卑长幼的道理是一致的。《臣道》篇对臣子分类如下：

> 君有过谋过事，将危国家、陨社稷之惧也；大臣、父兄，有能进言于君，用则可，不用则去，谓之谏；有能进言于君，用则可，不用则死，谓之争；有能比知同力，率群臣百吏而相与强君挢君，君虽不安，不能不听，遂以解国之大患，除国之大害，成于尊君安国，谓之辅；有能抗君之命，窃君之重，反君之事，以安国之危，除君之辱，功伐足以成国之大利，谓之拂。故谏、争、辅、拂之人，社稷之臣也，国君之宝也，明君之所尊厚也，而暗主惑君以为己贼也。

大意是，当君主有了错误的行为，谋划错误之事，国家将要危险、社稷将要覆灭的时候，大臣、父兄中如果有人能向君主进言，被采用就好，不被采用就离去，这种人就叫做谏；如果能向君主进言，被采用就好，不被采用就殉身，这种人叫做诤；如果能集思广益同心协力，率领满朝百官一起劝阻君主，纠正错误，使得君主即便不服，也不能不服从，最终解决国家的大忧患，消除国家的大灾难，让君主受人尊重、国家安定，这种人叫做辅；如果能抗拒君主的命令，窃取君主的权力，做与君主相悖的事情，却能使国家转危为安，消除君主的耻辱，功劳足以成就国家的重大利益，这种人叫做拂。所以谏、诤、辅、拂这些人，是社稷的臣子，是国家与君主的宝贵财富。英明的君主会厚待尊重他们，而愚昧的君主则会将他们视作自己的敌人。

做好谏言实在是非常困难的事情，荀子的臣道论更接近一种理想主义，谏、诤、辅、拂的臣子更是大海捞针。荀子认为政治不是君臣的事情，而是应该对民予以重视的事情，正是因为具有这种“道”，他才可能提出以上主张。《荀子·大略》篇：“天之生民，非为君也；天之立君，以为民也。”大意是，上天生育民并不是为了君，上天设立君却是为了民。《王制》篇提出的“君者，舟也，庶人者，水也；水则载舟，水则覆舟”，正是著名的君舟民水论。

儒家的相对君臣论到了法家那里，以相反的方式走上了尊君的
289 道路。如果说儒家钻研的是君主与臣子的相对关系，那么法家强调的就是君主与臣子的绝对关系，他们将臣子与民，而非臣子与君主捆绑在了一起。春秋时期，君臣关系观念迎来了法家式的发展，并最终在政治上取得了胜利。战国时期，法家式改革越来越多地在政治上占主导地位，秦始皇的统一和帝国的建立最终使得君臣之间的关系不再处于相对位置。

《商君书》《管子》等著作中也出现了“臣道”，但与儒家的并非同一观念。《商君书·开塞》：“夫王道一端，而臣道一端；所道则异，而所绳则一也。”这句话的意思是，虽然都是朝着富国强兵这一目标前进，但是君主与臣子的道路是不一样的。《管子·明法解》篇：“制群臣，擅生杀，主之分也。”这句话强调了君主对臣子的独断。《韩非子·外储说右上》篇：“且先王之所以使其臣民者，非爵禄则刑罚也。”这句话主张君主对臣子残酷、巧妙且精细的控制。

帝国时代的臣民观念

汉代，法家的臣民观念向前更进了一步，认为臣民是皇帝完全的仆人的观念大为盛行。《史记·秦始皇本纪》记载了琅琊石刻上秦始皇的宣言："人迹所至，无不臣者。"这意味着《诗经》中的王土思想依靠现实权力存活了下来，所有存在都成了皇帝跟前的臣民。《秦始皇本纪》里还有这样一番话："皇帝临位，作制明法，臣 290
下修饰。"秦始皇认为臣子对君主的事情指手画脚相当于儿子随意议论父亲的事情，"甚无谓"。这种"尊君抑臣"[17]的主张可追溯到春秋时期，法家理论使其观念化，而秦始皇则是将其运用到现实当中。这一观念在数千年间，甚至直到今天依然留存在东方的政治界，未曾消失。

汉初，陆贾继承了儒家尊君的传统，《新语·术士》篇："上明而下清，君圣而臣忠。"大意是，上面昭明的话，下面也会清朗，君主圣贤的话，臣子也会忠诚。保持了一部分君臣相对关系的观点。陆贾还致力于说明谏言的重要性与谏臣们的出现背景等。

到了贾谊手上，尊君传统似乎回归到了春秋时期的君臣观念。《新书·阶级》篇："故化定成俗，则为人臣者，主丑（耻）忘身，国丑忘家，公丑忘私。"大意是，因此将它化为风俗的话，那么人臣将为君主的耻辱奉献己身，为国家的耻辱忘乎家庭，为公家的问题忘乎私欲。《礼》篇："主主臣臣，礼之正也；威德在君，礼之分 291
也。"这句话则是原封不动继承了荀子的论点。从相对角度来看一定范围内的君臣关系，君臣不是主从关系，而是更复杂和多样。《新书·官人》篇有如下论述：

王者官人有六等：一曰师，二曰友，三曰大臣，四曰左右，五曰侍御，六曰厮役。

大意是，王把官僚分为六个等级：第一是老师，第二是朋友，第三是大臣，第四是左右，第五是侍御，第六是厮役。

君王如果对待下面的人像老师或朋友的话，就能获得大成功，如果对待大臣像下人的话，那么国家就会灭亡。贾谊的这番话很好地反映了荀子对于民的看法，主张必须抵制那些使庶民痛苦的人，乃至于认为民应该参与官吏的选拔。贾谊在《大政下》篇说道：“故夫民者，吏之程也。察吏于民，然后随之。”大意是，因此民是官吏的里程碑，应该从民的处境去考察官员，然后遵循之。

292 董仲舒从理论的层面精巧地构建了臣民对中央集权专制、对君主的服从。他以天地为比喻，在《春秋繁露·阳尊阴卑》篇说道：“臣之义，比于地，故为人臣者，视地之事天也。”应当如同大地侍奉上天一般，“为臣者对君主表露这样的感情”，奉上绝对服从。董仲舒在《春秋繁露·为人者天》篇中把臣子包含在内，认为：“心之所好，体必安之；君之所好，民必从者。”就像内心所喜好的，身体一定会安定一样，君主所喜好的，人们一定会跟随。董仲舒调用了天地阴阳与人类心性，突出君主与臣民的差别及尊卑，并对此进行了理论化。从肯定“天道”位于君主之上，相对应地想要去制约君权这一点看，即便它与先秦儒学一脉相承，也只囿于不破坏君主的绝对权威这一范围。到了董仲舒，臣民观念再也无法处于相对位置，《基义》篇：“君为阳，臣为阴；父为阳，子为阴；夫为阳，妻为阴。”这一主张指的是由他创造的“三纲”伦理所形成的绝对关系。其出发点是“君为臣纲”，即作为世界所有伦理中心及大纲的尊君论。

王符的《潜夫论·独断》篇：“汉天子正号曰‘皇帝’，自称曰

'朕'，臣民称曰'陛下'，其言曰'制诏'，史官记事曰'上'。"只有皇帝能够使用的词语诞生了，其余的才属于全体臣民。皇帝由此重新升格为不可忤逆的神圣存在。相对应，臣民成了必须向君王奉上无限忠诚的对象。后汉，《忠经》一书指出，"忠孝"是全体臣民的义务。在汉代的议论当中，虽然君权的至高无上性得到强调，但道义高于君主的传统价值依旧作为认识论前提存在着。

后代的臣民观念集中在如何使君主把任用贤明之人为臣子，以及如何区分裁汰谏臣等问题上。特别从东汉后期开始，随着三纲五常的"国宪化"，君王的问题成为了不可直接议论或者批判的对象。认为只有臣民对君王的忠诚才是国家与政治的成功的议论，得到大规模展开。这种现象还偶尔能在今天的政治统治者身上看到。

民本观念和孟子的政治思想 294

民本观念

"民本"指的是以百姓为政治的根本，这一概念并没有出现在中国文献中，只有类似《商君书·画策》中"民本法也"的短语，意思是"将民视作根本"。即便如此，也不会有人否认"民本"是中国政治思想的重要特征之一，这是因为中国政治思想，甚至连达到尊君论极致的君主专制主义思想——法家思想，都把"民"视为国家的根本。

传统而言，对中国思想中民的观察可以大致分为以下几种。第一种立场认为民是天的相对物，是国的根本。如果能够维持自身的生命以及拥有安定的生存状态，民这一存在就可以进行农耕，解决自己的饮食问题活下去。因此，民既是自然本身的存在，也是与上天及大地有关联的存在。《左传》成公十三年：“民受天地之中以生，所谓命也。”大意是，民作为天地之间的存在而被赋予生命，这就是所谓命运。《国语·楚语上》篇：“地有高下，天有晦明，民
295 有君臣，国有都鄙，古之制也。”这里“民”指的是君臣上下，姑且把民想象成天地的相对物。《汉书》的《律历志上》和《五行志中》也有相似的论述，如此形成了东方学叙事的重要观念——通过天、地、人三角结构来观察宇宙。当然，只从天人关系次序来看的时候，天是上位主宰者，民是下位从属者，但是从民能够作为天的相对物这点来看，其重要性不言而喻。因此，民也是国家的根本。来看一下《尚书·夏书·五子之歌》篇的歌词：

> 皇祖有训，民可近，不可下，民惟邦本，本固邦宁。予视天下愚夫愚妇一能胜予，一人三失，怨岂在明，不见是图。予临兆民，懔乎若朽索之驭六马，为人上者，奈何不敬？

大意是，皇族祖先有这样的训诫：应该亲近民而不能将他们推到末位，因为民才是国家的根本，只有根本牢固，国家才能安宁。我纵观天下，愚夫愚妇等一个个都比我优秀。正如一个人都可以犯下三次失误一样，怎么能等到怨恨突显了才注意呢？在它还不明显的时候就应该开始谋划了！我治理亿兆人民，就像用腐烂的缰绳来驱使六匹马一样战战兢兢，作为人上之人，怎么可以不恭恭敬敬呢？

296 从很早就出现了这样的观点，认为民是上天，因此政治与政策推行都应该以民为中心。《尚书·皋陶谟》篇有一句很有名的话：“天聪明，自我民聪明，天明畏，自我民明威。”在强调民在东方思想中的重要性时，这个著名的段落总会出现，民即天心之意。上天的杰出视听，都是来源于我们百姓的杰出视听。无论上天赋予了君

主怎样的政治权利，这一权利都来源于民。[18]

民最重视的是物质需求，因此用食，即饭来对民加以说明。《文子·上仁》篇："食者，民之本也。"《三国志·吴志·邵贾传》："夫民者，国之本；食者，民之本也。"从某种意义上来看，认为民是国之根本的观点意味着民的存在要比君主或社稷重要得多，这一点可以从孟子的"民贵君轻"思想中反映出来。至此，民不再是奴
隶或者贱民，而是成为了国家与政治最为重要的存在之一。之后， 297
在东方的政治思想史上，不论人们是否被赋予政治权利或是否真正得到重视，大多数人都将民称为国家的根基。

第二种观点认为，民是与君主相互依存、不可分裂的存在。当指代全体被统治者的与民相关的概念都被以"民"统称的时候，民也就成为了君主、官僚对立面的存在。《尚书·梓材》篇提到"皇天既付中国民"，所命令与托付的对象是君主，把中国的民说成天下的大众，即王的臣民。《左传》昭公十三年提到了获取政治权力的五大难点："有宠无人，一也；有人无主，二也；有主无谋，三也；有谋而无民，四也；有民而无德，五也。"大意是，一是只有宠臣没有良士，二是有良士却没有统领他们的统治者，三是有统治者却没有谋略，四是有谋略却没有遵从的民，五是有民而统治者没有道德。《史记·楚世家》也引用了相同的段落。

虽然统治者与民存在尊卑上的区别，但他们的关系并不是绝对的奴隶主与奴隶的关系。与只为奴隶主存在的奴隶不同，民是统治
者的保护对象，这是由他们的相对性决定的，必须先有被统治阶层 298
的民，统治阶层才有存在的可能，所以必须好好照顾民的困难。《诗经·大雅·皇矣》："皇矣上帝，临下有赫。监观四方，求民之莫。"当人民遭受水灾、旱灾、饥荒等自然灾害时，统治者必须保护他们，探寻减轻他们苦痛的方法。

民众会为了统治者从事劳役、缴纳税金、参加战斗，统治者必须斟酌与关怀这些民众所负担的劳役与疾苦。君主的相对面是民，换言之，统治者与被统治者是缺一不可的双生关系。《礼记·缁衣》篇进一步引用孔子的话，作了更具体的描述：

> 民以君为心，君以民为体；心庄则体舒，心肃则容敬。心好之，身必安之；君好之，民必欲之。心以体全，亦以体伤；君以民存，亦以民亡。

大意是，民把君主视为心脏，君主把民视为身体。内心庄重身体就会爽快，内心严肃容止就会恭敬。内心喜欢，身体必然安适；君主喜欢，民众必然渴求。内心会因为身体而完整，也会因为身体而受伤；君主会因为民而存在，也会因为民而覆灭。

这种论述从有机体这一角度把民与君主比作内心与身体的关系，阐述了两者的不可分离性与相互依存性。虽然民与君主是被统
299 治者与统治者的关系，但是从这一角度来说，两者并非命令与服从的上下关系，而是相互依存的共生关系。

第三种观点是将民视为道德的标准。这一观点认为，民在宇宙万物之间具有特殊的位置，由于是万物之灵，他们的举止本身就应该成为政治的标准。因为民是道德标准，因此可以分辨是非与善恶。《诗经·大雅·烝民》篇有如下段落：

> 天生烝民，有物有则。民之秉彝，好是懿德。

大意是，上天诞生此民，有事物就必有相应的法则，民必须遵守的常性，是极好之物，因此当作美好道德。

《论语》中，孔子引用了该文段，认为“作此诗之人是知德之人”。因为所有事物都一定有其相应的法则，因此，作为国家运作之根本的民，是树立道德标准的存在。从民的举止成为政治道德核

心这一意义上说，民被假定为价值判断的最终准则。当然，民并不被视为能够独自拥有知德，在政治上自主行动的存在。孔子曾在《论语·泰伯》篇说过："民可使由之，不可使知之。"可以使民遵循政策的执行，不可使民知道其具体内容。

《尚书·大禹谟》篇："好生之德，洽于民心，兹用不犯于有 300
司。"大意是，"好生之德"指的是深入民心，使其不必与官吏们对抗。源于此，好生之德一词用来指代仁爱慈祥，不事杀戮的美德。此外，由爱惜生灵出发，该词语还蕴含着开始卓越政治之意，尤其指代帝王特赦死刑犯人的品德。"好生之德"的含义是让统治者教化民众，使他们服从道德，这里的民不仅不是奴隶，也不可能是奴隶与平民的总称，民是道德政治的标准。

中国政治思想中的民指的是能够自由劳作的存在，无论是在重视知识的儒家思想作为统治意识形态登场之前，还是在被强调农业、抑制商业的法家思想所支配的时代，士、农、工、商等四民之间似乎并不存在优劣之分。《管子·小匡》提出了"四民说"[19]："士、农、工、商四民者，国之石民也。"在传统时代，诸民皆是自给自足的存在，具有自由迁移和前往他国的权利，民还能自己做主安排婚姻。很明显，作为国家构成最重要的要素，与奴隶的受禁锢状态不同，民是具有相当自由度的国家根本。

孟子的"民贵君轻" 301

孟子虽然不认为民是政治的主体，但将其视为国家构成中最重要的要素之一。《孟子·尽心下》篇有以下段落：

> 诸侯之宝三：土地，人民，政事。宝珠玉者，殃必及身。

大意是，诸侯的宝物有三：土地，人民，政府。那些把珠宝等财物视作宝物的诸侯，灾难必定殃及其身。

诸侯所统治的地区称为“国”，“三宝”与现代政治学当中所说的作为国家基本要素的领土、主权、国民、政府相类似。

孟子在《万章上》篇引用了《尚书·泰誓》篇“天视自我民视，天听自我民听”一语，表达了上天之意取决于民心向背的观念。民心即为天心，人民即为天民。《万章上》：“天之生此民也，使先知觉后知，使先觉觉后觉也。予天民之先觉者也，予将以斯道
302 觉斯民也。”大意是，我是天民当中首先觉醒的先驱。由于是“天民”，因此所有百姓都是平等的。孟子所构想的王道社会是所有人都能实践仁义礼智，充分发挥善良本性的理想社会。孟子将“人、民”视作国家构成的重要元素，最终升华为具有创造理想社会的主体可能性的“天民”。

天民无法成为改变现实政治的政治主体，但是可以成为在仁政不断发展的前提下，建设王道社会的主体。因此，相较于现实政治的统治者君主而言，天民是更加重要的存在。《孟子·尽心下》篇记载了推动中国政治史发展的伟大段落：

> 民为贵，社稷次之，君为轻。是故得乎丘民而为天子，得乎天子为诸侯，得乎诸侯为大夫。诸侯危社稷，则变置。牺牲既成，粢盛既洁，祭祀以时，然而旱干水溢，则变置社稷。

大意是，百姓最为重要，社稷次之，君主最不重要。因此，获得百姓信赖的成为天子，获得天子信赖的成为诸侯，获得诸侯信赖的成为大夫。诸侯如果危及社稷，那就改立。准备好牲畜和干净的谷物，按时祭祀，然而还发生干旱水涝的话，那就改立宗庙社稷。

孟子直接对君主与民进行比较，并认为百姓明显更加重要，他的目的在于，天下的帝王，即天子，在这个世界构建完美的道德政

治，开辟仁政施行，天下统一，所有人依照善良本性生活与展现道德的王道世界。这个目标实现的前提是天下百姓都归顺天子，因此对天子而言最重要的是民心，是百姓们的信赖。

从把民上升到与诸侯同等位置这一点来看，孟子的思想走在时代的前列，但是这个与今天的政治平等不是一回事。孟子所设想的 303
“民贵君轻”并不是主张民与君主在人格本质上的平等，而是在推行仁义上的平等。因此，在“民贵君轻”论中，民是表达孟子王道政治论崇高性的存在，是对道德权力比实际存在的政治权力更重要这一观点的强调。

《孟子》记载了许多为民生服务的措施，其中许多观点认为应该推行生计型经济政策，通过给予百姓一定的工作来保持民心稳定。《梁惠王上》篇：“明君制民之产，必使仰足以事父母，俯足以畜妻子，乐岁终身饱，凶年免于死亡。”大意是，贤明的君主为百姓们准备生计时，一定要使他们对上足够奉养父母，对下足够养活妻儿。《尽心上》篇：“圣人治天下，使有菽粟如水火。”大意是，圣人要治理好天下，就要使菽粟多得像水火。

要想在政策中体现“民贵君轻”这一理念，从根本上就必须存
在保护百姓生活的原则，因此，战争、过度税收、君主私欲、武力 304
政治等都要被摈除在外。孟子所主张的王道政治，站在了那些撼动百姓生活的政治的对立面。百姓们的生活安定即为保民，《梁惠王上》篇：“保民而王，莫之能御也。”大意是，如果能够稳定百姓们的生活，推行王道，那么将无人能挡。一个不知道如何稳定百姓生活的君主，都称不上是无足轻重的存在，而是罪人。《离娄上》篇：“争地以战，杀人盈野；争城以战，杀人盈城。此所谓率土地而食人肉，罪不容于死。”大意是，为争夺土地而战斗，杀死的人充满原野；为争夺城池而战斗，杀死的人充满城邑，这就是所谓的被土

地吸引而吃人肉的行为，罪不容诛。

孟子的民本思想并非指人民做主的政治，政治主体为君主和有德之君子。它没有赋予民任何决定政治的权利，因此，民指的不过是对君主推行的政治被动反应的年轻百姓。然而，通过民心所反映的民意向背，既可以带来政权更迭，也能使君主的政治推行变成不可能。因此，君主必须时常把民生放在中心位置，将民心与民意当
305 做政治判断的重要根据。孟子认为，从统治者角度而言，这一建议会带来极大的压力，但并非困难的事情。君主享受想要享受之事，做想做之事，同样能够获得民心，其要点在于与民同乐。与民同乐这一忠告常见于《孟子》各个篇章，其中具有代表性的是《梁惠王下》篇："今王与百姓同乐，则王矣。"认为与民同乐可以使欢乐加倍，所以贤明的政治家不会独自享乐。比起独自聆听音乐，众人聆听会更好，比起众人聆听，与百姓们一同聆听则更为美妙。如此一来，百姓们会更加爱戴尊重君主，为王道政治奠定实现的基础。

最终，孟子所设想的民本意味着君主与百姓一同分享利益与快乐，并为消除百姓生活中的不便准备好物质基础。

第七章
道　德

本章以“道”字为中心，分析中国政治思想基础的本体论和修养论中与道相关的概念的形成及变迁过程。道德观念是如何转变为核心政治理念的呢？本章以儒家和道家政治思想为中心来分析这一过程。 307

道德观念的形成 309

道的词源

“道”字和“德”字的初期文字均属于“行”字一类，“行”本意为十字路口。汉典网中虽没有“道”字的甲骨文词源，但是根据殷周时代金文记录可知，“道”字变迁如图所示。《古文字诂林》中补充说明了“道”的各种字形和详细解释。[1]“道”字作为会意字，与意为引领的“导”字词源相同，在古代两者可以通用。

散盘	曾伯簋	《说文解字》
初期金文	晚期金文	小篆

“道”字的变迁

“道”的现代汉字由走之“辵”和意为头部的“首”字结合而成。“道”的金文初期形态为“”，表示观察、思考、选择、方向的“”（首）和表示走路模样的“”（止）形成上下结构，嵌入

意为通往四方的大路“”（行）中间。象形字典网解释为给在岔
310 路口迷路的人引路，有给迷失方向的人指路的向导之意。“道”的晚期金文为“”，“止”被意为用手抓住的“”（寸）替代，大意为用手牵引或者指示方向。中间插入了“”（曰），意为用手牵引，并用话语说明正确的方向。[2]

小篆“”由表示向前进的“”（辵）和“”（首）组成，和金文的意思一致。“辵”表示走的意思，“首”表示方向。“道”用作道路之意。初期金文里的向导之意到晚期金文里消失了，在小篆里则是将“寸”字放在下方，形成了“導”字，意思和初期的“道”字一致。“道”和“導”可以通用。

《说文解字》：“道，所行道也，从辵从䝨，一达谓之道。”大意是，“道”意为人们行走的路，是一个会意字，字形从属“辵”和“䝨”，直线可达的大路称之为“道”。“道”除了具有直线可达的“大路”这种具象意思之外，也可以抽象化理解成在生活中应当堂堂正正追求的、最为清晰明了的“方法和手段”。

311 **德的词源**

《古文字诂林》展现了“德”的多种甲骨文形态。[3]下图展现了其中几种形态不同的“德”字。“德”和“道”一样均属于“行”部，是会意字。在古代，“德”和“得”可以通用。

甲 2304	粹 864	佚 57
甲骨文中期	甲骨文后期	甲骨文后期

甲骨文“德”字

罗振玉在《殷墟文字·甲编》2304 字认为，该时期“德”字均用于谈论得失问题。象形字典网中“德”的初期甲骨文为“”，由表示通往四方的大路“”（行）和表示毫不含糊完全展现的“”（直）组合而成。本意为准确掌握道路方向，不会混淆或者不会迷路，有平坦笔直的康庄大道之意。后期甲骨文为“”，将“”简化表现成“”。下图为金文“德”：

312

辛鼎	师望鼎	《说文解字》
初期金文	后期金文	小篆

“德”字的变迁

初期金文“”继承了后期甲骨文的字形，后期金文“”则加入了意为心脏的“”（心）。这反映出人们的行为或者用意，形成了一种观念。据象形字典网解释，后期的金文“德”具有心胸宽广的含义。小篆的“”基本承袭了后期金文的“德”字，其用意也一致。小篆“德”字还改变了右边部分的形态，有时被写作“悳”。现代通用的“德”字在“直”和“心”之间添加了一横，具体原因较难考证。

林义光认为“德”右边部分不是“直”而是“循”的古文，故认为心之所循即为“悳”。[4]《说文解字》中解释“悳”为：“德，得也，外得于人，内得于己也。从直从心，悳，古文。”大意是，从外在来说，德从他人处获得，从内在来说，德从自身处获得。字形循“直”和“心”。“悳”为古文。此外，另有说法称“德”是指上天的恩赐。徐中舒从甲骨文和初期金文没有“心”字着眼，主张其是具有上升、施予之意的“㥁”字。“㥁”本意为巡检、视察。后期才出现了加入“心”的解释。[5]

据此推测，“德”可能一开始是一边慢行一边视察之意，后加
313 入“心”具有了更为深层的意思，体现高度人格化的行为或者心意。白川静还提出了一个较为特别的观点，他着眼于“德”字里的“目”，认为“德指用眼中所含的巫术能力去支配他人”。[6]同时他还认为“道”字指的是去除路上灾祸的仪式，试图将所有的事情都和巫术联系起来。政治产生于人类复杂的关系网中，从政治具有支配和服从的属性这点来看，甲骨文时代也存在着给眼睛赋予力量来诱导服从的政治机能。

《说文解字》称：“德，升也。从彳，㥁声。”大意是，德是在说去往高处。字形从“彳”，发“直”声。象形字典网里针对“德”字还有如下主张：“道家思想中‘道’代表的是自然规律，是道家的核心世界观。‘德’字代表顺应自然规律的法则，是道家的核心方法论。”道在先，德是顺应道的实践方法，这有利于我们理解道和德的关系。

314

道德观念的变迁

孔子之前的道德观念

《诗经》《尚书》《周易》中出现的“道”字，很大一部分与道路、路等含义有关，但也有一部分体现出“人类世界崇高的道理”这种抽象的观点。所以可以推断，在早期文献登场时期，“道”观念逐渐从道路、路这种意思发展成为与人类世界有关的观念。

《诗经》中道字多处体现出道路、路这一本源意思。《国风·南

山》篇写道："南山崔崔，雄狐绥绥。鲁道有荡，齐子由归。"大意是，南山巍峨高峻，雄狐缓步前行，鲁国大道平坦，齐国公主由此路嫁人。这段话把"道"看作意为"沿途"的"由"字。《国风·雄雉》写道："瞻彼日月，悠悠我思。道之云远，曷云能来?"大意是，看那日月更迭，思念如此悠长，听闻道路遥远，如何才能到来？同样也把"道"字理解为"道路"。《诗经》中"道"字出现了32次，大部分意思都接近于路、道路这些原意。但也有例外，如《国风·墙有茨》写道："中冓之言，不可道也。所可道也，言之丑也。"大意是，私房话实在是没有办法说出口，即便要说出口，一说出来这话可就难听死啦。这里的"道"明显是"说"的意思。《大雅·生民》中写道："诞后稷之穑，有相之道。茀厥丰草，种之黄茂。"大意是，后稷耕田种地，有一些有益之道，去除茂密杂草，种入优良种子。这里的道虽然也可以解释为"道路"，但是解释为"方法"才更贴切。用"道"字来表达"说""方法"等意义的情况在此后变得更为常见。

另外，在《尚书》中，"道"字出现了36次。其中《禹贡》"九河既道"等地名中，道意为"路"。其他"道"字大部分都含有"天道"等崇高的观念和道理之意。《尚书》的著成时期应当晚于《诗经》。《虞书·大禹谟》篇用到了"道"的抽象含义："人心惟危，道心惟微，惟精惟一，允执厥中。"大意是，人心是危险难测的，道心是幽微难明的，必须专注唯一，真诚地秉行中庸之道。点明了中庸的道理。此处的"道"是"人"的对立面存在，人则被普遍认为是欲望的代名词，即"道"具有了一种处于人类野心对立面的某种高度政治哲学意味的含义。《尚书》中的"道"字大部分是这种展示人类观、宇宙观的哲学观念。《泰誓下》篇说道："天有显道，厥类惟彰。"大意是，上天具有明确的道，其所有类别清晰明了。此处“道”字意为上天具有的伟大德行。《洪范》篇中甚至还出现了“王道”这样的表达。

316 《周易》中“道”的观念化表达还成了推断句子出现年代的重要标准。例如，《履卦》九二爻辞说道：“履道坦坦，幽人贞吉。”大意是，行走的道路非常平坦，幽居之人卦兆颇吉。“道”字用作“行走之路”的意思。虽然这种情况在经文中并不常见，但是这里的道意为“路”。《随卦》九四爻辞：“随有获，贞凶，有孚在道，以明，何咎。”大意是，跟随虽能获利，但是卦象凶险。怀着信赖，观察道，终会明了，这有什么过失呢？这里的“道”既可以理解为“路”，也可以理解为“道理”。《周易》里的道字基本出现在《传》部分，具有天道、天子之道、道理等高度观念化的含义，甚至经常出现“神道”这样的表达。

《周礼》里的“道”字，既有指代实际生活中的“路”“道路”的含义，也可表达抽象的观念。《地官·司徒》写道：“大宾客，令野修道委积。”大意是，招待大宾客，修整城外道路，积聚粮草。《夏官·司马》写道：“司险，掌九州之图，以周知其山林川泽之阻，而达其道路。”大意是，司险掌管九州的地图，遍知九州山林、川泽的险阻，从而开通其间的道路。这些文章中的道都明显是“道路”的意思。但是《春官·宗伯》写道：“凡有道者，有德者，使教焉。死则以为乐祖，祭于瞽宗。”大意是，凡有道、有德之人，让他们在学校任教，死了就奉之为乐祖，在学校祭祀他们。这里的“道”指在某方面很精通。在《天官·冢宰》《地官·司徒》等篇中时有出现将学问、技术用“道艺”表达的情况。“道”观念得到升华，被用来形容学问，并被用于书写当中。

《春秋》的经文部分除了有伪书之嫌的《哀公》篇以外，“道”出现了 2 次。一次在宣公十七年：“己未，公会晋侯，卫侯，曹伯，郳子，同盟于断道。”大意是，己未年，鲁宣公会见晋侯、卫侯、曹伯、郳娄子，并在断道结盟。一次在襄公五年：“仲孙罗，卫孙林父，会吴于善道。”大意是，仲孙罗和卫国大夫孙林父在善道会见吴国人。两次均用作“路”之意。但在春秋末期出现的《传》中，情况有所不同。虽然也有如僖公二十八年：“春，晋侯将伐曹，假道于卫，卫人弗许。”大意是，春，晋侯想要讨伐曹国，想要向卫国借道，卫国人不答应。这里将“道”用作“路”之意。但在大部分情况下，“道”字被用作抽象观念，如“天道”“人道”之意。昭公十八年曾写道：“子产曰，天道远，人道迩，非所及也，何以知之。”大意是，子产说过：“天道远，人道近，对于难以触及的事物，如何能知道呢？”

由此可以推断，到了春秋时代，道的观念发生了变化。孔子是其中重要的一环。《论语・阳货》中有“道听途说”这类表达，道字用作“路”之意，这和初期文献有所呼应。但是众所周知，《论语》里的大部分“道”字，是一个表达人类社会高尚价值的抽象概念。

殷朝末期，“德”作为重要的政治观念登场，周初的周公使其 318
代代相传。毛公鼎金文写道：“丕显文武，皇天引厌厥德，配我有周，膺受大命。”大意是，文王和武王非常突出，上天培养了他们的德行，并下达天命让他们领导周朝。《诗经》和《尚书》堪称敬德思想的报告书。“德”字在《诗经》中出现 70 多处，在《尚书》中出现了 200 次以上。例如《诗经・国风・雄雉》写道：“百尔君子，不知德行。不忮不求，何用不臧？”大意是，那么多的君子啊，不知道德行高尚，不嫉妒又不贪求的话，怎么会有不能成的事情呢？这里的“君子”指的是君主子弟，属于从政阶级。这是在教育他们进行政治活动时要讲究德治。

《尚书·洪范》对有名的“九畴”，即政治家需要做到的九条大法，进行了阐述。其中第六条便是“乂用三德”。《诗经·盘庚上》也表现出德的多种意思。“非予自荒兹德”，我没有荒废这美德，便是将顺应天命、崇尚先祖描述为德的一个例子。另外，该文写道要相信前人，“予亦不敢动用非德”。我也不会借那些人做出不符合德行的行为。这是在说有德行的政治是不应该排斥前人的。该篇还有如下文段：

汝克黜乃心，施实德于民，至于婚友，丕乃敢大言，汝有积德。

319 大意是，你们抛弃自己的私心，施百姓以真正的德行。这样可以影响到亲戚、朋友，你们怎敢高声说话呢。你们可是有积攒一些德行的啊。

该段将抛弃私人见解、遵循君王之言看作德。《盘庚上》说不要敛财，要“无总于货宝，生生自庸。式敷民德，永肩一心”。大意是，充实生活，努力建功，多多施予百姓以德，永远保持与民一心。认为德是对财物毫不在意，努力做事。《尚书·微子》篇将纣王“沈酗于酒”称之为“败成汤之德”。其实将德看作影响政治成败的重要的观念由来已久，周朝是通过以下犯上才推翻殷朝取得政权的，因此周朝用“德”来包装天命的授受，德成为古代政治思想的核心观念。下面让我们来看看《尚书·康诰》篇：

惟乃丕显考文王，克明德慎罚，不敢侮鳏寡，庸庸，祗祗，威威，显民。用肇造我区夏。

大意是，你们伟大贤明的父亲文王，彰显德行，慎用刑罚。不欺辱鳏寡之人。在百姓面前用心、恭敬、有威严，因而首创了我们华夏区划。

“彰显德行，慎用刑罚”的“明德慎罚”观念是周朝的根本政治理念。刘泽华先生曾将周公所言之“德”总结为十项内容：一是敬天；二是敬祖，继承祖业；三是尊王命；四是虚心接受先王先贤之遗教；五是怜小民；六是谨慎行政，投入心血，管教百姓；七是无逸；八是行教化，以爱的方式领导教育不适应的民众，鼓励不够勤劳的人民勤勉；九是“作新民”，重新改造殷朝遗民，让其走入正道；十是慎刑罚。[7]

西周初期受到重视的“德”观念和政治的另一项重要内容“刑罚”形成对比，成为中国政治思想史上的主流，以至还出现了“德教”“先德后刑”等衍生政治理念，后来“德”和“兵”还成了对立概念。《国语·周语上》曾言：“先王耀德不观兵。”主张用德去驯化民众，强调这是比运兵威胁更为优秀的政治理念。德治是要“勤恤民隐而除其害也”。大意是，德治就是要体恤百姓隐藏起来的苦痛，为其除害。

另外，古人还认为要用德治笼络民心，如果无“德”，百姓便会离开。《左传》文公五年认为六国灭亡正是因为“德之不建，民 321
之无援，哀哉”。大意是，德没有树立起来，民众不帮忙，导致可悲地灭亡了。《国语·周语下》篇写道：“以言德于民，民歆而德之，则归心焉。”大意是，用语言去施予民众以德，则百姓欣喜感动，便可收回民心。上述句子中，“德”均通过政治性语言展现出来。德的意义还可以通过行动来体现。《左传》隐公十一年写道：“恕而行之，德之则也，礼之经也。”大意是，宽容行动是德之准则，礼之纲要。

德和刑的关系是春秋时代的重要政治争论焦点。《左传》成公十七年写道：“刑德不立，奸轨并至。”大意是，德和刑不树立的话，谎言和奸诈邪恶就一起来了。《左传》昭公二十年主张施德于

民，而不要滥用刑罚。但是子产等政治家一边主张“唯有德者能以
322 宽服民”。大意是，只有有德行的人能够用宽大使百姓服从。一边又表明用宽容来使百姓服从是一件相当需要政治能力的事情，如果做不到的话，还不如用严格的刑罚去进行统治。《左传》昭公二十年记载有承载了孔子坚持宽容的德治和严厉的刑罚并行的调和的政治主张：

> 政宽则民慢，慢则纠之以猛。猛则民残，残则施之以宽。宽以济猛，猛以济宽，政是以和。

大意是，政治宽大的话百姓就怠慢。怠慢的话就用严厉来纠正。严厉的话百姓就变得残忍，变得残忍的话就施以宽大。用宽大调节严厉，用严厉调节宽大，政治因此调和。

诸子百家的道德观念

关于“道”究竟指的是什么，诸子百家提出了多种分析，可以概括为“宇宙本源，规律，理论原则，道德标准等”。[8]对于道和政治的关系，诸子见解各有所异，但其中一个共同的认知是，道高于一切，处于一个极为崇高的位置。关于道，《老子》第二十五章写道“先天地生”。《管子·内业》篇写道：“凡道无根无茎，无叶无荣。万物以生，万物以成，命之曰道。”大意是，虽然道没有根和
323 茎，没有叶子和花，但万物因它而出现，万物因它而成长，故将它命名为“道”。

道家对“道”和“德”进行了最为专业的论述。虽然这与“道”“德”观念随时间流逝变得愈发抽象不无关系，但更主要的是道家选择了和儒家完全不同的角度去思考道和德。虽然可能会有些微差异，但是可以大体理解为道家认为“道”代表着自然规律，是

世界观的核心内容，“德”则是指顺应自然规律的法则，是方法论的核心内容。

道家是扩展并宣扬“道”的意义的中心阵地。道家主张道是一切的根源，一切都要效法道，君主、政治、圣君等都应当以道为根本。对道家来说，道是高于君主的一种普遍性原则。道是所有生命和人类关系的本源，万物都必须符合道。在《老子》第一章中，老子认为道是很难定义的概念。“道可道，非常道。名可名，非常名。”《老子》74 次言及“道”字，试图对道进行解释。总结下来，大体包含四类含义：第一，道是形而上的抽象存在；第二，道是万物之规律；第三，道是人为的修养手段；第四，“道”是“说”的意思。正如《老子》第二十一章所言：“道之为物，惟恍惟惚。”道这个东西微妙难解，没有具体形态。“道”真的是一个非常模糊的概念。

老子认为道是无为，这也是老子政治思想的核心内容。我们来 324
看看《老子》第三十七章的这一段著名的表述：

> 道常无为而无不为，侯王若能守之，万物将自化。

大意是，道常常是无为的，但是没有什么是不成的。帝王诸侯若能遵循道，则万物将会自然变化。

“无为”是“道体”，即道的本体。无为并不是指什么都不做，而是对应人为的一个概念。“道体”是指让道起作用，也就是产生“道用”的根源。“体”的作用就是“无不为”，即没有什么是不能成的。在包罗万象的世界中，不论是行走、飞奔，还是游泳，这所有的运动和有无生命没有关系，道常存其间。所以老子的“道”是宇宙、事物乃至一切行为之中心。我们所能认知的所有存在、所有动作、所有想象之间都存在着一条本源之“路”，这便是“道”。

老子的“循道”指的是回归本源。《老子》第四十章写道：“反者道之动，弱者道之用。天下万物生于有，有生于无。”大意是，返回是道的运动，减弱是道的作用。天下万物从有当中出现，有从无中出现。老子主张的德是本源的某种东西在人类之间得以实践。所以“德”几乎就是“得”。老子的“德”是指自然的道存于内心，而“获得的东西”。回归自然的实践行为则是老子所说的修养论。

325 庄子不像老子那样将道和德明确加以区分，而是将道德连起来使用。《庄子·马蹄》写道：“毁道德以为仁义，圣人之过也。”大意是，毁灭道德，生出仁义，这是圣人的罪过。庄子将存在论意义上的“道”和实践论或修养论意义上的“德”合二为一了。对庄子来说，道和德既是两个概念又是一个概念。如《庄子·天地》篇写道：“泰初有无，无有无名。一之所起，有一而未形。物得以生谓之德。”大意是，宇宙之初仅有无，没有存在也没有称谓。在这之上首先出现了一，但只有一而尚未具备形体。万物后来因一而得以出现，称之为德。庄子此处对德的说明和老子对道的说明非常相似。紧接着，庄子指出“性修反德”，这与老子“反者道之动”的表达类似。

《庄子》中虽然“道”字比“德”字出现频繁，但庄子使用时其实没有对两者加以区分。《齐物论》中“道”即意味着唯一的存在，又指某种超脱的东西，也是无限生命的根源。庄子想要追求一种回归自然，形体和生命共存的生活，而实现这一生活的修养论便是德论。《庄子·山木》：“若夫乘道德而浮游则不然。……物物而
326 不物于物，则胡可得而累邪!”大意是，若是能顺应道德，自由自在地浮游那就大不一样了。主宰万物而不被外物所役使，那怎么还会被外物所拖累呢?

庄子主张政治无为。他既否定治人的观点，也否定治世的观

点，既批判权力，也批判忠孝和仁义。《庄子·知北游》里写道："道不可致，德不可至。仁可为也，义可亏也。礼相伪也。"大意是，道本于自然，不能依靠言传获得，德根于修养，不能凭着称述达到。仁爱是有作为的，义理是有欠缺的，礼仪是有虚伪的。在《天运》里，庄子甚至认为孝悌与忠信等"皆自勉以役其德者也"，即通过勉励自己来劳苦人性（德），因为仁、义、忠、孝都是与自然相对立的人为的东西。所以庄子主张破除"我执"，抛弃智慧和知识，从欲望中解脱，将生死置之度外。

儒家对于道和德的观点和道家庄子的批判多少有些不同。儒家将道视为理论原则和道德准则，简言之就是道德理想主义。这个道德理想甚至比政治权力处于更高位置。《论语·先进》篇提出"以道事君，不可则止"的政治原则。大意是，以道侍奉君主，如果不可以的话就停止。孟子继承了这一原则，在《孟子·滕文公下》作出如下表述：

> 非其道，则一箪食不可受于人；如其道，则舜受尧之天 327
> 下，不以为泰。

大意是，如果不符合道的话，即便是一筐饭食也不可以接受。如果符合道的话，即便是舜继承尧的天下也不是什么大事。

孟子高度评价德，甚至将其和权势地位相提并论。《孟子·公孙丑下》篇写道："天下有达尊三：爵一，齿一，德一。"大意是，天下有三件事值得尊重，其一为官职，其二为年龄，其三为德。

《荀子》对这一问题的表达更为明确。《修身》篇单刀直入称："道义重则轻王公。"大意是，道义得到重视的话，王公贵族的分量就会变轻。《臣道》和《子道》篇也宣扬从道不从君。圣人通过体现道展现超越凡人的认识，以"人伦之致"的身份在这片土地上展开德治。政治判断和人类生活受到“道德”的影响更重，而不是受现实“权力”的影响。在《荀子·强国》篇中，类似“道德权威”这种和“道”“德”连用的表达有 12 处之多。这也反证了荀子对“道”“德”的深刻思考，他还将“道”“德”固定成一个概念。

所以儒家的治道并非是指政策、制度的成就，而是标榜内圣外王，重视如何推行政治。儒家的道既是治道也是人道。儒家学者钻研学问，学有所成后踏入政界，将完善自我修养和救济社会作为人
328 生的两大目标。《论语·卫灵公》篇中孔子说道：“邦有道，则仕；邦无道，则可卷而怀之。”国家有道的话就做官，国家没有道可言的话就收起学问隐居山林。《孟子·尽心上》写道：“穷则独善其身，达则兼济天下。”穷的时候就好好完善自己的道德修养，发达了就要让天下人都能得到好处。《荀子·儒效》写道：“通则一天下，穷则独立贵名。”通达的话则使天下统一，穷的话则独树高声。儒家的道更接近于修养论，这和道家说的德的意思比较相似。

法家虽然强烈主张君主独裁，但是理论上仍然认为法高于王，道也高于王。《管子·君臣上》写道：“明君之重道法而轻其国也。故君一国者，其道君之也。王天下者，其道王之也。”大意是，明君重视道和法，轻视国家。所以一个国家的君主是道让他成为君主，天下的王是道让他成为王。

《管子》中对于“德”的讨论最为丰富多样。“德”字在《管子》中出现数百次。既有和上述儒家主张类似之处，亦有法家的主张和道家的主张，还有关于“德”的独一无二的论述。《管子》中每次说到上天之道或者德的时候，都会将其和政治用途相联系，并
329 将其看作君主主要应该具备的事项。《管子·版法》篇写道：“法天合德，象地无亲，参于日月，伍于四时。”大意是，效法于天，符合德之要求，取法于地，无私亲之行为，与日月同辉，与四时万物

为伍。《形势解》篇写道："明主法象天道。"贤明的君主效法天道。《管子》中均用"德"来解释应时治事、施行教化使民众文武兼备、谨于祭祀等事情。在《五行》篇中还论述了德和处于其对立面的刑罚和谐共存的关系。

《墨子·尚贤中》篇写道："圣人之德，盖总乎天地者也。"大意是，圣人之德，涵盖了天地之间的所有事物。除了法家之外，几乎诸子百家都论述了德之伟大，主张效仿于天，符合德行的政治才是优秀的政治。对于思想家来说，德从初期开始就是一个最具普遍意义的论题。诸子百家主动将自然规律转化为人类的行为准则，同时试图从自然的本质中寻找"道德"的根据。邹衍的"五德终始说"便集中体现了这一点。根据《史记·孟子荀卿列传》中对于邹衍的记载，邹衍认为历史的发展变化是必然的，认为其规律是："五德转移，治各有宜，而符应若兹。"大意是，五德循环变化，帝王之治各有其合适之处，但是终究是符合这五德的。他用金木水火土五德相生相克来说明政治变化。[9]

帝国时代的道德观念 330

秦始皇推崇"五德终始说"。《史记·封禅书》曾有如下记载：

> 周得火德，有赤乌之符，今秦变周，水德之时，昔秦文公出猎，获黑龙，此其水德之瑞。

大意是，周朝获得了火德，有赤乌这一神物。如今朝代更迭，周朝变秦朝，水德的时代来了。以前秦文公出去狩猎，曾抓住了黑龙。这是水德的祥瑞之兆。

秦始皇还将黄河更名为"德水"，将水德和法家的重刑思想相结合，进行了改制。从这一点来看，秦始皇的"德"虽然和道家或儒家的观点有差异，但在把“德”阐述为根源性与抽象性政治原则这一点上，他们的观点又存在着相似的地方。

《史记·秦始皇本纪》曾言“体道行德”，即体悟道，实践德。由此可见，秦始皇时期，道德曾是一个重要的议题。但直到汉朝时期，对与天人、圣君以及政治成就相关的“道”观念的探讨才重新活跃起来。陆贾将《新语》的首篇文章取“道之基础”之意，命名
331 为“道基”，并且在首句即言“功德参合，而道术生焉”。陆贾在肯定历史发展的同时，并未否定刑罚，但又主张恢复儒家的道德。在《新语·道基》篇陆贾曾说道，后代圣人创造出来的“五经”及“六义”得以确立，“以匡衰乱，天人合策，原道悉备”。大意是，匡正了衰乱，因此原道通过天人的合策得以完备。在《术事》篇中，陆贾认为善于吸取历史的经验教训，接纳古人创造的功绩，则“德可以配日月，行可以合神灵，登高及远，达幽洞冥”。大意是，德可以和日月匹配，行可以和神灵合体，从而取得伟大的政治成就。

陆贾在《思务》篇中提出“圣人不必同道”，肯定了法家的变古说。但同时他又主张继承荀子的“道贯”思想，认为“道”贯通古今。《术事》篇中陆贾主张“圣贤与道合”，“去道者身亡，万世不易法，古今同纪纲”。大意是，背离道者是在毁灭自身，这是万世不变的法则，古今的纲领原则是相同的。

另外，陆贾还吸取了道家的“道德”观念，专门著述《无为》篇，讲述“道莫大于无为”。《术事》篇中他讲道：“道唱而德和，仁立而义兴。”大意是，道被提倡的话德就和谐，仁能够立住的话
332 义就会兴起。他主张国家兴衰取决于君主的仁义与否。这一方面肯定了尊君的主张，另一方面体现出陆贾同时也秉持了荀子的主张，认为道高于君主。我们可以从陆贾的观点中看到，进入汉代后，诸

子百家的观点趋于融合。陆贾在《本行》篇中写道：“治以道德为上，行以仁义为本。”他使用了道和德相连的表述。

到了董仲舒时期，为“道”和“德”赋予政治思想意义的情况到达了顶峰。继陆贾、贾谊之后，董仲舒为汉代初期强调“道”的学术氛围加上了“天”的概念。他企图利用天的权威，对当时无限扩张的君主权力加以某种限制。董仲舒在《春秋繁露·阴阳义》篇中提出：“与天同者大治，与天异者大乱。故为人主之道，莫明于在身之与天同者而用之。”大意是，与天一致的话则天下大治，与天相异则天下大乱。所以为君之道，没有比让自身顺应天道更为贤明的方法了。即君道从属于天道。

董仲舒和先秦儒家学者一样，认为道是万古不变的原则。据《汉书·董仲舒传》记载，董仲舒曾说：“道者，所由适于治之路也，仁义礼乐皆其具也。”大意是，道是可以到达太平盛世的道路，仁义礼乐都是实现它的方法。董仲舒还写道：“道之大原出于天， 333
天不变，道亦不变。”大意是，道的根本来源于天，就像天不会变一样，道也不会变。认为遵守道就是遵循天命。所以他甚至在《春秋繁露·尧舜不擅移，汤武不专杀》篇中主张：“有道伐无道，此天理也。”有道之人去讨伐无道之人，这是天理。

董仲舒在陆贾的立场上强调德治，并主张实现德治也是上天之意。在《尧舜不擅移，汤武不专杀》篇中，董仲舒写道：“故其德足以安乐民者，天予之；其恶足以贼害民者，天夺之。”大意是，一个人的德如果足以使百姓安居乐业，天将赐予他地位，一个人的恶如果让百姓民不聊生，那么上天就会夺走他的位置。《汉书·董仲舒传》中还记载了他对于道和德关系的论述：

> 天道之大者在阴阳。阳为德，阴为刑；刑主杀而德主生。

大意是，天道的伟大之处在于符合阴阳之道，阳即是德治，阴即是刑罚。刑罚主杀生，而德治主使人生存。

董仲舒将德治看作是刑罚的对立，这是对先秦儒家思想的继承，但是同时他又反对孟子的性善说，也不排斥刑罚。在《春秋繁露·阳尊阴卑》篇中，董仲舒说：“是故天数右阳而不右阴，务德
334 而不务刑；刑之不可任以成世也，犹阴之不可任以成岁也。”大意是，天数崇尚阳而不崇尚阴，致力于德行而不注重刑罚。仅用刑罚不可以成就盛世，这就像仅用阴是无法构成一年的一样。在《基义》篇中，董仲舒甚至具体论及了德和刑罚的比例，认为：“计其多少之分，则暖暑居百，而清寒居一，德教之与刑罚犹此也。”大意是，若德行占100，则刑罚必须占1。尽可能用德行去治理天下，实在不行之时才动用刑罚治理，这是董仲舒德治的本质。他认为国家之所以为国家，正是因为德，主张君王在掌握权力的同时也要切实掌握“德”。

在董仲舒关于德的观点中有一点比较特别，他将德看作是君王专属。在《保位权》篇他写道：“国之所以为国者德也，君之所以为君者威也，故德不可共，威不可分。德共则失恩，威分则失权。”大意是，德是不可以共享的，威严是不可以分割的。共享德则失去了君恩，分割威严则会失去权力。此处的“德”是君王亲近百姓的一种手段。

汉武帝是董仲舒理论的推崇者，推行“德主刑辅”的政策，即以德治为主，刑罚作为辅助之用。但在现实中，汉武帝其实更注重刑罚，法网严密且残酷。仅仅在需要包装“王道”的时候，君王们才会提出德的主张，现实中他们往往推行暴力统治，这才是大部分帝国君王所主张的德治。

帝国时期，德的观念不再囿于帝王的统治术，而是扩展到了民

间。《盐铁论》中包含了对各种政治观念的大讨论。在该文中，德主要用作教化之意，强调德是一种需要通过学校教育来深植于百姓心中的教育方针。《盐铁论·尊道》篇写道：“上自黄帝，下及三王，莫不明德教，谨庠序，崇仁义，立教化。此百世不易之道也。”大意是，上自黄帝，下自夏商周三代君王，他们无不提倡德教，严肃对待教育机构庠序，崇尚仁义，树立教化，这是万世不变的道理。贤良文学主张要忠于《论语·为政》的教诲，即“道之以德，齐之以礼”。贤良文学认为，如果实施德教政治，达到《盐铁论·大论》篇所述：“治未形，睹未萌。”在尚未成形前进行治理，在尚未萌芽前进行分辨。那么就能阻止社会混乱，获得政治稳定。

先秦时代虽然也间或有一些将“道”“德”连起来表述的例子，但直到帝国时代，“道德”一词被当作一个概念来使用的频率才骤然增长。这时在人们的心中几乎已经不对“道”和“德”进行区分，而是当作同一个概念来使用。《汉书·匡衡传》记载了西汉后期著名学者匡衡的一些论述，比如“道德弘于京师，淑问扬乎疆外，然后大化可成，礼让可兴也”。大意是，道德弘扬至京师，好 336
的学问弘扬至疆域之外，之后便可以成就广远深入的教化，兴起守礼谦让之风。道德被视作帝国时期皇帝教化政治的核心观念。匡衡主张：“道德之行，由内及外，自近者始，然后民知所法，迁善日进而不自知也。”大意是，讲道德的行为是由内而外的，从身边的人开始，之后百姓自然会知道所要效法的东西。从中我们可以得知，后世的统治阶级着重强调道德和统治者的政治行为之间的因果关系。其目的在于寻找上下尊卑秩序的道德正当性，正如《易纬·乾鉴度》所述：“上者专制，下者顺从。正形于人，则道德立而尊卑定矣。”大意是，在上的人专制，在下的人顺从。则人世间具备了正确的形态，道德得以树立，尊卑得以确定。人世已经成为道德的教化场，君王便是最好的老师。

随着“道德”常被用作一个单一观念，“道德”逐渐取代了曾经处于政治原则最高位置的道所代表的抽象意义。例如，王充曾在《论衡·辩祟》篇写道“道德仁义，天之道也”。道德和仁义是上天之道。荀悦在《新鉴·政体》篇中表示要“以道德治民”：

以知能治民者，泅也；以道德治民者，舟也。

337 大意是，君王用知能治民则如同游泳一般，用道德治民则如乘船一般。

游泳渡河是一件吃力的危险的事情，而乘船则安全舒适。荀悦还在同一篇文章中写道：“故至道之要，不于身非道也。”大意是，至高的道，如果自己不去实践便不能称之为道。此处单独使用了“道”这一单字表达。但他用渡江来比喻君主的统治思想，还是在使用“道德”这一表述，将其和具体的统治手段联系起来进行论述。相较于道，荀悦将道德当作一种更具体的治民方法，进行了观念化。

《太平经》是道家著作，该书极度强调“道德政治”。书中提到有助于帝王进行统治的有“元气治”“自然治”“道治”“德治”“仁治”“义治”“礼治”“文治”“法治”“武治”。“元气治”“自然治”虽然是具有道家特色的内容，但是后面的“道治”“德治”却极具儒家特色。《太平经》将“道德政治”当作最高的治国方针，并将天地和道德对应起来，认为天是“道”，地是“德”。主张道德政治是顺应天地的政治，所以如果失去了道德便会受到处罚。该书中甚至有“以有道德为大富，无道德为大贫困”的表述，将道德看作社
338 会经济问题的核心。《太平经》可以说是阐述“道德万能主义”的终极著作。

即便在道教得势的时代，“道德”也曾是当时政治理念的核心。例如唐朝道士吴筠在其《玄纲论·明本末》篇主张：“舍道德而专任礼治者，非南面之术。”大意是，舍弃道德，将一切交给礼治，并非君主的治国之道。接着称：“人主以道为心，以德为体，以仁义为车服，以礼治为冠冕，则垂拱而天下化矣。”大意是，君主将道当作心脏，将德作为本体，将仁义当作外出的礼服，将礼治当作冠冕，即便垂衣拱手而治，天下也会被治理好。吴筠将道德看作比仁义更为重要的价值，从这点来说，吴筠的“道德政治”理论超越了《太平经》的抽象性，是试图将君主专制正当化的道教政治思想的压卷之作。《玄纲论·化时俗》篇吴筠将君主看作道德的化身：“道德者，天地之祖；天地者，万物之父；帝王者，三才之主。然则，道德天地帝王一也。”大意是，道德是天地的祖先，天地是万物之父，帝王是天地人三才的主人。因此道德、天地、帝王是为一体。

但是，同时代文人孔颖达则将儒家思想置于中心，将儒家的“礼”而非道家的“道德”归结为道。《五经正义·檀弓上疏》篇中孔颖达认为“道犹礼也”，礼是道德的具象化表现。《曲礼上疏》中，孔颖达认为：“道德为万事之本，仁义为群行之大。”大意是，道德为万事根本，仁义是诸多行动中最伟大的。在道家观点中，仁义曾居于道德之下，到孔颖达处，道德和仁义变成了同等概念。在《记序》一文中，他提到道是礼的本质，礼则是道的具象化表现，如果无“礼”，“道”也无法推行。孔颖达在《曲礼上疏》中将道和德单独进行了论述： 339

道者通物之名，德者得理之称……道是通物，德是理物，理物由于开通，是德从道生，故道在德上。

大意是，道是贯通万物的名称，德是得以治理的称谓……道是贯通万物，德是治理万物。治理万物来源于万物贯通，所以德是随道而出现的，道在德之上。

孔颖达还在《静女疏》中讲道：“道、德，一也，异其文耳。”道和德本为一事，仅仅是文字表达的差异。

韩愈在此基础上更进一步，称道教的道德并未包含仁义，仅仅是一种个人见解。韩愈在《原道》中称：“合仁与义言之也，天下
340 之公言也；老子之所谓道德云者，去仁与义言之也，一人之私言也。”大意是，结合仁和义来说是天下的公论，老子说的道德是舍弃了仁义的说法，只是一种个人言论。由此可见，之后性理学的“道德”观点是在以孔颖达、柳宗元、韩愈学说为代表的道学传统里确立起来的。后世朱元璋等人确立“道德教化”为帝王政治的核心，这一种“道德”是对唐宋儒学里所确立的道德观念的实践。

341 无为与道德政治思想

道德修养与无为的政治思想

如前文所述，后世确立的道教的道德观念其实吸收了相当一部分儒家的道德观念。初期的道家著述中最接近君主统治术的思想著述是《老子》。但是老子的主张受到了绝对抽象的“道”的支配。不论是初期还是后期，融入道家政治思想中的道德观念都有其一以贯之的东西，那就是接受“道”的绝对支配，强调政治要遵循自然规律。例如，唐朝道士吴筠在列举 10 种政治风格的时候，虽然强调了“道德”政治，但是他也表示在其上还有“元气治”和“自然治”。

《老子》强调“法自然”，即要效法自然。《庄子》等著作虽然

区分道和德，但是同意“道德”本于自然。大部分的道家书籍都同意“法自然”的主张，用“天”来表述“自然”。例如《经法・四度》中讲圣人要与天同道。用“天地”表示自然的情况也很多。
《吕氏春秋・情欲》篇就有：“治身与天下者，必法天地也。”大意 342
是，管理自己的身体，使其与天下同调的人，必然效法天地。

道家的道虽然意为自然，但是它也包含了人类社会里的实践德行。被称为道家修养论的具体的“德”无数次出现在《老子》和《庄子》中，构成了道家政治思想的核心。先通过不断自我修养达到内圣，接着成为统治者推行伟大的政治，庄子称这样的人为“内圣外王”，即“圣王”。

道家的圣王和圣人的治道之略便是“无为”。《老子》第三十七章提出“无为而无不为”，道无论什么时候都是无为的，但是却没有不能成的事情。这句话很好地概括了老子的政治思想。“无为”并非什么都不做的消极对待，而是指要通过积极努力实践“无为”来最终实现“道的政治”。《老子》第二章有言：“圣人处无为之事，行不言之教。”大意是，圣人在无为政治方面用心，实行无言的教化。第五十七章有言：“故圣人云：我无为，而民自化。”大意是，我无为的话，百姓自然会有所变化。

《老子》所处的时代背景是春秋战国时期，当时社会变动频繁，富国强兵的侵略性政治大行其道，也就是所谓的“大有为”时代。
旧秩序、旧传统、旧习俗日渐被破除，身份秩序逐渐崩坏，以等级 343
划分为基础的“礼乐”日渐式微。针对儒家强调恢复传统，积极复原周朝初期礼法的主张，老子提出了“无为”这一特别主张。当时，各种主张打着改革的旗号，纷纷涌现出来。诸子百家大部分都针对社会变革提出了相应的新价值观，试图打动君主。道家提出的回归自然，一方面主张回归本源，另一方面则认为要在圣人的“无为政治”里寻找相应的方法。

从某种角度来说，道家的“无为”其实是一种积极的政治哲学。它并不是要停止人为的行动，消极应对，而是主张果断摒弃无理政策，回归政治本源，可以看作是一种积极的统治方针。政治是讲究“关系的艺术”。老子看到人类社会复杂多变的现象，对于“关系”进行了辩证综合的思考。他在人们习以为常的社会现象中发掘出其内在的对立统一关系，并用“道”和“德”加以综合整理。道家通过道和德考察事物之间的因果关系，试图看到“关系”中存在的必然性。“效法天地”“回归自然”“循道”等表述其实都是一样的意思。道家思想家提出的“无为”，正是到达这一境界的积极尝试。

《诗经·国风·兔爰》体现了初期的“无为”观点，即“不勉
344 强行事”。“我生之初，尚无为，我生之后，逢此百罹。”大意是，我们刚出生的时候，尚且是无为的，等到我们出生之后，就会遇见很多担心之事。这里代表“不行勉强之事的状态”的“无为”，与后天性质的“忧虑”形成对比。《楚辞》中也有相关内容。《左传》昭公十三年也有类似的主张：“吾以无为为善矣。”大意是，我认为无为是正确的。在老子和孔子之前，“无为”在政治思想层面是一个价值中立的用语。

如今虽无法准确得知是老子在先还是孔子在先，但是《老子》中关于“无为”的论述确实取得了丰富的成就。不过这并不意味着孔子就不曾论及无为。《论语·卫灵公》篇有如下表述：

> 无为而治者，其舜也与？夫何为哉，恭己正南面而已矣。

大意是，实现无为而治的只有舜吗？他做了什么呢？他仅仅是恭顺地朝向南面安静地坐着而已。

南面是指统治者，因为统治者和面向北方而立的大臣相对，坐在向南的王位上。舜作为圣王，因其深厚的德行而广受百姓尊敬。所谓舜实现治世，指的是当时的政治秩序井井有条。这和老子的“道”，也就是回归自然，不做一切人为行为的“无为”是不同的。孔子所说的“无为”以“实现了德治”为前提，而德治其实是“有 345
为政治”。舜因为用德行感化了百姓，所以即便“无为”也能治世。如果说老子主张的是脱离“有为”，回归本源的无为政治，那么孔子则是主张如果“有为”的德治成功，那么统治者即便无为也可以收获政治秩序得以确立的结果。

孔子和老子所处的时代是春秋时代后期，当时君主专制主义正开始形成。他们将“无为”当成了一个和统治者行为相关的重要概念，无为观念完成了变迁。之后很多的思想家开始论述带有政治意味的“无为”。比如，兵家著作《六韬·武韬·文启》篇中曾有言：“是以天无为而成事，民无为而自富，此圣人之德也。”大意是，所以上天无为也会成功，百姓不提供任何东西也会自动变富有，这是圣人的德。《荀子·解蔽》篇曾有言：“故仁者之行道也，无为也；圣人之行道也，无彊也。”大意是，仁者行道就是无为，圣人行道就是没有勉强的行为。这是在孔子的“无为”观念之上结合道来发掘圣王政治的正当合理性。《尹文子·大道上》篇曾说“无为而自治”，《邓析子·无厚》篇在说到德的同时，写道：“一日形之，万世传之，无为为之也。”大意是，一天之内确立好形态，且这一形态传承万世，无为就是这么做的。

韩非子积极接纳了老子的无为思想并将其用作专制主义的统治 346
方针。在《韩非子》中他提出了“明君无为”“上下无为”“虚静无为”等新概念，数十次论及“无为”，很多情况都与政治权谋之术有关。比如在《主道》篇中韩非子有言：“明君无为于上，群臣竦惧乎下。”大意是，贤明的君主在上无为，群臣在下因为害怕颤抖。他将实行“无为”的君王称为明君。到韩非子时期，无为的概念作为一种政治手段具有了新的意义。

道和无为贯穿道家政治思想始终。道是终极存在，无为是最高的实践原理。道家解决问题的办法就是回归到自然的道里去，并且认为以此可以保障人类的幸福。道家的道将万物当成具有同样意义的平等的存在。这就是“齐物”。在这点上，可以说道家提出了超越时代认知的认识论。道家重视直觉，虽然我们可以用反智主义和反文化主义去进行考量，[10]但是其实，无为也可以看作是在与“法治”同等高度的人为运转的公权社会里，营造了一种具有反抗性的文化氛围，是理性另一种形态的展现。反对秦朝暴政的汉朝虽然一开始倡导儒家思想，但在初期，崇尚“无为”的黄老学派几乎左右了当时的政治发展。这和道家无为政治思想的影响不无关系。

“文化”在某种意义上是“自然”的对应概念。标榜人文主义
347 的儒家的“无为”其实是人为的结果。而这种人为发挥到极致便出现了圣王。圣王拥有高尚的德行，是伟大的政治家。《周易·文言》曾有言：“夫大人者，与天地合其德，与日月合其明，与四时合其序。”大意是，大人的德行与天地相契合，其光明与日月相契合，其秩序与四时相契合。圣王既是道德模范，也是制度的完成者。如果是治理天下的人，那么必须学习圣王的道德和制度。反过来说，被称为圣人的当今帝王作为道德的所有者，必须是天下所有价值观的典范。这是儒家的外衣，塑造了汉代以来中国传统政治思想的重要特征。

在将儒家理念打造成汉朝的统治意识形态方面，陆贾发挥了重大作用。他吸收了道家的“道德”观念，专门著述《无为》一文论述“道莫大于无为”。陆贾还在《术事》篇中写道：“道唱而德和，

仁立而义兴。”大意是，道被提倡的话，德就会应和，仁被树立的话，义就会兴起。主张君主的仁义决定了国家兴亡。他一方面肯定了尊君思想，另一方面也吸收了荀子的主张，以为道的位置高于君主。战国时代以来，君主专制政治不断发展，到了汉朝时期，儒家和道家很巧妙地在“尊君”这一点上达成了共识。汉朝虽然内里按照法家思想推行国家政治，但是表面上仍旧戴着儒家思想的假面，以此成功打造了一个帝国。后代的帝国皇帝皆把“服从秩序，从属国王”的道德与圣王“无为”的逻辑，看作治道之根本。

儒家德治的政治理念和其局限性 348

必须以德行感化民众从而建立社会秩序的主张，自殷朝中后期开始出现，到周朝建立初期，受到周公的极度推崇与强调。这种主张一直延续到春秋战国时期。《国语·周语上》说道：“先王耀德不观兵。”大意是，先王彰明德行，而不只盯着军队。当然我们也可以由此反推，这是对那些认为德的政治作用不如军队的政治作用的主张的辩驳。战国时期情况变得更为严重，想用王道、霸道等“道”来说服人们变得越发困难。当时只流行强国之术，因为钱财与权力，臣弑其君，子弑其父的情况时有发生。庶民的苦痛与日俱增，对政治的厌恶逐渐变为对君王的怨愤。

在没有“道德”的时代，儒家思想家们尤为强调道德政治。所以进入战国时代后，人们开始将道和德联系起来，把道德当作最高政治准则之一。论及“道德”的书籍虽然很多，但是其中最为积极论述相关主张的学者是荀子，《荀子·王制》篇曾有如下论述：

> 全道德，致隆高，綦文理，一天下，振毫末，使天下莫不顺比从服，天王之事也。

大意是，保全道德，达到崇高的政治境界，使文理，也就是礼仪制度完善，统一天下，掌握枝发末节的小事，使天下所有人依顺亲近，服从王命，这就是天王，即最高统治者的事情。

荀子继承和完善了孔子“为政以德”的主张，认为统治者应通过完善道德来实现政治的终极目的。孔子曾在《论语·为政》篇中评价以行政手段或者政治手段、刑罚等强制手段为中心价值去确立社会秩序的政治是低水平的政治。孔子认为以德和礼为中心价值的社会秩序才是所有人类应当追求的终极理想。经过孔子一门的传播，该理念逐渐深化，到荀子时“道德政治”——德治理念已经具备了理论和实践的完整构造。《荀子》一书包含了德治的制度化、
350 德治观念下的政治布局、德治理念的扩张等。荀子还曾带着这一主张拜访过即将统一天下的秦国，试图说服秦王。在荀子看来，“德治”是天下统一后维持社会秩序的根本理念。

但是，秦始皇却做了相反的选择。秦始皇抛弃了“德和礼”的秩序，也就是德治，选择了“刑罚和政策强制”，也就是法治——实则是“刑治”。法家理论将孔子德治所追求的“common”，也就是“共”领域里的东西全部看作个人私有，认为是应禁止的对象。另外，将政治的东西都当成是需要纳入“public”，也就是国家层面的“公”领域的东西。[11]

虽然秦朝建立了成功的政治制度，成功一统中国，但是因为立法权独属于君王个人，最终作为君主专制主义国家的秦朝的法治还是失败了。“他们的 public 就是法，但是问题也出现在法上，其症结在于制法者。依据法家理论，‘人口增加→庞大社会出现→树立公共秩序的必要性→君主和官僚的出现→法的支配’。”只有包含君主在内的所有人都在法律的支配下生活，对庞大社会的统治与秩序维持才有实现的可能。但是如果认为“public”等于君权，将立法

权交由君主个人独断，那么矛盾就会凸显出来，最终导致失败。[12]

随着法万能变成了君主万能，秦朝迅速走向灭亡，被汉朝所取代。汉朝虽然内里依旧推行皇帝至上主义，继承了秦朝的法律体系，但是起码对外标榜实行儒家的德治。汉朝初期，陆贾曾对汉高祖刘邦进行了如下劝说。《史记·陆贾列传》有如下记述：

> 居马上得之，宁可以马上治之乎？且汤武逆取而以顺守之，文武并用，长久之术也。昔者吴王夫差、智伯，极武而亡；秦任刑法不变，卒灭赵氏。乡使秦已并天下，行仁义，法先贤，陛下安得而有之？

大意是，在马上得天下，难道可以在马上治理天下吗？况且汤王、武王都是逆上造反取天下，顺势怀柔守天下。文武并用才是长久统治天下的方法。当年吴王夫差、晋国智伯瑶也都是因为穷兵黩武而招致灭亡。秦朝保持严刑峻法不变，仓促间灭亡了。如果秦朝统一天下后，推行仁义，效法圣王和圣人，陛下您又如何能够得天下呢？

陆贾认为秦朝灭亡是因为仅用刑罚治理天下，而没有并行德治和仁义。汉朝初期的思想家们大部分继承了荀子一脉的学问。他们认为道德政治是统一天下的核心理念，是长久维持权力的秘诀。陆贾在他的《新语·至德》篇主张，通过德治取得民心是好的政治。但是，这种主张似乎并未被汉朝皇帝完全采纳。汉朝初期的政治理念中，道家学派的黄老思想处于支配性地位，到了汉武帝时期，儒家的德治才成为统治理念的核心。汉武帝采纳了董仲舒的主张，融合法家、道家、阴阳家思想于一体，罢黜百家，独尊儒术。推行强制性的思想统一政策，让其他思想退出政治舞台。从“强制”这点来看，这一政策与秦始皇的法治政策类似，存在一定问题，和初期儒家思想家们追求的理想政治模型——德治，多少有些距离。

初期儒家思想家所说的德治和汉武帝的“政策”多少有些不同。《论语·为政》篇中孔子说道：“道之以德，齐之以礼，有耻且格。”这里孔子的“德治”观念，将利用刑罚和其他统治体系的现实意义上的政治看作狭义的政治，将通过德行建立道德秩序的社会看作人类最终需要达到的一种广义上的政治。对于孔子、孟子、荀子来说，德治是一种以自发服从为基础的秩序，与强制性政策不同。

德治过程指的是有德行的统治者以仁为心性，以礼为制度，先摆正自身，然后构建社会道德秩序，最终将社会全体变成具有道德的共同体。所谓“修身齐家治国平天下”，正是初期儒家德治的体
353 现。“孔子的德治理念覆盖了生活和政治的广义范畴。孔子政治思想的精髓——仁，综合了内在的人际关系，从这一点上来说，孔子将对德和仁的洞察及感悟等心理活动本身看作是政治。对他来说，政治融于人们生活，是存在于人际关系中的道德本身，是和共同体的德行相关的为人楷模。”[13]汉代的德治主张未能反映初期儒家的这种精神。

德治理念并非儒家的专属产物。《老子》和《庄子》也将“德”作为主要概念进行论述，《墨子》以“兼爱”和“仁义”为中心的论述，也能看出其与德治理念相关。孟子和荀子的主张中也有出现“德治”，他们认为德治是由统治者后天努力而达成的。德治是指非常满足，内适于己，外适于人，美丽充盈，不进入其间就无法满足的一种生命的成就。[14]德治的原本意义并非指制度或者政策，而是指以人类内在品性为基础的人类中心主义的产物。从这点上来看，董仲舒和汉武帝提倡的“罢黜百家”反倒是一种对先秦时代德治的反对政策。

354 自汉武帝以来，德治理念上升为政策，受到后世皇帝极度推

崇，经常被用作方便统治的工具。“汉武帝认为儒学的尊君、礼制、忠孝思想有利于守护君主的权威，儒家的德治、教化则是束缚人们思想的重要手段。尤其自荀子以来，人们领悟到披着追求王道的外衣，实际用各种仪制和典章装饰而成的政治体制其实可以弥补因过度追求‘public’而导致的无情冷漠。”[15]汉武帝独尊儒术的政策其实只重视儒家思想表面上的功能。司马光《司马文正公传家集》卷二十一说，汉武帝“虽好儒，好其名而不知其实，慕其华而废其质”。大意是，汉武帝虽然喜欢儒学，但是他不过是喜欢它的名字，并不知道它实际是什么，只崇尚它华丽的外表，却摒弃了其实质。

汉代以来所主张的德治其实已经丢失了相当一部分德治观念诞生初期所具有的理想性，存在很多局限。因为统治者并不追求通过内在的修养去实践德治，而是侧重于采取外礼内法的统治方式和政策。后世的皇帝大部分都选择了这条路线。由于皇帝的独断介入，以及内含有权威主义的实质，因此在中国传统思想中，德治很难被完全看作法治的对立面。 355

在现代社会，我们需要从克服德治的局限性出发，从而实现批判性地继承儒家的德治思想，对其展开全新的探讨。最高统治者需要摆脱权威主义思想，并且具有较高的身心修养水平。一旦统治者树立帝王的绝对权威，那么德治就会马上失去本来的意义，他们将如同汉武帝一般，推行的不过是虚有其表的德治，实际是一种专制。如果能够摆脱“外儒内法”的权威主义想法，那么初期儒家关于德治的以下观点还是值得我们思考的。

统治者爱护百姓，百姓尊重统治者。所有的政策都体现出人情，将减少税赋作为一大准则。领导者以身作则，推行教化统治。尽可能减轻刑罚。救济孤儿和困顿的人们，使得老有所养，幼有所依。

第八章

仁　义

357 本章分析在治国原理与方针中，和理想的统治原理有关的观念的生成和变迁过程。其中“仁义”是中国政治思想史上特有的观念，贯穿整个中国政治史，是儒家思想的核心。

359 仁义观念的形成

仁的词源

“仁”是孔子政治思想的核心道德标准，也是儒家思想推崇的众多道德准则的统称。从甲骨文开始，仁字虽然经历了几次变迁，但是从 1974 年出土的河北省中山王鼎上所示金文，以及后期《说文解字》和楷体时期的仁字来看，形状没有发生太大变化。

前 2.19.1	中山王鼎	《说文解字》
甲骨文	金文	小篆

“仁”字的变迁

看《古文字诂林》的各类主张可知，叶玉森等认为仁的古文字为“𡰥”，这也是殷朝时期意为邦国的“夷”字。也有人认为这个字意为双人，抑或是表示忍耐的“忍”字。一般认为具有仁德等抽象意思的使用示例最早能追溯到西周初期。[1]

象形字典网中，甲骨文“仁”是由包含君主和人民在内的 360
“”（人）字和表示两者平等的等号“”字组合而成的会意字。所以将该字解释为人人平等，对君主和人民一视同仁的平等博爱之意。但是这种解释其实是后代儒家思想家们为了将仁的概念抽象化而故意强加于古代文字之上的。关于并不完整的“”字应当怎样解释，众说纷纭。记录古代历史的《尚书》中的《虞书》《夏书》《商书》，以及歌颂那个时代的《诗经·三颂》和《周易》封爻辞中都没有“仁”字。因此我们可以认为殷朝的卜辞中并未出现“仁慈”这种抽象观念，甲骨文的仁字和仁慈并无关联。

《说文解字》解释称：“仁，亲也，从人，从二，忎，古文仁从千心。”大意是，仁是亲爱的意思。字形从属于人和二，是会意字。“”（忎）是“仁”的古文异体字，可以解释为遵从数千人的内心。这一解释将后期籀书，即大篆“”的上部看作“”（千），意为不计其数，用来指代“众生”。在“”字中，千字和代表仁慈的“”（心）字连在一起，故“”被解释为用心环抱众生，是表示博爱和宽容的汉字。不过这也让人感觉有些牵强附会，感觉是从现代角度来对过去进行的抽象化、过度化解读。我们还需对“仁”字最初的含意作进一步研究。

义的词源 361

“义”的汉语读音和“意”一样。“意”表示个人的思想和思维，是体现个体性和主观性的汉字，而“义”则表示顺从天意，惩恶扬善的意思。之后，“义”字的意思逐渐扩大，成为了强调世上道德或真理等的普遍性和客观性的汉字。但是在初期，“义”并没有这种抽象的含义。

甲 3445	掇 2・45	义伯簋	《说文解字》
初期甲骨文	后期甲骨文	金文	小篆

“义”字的变迁

初期甲骨文的“义”字像一个人用手抓着锯齿状武器。综观《古文字诂林》里各位学者的主张可知，对于“義”古文字的解释至今没有统一的观点。有人认为上方的“羊”取自“祥”字，不过省略了其中的“示”部。也有人认为“羊”是取自“美”字，只不过下方的“大”被省略了。马叙伦则认为这都是《说文解字》的过度解读罢了。他认为动物的名字多取自其哭泣的声音，所以从羊的哭声中取我字，加羊字组合，组成了“義”。[2]这也只是一种观点而已。

徐中舒在《甲骨文字典》中将上表第二个字看作五期甲骨文。
362 根据《古文字诂林》，可知初期也曾有类似的甲骨文字。这说明“義”字的出现非常早。在象形字典网中，甲骨文“義”字是“𦍌”（羊）和“我”（我）组合而成的会意字。“𦍌”指祭祀和占卜时体现出吉兆，为吉祥之意。“我”（我）代表了战斗，是具有利刃的斧头。甲骨文是占卜的记录。在开战之前，人们一般会占卜，出现吉祥卦象则认为这场战争会得到上天保佑，是一场符合“义”的战争。由此可见，“义”字可以解释为受到神灵保佑的正义的战斗。

但是，我们很难由此断定甲骨文初期就已经有“正义”这种抽象的含义了。和“仁”一样，笔者认为这是后人在强调政治家的道德准则的同时，故意丰富其含义从而导致的结果，这种理解更为妥当。《说文解字》中对于“義”有如下解释：“義，己之威仪也。从我羊。義，《墨翟书》義从弗。魏郡有義阳乡，读若锜。今属鄴，本内黄北二十里。”大意是，“義”指我军威武的出征仪式，字形取自“我”和“羊”字。義，《墨子》上“義”字采用“弗”作偏旁。魏郡有个地方叫“義阳乡”，其“義”字读作“锜”。该地现属邺县，本来在黄县北边二十里的地方。对此段玉载怀疑“墨子”云云之类的后半部分是后人加上的。因为论述“正义”战争的最著名的 363
思想家就是墨子，所以即便和“义”字初期含义无关，后世学者还是故意将春秋末期战国初期的思想家墨子和“义”联系起来。

从后世中国思想史的发展脉络来看，“仁”有关人内在的修养，而“义”则和外在的实践相关。正如段玉裁在《说文解字注》中的解释，“义”确实可能取自“羊”之意，具有善和美的意思是可以的。可以说到了后期，“义”被赋予了更多抽象含义，“仁”和“义”甚至可以看作相通的概念。

仁义观念的变迁 364

孔子以前的仁义观念

孔子之前的文献里没有将仁和义连起来使用的例子。即便如今儒学家和东方思想研究学者整日将“仁义”挂在嘴边，他们也是将仁和义当成不同的道德准则来看，而不认为它们是具有相同意思的一个词。这也就说明仁义并非是一个字修饰另一个字的关系。在儒家政治思想里，仁和义虽然无法分割，必须放在一起连读，但是他们各自代表着不同的道德准则。

孔子将仁和义分开读，并且将他们各自升华为最高政治道德准则。而孟子和荀子则将仁义连读为一个词，以此来要求君王。

在孔子之前，仁和义是抽象的道德准则，相较于义，仁的存在感可以说是微乎其微。《周易》的卦爻辞中仁字甚至一次都没有出现。但在孔子之后问世的“传”里，仁字出现了10次。《诗经》中仅出现了2次“美且仁”的用法，将仁和美当作同一级别的抽象的道德准则。《尚书》中仁出现了5次，表示为人“仁慈”。儒家通过《尚书》打造他们的政治思想观点，并且加以推崇，因此我们需要从《尚书》的延续中去掌握儒家的仁观念。

“义”也没有出现在《周易》的卦爻辞中，由此可见义并非人
365 们从初期开始就十分强调的道德准则。但是在《周易》的“传”部分，义字出现了40余次，而“传”部分普遍被认为和孔子有一定的联系。义一贯被用作“仗义”之意。《诗经》中出现了3次义字，从《大雅·荡》“而秉义类”和“不义从式”等表达中可见，义的意思其实和如今的含义相差不大。《尚书》论及义字有20余次，大部分都是为了抽象表达重要的政治道德准则。《周礼·地官·司徒》篇中的如下句子综合周朝初期的政治道德准则，仁和义也在其间：

> 以乡三物教万民，而宾兴之。一曰六德：知、仁、圣、义、忠、和。二曰六行：孝、友、睦、姻、任、恤。三曰六艺：礼、乐、射、御、书、数。

大意是，乡下用三种重要的宝物教育万民，宾客们将其发扬光大。其一是六德，知、仁、圣、义、忠、和。其二是六行，孝、友、睦、姻、任、恤。其三是六艺，礼、乐、射、御、书、数。

司徒一职是负责教育的最高官职。我们非常熟悉的这些道德准则出现自距今3000年前周朝的制度教育。孔子对此甚是推崇，还将其发扬光大，成功将它们升华为政府教育与个人、私塾教育中的重要人生准则与历史最高德行。

孔子并非仁义观念社会化的创造者。[3]在孔子同时期的著作《左传》和《国语》中，仁和义也多次被论述为最重要的政治道德准则。《论语·颜渊》篇中有“克己复礼为仁”，《左传·昭公十二年》篇中有“克己复礼，仁也”的表达。仁是当时流行的概念，孔子将其进一步抽象化，升华为具有创造性的观念。

《左传》和《国语》将“仁”看作众多道德准则中的一条，视作大夫和诸侯间的对话或与政务及民事相关的“公德”。但孔子经常单独提起“仁”，不仅将其视为统摄各种品德的总括性名称，还在其中寄寓了先代崇高的理想。孔子在私下和自己的门生对话时称，仁起到了守护自身“私德”的作用。在《论语·雍也》篇的“仁者乐山”里，“仁”还是一种自我验证的美好的征兆。仁慢慢升华成了包含修身齐家治国平天下等所有品德的总称，成为一种“泛爱众”的公德。仁到了孔子时期才在思想史上占据了特殊的地位，获得了新的意义，总揽众德，为人类指明了新的追寻方向。

孔子确实丰富了仁的观念。不过就像孔子在《论语》里对弟子问题的回答各有差异一般，对于仁具体是什么的问题，当时学界众说纷纭。刘泽华先生以《左传》和《国语》内容为据，将这一时期的仁的定义整理出了 9 条内容，[4]大致概括如下：

一、遵礼为仁。《左传·昭公十二年》里孔子引用了这样一句话，“古也有志：克己复礼，仁也”，将仁看作礼的客观表象是当时比较流行的观点。

二、遵君命、利公室为仁。服从君主的命令，做有利于公室的事情是为仁。《国语·晋语七》称赞魏绛为人，说道：“其仁可以利公室而不忘。”大意是，他的仁能够有利于公室，并且他不会忘记仁。当时的君主和公基本是同一概念。这种仁的观念体现出了臣子对君王的忠诚和绝对服从。

三、利国、利众、保民为仁。《国语·周语中》：“夫义，所以
368 生利也；祥，所以事神也；仁，所以保民也。……不仁则民不至。”大意是，因义所以生利，用一定的样式规格去侍奉神，用仁去保护百姓。不仁的话百姓是不会汇聚到身边的。

四、能让国为仁。《左传》僖公八年称赞子鱼的仁，说道：“能以国让，仁孰大焉?”大意是，能够让出国家，还有比这更仁义的事情吗？相比六亲间的传承，更加重视对贤人的推崇。

五、杀无道，立有道为仁。《国语·晋语三》中，公子絷称赞重耳的仁，说道：“战胜大国，武也，杀无道而立有道，仁也。”大意是，我们战胜大国，是威武，杀无道而立有道，是仁义。

六、爱人为仁。在《国语·周语下》中，周单襄公说道：“爱人能仁，利制能义。”大意是，爱他人的话便能够做到仁慈，有利于制度的话便能够做到正义。这里用道德观念描绘出了统治者必须争取民心的事实。

七、德、正、直三者俱备为仁。《左传》襄公七年里韩献子曾说：“恤民为德，正直为正，正曲为直，参和为仁。”大意是，体恤百姓是德，正直是正，将错误的事情匡正是直，三者合一便是仁。韩献子所说的仁含有个人品行要和国家政策合为一体之意。

369 八、守志不变为仁。《国语·晋语二》写道：“杀身以成志，仁也。”也就是“舍身成仁”的意思。这句话是说，一个人的初衷也就是“志向”是无法被夺走的，只会在死后消失，说明信仰和志气比生命更高贵。

九、功利为仁。《国语·鲁语上》篇写道：“夫仁者讲功……无功而祀之，非仁也。”大意是，仁者善于论功……没有功劳却举办祭祀，不是仁。这可以说是一种非常现实的见解。

除了上述对仁的见解外，还有很多其他观点，无法一一列举。

对于仁的理解各有不同说明了人们的立场和观点的不同。人们可以针对同一个概念，赋予它多种多样的含义。这其中既有进步的，也有保守的，具体需要我们去分析。我们可以看到，当时的人们用仁去说明功利、对他人的爱、对无道君王的批判等，这本身就体现出仁在当时所蕴含的复杂含义以及重要的时代话题性。如世人所知，孔子可以说是毕生都在实践仁学，他在《论语》里尝试对仁进行多样的定义和说明。这与其说是孔子独创的尝试，不如说这是当时时代的产物。

诸子百家的仁义观念 370

从春秋后期到战国时代，尤其强调代表着行为和实践的“义”，因此流行着各种与“义”相关的观念。在诸子百家中，墨子对“义”的主张最为丰富。墨子思想的核心与其说是“兼爱”，不如说是“贵义”。他认为：“政治就是义。”在《墨子》这本书中，义字共出现了 294 次。墨子的言论都是在主张义，并将这一思想贯穿于行为和教育当中。在《墨子·鲁问》篇中，他主张“比起一人知义，更应该教导天下人知义”。“义”是墨子毕生的愿望，也是他一生穷尽的追求。

墨子在《墨子·贵义》篇中主要对天下知义的正当性进行了说明，并强调实践迫在眉睫。墨子不仅强调实践，他还用行动证明了这点。越王想要把吴国的土地封赏给墨子，墨子劝越王行“义道”。越王不听，墨子便当场谢绝了封地。墨子主张强制行义，不问是非曲直，所有“思”“言”“行”都要符合义的标准。

义是天下之大器，即使用强制手段，也要让天下人都遵循义。这也是贯穿墨子“尚贤”“尚同”“天志”“非攻”思想的脉络。首先以“非攻”为例。墨子主张“非攻”的主要理由有两个。一是他认为侵略为“不义”。既然杀一人为“不义”，所有国家的法律都会对此进行惩处，那么侵略战争杀戮无数却被称颂，这明显是错误的。正如《墨子·非攻上》中所示，侵略战争当然是“不义”的。

墨子为国际道德和社会道德的不一致而苦恼。“天之意”，即“天志”的根本在惠民，但战争杀死上天的百姓，攻伐上天的
371 “邑”，这是严重违反“天意”的行为，因此所有人都应该携手对抗。墨子协助小国修缮城郭，领导“墨徒”这个组织，采取直接对抗侵略者的实践行动。无论对侵略者还是被侵略者，战争都是无益且不利的。因此墨子提出了“无益”便是“不义”之结果的观点。

比起墨子的政治原理原则——“治法”，墨子的政治思想更关心“治人”，即谁是施政者这一问题。这也能证明他接受的是儒家思想教育。他强调“尚贤使能”的必要性，认为应该推举贤者，任用能人。但是他与儒家思想的不同之处在于以利益为媒介。他主张，当贤者担任管理者时，人们可以共享更多的利益。换句话说，当明白什么政治是好政治，知道如何应对问题的人处于“治者”地位时，社会正义会得到更充分的保证，利益也会倍增。那么谁是贤者呢？是那些可以弘扬“公义”、避免“私怨”的人。

墨子主张“义政”，反对“力政”。这一点与孟子主张王道反对
372 霸道是相同的。因为反对武力政治，所以把忠于上下尊卑的道理，把义作为取舍的标准。孟子认为只要合乎义，身份也是可以改变的。墨子致力于将社会价值统一为义，提出了所谓的“尚同”论。

据《墨子》记载，早期社会没有政治组织，因此无法确立价值标准。“一人一义”，即人人都有自己的义，无法实现统一。但随着社会的发展，百姓们相互约束，设置“天子”“三公”“国君”“乡长”“里长”，统一了价值标准。因此，所有人民才能实现天下之义的统一。

墨子的“尚同”主张，下级服从上级决定，由此形成上下贯通的统一的“义”。即里长应该让里民和比自己地位高的乡长“同义”，乡长应该让乡民和比自己地位高的国君“同义”。这样最终会使天子的“义”成为天下人民判断善恶的价值标准。反过来说，天子应该了解百姓的善恶，赏罚分明。这一进程把一切“义”的源头都统一到天子身上，可以说是极权主义，即认为全体百姓必须遵从最高统治者的思想所带来的结果。

儒家一般认为义观念是洞察曲直，顺应内心等。我们来看一下孔子在《礼记·表记》中所说的话，这是对仁和义的关系进行说明的重要分析：

> 仁之为器重，其为道远，举者莫能胜也，行者莫能致也。373
> 取数多者，仁也。夫勉于仁者不亦难乎？是故君子以义度人，则难为人；以人望人，则贤者可知已矣。

大意是，仁，作为器物，非常非常之重；作为道路，非常非常之远。由于很重，没有人能够把它举得起来；由于很远，没有人能够走得完。用现实标准来比较时，我们把举得重量大、走得路程远的人称为“仁”。那么尝试实践“仁”之事不就太难了吗？如果君子用理想的“义”来衡量人，那么成为那种人是非常困难的。如果用今天一般人的标准去要求别人，那么就可以知道谁是贤人了。

“仁”虽然很理想化，但“义”是被现实政治家更为推崇的精神。孟子认为，应以是否合乎义来判断一切行动。孟子著名的“四端说”的核心正是“仁义”，他认为：“恻隐之心，仁之端也；羞恶之心，义之端也；辞让之心，礼之端也；是非之心，智之端也。”大意是，同情心是仁的开端，羞耻心是义的开端，谦让心是礼的开端，是非心是智的开端。在这里，义是指人心固有的东西，指应当追随长兄的道理。

374 孟子的义发自人们内在的“仁心”，通过外部的“义行”体现出来，因此是“由仁义行”。对他而言，仁是实践的最高原理原则，义是诱发实践的内在道德本源。换句话说，孟子政治思想的基石是“不忍人之心”，即忍无可忍的心就是义。

孟子强调义的目的在于培养有浩然之气、顶天立地的人，即伟大的政治家。无视生死地保持庄严精神的人才是正义的人。孟子所处的时代强调君主专制，认为对君主绝对服从是义，还表现出把对君主的忠贞与义相提并论的倾向。孟子非常勇敢地反抗这种时代潮流。这正是孟子所强调的“舍生取义”精神。孟子对抗富国强兵的时代氛围，始终不屈不挠地竭立主张三代的美德。

荀子将义视为“礼”的本质，认为圣人制造礼时，义就是其根据。也就是说，礼的客观制定原则是义。《荀子·强国》篇中提到“天下之要，义为本”。大意是，但凡治理天下的要领，正义是根本。而《君子》篇中则提到“以义制事”。荀子认为，礼和义起到表里一致的作用，发挥了使人的集体生活和谐的政治功能。对他来说，礼是更广的概念，因此荀子的仁义就是“礼”。

荀子认为，只要积累仁义，实践礼，任何人都可以成为圣人。
375 《荀子·性恶》篇中主张，人只要走仁义之路，就可以做到像舜王一样：

> 凡禹之所以为禹者，以其为仁义法正也。然则仁义法正有可知可能之理。然而涂之人也，皆有可以知仁义法正之质，皆有可以能仁义法正之具，然则其可以为禹明矣。

大意是，禹之所以成为禹，是因为他能实行仁义和正法。既然这样，仁义正法就具有可以了解、可以做到的性质，而路上的普通人，也都具有可以了解仁义正法的资质，如果他们都具备了可以推行仁义正法的根本，那么就明显可以成为禹一般的人。

另一方面，法家对墨家和儒家的主张提出了强烈异议。《商君书・靳令》篇中表现了反儒教的倾向，对仁义的概念进行了改进，主张："力生强，强生威，威生德，德生于力。"大意是，实力能产生强大，强大能产生威力，威力能产生恩德，因此恩德又产生于实力，认为只有具备力量，才"能述仁义于天下"。《韩非子》一书中以晋朝的灭亡为例，在《韩非子・外储说左上》篇中说道："夫慕仁义而弱乱者，三晋也；不慕而治强者，秦也。"大意是，因追求仁义而使国家衰弱混乱的，韩、赵、魏三国就是例子；不追求仁义而把国家治理得强盛的，秦国就是例子。崇尚仁义，国家就会危殆，而危殆的国家又会崇尚仁义。韩非子认为，人类的本性是喜欢利益的，但仁义与这种本性背道而驰，仁义没有客观的标准，只是 376
依靠同情心，所以势必会把人引向亡国之路。《韩非子・奸劫弑臣》篇中记载了他真实的政治主张：

> 夫施与贫困者，此世之所谓仁义；哀怜百姓不忍诛罚者，此世之所谓惠爱也。夫有施与贫困，则无功者得赏；不忍诛罚，则暴乱者不止。……吾以是明仁义爱惠之不足用。

大意是，把恩惠施舍给贫困的人，这是世人所谓的仁义；可怜百姓，因此不忍心惩罚，这是世人所谓的惠爱。既然要施舍贫困的人，那么无功的人就会得赏；既然不忍心惩罚，那么制造暴乱的人就得不到制止……我由此明白不应实行仁义与惠爱。

道家主张仁义的发明使人心不安这一反论。《庄子》认为，因为仁义，人们远离了"道"。《庄子・在宥》篇中有如下论述：

> 昔者黄帝始以仁义撄人之心，尧舜于是乎股无胈，胫无

> 毛，以养天下之形，愁其五藏以为仁义，矜其血气以规法度，然犹有不胜也。

大意是，从前黄帝最先用仁义来束缚人心，于是尧、舜劳苦奔波到大腿无肉、小腿无毛的程度，以养活天下人，费尽心思地倡导仁义，呕心沥血地制定法度，却还是无法彻底解决天下的问题。

《庄子》发展了仁义产生于大道崩塌之后的观念。虽然“道”和“德”是自然的本性，但仁义是人们具有意志的行为。所以仁义不属于本性，是那些勉强行事的人们编造的结果。道家认为，仁义是人们“陷入忧虑、折磨血气”的根本，无法解决天下问题。

377 **帝国时代的仁义观念**

正如前文所说，道家思想反对自己的“无为”主张的同时，对作为儒家“有为”代表的仁义行为也表示反对。法家也反对仁义，据《史记·李斯列传》记载，李斯曾多次批评仁义。但汉初的陆贾却试图将仁义和“无为”结合起来。认为如果秦始皇施行了仁义，秦朝绝不会灭亡。

他在《新语·道基》中说：“仁者道之纪，义者圣之学。”仁是
378 “道”的纲纪，义是圣人的学问。”在《本行》篇中他坚持主张：“治以道德为上，行以仁义为本。”大意是，治理国家要以道德为上策，处理事情要以仁义为根本。进入帝国时代后，陆贾是最早试图系统整理仁义观念的思想家。

陆贾反对法的统治，重视道德的教化。他继承了荀子的学问。陆贾不是反对力量政治或利益追求，而是指责它们的过度，并强调了仁义的必要性。他因为把获得民心视为政治的根本，所以强调仁义，也因为同样的理由，他重视“无为”。过度有为，即《新

语·无为》说的："事逾烦天下逾乱，法逾滋而天下逾炽，兵马益设而敌人逾多。"大意是，工作越繁杂，天下做就越乱，法律越盛，天下做坏事的人就越多，军队越多，敌人就越多。陆贾提出"无为"，要求统治者以仁义对待百姓，为的是让百姓少受统治者的折磨并得到休养生息。陆贾的仁义观念是一种同情心。虽然陆贾的"无为"与道家相似，但他主张通过同情百姓获得民心，并借此追求稳定的政治。从这一点来看，陆贾并没有摆脱儒家的社会观念。陆贾的"无为"就是一种不同形态的"有为"。所以《无为》篇中也说道："故无为者乃有为也。"所以无为就是有为。

贾谊在他的《新书》中提到秦国失败的原因在于仁义的缺失。 379
但是，他并没有像陆贾一样讲"无为"，而是在那里讲"礼法"，即要通过制度来保障仁义的政治。他也继承了荀子的主张，在《新书·礼》篇中这样说道：

> 道德仁义，非礼不成；教训正俗，非礼不备；分争辨讼，非礼不决；君臣上下，父子兄弟，非礼不定。

大意是，道德仁义没有礼制约束就得不到发扬；教化与民俗纠正，失去礼制就不会完备；纷争与诉讼，少了礼制就无法裁决；君臣、上下、父子、兄弟，不依据礼制就无法确定。

从"礼法"维护既得权，维持现有价值来看，用礼来建立社会秩序的尝试是对君主专制权力的拥护。但是贾谊追求的"仁义的秩序"将博爱和养民视为统治者的义务，从这一点来看，他并非试图将专制君主绝对化。在《新书·大政上》中，他主张"仁行而义立，德博而化富"。大意是，仁义之风树立，道德变广，那么变化就会丰富。他在《制不定》篇中主张："仁义恩厚，此人主之芒刃也；权势法制，此人主之斤斧也。"大意是，仁义恩厚好比是君王的刀刃权势、法制好比是君王的斧头。君主的权力是通往仁义的道路，但并不意味着仁义从属于君权。

董仲舒给仁义的观念注入了新的生命力。他把仁义视为五伦的
380 核心，用仁义来分析说明人际关系的总体。在《春秋繁露·仁义法》篇中，他这样说道：

> 《春秋》之所治，人与我也。所以治人与我者，仁与义也。以仁安人，以义正我。故仁之为言人也，义之为言我也。

大意是，《春秋》研究的是别人和自己的关系。研究别人和自己之间关系的原因在仁和义。用仁安定别人，用义端正自己。所以仁为的是他人，义为的是自己。

仁义是人际关系中调节自己，对待他人的基本品德。在同一篇中董仲舒说道："仁之法在爱人不在爱我，义之法在正我不在正人。"大意是，仁的规定，在于做到爱人，而不在于爱自己。义的法则，在于修正自己，而不在于修正别人。董仲舒的仁义观念旨在将等级秩序正当化，内化三纲五伦的规定。

东汉的各种纬书中的仁义观念基本以董仲舒式的观念为基础，提供了更丰富的用例和意义。除了董仲舒式"三纲五伦"的次序
381 外，还将天、地、人进行等级化，并论证了人类世界的等级观念。《易纬·乾坤度》篇中写道："天有阴阳，地有刚柔，人有仁义。……天动而施曰仁，地静而理曰义，仁成而上，义成而下，上者专制，下者顺从。"以合理化尊卑和顺从的君主专制为由，包装了仁义的观念。

后代学者中，有人在仁义的传统观念上添加多种含义。例如，曹魏时期的桓范和袁准强调了仁义和"法"的关联性。《群书治要》卷五十《袁子正书·礼政》篇主张：

有刑法而无仁义，久则民怨，民怨则怒也；有仁义而无刑法，则民慢，民慢则奸起也。故曰，本之以仁，成之以法，使两通而无偏重，则治之至也。

大意是，有刑法而没有仁义，时间长了，百姓怨恨，百姓怨恨，就会愤起。有仁义而无刑法，百姓就怠慢；百姓怠慢，奸邪就开始了。所以说，以仁义为根本，同时以刑法完善，使二者统一而无偏倚，治世便能实现。

虽然这种认识与传统儒家的见解略有不同，但后世儒生们大多持这样的想法。

道家一派的思想家仍然有人排斥仁义，但也有一些人接受了。382
竹林七贤之一的嵇康把儒家经典称为灾难，视仁义为带有腐烂气味的东西。[5]同样，以《庄子注》著称的郭象在《骈拇》篇注中写道：“恐仁义非人情而忧之者，真可谓多忧也。”大意是，唯恐仁义不是人情的人，真可以说是多虑了。他把仁义视为人内在的本性。这是因为，在经历了魏晋南北朝的混乱时期后，郭象虽然开始学习的是儒学书籍，但出于时代氛围，对儒家思想提出了抗议。

唐朝的太宗和贞观时期的名臣们非常关心“仁政”，并对此展开了讨论。当然仁义是最重要的主题。《贞观政要·仁义》篇中有一句话：“林深则鸟栖，水广则鱼游，仁义积则物自归之。”大意是，树林广袤就有飞鸟栖息，水域深广就有鱼儿游弋，多施仁义万物自然会归顺。这句话通过仁义观念把王道政治和爱民思想收拢到一起。贞观时期的名臣们认为，就像陆贾和贾谊认为因为秦始皇未能实施“仁政”所以秦朝早早地灭亡一样，隋朝的灭亡也是因为没
有施行“仁政”来获得民心。这同样将仁义的拥有与否与国家兴亡 383
联系在一起。

关于仁义是天性的讨论并不囿于佛教和道教，也延续到了宋明理学者身上。杜光庭认为道教和儒家宗旨是一样的。老子曾说过要切断仁义，杜光庭在解释老子时，说《老子》：“非谓绝仁义圣智，在乎抑浇诈聪明。”大意是，《老子》并不是说要杜绝仁义与圣智，而是在于抑制狡诈的小聪明。杜光庭强调将仁和义与天地的“德”结合起来，认为道教和儒学的区别只在方法和程序，“仁义礼智信”是“道”的体现。

孔颖达作为孔子后裔，在他的《周易正义》开头提到了六点治国之道，其中第四点就是仁义的实践。孔颖达认为仁是“道”的内涵。在《礼记·曲礼上》篇中，孔颖达说道：“道德为万事之本，仁义为群行之大。”道德是万事之本，仁义是所有行动中最重要的。王通、柳宗元、韩愈等唐朝儒生大多把仁义视为天地之本、道之本、教化之本、政治之本。例如，柳宗元在《天爵论》中写道：“道德之于人，犹阴阳之于天也。仁义忠信犹春夏秋冬也。”大意是，对人来说，道德在天，就像阴阳一般。仁义、忠信，犹如春夏秋冬。柳宗元、韩愈等复兴儒学后，在宋明理学延续的过程中，仁义观念虽然因思想家不同而存在细微的差异，但大体上可以说继承了前辈道学家们的系统。

384 从《明太宗实录》来看，永乐帝主张用“仁义礼乐”教化天下。在卷九二记载中，永乐帝曾经说过：“道德仁义，教化之源。善治天下者，以道德为郛郭，以仁义为干橹。”大意是，道德和仁义是教化的根源。善治天下的人以道德为外围，以仁义为主要武器。明末清初的黄宗羲在《孟子师说》卷一中再次讨论王道和霸道：“所谓‘由仁义行’，王道也；只从迹上模仿，虽件件是王者之事，所谓‘行仁义’者，霸也。”大意是，所谓的“从仁义开始实践”就是王道，而如果只是模仿外在，虽然每件事都是在行王道之事，但这种所谓的“推行仁义”，其实就是霸道。仁义的观念随着时间的推移，分化出越来越多的含义，但也还是保留着早期的观念。

仁义与孔孟的政治思想 385

孔子的仁政

研究孔子思想的时候，以被他视为人间美德集合体的仁学为出发点是很有效的方法，孔子以礼为首的几乎所有探索都把仁视为根本。孔子试图克服当时无秩序的政治社会环境，回归到周公所建设的周朝初期社会的状态。孔子主张的宗旨是建立以道德为基础的秩序社会，因此必须重视对人为秩序起决定性作用的礼，经过对礼的深入研究和思考后，仁作为其行动的终极原则被提了出来，即如果礼是形成文化根本的人为实践规范的话，那么仁就是它的原理原则。这个仁是贯通整个孔子政治思想的中轴，对孔子而言，仁是总揽所有美德，完善人格的核心观念。

如上节所述，仁观念在中国由来已久，但到了孔子时期，它才成为人类行为的终极原则，具备文化形成的意义，出现了各种学术分支。即便是孔子，也避免不了一些旧习，也在一定程度上受到了时代的影响。然而，《左传》和《国语》中的仁观念与其他美德属于并列关系，主要表现为士大夫和诸侯之间的政务及与民事相关的公德，但孔子的仁被单独提了出来，是所有美德的总和。

孔子的仁具有各种各样的含义，在《论语·颜渊》篇中，孔子回答了弟子们提出的各种有关仁的问题。颜渊问仁。子曰：“克己复礼为仁。”战胜自己，回归到礼，这就是仁。樊迟问仁，孔子说：

“爱人。”爱人就是仁。仲弓问仁，孔子说：“己所不欲，勿施于人。”自己不愿意做的，不要强加于别人，这就是仁。如此，仁通常可以被用作独立概念，是一个包含所有其他美德的综合性名称，不仅如此，它还承载着指导人类行为的崇高理想，既主张爱人和己所不欲勿施于人的消极行为，也提出了带着主观情绪采取客观行动的积极要求。来看一下《论语·雍也》篇的内容：

> 子贡曰：“如有博施于民，而能济众，何如？可谓仁乎？”
>
> 子曰：“何事于仁，必也圣乎！尧舜其犹病诸。夫仁者己欲立而立人，己欲达而达人。能近取譬，可谓仁之方也已。”

387 大意是，子贡问孔子：“如果能够广泛给予民众恩惠，普度众生的话，这个怎么样？可以称之为仁吗？”孔子对此作出了以下回答：“怎么会仅仅是仁呢，那一定是圣了！连尧舜都经常担心自己做不到，仁者的话，如果自己想要站着，那么也会让别人都能够站立起来，如果自己想要实现某事的话，也会让其他人都能抵达那个目标，凡事能够推己及人，可以说是实施仁的方法。”

“己欲立而立人”的己立立人思想是尊重他人名誉的行为，“己欲达而达人”的己达达人思想是理解他人自由的行为。从如今的意义来考虑，两者都是极其民主的原则。孔子并不只是用它来阐明个人维度的行为原则，而是想要通过它来达到博施济众的境界。作为一个救济者，孔子具有非常强烈的个人意识，试图通过“己立立人”“己达达人”“博施济众”的仁之构想来实现所有人都能够获得拯救的理想政治世界。孔子所期望的政治不仅仅是一个权力关系的世界。

388 对孔子而言，仁既是个人道德，也是社会伦理和政治原则。仁是使个人和社会合而为一达到物我一体的道，同时是在社会政治的融合中找到个人自律性的分权之道，萧公权认为这种二元性的混合与西方文化不分上下，从中可以看到西方集体主义和个人主义融合的小我与大我高尚结合的一面。[6]

从上面这段文字中，我们还可以领悟到另一条具有特色的文化迹象——仁的实践路径正在从个人扩展到社会。仁通过蕴含己立立人理想的“私德”来持己，这就是修身的原则，而这个修身成了济世的根本。整个社会文化都是实践私德之仁的广场，仁行和仁心走上“推扩”[7]之路，其实践由近及远，由家庭向社会蔓延开去，这是 389
塑造儒家文化特色的最具代表性的行为类型。通过推扩仁，实现从个人到家庭，从家庭到国家，从国家到超越国界的天下的“泛爱众”的博爱目标，是所有儒学者的理想。《论文·学而》篇有以下论述：

> 有子曰：“其为人也孝弟而好犯上者，鲜矣。不好犯上，而好作乱者，未之有也。君子务本，本立而道生，孝弟也者，其为仁之本与。”

大意是，有子说：“很少有人为人孝顺，友爱兄弟，却喜欢触犯上位者，而不喜欢触犯上位者，却喜欢造反的人至今不存在，君子致力于根本，根本建立起来了，道自然而然也会出现，孝弟正是仁的根本。”

如此，仁在孔子的思想中占据着最崇高的地位，包含了人类实践行为的所有准则，是新人生的理想目标。而为了实现这个目标，人们要诚心诚意努力成为具有个人道德、社会伦理、政治仁义的人。

几千年来，东方的读书人都专注于仁义，以实现这一抽象的仁为要求，但是就像上文所揭示的那样，因为仁本身每每具有独立的含义，孔子自己对它的说明也每每不同，所以在仁的原则下，具体要实践的美德不得不因人而异，根据实践环境的不同而发生变化。因此，孔子的弟子们为了理解和实践仁的本质，抛出了各种问题以
390 寻求答案。

学问是实践仁最重要的手段，学习才是完善人格和实践仁义的最佳途径。如果说孔子“一以贯之”的“一”的目标是仁的话，那么学习就是实现它的方法。所以，如果要用一个词来定义孔子的政治思想的话，那就是“仁学”，仁来源于学习，《论语·子张》篇对此有以下论述：

子夏曰：“博学而笃志，切问而近思，仁在其中矣。”

大意是，广泛学习，仔细记忆，不知道的东西要彻底问清楚，弄明白之后要进一步体认，仁自然而然就在其中了。

人们通过学术上的努力可以向仁靠拢，这句话中的仁指的是更广义的大德。而另一方面，也有人在狭义上将仁与其他美德并列比较，譬如，“具有知仁勇”中的仁表示的是和智慧、勇气并列的美德，是广义上具有概括性的仁的一种实践手段。《论语·子罕》：“知者不惑，仁者不忧，勇者不惧。”大意是，知者没有决断的困惑，仁者没有忧虑的情绪，勇者没有行动的恐惧。这里的仁是一种不被私心所左右的道德情操。[8]

391 “忠恕”可以说是最能体现孔子仁观念的行为道德，我们来看看出自《论语·里仁》篇的著名语录：

子曰：“参乎！吾道一以贯之。”

曾子曰：“唯。”

子出，门人问曰：“何谓也？”

曾子曰：“夫子之道，忠恕而已矣。”

孔子仁政论旨在培养通达六艺的全人、通人政治家，伟大的政治家就是把“忠与恕”付诸实践之人。根据朱熹《论语集注》的注释内容：“尽己之谓忠，推己之谓恕。”大意是，对内竭尽自身为忠，对外推己及人为恕。忠与恕是硬币的两面，两者都是以仁为导向的行为准则，是大有为[9]的实践美德。可以说，朱子的解释最能代表孔子的仁观念。

人类是自私自利的存在，在关系普遍建立起来的情况下，他们
会以自己的存在为中心行事，社会问题可以说是这种自私行为所带 392
来的冲突的结果。但是，正如我们在上文看到的，孔子说每个人都应该在社会关系中成为一个仁者，在实现自己的目标之前，先积极地成就他人，要为了公益行事，不要做损害他人意志或行为的事情，这种人就是仁者。对孔子而言，仁适用于持己、处事、应物等所有行为，整个人生就是一个实践仁的过程，只有仁才是充满活力的生命过程的至高美德。

仁是孔子所追求的有为性社会秩序的总则，而忠与恕是它的主要内容。要想打造一个道德社会，就不能随心所欲，而是要人为地行动，而礼则是这个人为行动的具体规范。孔子的仁与礼相结合，几千年来一直主导着东方人的意识结构和整个社会形态。特别是汉武帝以来，随着孔子的神格化和儒家思想的国家意识形态的发展，中国社会展现出的大部分有形和无形的文化形态几乎都没有偏离过这一范畴。时至今日，无论是在我们的政治话语中，还是在谈论品性或讨论经纶时，甚至在谈起民主的过程中，仁仍然作为一种行为准则发挥着重要的作用。

孟子的居仁由义 363

孟子忠实地继承了孔子的仁义观念，并加入了自己独特的见

解，仁字在《孟子》中出现了160余次，《孟子》中出现的仁观念可以概括为以下三种：第一种是作为原理的仁义，它是利益和竞争的对立概念，是世界的核心价值；第二种是作为美德的仁与义，发自人内心的亲密感情为仁，恭敬为义；第三种是作为实践的仁政，即与武力政治相反的仁者政治。

孟子认为仁与人是分不开的，《孟子·尽心下》篇："仁也者，人也。合而言之，道也。"大意是，仁的意思就是为人，两者合起来讲就是道。所谓仁，意为做人，即在道德层面上尽为人的本分，把"有为"付诸实践。孟子的义是由仁义行，因为内心的仁会通过外在的义行表现出来。对孟子而言，仁是行事的最高原则，义是引发实践的内在道德本源，因此居仁由义。

394 仁义是仁与义的结合，但仁更具概括性，它包含着义。硬要区分的话，仁的对象是父亲，义的对象是君主。譬如《孟子·梁惠王上》篇提到"未有仁而遗其亲者也，未有义而后其君者也"，就是其中的例子；《尽心下》篇有如下语句：

> 仁之于父子也，义之于君臣也，礼之于宾主也，知之于贤者也，圣人之于天道也，命也。

父母与子女之间的"仁"，君主与臣下之间的"义"，客人与主人之间的"礼"，贤者所具有的"智"，圣人所具有的天道，实现与否都看命运。

如此看来，不认可君主的杨朱是不义之人，而不认可父母的墨子是不仁之人。因此，仁是家族关系的基本美德，义是社会关系的
395 基本美德。孟子认为这个是必然的本性，不能全都任凭天命。

孟子的仁与义并不只限定于父母与君臣，只是说，仁的本质和精髓可以从父母子女的关系中显现出来，而义虽然指的是君臣之间

的关系，但我们可以通过兄弟关系来了解它的本质与精髓。[10]那么作为“具有必然关系的本性”且“无法置之不理”的自然之仁与义到底出自哪里？它的内容是什么？无论怎么看，《孟子》都没有明确提到仁义的具体起源。在《告子上》篇，告子一说“食色，性也。仁，内也，非外也；义，外也，非内也”，孟子马上驳斥他的仁内义外思想是错误的，但后续没有提及仁义的根源。孟子主张仁义的恒常性，即认为应该把发自内心的永恒不变的本性视为仁义。孟子在《离娄上》篇讲道：“仁，人之安宅也；义，人之正路也。”对人们来说，仁是使人安适的家，义是使人端正的路。《尽心上》篇用“居仁由义”把它表达了出来：

> 仁义而已矣。杀一无罪，非仁也；非其有而取之，非义也。居恶在？仁是也；路恶在？义是也。居仁由义，大人之事备矣。

大意是，儒生只是实践仁义罢了，即便是杀一个无罪之人都是不仁，获取不属于自己的东西就是不义。应该住在哪里呢？仁就是那个地方；应该走什么路呢？义就是那条路。能居住在仁上，行走在义上的话，大人要做的事就齐全了。

在“居仁由义”中，心是仁所居住的安适之家。孟子认为，能够使人走上来源于仁（即内心）的正义道路的只有学问，来看一下《告子上》篇的内容： 396

> 仁，人心也；义，人路也。舍其路而弗由，放其心而不知求，哀哉！人有鸡犬放，则知求之；有放心，而不知求。学问之道无他，求其放心而已矣。

大意是，仁是人的本心，义是人的大道。舍弃了大道而不去遵从，丢失了本心而不知寻求，真悲哀啊！人们弄丢了鸡或者狗还会努力找回来，弄丢了本心却不知寻找。学问之路不为别的，不过就是把遗失的本心找回来罢了。

如果说仁是人的本心，义是人的大道，那么居仁由义确实会让人产生内部品性的表露，自然而然会和外部形成的事结成联系的想法。在具体的美德上也是如此，仁德的精髓是父子间的亲爱，义德的精髓在于对上位之人的恭敬。亲爱发自内心，由父母的慈爱和子女的孝道行为联结起来，恭敬同样源于内心，通过对年长者或者地位崇高之人的恭谨行为表现出来。因此，《尽心上》篇提出："亲亲，仁也；敬长，义也。"对父母的热爱是为仁，对长者的恭敬是为义。

"亲亲"一词的意思只是说，无论父母与子女之间存在的是对
397 彼此的热爱，还是一般的侍奉关系，仁的精髓和范本都能够从父子关系中找到，而不是说仁只意味着父子有亲，仁可以指代所有种类的亲爱。义的情况也是如此，它不仅仅意味着君臣有义或兄友弟恭，而是指代所有种类的恭敬。总结来说，仁义之德的核心是人们发自内心的亲爱与恭敬。

孟子的仁义是一个更基本的概念，可以用"仁"一个字来统摄。《孟子》中出现了无数次对"不仁"，即对无仁厚之德的批判，大都是针对以战争和利益为核心价值观的人。如果仁义的基本价值能够回归为社会的中心原则，而仁成为世界核心价值的话，那么人们就能赢得天下，起死回生。《孟子·离娄上》篇："天子不仁，不保四海；诸侯不仁，不保社稷；卿大夫不仁，不保宗庙；士庶人不仁，不保四体。"大意是，天子如果不仁，就无法保有四海；诸侯如果不仁，就无法保有社稷；卿大夫如果不仁，就无法保有宗庙；士庶人如果不仁，就无法保有四肢。

孟子认为，把内涵于心，自然地体现在家庭关系中的仁，以及

随之出现的义扩充到整个社会的做法，才是正确的政治之道。孟子把政治定义为仁义的社会化体现，他相信，当执政者以身作则，把对家族的爱扩展到所有百姓身上，到最后，所有百姓也都能实践仁义之时，天下便会统一，王道的理想政治也就能实现了。

孟子的仁政根植于人的内心，他相信“内心”是只有人类才具 398
有的特征。父母对子女的爱心被置换为统治者对被统治者的仁心，孟子将它称作“不忍人之心”，即无法忍受的心情。而仁义的政治化实践正是这种不忍人之心的扩充，来看一下《尽心下》篇的内容：

> 人皆有所不忍，达之于其所忍，仁也；人皆有所不为，达之于其所为，义也。人能充无欲害人之心，而仁不可胜用也；人能充无穿逾之心，而义不可胜用也。

大意是，每个人都有难以忍受的事情，扩充它并努力隐忍下去的行为，就是仁；每个人都有不忍进行的事情，扩充它并努力进行下去的行为，就是义。只要能够把不愿伤害他人的心意扩充到最后，那么仁就会多得不可胜用；只要能够把不愿挖洞跳墙的心意扩充到最后，那么义就会多得不可胜用。

君主的“不忍人之心”是仁政的出发点，而“广施恩惠”则是仁术的实践，根据《孟子·离娄上》篇的说法，其原因在于“君仁
莫不仁，君义莫不义，君正莫不正”。君主仁慈，则天下无不仁之 399
人；君主有义，则天下无不义之人；君主正确，则天下无不正之人。

荀子比孟子更进一步要求具体化行为，他特意将孔子的“爱”观念视为仁的实践美德。《荀子·大略》篇：“仁，爱也，故亲。”大意是，仁出自爱，因此相互亲密。荀子提出了要努力将爱付诸实

践的要求。唐朝，韩愈在《韩昌黎集·原道》篇继承了孔子的“泛爱众”，即“爱所有人”的宗旨，道破了“博爱之谓仁”的真理。宋朝，朱熹《论语集注·学而》篇提出：“仁者，爱之理，心之德也。”大意是，所谓仁，就是爱的道理，心的德行。把仁设定为人类的自主性美德。

除此之外，可以说所有的传统东方知识分子都曾经尝试过对仁进行解释和实践，在他们当中，孟子似乎是最能理解作为所有美德总称的孔子的“仁”的人，他用“道”一词来表达了“人格的完整体现”。然而，所有谈论仁的儒学家都有一个共通点，那就是强调通过人的行为来实践道德，而人的行为的结合体就是礼。

第九章
礼　法

中国的政治史维持了一种表面上遵从礼而实际上遵循法 401
的“外礼内法”传统。礼是结合个人与家庭的内在及社会整体的总体性规范，法是单纯以刑罚为理想的国家运行方针。本章试图分析两者的政治意义及相关关系。

礼思想的核心是荀子思想，法思想的核心是法家思想。

礼法观念的形成 403

礼的词源

“禮”的原本字体为“豊”，后来随着“礼”字代替了所有的释义，“豊”字除了丰富的意思，原本与礼仪、仪式相关的词义都丧失了。根据甲骨文及金文，可以确定“豊”字代表圆形，后来加上了代表神灵的降临，以及祭祀等意思的“示”字。战国时代后期的石刻《诅楚文》上记录的是与今天的文字较为相似的“禮”。

后 282	乙 8697	豊尊	《说文解字》
甲骨文	甲骨文	金文	小篆

“禮”字的变迁

甲骨文“豊”字是在豆字模样的盛具“”上盛满玉串的形

态，表示以最好的礼物献予神灵，进行祭祀的意义。《古文字诂林》上记载了许多的甲骨文的“豊”字，用例皆与祭礼相关。[1]但是金文的“豊”字用例不多，却有着许多“豐”字用例，即“豊”“豐”混用。尤其《诅楚文》的“禮”字，加上了以焚香的模样表示神灵的降临或仰望天空敬拜神灵的“⺬”（示）字，是表示庄重祭礼的会意字。

《说文解字》对“禮”字的分析如下：“禮，履也。所以事神致福也。从示从豊，豊亦声。”大意是，“禮”即履行，侍奉神以祈福。读音随“示”或随“豊”，而“豊”又是读音。至于“豊”字：“豊，行禮之器也。从豆，象形。凡豊之属皆从豊，读与禮同。”大意是，豊是行礼的器，源自表示祀坛的豆字的象形，有豊的字皆随豊，释义与禮相同。

由于“豊”与“豐”长得形似，多少引起了混乱。《古文字诂林》记载了作为与“禮”一样的“豊”的起源与意义，以及有关“豐”的不同主张。[2]两字是否为同一文字是争议的焦点。除去部分人，大部分学者都认为作为祭祀器物的“豊”，与代表食物丰盛的“豐”有着不同起源。《说文解字》里对“豐”的释义也是：“豐，
405 豆之豐满者也。从豆，象形。一曰《乡饮酒》有豐侯者。凡豐之属皆从豐。”大意是，祭器上装满宝物，字形源自豆字的象形。也有一说是《礼记·乡饮酒》篇提及的“豐侯”。与“豐”相关的字全都将“豐”作为偏旁使用。本书将依从《古文字诂林》里王国维、郭沫若、马叙伦等人对“禮”的主张，从“豊”字中寻找“禮”字的初期含义。[3]

“禮”最初的模样是宗教的祭祀仪式。在中国的上古社会，“禮”是一种宗教祭祀所展现出的崇拜仪式。对古代人而言，这类宗教活动是维持生活的重要能量。“禮”逐渐成为人与人之间的生

活规范，最终演变为中国传统文化的思想构造里的核心观念。

在《观堂集林·释礼》篇的殷代卜辞中，豊字有“吕”“珏”等字形，王国维称：“象二玉在器之形，古者行禮以玉。”大意是，模样如在盛器里放了两块玉，古代人用玉行礼。这与《说文解字》里将“豊”看作玉的见解是一样的。殷人把祭祀当作日常活动，会把千金难求的玉满满当当地放在盛器上，祭拜神灵，他们用“曲”来描绘这一场景，“豊”字正是来源于此。当时奉献给神的甜酒被称为醴，这与禮的意义是相同的。王国维对禮的词源的解释是有道理的。

法的词源 406

实际上古代资料中并没有“法”字。法的原字大约是“灋”字，在《马王堆帛书》里作为异体字变成了“㳒”的形态。《说文解字》以后，到了隶书以及楷书的时代，“法”字形才正式出现。甲骨文里不存在“灋”字，初期金文的形态如下图。综合记载在《尚书》《墨子》《论衡》等文献里的内容，据说夏朝法官皋陶会将有灵性的动物独角獬豸（亦称獬廌）放在两个诉讼当事人中间，松开此动物，它会撞向有罪的那个人，但林义光等人认为这是毫无根据的主张。[4]这个故事与“法”这个字的词源紧密关联。法的金文、大篆、小篆字形都十分复杂多样，有关其分析众说纷纭。

盂鼎	克鼎	诅楚文	籀文	《说文解字》
初期金文	晚期金文	石刻篆书	大篆	小篆

“法”字的变迁

“法”字的初期金文，是由离开居住地的“去”（去）字，在下方加上柔和流动的“”（水）字，在右边加上灵性动物“”（廌）字组成的。在《古文字诂林》里，马叙伦认为“法”的发音及意义源由“范”字，对通过将“灋”读作“废”而推理出“法”的发音的观点表示质疑。[5]除上述之外，还存在着各式各样的主张。

《说文解字》如此分析：“灋，刑也。平之如水，从水；廌，所以触不直者，去之，从去。法，今文省。”大意是，“灋”字的释义是刑罚。公平如水，因此从“水”，而廌会冲撞不正直的人，将其除“去”，因此从去。现今的“法”字形态是省去“廌”字形成的。

综合各种解读，对“法”字的原型“灋”字可作如下分析：水代表“公平”，独角动物廌代替上天试验人间事，即代表“判决”，“去”是人离开家，或人蹲下排泄，即代表“除去”。综上所述，“法”字的原汉字释义是“公平地判决是非，除去有罪的人”。

战国时代晚期，石刻文的篆书在初期金文里特别强调了“水”和“廌”，大篆的“”字跟金文并无关联。籀文文字一般有很多复杂的笔画，然而表达“法”的字体却比小篆更加简单，应是有缘由的。马叙伦则认为与“法”意义相同的可能是“定”字。[6]总之，在“人”字下加上“一”字，在下方写上“正”字的“”字应解读为“模范”。正字的甲骨文“”是行军征伐的意思。小篆字体基本延续了晚期金文的字形。“”是小篆的异体字，果敢地去掉了代表灵性动物的字形，变得简略许多。这就是我们今天使用的“法”字的原型。

如此看来，可以说“法”字的原始释义是刑罚，“刑”的含义往往与“法”有关。据《尚书·吕刑》篇记载，苗族创造了五种残酷的刑罚，并称之为“法”。而《周易》屯卦的象传则记载着，“对人使用刑罚，是为了正法”。如此从刑罚的释义来看，法是对已构成违反规则的行为进行事后制裁，其具有结果论的一面。

但是与法具有相同释义的“刑”字，除了刑罚以外，还有“模范、法则、制度”的释义。因此“法”不仅意味着对违反规则的制裁，还衍生出“将此规则视作社会全体应效仿的模范的含义”。“法”的概念指的是通过刑罚制裁违法行为，同时蕴含着确保此法的正当性的努力。“刑”与“荆”相通，而“荆”的原字则是“型”。“型”是用铸造盛具的土做成的模具，用木制造的模具为“模”，用竹子制造的模具为“范”或“範”。

综上所述，随着法字及由其衍生的概念的形成，“法”具有刑 409
罚及模范两种释义。今天虽然有着各式各样不同名称的“法”，但大致可分为两类：一类是意味着刑罚的法，另一类是意味着制度的法。古代中国的“法”的释义原封不动地延用至今。[7]

礼法观念的变迁 410

孔子之前的礼法观念

礼的观念自殷朝起即存在。在《尚书・君爽》篇里，昭公说：“殷礼陟配天，多历年所。”殷朝，礼是配天的祭祀，由来已有多年。在《论语・为政》篇里，孔子曾说过如下的话语：

> 殷因于夏礼，所损益可知也；周因于殷礼，所损益可知也。

大意是，殷朝因循夏朝的礼，所减少和增加的内容是可知的。而周朝跟随殷朝的礼，所减少和增加的内容也是可知的。

也就是说，夏朝便已存在着具有国家运行层面上的法律性、制度性含义的礼或礼法。早期国家的政策及仪式可特定化到先祖崇拜

411 和祭祀，殷朝许多卜辞里记载的祭祀皆可称为“礼”。与礼相关的器物即礼器是当时的政治象征。礼器被随身携带，是能显示主人身份等级的圣物。人们在获得分封土地时，也能得到天子直接下赐的礼器。《国语·周语》里记载了许多相似的内容。

即便是在孔子时代，记载夏朝和殷朝的礼的文献已少到让人难以考证，今天的我们就更无从得知了。周朝的礼是不同的，《周礼》是对周朝的礼法作了总概括的书，提供了当时国家运行的基本方针、制度以及职务构成的详细信息。这里的“礼”在广义上代表制度和政策。孔子以前的“礼”观念，既是治国的方针也是要谛，《左传》和《国语》里记载着大量相关事例。在文献里登场最多的“礼”是在政治运行中相辅相承的“礼法刑政”这四种观念之一，是狭义上的礼。刘泽华先生认为：“礼是由传统和习俗形成的行为规范，法是由人明确制定的具有强制性的规定，刑指强制手段，政指政权。”[8]

《左传》隐公十一年：“礼，经国家，定社稷，序民人，利后嗣者也。”大意是，礼，可治理国家，让社稷安定，让百姓有秩序，对后代是有益处的。《国语·秦语四》：“礼，国之纪也。”大意是，礼是国家的纪律。《左传》昭公十五年：“礼，王之大经也。”大意是，礼是王的常规。《左传》昭公二十五年：“礼，上下之纪，天地
412 之经纬也，民之所以生也。”大意是，礼是上下的纪律，天地的经纬，百姓因此而生存。

《左传》将礼视为神或先祖赐予之物。《左传》昭公二十六年记载：“先王所禀于天地，以为其民也，是以先王上之。”大意是，先王从天地中获取禀赋，保卫百姓，因此先王以礼为至上。也有人认为礼是现实社会关系的产物。桓公二年记载：“义以出礼，礼以体政。”大意是，礼是由义而来，政治因礼而成。文公七年记载：

“水、火、金、木、土、谷，谓之六府。正德、利用、厚生，谓之三事。”礼的具体内容是“六府”和“三事”。“德礼”指代社会财富的源泉以及使用该财富的原则，还能公平地把这些统合在一起。即礼是社会生活和社会关系的总体。礼观念的核心源自君臣、上下、父子、兄弟、内外、大小的等级秩序的确立。

在孔子以前的礼观念里，礼也用于定义人伦的几种精神。《左传》文公二年记载：“孝，礼之始也。”孝是礼的开始。而《国语·
周语上》记载：“礼所以观忠信仁义也。”大意是，因为有礼，所以 413
可以观察忠、信、仁、义。《左传》襄公十三年记载：“君子尚能而让其下，小人农力而事其上，是以上下有礼。”大意是，君子崇尚能力，谦让给下面的人。小人努力从事农活，献给上面的人。因此，上下皆具备了礼。而《左传》隐公十一年里意为宽容的“恕”也被称为“礼”。春秋时代的“礼”像是某种政治的灵丹妙药。

另一方面，春秋时代的“法”观念既不在“礼”的对立面，也不是区分保守和进步的观念。据《尚书·康诰》篇等记录，殷朝有过成文法，礼和法在其中似乎起着相辅相成的作用。《左传》昭公七年里提过“文王的法”，如此这般，“某某的法”的用例十分多。据文公六年记载，“夷搜的法”制定了各种规定和法律，采取“董逋逃，由质要，治旧洿，本秩礼”的措施。大意是，准备经济对策，清除旧恶，区分贵贱，以不失原本的礼。昭公二十九年记载，孔子认为“被庐的法”符合“礼”。而在宣公十六年里，则有以周王关于“礼”的演讲为基础，“修正了秦法”的记录。如此看来，春秋时期的礼和法是相互并存的观念。将法和礼推定为一个观念的例子在《左传》里数不胜数。

法与礼不是对立关系。没有任何国家只依存于法，也没有任何
政府只依存于礼。但是这两个观念不可能完全一致。正如两者字体 414

不一，其含义也有差异。礼一般用于传统沿袭下来的规则或规定，法一般反映了把现实生活考虑在内的政治需求。春秋时代是重视且强调传统的时代，传统的规定在现实政治里也发挥着影响力，因此推定礼和法是并存的。即便如此，政治变数很多，法规定和传统习俗不符的情况随时发生。据《左传》昭公四年记载，子产的法与传统不符，于是有了如下批判：

> 国氏其先亡乎！君子作法于凉，其敝犹贪；作法于贪，敝将若之何？

大意是，可能国家先亡也说不定。若君子无情地制定法，则弊端在其贪欲。若有所贪地制定法，那么其弊端又如何呢？

法是对时代的反映，而礼是对传统的继承，两者不可能没有冲突。守礼与人难以改变的惰性有关，守法是接受现实变化的行为。

“法”同时具有“刑罚”和“制度”的词源，作为与“礼”并
415 存的重要政治观念留存下来。到了战国时代，法家的“法”更常常与“刑”紧密相联。“刑”比“法”更早出现，具有“禁止”的狭义概念。《说文解字》里说：“刑者，刭也。”刑是割刭（即颈）的意思。作为伴有物理暴力的政治手段，“刑”存在于作为精神教化手段的“德”无法触及的地方。在《论语・为政》篇里，孔子说“道之以政，齐之以刑”的法治不是好的政治，“道之以德，齐之以礼”的德治才是好的政治。这并不是说德与礼站在法与刑的对立面，也不是说二者只能存其一，而是各有各的作用，相辅相成。《左传》僖公十五年记载如下：

> 德莫厚焉，刑莫威焉；服者怀德，贰者畏刑。

大意是，恩德最为深厚，刑罚最有威严，则服从的人会内心感恩而怀德，有二心的人会畏惧刑罚。

孔子并不反对刑，身在官位的时候也执行过刑罚。刑与礼既不矛盾也不对立。法家的出现引发了学界围绕礼与法及刑所具有的时代意义的激烈争论，“法”这才演变成与“礼”遥不相关的概念。

诸子百家的礼法观念 416

“礼”是儒家思想的代表命题。《论语·季氏》篇记载：“礼乐征伐自天子出。”即认为“礼”是国家权力中最重要的、核心的制度，同时主张所有人要将“礼”当做客观准则，从礼而行。《论语·颜渊》篇记载了孔子说过的以礼制约万事的名言：“非礼勿视，非礼勿听，非礼勿言，非礼勿动。”孔子固守着与礼相关的传统，甚至不允许弟子去追究盘问。徐复观先生综合分析了《论语》里的“礼”，提出如下三点：一是遵循既往的礼俗；二是在日常生活中扩大宗教性的仪礼流程；三是依照礼的根本精神，更新礼的意义和精神等。[9]

孔子的后裔将“礼”观念内在化，升华为政治思想的核心观念。孟子提出了将仁、义、礼、智与性善说结合的四端说。其中，人们可以从“辞让之心”处寻找到礼的线索。孟子并不像孔子一样，将礼作为思想的中心观念，而是将其放在了低于义的位置。孔子在强调仁的同时，将礼当作实现仁的行为规范，而孟子则认为礼是从属于仁义的观念。据《孟子·离娄上》篇记载，孟子说：“礼之实，节文斯二者是也。”大意是，礼的实质是行为的节制与形式。 417

荀子集儒家及诸子百家之大成，将礼视为思想核心。一句话概括荀子思想，即是“礼治论”。同时，荀子并未忽视法。荀子是第一个主张中国的政治传统是儒法有机结合的人。荀子将森罗万象存在的理由和宇宙的运行秩序放到了“礼”的观念里。礼将义当作本质，荀子认为礼和义起着一样的作用。《荀子》里的所有“义”字都可用“礼”字代替。这样的“礼”字在《荀子》里足足出现了342次，不仅极大扩展了“礼”的意义，且礼具备了具体可实现的社会、政治、经济、法律等各种制度形态。

荀子认为礼和法皆由圣人创造。他主张人性本恶，如果就此放任的话，社会就会成为一个矛盾体。为了解决矛盾，圣人创造出了礼和法。《荀子·王制》篇记载：“先王恶其乱也，故制礼义以分之。”大意是，先王厌恶混乱，因此创造出了礼义来加以区别。礼是通过对各种财货与社会关系的正确区分，从而满足物质生活及精神生活的工具，《礼论》篇如是说：“使欲必不穷于物，物必不屈于欲。两者相持而长，是礼之所起也。”大意是，合理分配的话，人们所希望的都能被满足，人们所追求的都可被供给。若供给到位的话，就不会出现物资不足而欲望不被满足的情况，若满足到位的话，就不会出现欲望无穷无尽物质缺乏的情况。二者相辅相成。这是礼被创造的理由。

针对日常的繁杂琐事，荀子一一制定了具体的礼规。《礼论》篇记载：“故礼，上事天，下事地，尊先祖而隆君师，是礼之三本也。”大意是，礼向上供奉天，向下供奉地，尊重先祖，尊敬君王与老师。这就是礼的三个根本。对荀子而言，礼是治国安民的根本，也是社会秩序的根基。

荀子自诩为儒家思想家，对礼与法都持十分积极的态度。荀子的法观念十分全面，如《大略》篇记载的“三王的法”，把由来已久的政治传统以及历史经验统称为“法”，而如《王霸》篇记载的“霸者的法”，又指政策抑或制度。此外，“法”也指代法令，如《议兵》篇记载的“立法施令，莫不顺比”。建立法而下达命令，没有不顺利的。

不过荀子认为法是礼的下位观念，从这一点来看，它与法家认为的法是有差异的。据《修身》篇记载，荀子认为：“故非礼，是无法也。”大意是，如果礼不对，那么有法也是无法。荀子还在比 419
法低的位置设置了一个相当于判例的“类”的概念。《王制》篇记载：“有法者以法行，无法者以类举，听之尽也。”大意是，有法则用法，无法则用类，如此即可处理全部的政务。此外，荀子尝试对指代具体法规的法数、有着法哲学意义的法义等与法相关的概念下各种各样的定义。荀子就像给法的思想做了一套理论的盔甲。荀子反对连坐制，主张礼与法的并行使用。《富国》篇记载：“由士以上则必以礼乐节之，众庶百姓则必以法数制之。”大意是，对士等级以上必须以礼乐节制，而对民众百姓则必须以法数制约。归根结底，荀子的法观念重视的是运营法的人，而不是法本身。

道家思想否定礼和法。《老子》第三十八章这样说道：

> 故失道而后德。失德而后仁。失仁而后义。失义而后礼。夫礼者，忠信之薄，而乱之首。

大意是，所以，失去了道，而后才有德；失去了德，而后才有仁；失去了仁，而后才有义；失去了义，而后才有礼。礼标志着忠和信的薄弱，是混乱的开端。

道家主张与自然的一体化，因此也反对法。《老子》第五十七章记载：“天下多忌讳而民弥贫。……法令滋章，盗贼多有。”大意 420
是，天下忌讳许多，而百姓更加贫穷……法令越多，则说明有越多的盗贼。《庄子·知北游》篇提出，“礼相伪也”，批判是礼乐把百姓分出了贵贱。

道家体系的思想中，有一派在坚持“法自然”的同时，肯定了法的政治作用。黄老学派的著述认为法的根源在道。《经法·道法》篇记载，“道生出了法”，而“法者，引得失以绳，而明曲者也”。

法以利害为标准，用来明辨是非。《经法》的作者强调民心，主张公正的法。《道法》篇又记载："使民之恒度，去私而立公。"大意是，若想让百姓经常遵守法道，就要去私而保证公正。立法的人也需以身作则遵守法道。

墨子是儒家的弟子。《墨子》里偶尔出现"礼"字，多为丧礼、祭礼、礼乐等与儒家思想相似的用例。但是墨子讨厌奢侈和浪费，因此批评了所有有悖利益的礼。据《墨子·非儒下》篇记载，墨子批评儒生们："且夫繁饰礼乐以淫人，久丧伪哀以谩亲。"大意是，用繁杂礼乐迷惑人，用长期服丧以装哀伤来欺瞒父母。

421 与消极看待礼的政治机能相反，墨子对法的政治机能的看法则是十分积极。《墨子·尚贤中》篇如下所述：

> 贤者之治国者也，蚤朝晏退，听狱治政，是以国家治而刑法正。

大意是，贤者治理国家，早上上朝，傍晚下朝，用心审判狱事，处理政务。因此国家有了秩序，刑法也端正。

墨子主张对犯罪和反动进行彻底的处罚。墨子十分看重义，认为天下的义应该统合为一，严惩违反"义"的恶。墨子依照当时的用法，既用"法"来表示"原理原则"以及"模范"之意，也用"法"来表达"刑罚"之意。

诸子百家中，将法本身当作思想核心的学派是法家。首先，法
422 家认为法必须有刑罚伴随，而刑罚必须依从法，提出了法必有刑，刑必依法的观念。法成为刑的标准，刑则是法的实践。法包含刑，而刑则需有法在前头。

其次，法家认为法囊括了国家的全部制度。《尹文子·大道上》篇将此分为四个方面："一曰不变之法，君臣上下是也；二曰齐俗

之法，能鄙同异是也；三曰治众之法，庆赏刑罚是也；四曰平准之法，律度权量是也。”大意为，第一，不变之法，用于君臣上下。在不变的意义上，此法观念指代政治制度。第二，齐俗之法，指代有能力的人和卑贱的人有同有异。即根据是否有能力而做审查评价，此法观念指代人事制度。第三，治众之法，指代废赏刑罚。即做得好就赏，犯了罪则罚，此法观念指代赏罚制度。第四，平准之法，指代律度权量。在统一国家度量衡的意义上，此法观念指代经济制度。

帝国时代的礼法观念

众所周知，秦始皇援用法家思想，统一了战国。他通过彻底的法治，维持且扩张了权力，吸收若干思想学派的优点，以谋求国家的长治久安。直到发生焚书坑儒这一旷世的文化暴力前，他对礼也是持十分宽容的态度。然而，由于他过度依赖法的公共机能，忽略了礼特有的社会统合力，导致秦政权迅速没落，湮灭于历史长河中。[10]

汉朝在克服秦朝的法的基础上建立了国家。因此儒学即礼的复
兴是可预见的。班固在《汉书·高帝纪》里提及，陆贾的《新语》、 423
萧何的律令、韩信的军法、张苍的章程、叔孙通的礼仪是汉朝建立天下的五大支柱。换言之，汉朝是通过礼和法的统合与并行建成了帝国。

陆贾认为礼的出现要晚于刑。《新语·道基》里将这一过程分为中期圣人以及后期圣人来叙说，主张法与礼出现在矛盾中，根据时代不同，发展有所不同。陆贾继承了荀子思想，强调礼观念。但同时，他又主张道家的无为，以及法家的法。贾谊等汉初的思想家们有关礼和法的观念，大体都采用了荀子的观念。

先秦思想充分体现了礼和法的精神，帝国时代也原封不动地沿

袭了这些观念，只是具体的形式根据时代不同而有所不同。汉朝时期，叔孙通“创造”了朝廷仪礼，即在皇帝面前的礼的形式。据《史记·叔孙通列传》记载，他前往孔子的故乡鲁国之地，向孔子
424 的弟子们提议一起研究古礼，创造朝廷的礼法，但是鲁国保守的儒生们认为叔孙通想要创造的仪礼不符合古礼，拒绝了他的提议。因为叔孙通旨在以绝对的君臣关系为基础，确立对皇帝无条件服从的仪礼，这与早期儒家思想家们主张的相对君臣关系不符。[11]

朱熹在《朱子语类》第一百三十五卷批判道：“叔孙通为绵蕝之仪，其效至于群臣震恐，无敢喧哗失礼者。比之三代燕享群臣气象，便大不同，盖只是秦人尊君卑臣之法。”大意为，叔孙通如此这般建立了尊卑秩序后，诸多臣子感到惊讶害怕，没人敢做违礼的行为。这与三代的宴会及祭祀仪式，还有君臣间的日常形式相比，十分不同。这只不过是秦人尊君卑臣的手段。

叔孙通以来，比起对精神的探求，礼观念渐渐发展成仪式。据余英时描述，叔孙通是将儒学法家化的汉朝第一位“儒宗”，而以身践行“礼”的形式，跻身诸侯班列的公孙弘，则成了为后人出人头地指明方向的御用学者的典范。公孙弘口口声声说着儒家的“礼乐教化”，对内则赞扬皇帝的独裁，是后代知识分子官僚的模范示例。经过他，儒学的法家化更进一步发展。

汉朝据《春秋》内容推定、决定狱事的“经义断狱”是将礼和法统合且运用到政治的代表事例。犯了罪的人，不仅身体上要被依法定罪，精神上也要依典籍之意定罪。董仲舒的“春秋断狱”[12]成为某种形式上的法典。王充在《论衡·程材》篇批判了董仲舒的书籍：“论者徒尊法家，不高春秋，是暗蔽也。”大意是，董仲舒所论
425 只是尊崇法家，而没有抬高《春秋》本身，是隐蔽的行为。

表面上标榜礼而内里以法维持秩序的政治观念在汉朝成型，直

到清朝为止，一直支配着中国。董仲舒对该理论的确立起了很大的作用。“独尊儒术，罢黜百家”政策，与李斯企图以法家统一思想的“逐客令”大同小异。差异仅在于李斯采用了鞭笞的方法，而董仲舒用了怀柔的方法。董仲舒主张只有掌握儒家的经传的人才能成为官僚，一旦成为官僚，就必须遵循“君尊臣卑”的法家路线，从而使礼和法一体化。这一主张的结果即“三纲”。让我们看一下《春秋繁露·基义》：

天为君而覆露之，地为臣而持载之；阳为夫而生之，阴为妇而助之；春为父而生之，夏为子而养之；秋为死而棺之，冬为痛而丧之。王道之三纲，可求于天。

大意是，天为君，广施恩惠，地为臣，承载万物。阳是夫，主管生成，阴是妇，为夫是从。春是父，生育子女，夏是子，奉养父母。王道的三纲，从天求来。

如此这般，君为臣纲、夫为妇纲、父为子纲成了后日支配中国社会全部关系的核心理念。自此，从初期儒家思想家里绝找不到的、通过将礼法一体化而形成的“三纲五伦”成为新的礼法观念，在观念史上占据了重要地位。实际上，这“三纲”说首次出现是在《韩非子·忠孝》篇：“臣事君，子事父，妻事夫。三者顺则天下治，三者逆则天下乱，此天下之常道也。”臣子要侍奉君主，子女要侍奉父母，妻子要侍奉丈夫。韩非扩展了将“君尊臣卑”观念合理化的理论，这一理论原封不动地被投映到儒家学者董仲舒的主张里。“三纲”论不存在于初期儒学家主张的相对君臣关系里，只存在于绝对君臣关系中。大部分的君主实际上都偏好法家，儒学家只能忍受着无可奈何被迫服从的政治命运。《朱子语类》第一百三十四卷写道：

> 黄仁卿问：“自秦始皇变法之后，后世人君皆不能易之，何也?”
>
> 曰：“秦之法，尽是尊君卑臣之事，所以后世不肯变。且如三皇称皇，五帝称帝，三王称王，秦则兼皇帝之号。只此一事，后世如何肯变!”

朱熹认为，秦始皇变法以后，后世君主们没有取缔法的理由，是因为秦朝的法仪与尊君卑臣有关。因此后世不可能愿意做出改变。

表面上是礼的形式而内里是法的内容的这一观念转换，一直持续到后代，法作为思想的发展与变化被按下暂停键，下沉为被包含在儒学内的一个小概念。帝国时代的礼，在内容和思想上几乎没有变化，但是其形式和程序经历了复杂的争论和发展。《春秋纬·说题辞》认为礼是“所以设容，明天地之体也”。大意是，礼确定外部的容貌，表明天地的本体。纬书将君主专制合理化，认为礼法是所有人都该遵守的礼仪形式。《春秋纬·元命苞》记载：“皆上奉王者之政教礼法，统理一国，修身洁行矣。”大意是，所有人对上接受王的政治教化和礼法，统合管理一个国家，各自好好修身，行为
427 清白端正。纬书力图将儒家的中心思想礼乐神话化。《易纬·乾凿度》将“仁义礼智信”五常与方位相结合，认为“南方为礼”；《孝经纬·钩命诀》则将其与事物的属性相结合，认为：“性者，生之质，若木性则仁，金性则义，火性则礼，水性则智，土性则信也。”大意是，木的本性是仁，金的本性是义，火的本性是礼，水的本性是智，土的本性是信。

据《白虎通义·礼乐》篇记载，“礼之为言履也”。即礼指的是实践。帝国时代的礼观念，比起精神方面，更多强调外在规定的内

容。王充在《论衡·非韩》篇说道：“国之所存者，礼义也。民无礼义，倾国危主。”大意是，国家之所以存在是因为礼义。如果百姓没有礼义，则国家会倾覆，君主会岌岌可危。此处说的礼义，可看作是治乱根本的外在实践。仲长统在《昌言》里说道，为了便于实践，礼和法要简略且明确。阮籍则认为“若礼乐端正，天下就太平”，他在《乐论》里说道：“刑教一体；礼乐，外内也。刑驰则教 428
不独行，礼废则乐无所立。……礼治其外，乐化其内，礼乐正而天下平。”大意是，刑罚与教化是一体的，礼和乐是外部和内部。刑罚松弛的话，教化不可独行，礼崩坏的话，乐则无处可站。如果说音乐让人的内在有所变化，那么礼就能管制外部的行为，使天下成为一体。

据《隋书·高帝纪》记载，隋朝帝王并行使用了刑法与礼义。唐朝特别强调礼精神的思想家是孔颖达。他在《五经正义·檀弓上疏》里说，道与礼是相同的，在《曲礼上疏》又说，礼是道和德的具体化。主张“道”是礼的根据和本质，这使得只重视礼的形式的时代氛围焕然一新。孔颖达将初期儒学家的精神充分地记录在对五经的注疏中。

唐末开始，儒学复兴，到了宋朝，随着道学和理学的建立，初期儒家的礼和法观念再次成为争论的焦点。王通在《中说·事君》篇说道：“王道盛则礼乐从而兴焉。”王道盛行，礼乐随之兴起。韩愈在《复仇状》说道：“礼法二者，王教之大端。”大意是，礼和
法，两者皆是王教的大纲。但礼法观念只是短暂地升华成知性与学 429
问的争论，不久便再次变回官学，并固定为帝王的统治工具，变得形式化。朱元璋认为通过强化礼法，可以整顿君臣的纪纲。据《明通鉴》第三卷记载，他提出：“纪纲不立，主荒臣专，威福下移。……建国之初，当先定纪纲。……礼法立，则人志定，上下

安。建国之初，此为先务。”大意是，若礼法树立起来，人的意志也会定下来，则上下秩序安稳。明建国初期应该把这点视为首要解决的任务，即礼法规定被用于抬高君主的权威。

430 荀子的礼治与法家的政治思想

荀子政治思想与礼仪统类

礼是通过数千年间纠正东亚社会内部的秩序，带来政治安稳的重要观念。“礼”从殷朝开始就经常被运用到政治中，而荀子将其包装成思想的中枢，将其意义扩张到宇宙森罗万象的全部领域，奠定了中国礼学的基础。荀子给从孔子时期开始就备受强调的礼赋予了新生命，他的思想可概括为礼治思想。

《管子》将“礼、义、廉、耻”视为国家运营的四根绳索，称之为“四维”。《牧民》篇写道：“国有四维，一维绝则倾，二维绝则危，三维绝则覆，四维绝则灭。倾可正也，危可安也，覆可起也，灭不可覆错也。何谓四维？一曰礼，二曰义，三曰廉，四曰耻。礼不愈节，义不自进，廉不蔽恶，耻不从枉。”什么是四维？第一是礼，第二是义，第三是廉，第四是耻。有礼所以不会逾越规则，有义所以不会糊涂行动，有廉所以不会隐瞒恶，有耻所以不会追随错误的事情。

431 在维持纪纲和法的意义上，礼是维护既存秩序的保守价值。荀子拥护身份秩序，强调等级的差别，主张礼和法适当调和与并行。汉武帝时期，国家意识形态之所以统一成儒教，与深受荀子思想影响的董仲舒有关。“独尊儒术”的基本政策，内涵上是推行了立足于法律的统治，而表面上则实施了被包装成“帝王之德”的礼治。

被称为外儒内法或外礼内法的政治风格，日后成为中国的政治传统，韩国也受其影响，在很长一段时间施行着被包装成礼的儒教政治。据《荀子·强国》篇等记载："人之命在天，国之命在礼。"大意是，人的命运在天，国家的命运在礼。汉朝政治完全体现了荀子的这一主张。

荀子宣称礼是运行国家和社会的最高原理，曾详细地提过其具体的行为规范，还将具体的礼运用到君主、臣子及百姓间的相互关系里。荀子将礼和乐分开，对两者进行了专业的论述。他具有很强的政治意识，某种程度上比较偏向政治教化方面，但还是对礼乐的基本理论进行了极度缜密的论述。

《荀子》习惯性使用"礼义"的表达，在连接"礼"和"义"时，礼以义为本。有关礼和义的关系，《荀子·强国》篇记载："天下之要，义为本。"大意是，治理天下的中心要谛是以义为根本。《君子》篇记载："以义制御万事。"礼和义实际上是一个事情的表里。《荀子》里的"义"字皆可用"礼"字替换。

荀子所说的礼的范围包括从个人处世到自然法则的方方面面，极其多样，大体上可以分为下述三点：

第一，据《荀子·修身》篇记载，就个人的立身处世而言，礼是正身的工具，身体是每个人都应该依靠且要守护的。而《礼论》篇记载："法礼，足礼，谓之有方之士。"大意是，以礼为榜样，且重视礼，才能被称为有原则的贤士。礼是人道的极致。

第二，礼作为治国之道，是政治、经济、法律、军事的规范。《荀子·劝学》篇记载："礼者，法之大分，类之纲纪也。"大意是，礼是创制法道的大原则，也是类推事理的依据。《议兵》篇则提出："隆礼贵义者其国治，简礼贱义者其国乱。"崇尚礼且珍视义的国家可得治世，而无视礼且贱视义的国家则会混乱。尤其《富国》《王霸》两篇强调，不管是对职业分化或社会机能的调节，百姓生计还是国家体制的树立，礼作为与它们相关的诸般政治经济形式的依据，其重要性不言而喻。

433 第三，荀子还将自然的运行法则也包含在礼的范围内。礼是人类在应对处理自然现象时应该采用的方法。《荀子·礼论》篇："天地以合，日月以明，四时以序。……以为下则顺，以为上则明，万变不乱，贰之则丧也。礼岂不至矣哉！"大意是，天地有度地结合，日月照耀人间，四季皆有和谐的顺序……下面的人和顺，上面的人明察。万物被很好地治理，有变化也不乱，若脱离这一理致，就会灭亡。岂能不推崇礼？荀子认为，之所以自然现象不给人们带来危害，生产业得以充分发展，是因为人类能够实践礼义。

综上所述，礼的范围极其宽泛。其中，荀子特别强调的是与社会政治制度相关的"礼"。荀子将其称为"礼宪"，即礼法制度。他认为只要完整地具备了"礼宪"，就可以实现治国。

礼如同政治的灵丹妙药，那么荀子的依据来自哪里呢？荀子将欲望作为出发点。让我们看一下《荀子·礼论》篇：

> 434 礼起于何也？曰："人生而有欲，欲而不得，则不能无求。求而无度量分界，则不能不争；争则乱，乱则穷。先王恶其乱也，故制礼义以分之，以养人之欲，给人之求。使欲必不穷乎物，物必不屈于欲。两者相持而长，是礼之所起也。"

大意是，礼的起源在哪？荀子回答说："人从生下来开始就带着欲望，有欲望而得不到满足的话，就会使用一切办法满足欲望。如果追求没有秩序边界的话，那么一定会争吵。争吵会带来混乱，混乱带来贫穷。以前的圣王厌恶混乱，因此制定出礼义区分各种秩序，以此适当地培养人的欲望，使人的欲望能适当被满足。为了满足人的欲望，他们准备充分的物质，物质不会因欲求而枯竭，物质与欲望两者维持均衡，相互成长，这就是礼的来源。”

此处荀子提到了礼的起源问题，我们可从如下两点探索到其意图：第一，先王因厌恶混乱而创造了礼；第二，礼出现的目的是使人的欲望与物质相互依存，均衡发展。首先，礼义因平定混乱的需求而产生，这意味着国家社会的秩序先于个人欲求，所以要通过政治权力统制私人欲望。据《荀子·王制》篇记载：人类生来就有欲 435
望，而“物不能澹则必争，争则必乱”。物质不能满足欲望，就会产生纷争，纷争会导致混乱。先王厌恶混乱，于是制定了礼，分出贵贱等级、长幼序列，将智者、愚者，有能力和没能力的人一一分类，使各人安守本分。这就是《荀子·荣辱》记载的：“先王案为之制礼义以分之，使有贵贱之等，长幼之差，知愚能不能之分，皆使人载其事，而各得其宜。”即主张若要防止纷争和混乱，使人们服从一定的秩序，就必须有礼。

另一方面，由于资源有限而欲望过多而产生纷争，若说要将所有欲望除去，自然是天方夜谭。荀子认为人的欲望是先天的，因此无法除去，也不能除去。因此主张通过礼义积极地引导欲望，使其往合理的方向发展。换言之，荀子认为可以通过“养人之欲，给人之求”来建设性地平衡欲望和物质。

此外，荀子将礼的根本来源分为以下三处：

> 礼有三本：天地者，生之本也；先祖者，类之本也；君师者，治之本也。无天地，恶生？无先祖，恶出？无君师，恶治？三者偏亡，焉无安人。故礼，上事天，下事地，尊先祖， 436
> 而隆君师。是礼之三本也。

大意是，礼有三个根本。天地是生命的根本，先祖是种族的根本，君师是社会秩序的根本。没有天地的话，生命在哪里诞生？没有先祖的话，种族从何而来？没有君师的话，何来秩序？但凡三者缺一，人间社会不可能安宁。因此，礼向上侍奉天，向下侍奉地，尊重先祖，推崇君师。这是礼的三个根本。

如上所述，天地、先祖、君师是人类生命的基本，因此人要感激且尊重。对于天地和先祖，制定礼进行祭祀，以表诚意；而对君主和老师，要创造礼，恭敬顺从。因此，这三者才是礼最初的根本，是创造礼时的依据。三者俱备时，政治安宁才会实现。

据《非相》篇记载：“古今一也，类不悖，虽久同理。”大意是，古代和现代是相通的，不违背该类，则不管岁月流逝，其原理原则是相同的。结合荀子的用语解析“类”的话，即礼义统类。荀子肯定了历史的普遍法则，即古代用过的优秀法则原理也适用于今日。因此，《荀子·不苟》篇写道：“君子审后王之道，而论于百王之前，若端拜而议。”君子审查当代王朝的后王之道，再反过去议论先王们的道，就能不费吹灰之力。这是因为先推导出了礼义之统才有可能，那么只要知道统类，治理天下民众就会如同使唤一个人一样简单。

437 “礼义之统”是贯穿全部荀子思想的最重要的要谛。但是在《荀子》里，比起“礼义之统”，出现更多的是“统类”。据《荀子·解蔽》篇记载：“学者以圣王为师，法其法，以求其统类。”大意是，学习是要将圣王当成老师，以其礼义法度当榜样，追求其统类。在荀子政治思想的构造里，“统类”和“礼义”以及“圣王”的关系极其重要，礼义发展过程中的共理被称为“统类”。“统类”指的是历史上出现过的优秀礼义法度中永远不变的共同原则，或者说同类事物共有的道理。这一概念是荀子的独创，同时也是其礼治思想的理论总结。

“统类”有时也会将统和类分开使用，从政治思想意义上来看，“统”指的是圣王经营天下的基本原则，“类”是指前述大原则或基本精神的类推或运用。[13]“统”与“类”可用于救援《儒效》篇提到的“法教之所不及，闻见之所未至”的情况。其中，“统”指的是圣王的治国纲领，“类”指的是礼义法度的领域。[14]

据《非十二子》篇记载：圣王“总方略，齐言行，一统类”。
圣王总括全部的政策，使言行整洁井然，致统类为一。这点的依据 438
正是礼义，能“统”此礼义的关键在于“类”，即提前知悉礼法的共理。《荀子》里“类”具有丰富含义，但是与政治思想有关的大致可分为下面两点：

第一，统类连在一起的话，意味着治国的纪纲秩序或纲令。《荀子·声乐》篇记载：“多言则文而类，终日议其所以，言之千举万变，其统类一也：是圣人之知也。”大意是，即使言辞丰富，但凡有类，就可以终日讨论事物的理致，千变万化中一定会有始终一贯的统类，这是圣人的知。

第二，“类”是法字的代称，先于礼，比礼更具原则性、根本性。《大略》篇记载：“有法者以法行，无法者以类举。以其本知其末，以其左知其右，凡百事异理而相守也。庆赏刑罚，通类而后应；政教习俗，相顺而后行。”大意是，有法度则根据法度而行，无法度则以类应对。从本知末，从左知右，万事的理致互相不同，但是也相互维护。以类应对奖赏和惩罚，政治方面的习俗教化也依据这般普遍原理去执行。“类”既是判例，也是形成体系的普遍原理原则。

人皆可成为圣人，圣人即知类行礼的人。《荀子·解蔽》篇记 439
载：“向是而务，士也；类是而几，君子也；知之，圣人也。”大意是，为圣王的法制出力的人是“士”，以此类推，言行与礼一致的人是“君子”，确切地知道“礼义统类”且进行实践的人是“圣人”。荀子的政治思想正是这般积累成为圣人的修养，是实现治世的成圣成治的过程，其要旨在于知道且实践“礼义之统”。虽然他设置了严格的上下贵贱的划分，但其目的不是为了维持世袭阶级制度，而是确立基于礼义的区分秩序，从而实现理想的治世。

法家法术势统合的政治思想

很久以前就有管理法的官吏。在诸子百家思想盛行的春秋战国时代，世上几乎所有的话语都涌现了出来，也有很多人谈论法律，表明自己的政治抱负。但是无法断定谁在具体什么时候提到法，又如何将法当作自己的思想主题。大体可以推定是一些自称为“法术之士”“法士”“耕战之士”的人们，他们实际参与过国家行政，忠实于富国强兵这一现实目的，讨厌玄学类的谈论，不执着于老师流派，这些人可看作是法家的源流。“法家”这一说法是汉朝司马谈统称这些人时首次用到的词语。

有关法家的起源问题，学界并没有一致的见解。《汉书·艺文
440 志》第一个主张法家来源于理官即司法官。《韩非子》认为当时每家每户都认可管仲和商鞅的法，也就是说，公元前 3 世纪，法家思想已经在全国盛行。齐国的管仲与郑国的子产用法家的思想去解决社会问题，改变了历史的脉络，商鞅夯实了统一中国的基础，他们都是卓越的行政家。因此法家是包括法律家、行政家、法官、政治家、国家经营者、法家思想家等在内的综合社会科学者。

战国时代的法家相当盛行。不少思想家在历史上留有著作和思想主张，如商鞅、慎到、申不害等。慎到强调掌握权势是政治活动的前提条件。《慎子·威德》篇记载：“故贤而屈于不肖者，权轻也；不肖而服于贤者，位尊也。……而势位足以屈贤矣。”大意是，

贤者向不肖之人屈服，是因为权势轻薄。不肖之人能使贤者屈服是因为其地位高。……只有势位才能使贤者屈服。其思想明显与主张崇尚圣贤的儒家、墨家不同。而作为夹在强国中间的小国韩国的宰相，15 年来坚定地守护了国家的申不害，十分重视役使臣子的君主之术。《申子·大体》篇记载：“是以明君使其臣并进辐凑，莫得 441
专君焉。”大意是，明君使唤臣子，就像收集车子的车轮条，要让他们以君主为中心转动。其主张的各种术是将君主和臣子放在两个极端，各自利益不同为前提提出的。

商鞅成功完成了中国历史上最杰出的政治改革，他在《商君书·更法》篇说道：“治世不一道，便国不必法古。”大意是，治理天下，不止一种方法，想要使国家安稳，没有必要参照古法。他认为法制也需要根据世上的变化而有所改变。又在《赏刑》篇说道：“民之欲富贵也，共阖棺而后止。”大意是，百姓们对富贵的欲望，在棺材盖合上的一刻才会停止。认为充分利用人类渴望名利的本性，实施耕战政策，可以实现富国强兵。他主张以百姓为对象，实施君国主的教育，让他们积极参加战争，同时通过刑罚吓唬他们，通过奖赏安慰他们，奖励农耕，强化行政管理的商鞅的法家政治是秦朝一统天下的最重要的基础。

在思想方面，荀子的学生韩非使法家臻于完整。他虽然有口吃，但是写得一手好文章，据《史记·老庄申韩列传》记载，秦始 442
皇曾说：“嗟乎，寡人得见此人与之游，死不恨矣！”可见其文章的优秀程度。韩非子根据对现实与历史的冷静分析，通过寓言来揭示具体的解决方法。《韩非子·五蠹》篇记载：“上古竞于道德，中世逐于智谋，当今争于气力。”他指责过去的道德至上主义，认为正如兔子奔跑过来撞到树桩，是茫然等死的守株待兔的愚蠢行为。他又在《备内》篇讲道：“医善吮人之伤，含人之血。”大意是，医生善于给人治病舔伤，口含病人的污血。抑或“故舆人成舆，则欲人之富贵；匠人成棺，则欲人之夭死也”。大意是，做车子的人希望大家都变富贵，做棺材的人希望大家都死去，这都是因为利益。这是提出了现实的人性论。

韩非子认为君主的利益即国家的利益，对臣子的统制有利于君主即有利于国家。为达到这一目的，君主要有绝对的势，要能执行公平无私的法，采取有效的术去统制臣子，由此他提出了混用“法、术、势”的法治。出于这一立场，韩非批判了先前法家的路线。他曾指责，商鞅知道了法，但是没有术，而法也没做到极致；申不害知道了术，但是没有通达法，而术也没有做到极致；慎道对势的主张也还有欠缺的地方。尤其对于臣子制御术，韩非子吸收了老子思想，开辟了独树一帜的权术境界。《韩非子·主道》如此说道：

> 道在不可见，用在不可知。虚静无事，以闇见疵。见而不见，闻而不闻，知而不知。

大意是，道在看不到的地方，在不知所用的地方。保持虚静无
443 为的态度，暗中发现其瑕疵。看到了也要假装没看到，听到了也要假装没听到，知道了也要假装不知道。

法家“法术势”理论中，我们先来了解下崇法的“法”吧。法家将法当成全部价值的基准，甚至还用来指代军事和文化上的尺度。法是国家应有的唯一标准，是规范国民的全部行动的根据，偶尔也包含社会变革。所以“法”需要是成文法，需对百姓颁布，后续要有实践支持，必须公平无私。《商君书》和《韩非子》摒除了自然法观念，重视实体法，强调以赏罚为手段，彻底执行法。

法家的法是君主立法，在观念上与今天民主社会里所说的民主

立法有着很大的差异。法家的所有学者都认为立法权应归属君主一人。执行法的人仅仅是辅助的角色，只有君主才拥有绝对自主地立法的地位。不过，围绕着君主立法究竟是独裁专断还是以民意为重这个问题，法家们意见不一。据《慎子·威德》篇记载，慎到提 444
出：“古者立天子而贵之者，非以利一人也。曰：天下无一贵，则理无由通，通理以为天下也。”法不仅代表天子一人的利益，因此，必须为了天下人民的公理，乃至天下的公利立法。主张立法必须反映民意。《尹文子·大道上》篇主张，“法的效能在明分，绝不能违反社会的道德意识”。《管子·牧民》篇则主张，立法要分清风俗，顺应民心。

相反，商鞅和韩非根本不相信民意的存在。因为民智寡贱，判断力薄弱，所以不需要听取人民的意见。只有那些充满贪欲的权术家们，为了谋求政治经济利益，才会支持助长“民意在大部分情况下是明智的”这一观点。《商君书》称民意为“六虱”，即六种寄生虫。《靳令》篇则认为“礼乐”是第一种寄生虫。《韩非子·显学》篇则提出：“民智之不可用，犹婴儿之心也。”大意是，民智与婴儿的心是一样的，无处可用。《忠孝》篇还主张说：“上法而不上贤。”大意是，要以法为最高标准，不能以贤人为最高标准。商鞅和韩非子虽然不否定存在民意，但是坚决反对利用民意对已经颁布的法说三道四的行为。

陈启天的《中国法家概论》整理了法家们的法观念，以法的性 445
质和规定来举例，法家们有以下四个特性。[15]第一，法律的客观性。强调彻底的客观法治主义，如《慎子·威德》篇所说，恶法也是法。第二，法的准确性。准据要如秤或尺一样明确。执法的人不能有任何的自由裁量权，判断法令未明确限定之事时，需要明确表明类推的根据。第三，法的普遍性。不管身份高低，贤明与否，一律都要接受法的支配。在法面前，万人皆平等，君主在颁布的法面前也不能例外。第四，法的至高性。法虽然是君主制定的，但是一旦被颁布，法高于君主。不管是怎样的存在，都应被法管辖，绝对不能私底下更换。

下面我们来看看尚术的“术”吧。君主实行统治必须要确保权位（即权力和地位），才能提高行政效能，法家的“术”正因此而来。这样的统治方法或是技巧，用法家用语形容就是“术”或“数”。法家被称为擅长权谋术数的行政家，原因也在于此。

法家的人性观认为人性好利恶害，“术”与此有关。法家思想家认为君主与臣子的利害关系是永远相对立的。对此，申不害的观
446 点影响最为深远。君主梦想着富强的国家，百姓梦想着在富强的国家好好生活，但是臣子却重视自己的利益。因此，君主的利益是臣子的损失，臣子的损失是君主的利益。

具体来说，“术”有三种方法：第一，君主直接监督臣子，督责考核。父母兄弟或是身边的人玷污君主智慧的行为，被称为“奸”，这里说的“术”是指防“奸”之术。韩非子主张通过“知而弗言”的方法阻止“八奸”[16]。第二，臣子间彼此监督。君主采取措施，让臣子们互相监督。君主只要掌握臣子们的饭碗，利用他们各顾各的习性，就可以达到让他们相互监视的目的，即君主只要掌握生杀予夺和赏罚权即可。第三，连坐。商鞅将这一制度视为“告奸”。虽然有点非人类，但是它与什伍制度一起，构成了使商鞅改革成功的重要政策。

君主运用“术”的关键在于“周到绵密”。众臣为了迎合君主的旨意，动用各种方法，君主不能如他们所想所愿，也不能弃之不顾。君主要努力看守好自己，绝对不能让众臣知悉自己的意向。君主守住秘密的话，就能挡住没有意义的诽谤。

法家，尤其是《韩非子》里出现的统治术，可以整理成以下几点：

第一，无为术。法家将道家思想中因反对人为的统治行为而提出的“无为”变为君主的“术”。申不害主张君主不要显露自己的所看、所听、所说、所行。臣子看透君主的意向或动机的话，就会产生“奸”。君主要通过“无为”去把握臣子的有为的言和动的虚实。《韩非子·主道》篇提出：“见而不见，闻而不闻，知而不知。”看到也像没看到，听到也像没听到，知道也像不知道，暗中探索。

第二，形名术。法家的形名论，不像墨家或名家的名实论一样，追求名义和实际的根本相应关系，而是偏重于将现象和实质的关系运用于现实政治。《韩非子·有度》篇记载，“因法度，审赏罚”，通过研究法数，详细了解刑罚。韩非子所说的形名的基本意图，在于通过观察言语和行动，将之作为刑罚的基础。言语看作“名”，具体的行为看作“行”。言多功小的话，需要惩罚；言少功大则要奖赏。《主道》：“功当其事，事当其言则赏；功不当其事，事不当其言则诛。”将“名”看作是官职和地位，而将“形”看作是职务，这也是形名术。《韩非子·二柄》篇记载了一个有名的故 448
事。韩昭侯喝醉酒睡着后，因为怕他冷，管理帽子的典冠给韩昭侯盖上了衣服，而韩昭侯处罚了管理衣服的典衣和这个典冠。一个的罪名是怠职，另一个是越权。

第三，听言术。这与臣子掌握君主的动态向上进言的进言术有关。君主要兼听，即不能只听一个人或是少数人说的话，而要听取多人的话，综合掌握。理由有三个：一是避免迎合君主脸色的臣子有侥幸心理；二是避免臣子权力过大，阻碍君主的裁断；三是确切地掌握臣子的内心和虚伪。“督用”也是听言术的一种，即判断言行有价值与否，进行有效运用。听言术还包括让臣子对自己所说的话负责，即言责。《韩非子·南面》篇如是说：“使人臣必有言之责，又有不言之责。”这是为了避免无用、夸张、隐瞒的言辞，给实践跟不上的雄辩家定罪。

第四，参伍术。这指的是相互混淆观察的“术”，主张并用“质、镇、固”三者。“质”是将大臣的家属当作人质，防止他们轻举妄动，不要只相信自己的聪明，而是依靠君主生活。“镇”是给予他们厚重的俸禄和颇高的地位，通过满足他们的欲望，来治理有贪欲的人。“固”是为了防止身边人弄奸，将他们的位置打乱，或是让他们无法相互往来。

449 下面我们来看看任势的“势”吧。“势”是指国家至高的统治权力。慎到提出的“势”是由政治地位以及由此生出的政治权力结合而成的观念。有地位才有权力，地位要尊严，权力才会厚重。慎到认为：“不肖的人之所以能使唤贤者，是因为权力厚重而地位尊严。”《韩非子·难势》篇说道：“飞龙乘云，腾蛇游雾，云罢雾霁，而龙蛇与蚓蚁同矣，则失其所乘也。”大意是，飞龙驾乘云朵，螣蛇在雾中游玩，然而若云消雾散，龙也好，蛇也好，与地里的蚯蚓没有区别，因为它们失去了可驾乘的东西。“可驾乘的东西”即是势。

拥有最高统治者权力的是君主，这不是天生的，而是拥有了受全体人民委托的“势”才具备的。“乘风之箭”或“乘云之蛇”里的“势”即为风和云。《慎子·威德》篇记载，“得助于众”，即“从许多人那里得到帮助”才能具备权力。若能获得“通约”，即大众委托这一“势”，权力就成立，若丢失了，权力就沦废。《韩非子》或《慎子》没有提供关于委托的性质和具体内容的文字，但是“尧为匹夫，不能治三人，而桀为天子，能乱天下”这样的说法，多少带有君主主权观念。

接受委托的说法，意指君主不是国家的主体。法家思想家们提出，君主的设立为的是社会的公共生活。《商君书·开塞》篇记载："禁立而莫之司，不可，故立官。官设而莫之一，不可，故立君。"大意是，若有了禁止事项，就不能没有管理的人，因此设立官吏；若设置了官职，就不能没有一贯的管制，因此设立君主。既然百姓委托君主以"势"，那么设立君主的理由便在于为大众建立公理，制止私人纷争。设立君主不是为了君主个人的利益，而是为了天下的利益。这一公理的具体表现为"法"，法的作用在于设立公义，一统人心。

总的来说，慎到重视的"势"是为了在执行法律时发动公的强制力，在这一意义上，"法治"和"势治"是相互补充的观念。慎到认为法的强制力之所以成立是因为百姓们的要求，主张权力要为百姓而使用，若违背百姓的要求或委托，就无法继续维持"势"。

但是韩非子的"势"论跟慎到的稍有不同。比起追究"势"的根源这种根本性提问，他更重视"势"的运用，即君主一人如何运用"势"来巩固权力。韩非子受到商鞅的影响，十分重视势和力的相互结合。韩非子认为随着社会的复杂化，依仗权威的强制力必不 451
可少，将政治视为"力量"的力学关系。他区分政治和伦理，认为只有通过政治的"威势"统治才能阻止混乱。韩非子以势类推，也强调了国家关系中的力学。他不认可国家关系里的道德，主张将力量放到首位。

韩非子还采纳了慎到的主张，认为统治不依靠贤人，只能依靠"势"。他认为国政盛衰依托于"势"，而不是依托于贤人。当然，如此这般立足于"势"的统治，只有在"法"具备到位的情况下才能成立。法与势密切结合，赏罚的施行才会顺利，才能克服混乱。《韩非子·难势》篇记载："抱法处势则治，背法去势则乱。"大意是，立足于法，以势应对，方能实现治世；违反法，去除势，将会导致乱世。

韩非子将“势”一分为二，一个是慎到主张的“自然之势”，另一个是管子主张的“人为之势”。不过他没有过多提及依靠人民大众的权威委托的“自然之势”。反之，如《韩非子·八经》篇所说：“君执柄以处势，故令行禁止。”大意是，君主手握权柄，以势应对，因此不管推进禁止，所有命令都可以实现。韩非子大大发展了人为设置的“人设之势”。权柄指的是“刑罚”和“赏”。君主有威势，手握赏罚的权柄[17]，可使全部臣子屈服。

对“二柄”的活用，是将人性的弱点作为政治的心理依据。有
452 关赏罚的主张，不同思想家略有不同，但是大部分的法家将以下两点当作原则：第一，厚赏重罚。[18]它重视赏罚带来的心理效果。“重罚”会诱导恐惧感，“厚赏”则会引发共鸣感。第二，信赏必罚，即“真实不欺地进行奖赏，有罪过的一定惩罚”。重视客观和公平的原则，这是基于法律面前人人平等的观念。真实不欺地奖赏，会诱导人们积极地有所作为，“必罚”则会让人们消极地不作为。

在战国社会变动的过程中，法家是最为敏锐地反映社会变动的学派，也是对人心观察最细密的一家。他们认为战争和刑罚是解决社会矛盾的唯一道路，通过战争统一天下，战争就不会再有，而通
453 过刑罚去除社会的罪恶，刑罚就不会再有。他们主张只将解读实用知识或法的官吏当作老师，禁止一切别的学术思想。李斯与韩非子一起在荀子门下修学，在担任秦始皇的宰相时以强硬政策推行了这一主张，为君主专制制度和中央集权贡献了大功劳，成功地将古代中国发展成为帝国。但由于缺乏对人间理性的信任和文化理想，法家思想自身渐渐失去了生命力。脱离人间和伦理的政治思想，表面上能获得成功，但实质上是走不远的。

第十章

忠　孝

这一章讲述的是如何确保权力稳定并维持统治秩序的手 455
段——忠与孝，以及这一观念产生与发展的过程。与个人或家族相关的忠孝理念，通常如何与政治关联起来？此外，忠君与孝治思想如何演变成帝国时代统治整个社会的核心体系？

忠孝观念的形成 457

忠的语源

根据《古文字诂林》与象形字典网等记载，现存的甲骨文里无法找到“忠”这个字，而在中山王鼎[1]中可以找到第一个金文字形的“忠”字：

中山王鼎	《说文解字》	睡虎地秦简[2]
金文	小篆	隶书

“忠”字的演变

推测铸造于公元前 314 年的中山王鼎青铜器上的字体与之后在 458
《说文解字》中出现的小篆体“忠”呈现出了几乎一致的“忠”字字形。而在年代最远的《诗经》或《周易》中，则看不到“忠”字。“忠”只在《尚书》，且主要是在《今文尚书》中出现了 7 次而已。但是在春秋时期的文献《左传》或《论语》中，“忠”字已被认为是相当进步的观念，因此不管以怎样的形态，“忠”字都被广泛使用，且大体上呈现的都是中山王鼎中字形。

金文“忠”字的上半部分是“”字。这既是它的声，也是它的形，表示不偏不倚的旗帜[3]。与韩语中表示中心的意思相似。“忠”字就是“中”与“心”合起来的会意字。金文中的“”与小篆的“”，从隶书开始演变为“心”字。根据象形字典网，“忠”字表示内心公正，不为私情左右。《说文解字》：“忠，敬也，从心，中声。”“忠”字表示仰慕追随的意思。从其字形上来看，它以“心”字作为偏旁，“中”字作为发音。

马叙伦称，在古籍中并没有对“忠”字做出定义解释，相对的，《左传》成公九年的“无私”与《论语·里仁》篇里孔子所说
459 的“一贯”的理念，其实就是“忠”的本意[4]。尤仁德引用唐兰说的话，称“忠”字反映了古代插上旗帜，使人“集众”的氏族社会的风俗。这么看来，“忠”字一开始表示的是人们聚集于中央且不倾斜于任何一方的状态。

孝的词源

相较“忠”字而言，“孝”字的起源要早很多。甲古文学者大部分认为“孝”“考”“老”字是具有相同脉络的文字，三者难以区分。[5]在殷朝甲骨文出现的时期，祭拜祖宗是非常寻常的事情，因此表示祖宗或老者的字相应就出现了很多种形态。而这些字几乎都可以读为“孝”字。从甲骨文时期开始的“孝”字的演变过程如下图：

金 476	毓祖丁卣	师麻簋	《说文解字》
甲骨文	初期金文	后期金文	小篆

“孝”字的演变

《金璋所藏甲骨卜辞》第 476 个字，即甲骨文“ ”中的字与稍晚时期的殷朝末期青铜器毓祖丁卣铭文中出现的金文“ ”字，都是相同的“孝”字。周朝师麻簋铭文中出现的“ ”字也是同一个字。《说文解字》的小篆体“ ”，是“孝”字古今字形的过渡。 460

甲骨文上端“ ”的字意指年纪大了头发变长的人，即“ ”（老）字的简化。在此基础上，下端加了表示后代的“ ”（子）字，结合成新的会意字。后期的金文则更加形象化。在象形字典网里，老人在上孩子在下的形象则表示子孙扶持老人的意思，也就意味着需要好好抚养且服从父母与老者。小篆体也是金文的延续。到了后代，隶书则以“ ”代替了“子”字。《说文解字》：“孝，善事父母者，从老省，从子。子承老也。”“孝”字表示全心全意抚养父母和老一辈。它是省略了“老”字下半部分的“匕”字，加上“子”字构成的会意字。表示年轻的儿子支撑着老者。另外，周予同等学者把“孝”字原型解释为生殖繁衍，亦可参考。

忠孝观念的变迁 461

孔子之前的忠孝观念

殷朝时期的尊祖风俗与孝这一观念的产生及发展有着深厚的关

联。《尚书·无逸》篇记载："其在高宗，时旧劳于外，爰暨小人。作其即位，乃或亮阴，三年不言。"大意是，殷朝的高宗经常花很长时间在外工作并与百姓们相处。自其登基以来，身穿丧服缄口三年没有说话。

到了西周时代，这样的思想被贵族阶层发扬光大。他们甚至还
462 引用了对先祖的"追孝"和"享孝"等概念。"有孝有德"，即虔诚侍奉父母，被视为有品德的行为，并被包装为天下人必须效仿的典范。在《尚书·康诰》中，周公声称："元恶大憝，矧惟不孝不友。"主张对这些人加以惩罚。大意是，人最大的罪恶莫过于不孝父母，不友兄弟。到了西周初期，孝与忠被视作相同的政治品德。来看《尚书·蔡仲之命》篇的一段话：

> 尔尚盖前人之愆，唯忠唯孝。尔乃迈迹自身，克勤无怠，以垂宪乃后。率乃祖文王之遗训，无若尔考之违王命。

大意是，你要早早掩盖前人的过失，思忠思孝。你要努力靠自己的力量建功立业不要怠慢，由此成为后世的榜样。你要继承你祖父文王的遗训，不要像你先王那样违背王命。

这是一段劝诫积德施政的忠告，可以看出它将对宗室的忠与孝放到一起进行叙述。这即是以家族为基础单位的氏族社会的祖宗崇拜升华为政治观念的"宗法"。殷朝末期出现的这一观念成了周朝初期的主要理念及政策。因此，殷朝与周朝的政治权力呈现出父权
463 制扩张的形态，王权与父权被视为同等理念。周朝消灭殷朝后，初期利用封土建侯政策分封天下，王室姬氏一族掌握了全国大权。这样的事例也可以证明以上情况。《荀子·儒效》说，周初 71 个国，姬氏拥有 53 个。换句话说，周朝的政治关系既是君臣关系，同时也是家族关系[6]，自然要对大宗王室竭尽孝道。"孝"也就成了家族

关系和政治关系中备受重视的伦理观念。

周朝金文记录了“孝”字的多种观念。大部分观念都意指尊重先祖和父母，而如辛中姬鼎铭文所述：“用享孝于宗老。”大意是，祭祀以表对宗室元老的孝义。这里的“孝”字也包含了对宗室的孝。在殳季良父壶铭文中则标明：“用亯（享）孝于兄弟婚媾诸老。”大意是，为了表示孝，要对兄弟、亲家、外戚等多位先祖进行祭祀。也就是说，这个“孝”字同样适用于兄弟或亲戚。晚辈侍奉长辈也被视为“孝”。邢侯簋铭文中记载：“克奔走上帝无终，令于有周追考（孝）。”起初孝的观念，除特殊情况外，基本上都与家族关系有着深厚的关联。家族是维持血缘关系的单位。从观念上对共同祖先尽孝的同时，在错综复杂的现实家族关系中，孝观念则强调对宗室的敬重。

春秋时代也很强调孝观念。《国语·晋语一》篇记载着晋国太子申生的故事： 464

> 吾闻之羊舌大夫曰：“事君以敬，事父以孝。”受命不迁为敬，敬顺所安为孝。

大意是，太子申生说：“我听羊舌大夫说过：‘要以恭敬侍奉国君，要以孝顺服侍父亲。’接受君命坚定不移叫做恭敬，虔诚顺从，使之安适则称为孝。”

《左传》与《国语》中记载了很多表达父母养育之恩、师父教诲之恩、君王赐予之恩等关于尊敬与孝敬的例文。春秋时期则经常把父权制的思想与君命的绝对性相联系起来。子女需对父母尽孝的伦理服从要求与君主专制的实行非常相符。《左传》僖公五年记载，即使在晋献公要杀公子重耳的时候，重耳仍然说“君父之名不校”。大意是，不可违背父君的命令。《左传》文公二年：“孝，礼之始也。”认为可以在“孝”中找到定义人伦关系的礼的起点。

带有政治意义的“忠”字，出现的比“孝”字晚。

465 《左传》桓公六年里说：“所谓道，忠于民而信于神也。”作为对道加以说明的观念，忠与信成了规定中国社会的重要观念之一。这里将对神的信赖称为“信”，将真心对待百姓称为“忠”。《左传》襄公二十二年说：“君人执信，臣人执共，忠信笃敬，上下同之，天之道也。”说的是要竭尽心力来树立信，即忠也。“忠”的观念起初是指人发自内心、不偏不倚的真心。

但这并非是说“忠”观念只表示人内心的真实想法，它同时也表示对君主的真实想法。据前文所述，君臣关系中最重要的是“恭敬”。《国语·晋语四》写道：“事君以敬，事父以孝。”这里与孝相对应的概念就是敬。不过有时也会把“忠”与“敬”放到一起讨论。如《左传》僖公五年中出现的“失忠与敬，何以事君”，便是如此。这里说的“忠”，一方面可以解释为真实的内心，但更为根本的解释是侍奉君主的品德，这与现代社会“忠诚”的观念一致。
466 《左传》僖公二十三年记载：“子之能仕，父教之忠，古之制也。”大意是，男子成人并踏上功名之路，是因为父母将其教导成为知孝之人，这是从以前就有的礼制。也就是说，从很久之前，古代中国就教导从事官职要忠于君主。

意味着“内心真实的一面”的“忠”观念从春秋起就被强调为对君主的忠诚。这就是“忠君”的定义。《左传》僖公九年与《国语·晋语二》记载了臣子荀息接到晋献公委托的故事。荀息说道：“臣竭其股肱之力，加之以忠贞。其济，君之灵也，不济，则以死继之。”并说：“公家之利，知无不为，忠也。”荀息最终以死守信，而世人将其视为“忠”的典范。

君主之命就如父亲之命一般绝对。因此，违反君命或父命的行为必须要被定罪，其表现为“不孝”与“不忠”。《左传》闵公二年里说道：“违命不孝，弃事不忠。”需将违反命令的不忠、不孝之人处死的主张处处可见。即，他们通过将“不忠”成功定义为不好的
概念，强制要求对君主的无条件忠诚。到了春秋时代，臣子为了执 467
行君主的命令，要不惜牺牲生命，且这样的行为多被赞美成义举。

另一方面，记录孔子话语的《论语》很有可能是由其弟子曾子主导编著的，而这个曾子正是有名的孝子。“孝”是支配《论语》的核心概念。《论语》里也将父母子女之间的伦理关系“孝”与兄弟之间及长辈晚辈之间的伦理关系“悌”（弟）的概念相提并论。例如，《论语·学而》篇中写道：“孝弟也者，其为仁之本与？”大意是，难道孝悌不是仁的根本吗？“仁”可谓是孔子思想的总纲领。孔子不仅将“孝”视为父母子女之间的伦理，更将其视为可用于政治领域的概念。看看《论语·为政》：

> 季康子问：“使民敬、忠以劝，如之何？”
>
> 子曰：“临之以庄，则敬；孝慈，则忠；举善而教不能，则劝。”

季康子问的是政治理念，而孔子则以政治观念回答了忠与孝。
这里说的“忠”既能够解释对君主的忠心，也可以解释为内心的真 468
实。《论语》里，“忠”出现了 18 次，“孝”出现了 19 次，两者都被视为非常重要的概念。《八佾》里说：“君使臣以礼，臣事君以忠。”虽然“忠”字被用来指代对君主的忠心，但大部分则像《学而》篇中曾子所说的“为人谋而不忠乎”的用法，表示内心的真实。这与《论语》中孝的用例大部分用于形容父母与子女之间的关系是类似的。

诸子百家的忠孝观念

孔子整理的忠孝观念对战国时代的思想家们影响很大。《孝经》将《论语》中“孝”的观念扩大到人生与政治的所有关系中，给后世带去了深远的影响。这是第一次加以“经”字的文本，成书晚于《论语》，其编纂大概始于曾子时期，后经弟子整理而完成。因此有可能形成于战国时代。《孝经》将“孝”的概念表现得淋漓尽致。虽然篇幅有点长，但姑且先来看看第一章《开宗明义》的内容吧：

469 仲尼居，曾子侍。

> 子曰：“先王有至德要道，以顺天下，民用和睦，上下无怨。汝知之乎？”
>
> 曾子避席曰：“参不敏，何足以知之？”
>
> 子曰：“夫孝，德之本也，教之所由生也。复坐，吾语汝。身体发肤，受之父母，不敢毁伤，孝之始也。立身行道，扬名于后世，以显父母，孝之终也。夫孝，始于事亲，中于事君，终于立身。”《大雅》云：“无念尔祖，聿修厥德。”

《孝经》的观念非常鲜明。虽然好好抚养父母是孝最基本的出发点，但需要以相同的态度侍奉君主，最终修身践道，即实现流芳
470 百世的伟大壮举。这就是儒家常说的“大有为”，即要求成为为世界做出大贡献的人物，也就是成为政治家。《孝经》是教育天子乃至普通百姓怎样实践孝，并运用于人生的金科玉律。儒家将家族关系的伦理扩大到国家及天下的伦理，梦想全天下都成为道德社会。而《孝经》则是其具体的意识形态，以宣言的方式揭示了“孝”的作用与角色。

《中庸》里写道：“夫孝者，善继人之志，善述人之事者也。”

大意是，所谓孝，指的是很好的继承先人遗志，很好的记叙祖先事迹。众所周知，《大学》主张的是“修身齐家治国平天下”。而齐家的基本就是孝。“故君子不出家而成教于国。孝者，所以事君也；弟者，所以事长也。”孝成了适用于“修己”与“治人”的社会性、政治性概念。

孟子认为孝从亲爱父母的概念升华到了政治层面。《孟子·告子下》篇中写道：“尧舜之道，孝弟而已矣。”孟子将其仁政归根于“孝”，在《万章上》篇中，面对弟子质问舜王因国事太忙而没能好
好抚养父亲的故事时，孟子说道：“孝子之至，莫大乎尊亲；尊亲 471
之至，莫大乎以天下养。为天子父，尊之至也；以天下养，养之至也。诗曰：‘永言孝思，孝思惟则。’此之谓也。”大意是，孝子的极致莫大于对父母的尊重，尊重父母的极致莫大于用天下来奉养。成为天子的父亲已经是尊重的极致，用天下来奉养更是奉养的极致。《诗经》说：“永远讲究孝顺，孝道便是准则。”正是这个意思。孟子甚至在《梁惠王上》篇中说到，学校教育的核心要放在展开“孝悌”之义上。

荀子也非常重视孝的政治作用。《荀子·礼论》篇中写道：“终始具，而孝子之事毕，圣人之道备矣。”大意是，在父母生前好好侍奉，在父母死后完成葬礼，孝子之事就结束了，圣人之道也就齐全了。无论生前还是死后，侍奉父母始终是孝的基本概念，不仅如此，它还是圣人推行理想政治的基准。《成相》篇写道：“民知孝弟尊有德。”将孝看作是有德望的政治家必需的品德。

墨子强调兼爱，从而受到了孟子批评。孟子称其为“无父”，即否认父母的禽兽。《孟子·滕文公下》写道：“墨氏兼爱，是无父也。无父无君，是禽兽也。”墨子确实反对只顾个人利益，主张实
现社会正义与通过国家实现救济，但并非否认孝。他同样关注对祖 472

宗的尊重以及血缘关系的维持。墨子虽然反对儒家式的孝，但却肯定了将君主与父母联系起来思考的儒家逻辑。《墨子·兼爱上》篇中写道：“臣子之不孝君父，所谓乱也。”墨子尤其将兼爱视为人伦道德的核心。正因如此，他认为人类的基本伦理关系忠与孝是一个人需要实践的很重要的义举。在《天志忠》篇中则强调：“君臣上下惠忠，父子兄弟慈孝。”墨子的基本思路是“交相利”的功利主义。他没有将忠与孝看作是竞争概念，而是君主与臣下、父母与子女之间相辅相成的关系。例如《兼爱下》篇写道：“即必吾先从事乎爱利人之亲，然后人报我以爱利吾亲也。”大意是，首先我必须珍惜他人的父母，给他们带去利益，他人才会报答我，珍惜我的父母，做有利于我父母的事。但是在《墨子》中，我们处处可见忠与孝被当作同等的概念看待，且这样的观念在渐渐扩展，也就是极大地放宽了忠的范畴。

法家思想支配了整个战国时期，它非常明确地将国家和君主放在第一位。与孟子同时代的商鞅在《商君书》中反对仁义、礼乐与
473 孝悌，认为这些儒家强调的修身的品德，同时也击垮了君主权力的集中。《去疆》篇中分明地宣布：“国用诗书礼乐孝悌善修治者，敌至必削国，不至必贫国。”他认为这种既个人又宗法的伦理是极其老套的理论，仁义、孝悌等是危害国家运营的害虫。商鞅通过君主中心的官僚制度所取得的成功，以及模仿他变法的战国诸国的政治环境，成了削弱孝的政治角色的决定性契机。取而代之的是“对君主的忠”。

道家认为忠与孝都是虚构的概念，从而否定了两者。《老子》第十八章记载：“大道废，有仁义；智慧出，有大伪；六亲不和，有孝慈；国家昏乱，有忠臣。”这与“法令滋彰，盗贼多有”的理论一脉相承。他批判了人为强调“孝”与“忠”的政治意图。庄子

更进一步指斥了忠孝观念。他认为所谓仁义道德与孝悌忠信等会破坏自然本性之道与德。《庄子·天运》篇中说道：“夫孝悌仁义，忠信贞廉，此皆自勉以役其德者也。”庄子认为忠与孝等概念是偏执 474
的，是破坏自然界完全性的愚蠢执着。但是反过来想，这也证明了忠与孝早已作为重要的政治意识形态，变成了一种社会意识。

帝国时代的“忠孝”概念 474

秦始皇钟爱韩非的文章，用法家思想统一了中国，汉朝照搬了秦朝的法，在这一时期，忠的重要性压倒性地赢过孝，两者的先后顺序固定了下来。《史记·秦始皇本纪》里多次出现的“忠”“忠信”“忠臣”等概念，都意味着对皇帝的绝对忠诚。无论是修饰父母还是君主，一次都没有出现过“孝”字。相反，虽然接受了秦国的法制，但仍标榜儒家治国的汉帝国，却将忠与孝有机地结合了起来。“忠孝”成为汉朝政治的核心理念，甚至可以说“汉朝以孝治国”，由此可见，汉朝时期，非常强调“孝”。汉朝所有皇帝都在谥号里加了“孝”字。从形成顺序来看，“忠孝”被普及为汉朝政治伦理的核心观念，与《孝经》《礼记》《忠经》关联很深。后汉时期成书的《忠经》[7]从理论层面总结了“忠孝”观念的政治化。

关于孝的讨论数不胜数。根据《孝经》，孝有三种境界，敬养、 475
不辱、大孝。其中关于“敬养”之孝，孔子在《论语·为政》篇说，“单纯奉养父母”的“能养”之孝[8]不如“用尊敬侍奉”的“敬养”之孝。在同一篇当中，当子夏问起关于孝的问题时，孔子回答说：“色难。”即“对父母脸色恭敬，是最难的”[9]。比起作为子女应当尽的义务所指的孝，孔子创立了作为道德情感的发自内在真实的恭敬之心的孝观念。在这一点上，孝与忠的本意是互相重叠的。从“忠孝”必须是内心真实的想法这一点来看，它们属于硬币的正反面。

帝国时代的“孝”观念继承并发展了孔子的上述主张。汉代成立的《礼记·祭义》篇写道：“众之本教曰孝，其行曰养。养可能也，敬为难。”《盐铁论·孝养》篇写道：“故礼菲而养丰，非孝
476 也。”《盐铁论·忧边》里提到的“为人子致孝以承业……父没，则子不改父之道也”，也是敬养之孝的一种。这同《礼记·祭义》篇里提到的，“不遗父母恶名”才是真正的孝，是一脉相通的。

《孝经·开宗明义》提到：“身体发肤，受之父母，不敢毁伤，孝之始也。”《礼记·祭义》里也提到类似的主张：“父母全而生之，子全而归之，可谓孝矣。”这种让人们爱惜身体，小心行事，避开危险，光耀父母的要求，产生了很好的政治效果。抵抗体制或扰乱秩序的行为有辱父母，需要受到惩罚，将这些行为看作是莫大“不孝”的认知使整个社会都变得温顺。对推行专制政治而言，没有比这更合适的土壤了。《礼记·曲礼上》篇：“孝子不服暗，不登危，惧辱亲也。”大意是，孝顺父母的人，不做亏心事，不去危险的地方，因为担心辱没父母。

正如荀子“从道不从君”所主张的一样，儒家非常重视道义。就因为如此，围绕着孝的概念，学界出现了很多争论。《孝经·谏诤》认为，如果明知不义，还“从父之令，又焉得为孝乎?”。《礼
477 记·内则》篇里说即使父母不接受谏言也不可与之对抗，可是如果分明是父母有错从而导致受辱甚至遭遇杀身之祸，又该如何呢？正如《大戴礼记·曾子事父母》里写的那样：“从而不谏，非孝也；谏而不从，亦非孝也。”大意是，盲从而不进谏的行为不是孝，只进谏而不跟随的行为也不是孝。表明了中立的立场。这一争论的结论就如仲长统在《昌言》所说的：“不可违而违，非孝也；可违而不违，亦非孝也。”

帝国时代的忠更是富有多种意义。《忠经·天地神明》章指出“忠”是指一心一意，并且在《证应》章说道：“忠则福禄至焉，不忠则刑罚加焉。”以此告诫世人，只有“忠”，才能获得福禄，“不忠”则招致刑罚。可以看出，对君主权威的绝对服从是汉朝“忠”观念的核心。董仲舒在《春秋繁露·天地之行》篇里写道：“委身致命，事无专制，所以为忠也。”在可谓君主专制代名词的汉武帝时代，提出没有专制才是忠的想法，这显然是一种矛盾意识的反映。

如果说忤逆君主就是不忠，那么当君主表现得一塌糊涂时又该怎么办呢？《韩诗外传》卷六记载了如下内容：

> 比干谏而死。箕子曰：“知不用而言，愚也，杀身以彰君 478
> 之恶，不忠也。二者不可，然且为之，不祥莫大焉。”遂解发佯狂而去。君子闻之，曰：“劳矣！箕子！尽其精神，竭其忠爱，见比干之事，免其身，仁知之至。”

大意是，比干进谏失败，以死告终。箕子说：“明知无用还说出来，太愚蠢了。殒身殉命更突显出君主的恶行，这是不忠的行为。两者都不可为却为之，实在非常不好。”于是披发装疯，扬长而去。君子听闻此事，感叹道：“辛苦了，箕子，全力去尽忠尽爱，看到比干的行为后，选择避免自身之祸，可以说极度仁慈又聪明。”

箕子在这种极端情况下也丝毫没有反抗君主，而是选择了离开。《礼记·曲礼下》篇中告诫说：“三谏而不听，则逃之。”谏言说三遍（多遍），君王还是不听，就离开他。

既然如此，与上述的“孝”观念相同，儒家还十分重视“道义”。如果君主违背了道义，使国家可能灭亡或遭受凌辱，又该怎么办呢？固守荀子“从道不从君”的立场才是真正的忠心，即大忠。也就是说，要立足于道义去校正君主。《韩诗外传》卷四：“以道覆君而化之，是谓大忠也。”大意是，用天道影响君主，感化他，才是大忠的表现。而“大忠”的方法，其实只有谏言。在帝国时
479 期，最美的忠，就是冒死谏言。《忠经·忠谏》：“忠臣之事君也，莫先于谏……违而不谏，则非忠臣。夫谏，始于顺辞，中于抗义，终于死节。”《盐铁论·相刺》：“故触死亡以干主之遇者，忠臣也。”以死谏言，方是忠臣。

渐渐地，君主被称为百姓的父母，“忠”与“孝”被放到相同的水平线上讨论。《唐律疏议·名例》篇里如是说：

> 王者居宸极之至尊，奉上天之宝命，同二仪之覆载，作兆民之父母。为子为臣，惟忠惟孝。

唐朝的皇帝经常称自己是百姓的衣食父母。《资治通鉴》卷一九四记载唐太宗说：“君之于臣，犹父子也。”把君臣比作父子。女
480 皇武则天在《臣轨·至忠》篇里写道：“欲尊其亲，必先尊于君……古之忠臣，先其君而后其亲。”更是主张对君主的忠与孝要先于父母。唐玄宗亲自作《孝经注》，讨论君臣关系与父子关系的一致性，将“忠孝”看作是一个观念的两个侧面。

隋唐时期政治思潮中的一个特征是纳谏论，即要想成为明君，就必须好好接受大臣们的谏言。纳谏论的核心就是要使大臣们尽其忠信，君主则要遵从其忠言。“忠言逆耳利于行，良药苦口利于病”等关于“忠言”的格言，常出现在《楚辞》或《韩非子》等战国时期的文献中。[10]唐太宗在《求直言手诏》写道：“故异顺逆于忠言，则殊荣辱于帝道。”在这里，“忠”既包含表示内心真实想法的本意，同时也包含对君主、国家、社稷的忠诚这一含义。

佛教在中国化之后也将“忠孝”视为非常重要的方针。尤其宋

朝以后，它与王权相结合，将对君主的忠诚放到与对菩萨的尊敬相
等的程度。《古尊宿语录》卷二十中，法演和尚执香说道：“此一瓣 481
香，奉为州县官僚，伏愿，乃忠乃孝，惟清惟白，永作生民父母，
长为外护纪纲。”

新儒学从哲学维度将忠观念与天理联系起来。性理学家们将孝悌忠信与仁义礼智统称为道，也就是理。《二程语录》卷十一主张：“忠者天理，恕者人道。忠者无妄，恕者所以行乎忠也。忠者体，恕者用，大本达道也。”在《朱子语类》卷二十七，朱熹说道：“一以贯之，犹言以一心应万事。忠恕是一贯底注脚，一是忠，贯是恕底事。”

明朝相当重视性理学。“忠孝”不仅是统治纲领的核心，同时
也是百姓生活最重要的日常规范。朱元璋在《述非先生事》里写
道：“为人臣必忠，为人子必孝。”他经常下达此类诏书。《明史· 482
吴沉传》：“圣贤之教有三：曰敬天，曰忠君，曰孝亲。”帝国皇帝
之所以强调“孝悌忠信”，一方面是想强调凌驾于包括父母在内的
所有存在之上的君主的绝对性权威，另一方面是想引导百姓发自内
心的服从，从而减少行政力量的浪费，自觉地维持社会秩序。

忠君与孝治 483

围绕忠孝优先顺序产生的争执

到底要将“忠”放在首位，还是将其他价值放在首位，这样的争执从春秋时期就已存在。例如，《左传》宣公二年记录了一件事，无道至极的晋灵公命令刺客钼麑将经常谏言的赵盾杀掉，但钼麑看到一大早就穿上朝服准备上朝的忠臣赵盾，被其感动，说道：“贼

民之主，不忠。弃君之命，不信。有一于此，不如死也。”大意是，杀死率领百姓之人，是为不忠，违背君主之命，是为不信。一定要两者取其一的话，那还不如去死。于是触槐自杀。该事件发生于公元前 607 年。虽然同为对忠的重视，但与其说是与孝相关联，不如说是与信的价值放在了一起思考。

《史记·循吏列传》记载了在忠与孝之间犹豫不定的楚国石奢的故事。这是发生在春秋末期的事情。宰相石奢在巡查时抓到杀人逃跑的凶犯，在发现该逃犯是自己的父亲之后，便将其放走。虽然
484 君王想原谅他，但他本人却说：“不私其父，非孝子也；不奉主法，非忠臣也。”于是自杀。忠臣还是孝子？正是因为司马迁生活在受到忠君意识绝对支配的汉朝，他才会使用“忠臣”“孝子”这样的用语。总之，这样的例子很清晰地表达出了忠与孝之间的矛盾。

春秋末期，以下犯上的状况频频发生。宗法贵族政治崩溃引来的身份变动，使得没有土地资产，但能力出色的士级阶级离开了对宗族家门的“孝”，转而重视对任用自己的诸侯王的“忠”。众所周知，诸子百家离开了他们本应该尽“孝”的祖国与宗族。然后向别国诸侯王尽“忠”以求一席之地。例如，魏国吴起虽受教于有天下孝子之名的曾子，但还是杀害了妻子，与母亲离别，到鲁国当了将军。诸如此类的事例，可以参考杨华的分析。[11]

杨华将此视为从家族本位发展到国家本位，即从宗统到君统的变法运动的结果。[12]但是，他忽略了“忠”本身包含的“内心诚实”这一意义。我认为，这些结果的产生不是因为人们放弃了家族，而是将“忠”的价值提升扩展到了国家与社会，乃至“天下”的层面。换句话说，从春秋时代后期到战国时期，诸子百家对忠与孝概
485 念的争执，与其说是放弃了孝选择了忠，不如说是忠观念的含义得到扩展，渐渐触及人类内心层面的问题。

比起春秋时期，战国时期人们在忠与孝之间的徘徊有过之而无不及，《史记》展示了这一点。例如，《史记·伍子胥列传》记载了伍氏兄弟的故事。接到父亲在牢狱中寄过来的书信后，哥哥伍尚明知会丢掉性命，还是前去探望，而弟弟伍子胥则寄希望于未来，于是违命逃往其他国家，并谋求出人头地。故事中的两人，对比鲜明，忠孝的矛盾也在此体现得淋漓尽致。《孟子·梁惠王上》篇指出：如果利益变成政治理念的中心，那么究竟该“利国”还是“利家”的冲突就会出现，最终会导致国家灭亡。可以把这一段理解成，为忠孝之间哪个为先而苦恼的例子。

诸子百家的集大成者荀子汇总了忠孝观念的衍生意义与两者的社会作用。作为彻头彻尾的尊君论者，他认为可以用“忠”代替以往“孝”所承担的政治任务。虽然荀子是在讲孝，但他更多把注意力放在了忠上。《荀子·荣辱》篇：“信矣，而亦欲人之信己也；忠矣，而亦欲人之亲己也。”较完整地保留了孔子以来“忠”的意义，即内心真实的一面。《致士》篇里，荀子将“忠”用作“奸”的相反概念：“如是，则奸言、奸说、奸事、奸谋、奸誉、奸愬莫之试； 486
忠言、忠说、忠事、忠谋、忠誉、忠愬、莫不明通，方起以尚尽矣。”“奸”意味着虚伪的坏事，“忠”则意味着真实的好事。

忠作为对君主的忠诚，这一含义的定型与《荀子》有很深的关联。《臣道》篇如此记载：

> 以德复君而化之，大忠也；以德调君而辅之，次忠也；以是谏非而怒之，下忠也；不恤君之荣辱，不恤国之臧否，偷合苟容以持禄养交而已耳，国贼也。

大意是，用德来熏陶君主，使之回头是最大的忠；用德来调养辅佐君主，这是次等的忠；认为自己是对的，进谏不符合君主心意的话，导致君主大怒的行为是下等的忠。不体恤君主的荣辱，不追究国家问题的解决与否，只顾自身处境，以保有俸禄、结交党羽的人，则是国家的奸贼。

荀子在《臣道》篇将“忠”与其他观念相比较，说所谓“忠”并不只是指无条件的忠诚或奉承：“从命而利君谓之顺，从命而不
487 利君谓之谄；违逆命而利君谓之忠，逆命而不利君谓之篡。”作为“忠”的特殊定义，所谓忠，并非顺从，也不是奉承，更不是篡逆。杨华称此为“忠孝概念的彻底国家本位化”[13]，但荀子的本意却是将忠孝的价值当作礼仪的下级概念，从而通过君主实现礼治。当然，广义抽象的“忠”的意义演变为对君主的忠诚，这一观念的变迁与荀子还是有很深关联。

荀子的弟子韩非将老师最核心的命题“礼”变成自己最核心的命题“法”，但其基本思路与荀子相似。他综合了法家前辈的理论，否定了孝，将孝的观念合并在了忠的价值之下。《韩非子·忠孝》篇认为：“遵循孝悌忠顺则天下大乱。”但并未否定忠与孝观念的存在本身。在《忠孝》篇里，韩非子称孔子并未真正了解“忠孝”，并讲道：“孝子之事父也，非竞取父之家也；忠臣之事君也，非竞
488 取君之国也。”提到极度精于算计的关系，主张要全心全意忠于君主。根据荀子与韩非的理论，“忠”观念已超过了“内心诚实”这一意义，转换为对君主甚至对国家的“忠诚”，完全压倒了“孝”观念。

忠君意识的强化与忠孝观念的政治化

忠的观念随着历史发生了改变，且主要用于君主与臣子、君主与百姓、主人与奴仆、组织领导与成员之间，即通俗的服从关系。孝的概念也从尊重老人的意义出发发生了变化，主要用于父母与子

女、祖宗与后代、宗室首长与宗室成员之间，即伦理层面的侍奉关系。忠与孝虽然也可适用于个人，但与社会秩序关联更深，因此也成了政治思想的重要观念。

进入春秋时期以后，以土地为基础的贵族主义封建制度崩溃，加上无土地资产的士阶层的兴起，君主专制的政治环境形成。诸侯王给这些人下赐职责与俸禄，要求建立坚固的主从关系。春秋战国时期的君主既是国家的代表，也是社稷的代表。相应的，对国家和社稷的“忠”也包含在了“忠君”的范畴当中。《左传》襄公十四年写道：“将死，不忘卫社稷，可不谓忠乎？忠，民之望也。”成公九年则将“无私”称为“忠”。襄公五年则写道：“相三君矣，而无 489
私积，可不谓忠乎？”

前文提到，《左传》与《国语》展现了丰富多样的“忠”观念。后代标榜的“忠君”思想并没有脱离这些观念范畴。《左传》定公九年将不考虑国家利益杀害邓析的事件视为“不忠”。因为爱惜人才是“忠君”的基本。用道义侍奉君主并勇于谏言也是忠。《国语·晋语六》写道：“宣子尽谏于襄、灵，以谏取恶，不惮死进，可不谓忠乎！”立下远大的计划造福百姓就是忠。《左传》桓公六年里说：“所谓道，忠于民而信于神也。上思利民，忠也。”另外，不管是谁成为主人都必须要对他尽忠的行为，或者向敌人施恩的行为，都被包含在忠的范畴之内。如此可见，忠的意义有多么丰富。

“孝”是以家族关系为背景的概念，但到了春秋时期已然升华为政治概念。《左传》闵公二年里提到，实践孝就可以安民。如前所述，中国的政治传统一直实行着父权制基础的君主专制，因此， 490
忠与孝作为相同脉络的不同概念，一直支配着政治与社会。“忠”与“孝”两者互补，且都与政治密不可分。忠臣与孝子被看作是相同的价值，具有内在的道德约束力。

在家中要绝对服从父亲的权威，这是孝的本义；而当其意义扩大到要服从城市的首脑甚至国家的君主时，则演变成了“忠”的概念。只要这样的演变过程顺利进行，则实行政治也会易如反掌。人们会自主地受到心理约束，道德制裁超过法律制裁，这样一来，君主政治就形成了稳定的秩序基础。帝国时代“忠孝”观念如此受追捧，大致也是出于这样的理由。

强调“忠孝”的目的在于，通过强化忠君意识以稳定君主政治。因此，只要将其内含的意义予以扩大，打开其融通性，则达成目的的可能性也会随之提高。直到清朝末期，帝国时期的论题中相当一部分都是关于“忠孝”的议题，这并非偶然。汉代尤其强调孝观念，以至于帝王的谥号里也必包含了“孝”字。即使这样，《史记》里出现了749次“孝”字也显得太过了。而“忠”字只出现了196次。根据情况，强调的焦点不同，则使用忠与孝的频率也会不同。南宋朱熹的《四书集注》里忠与孝出现的频率差不多，但在明朝流行小说《三国演义》里，“忠”字出现了563次，“孝”字出现了1C2次；清朝的《红楼梦》里，“孝”字出现了293次，“忠”字出现了36次。通过从庙堂到江湖这样的演变过程，“忠孝”的观念
491 逐渐深入民间，形成了具有共同性（common）的社会核心价值，建成了具备内部自主性的社会秩序。统治者只需要支配，省却了很多争取臣民服从所需的政治努力。不得不说，这是非常高明的手段。

从概念上来看，忠与孝是相通的。比较一下《孝经·开宗明义》章与《忠经·天地神明》章里出现的两个句子：

> 夫孝，始于事亲，中于事君，终于立身。(《孝经·开宗明义》)

> 夫忠，兴于身，著于家，成于国，其行一也。(《忠经·天地神明》)

这两句都始于家庭，继而延展到国家，被当作是规定一个人一生中整个社会生活伦理的准则。即使将两个字互相调换过来，两个句子也丝毫不会不协调，可见这两个观念的界限之模糊。《汉书·杜周传》将“孝”放在优先位置，称：“不孝，则事君不忠。”《大戴礼记·曾子本孝》篇则把“忠”放在优先位置，称：“忠者，其孝之本也。”这也说明了忠与孝的角色难以区分，两者互为根本。

汉代以来，“忠孝”成为支配一个人终生的原则，并以生活空 492
间为中心进行区分。即，在家里被要求尽孝，走上社会被要求尽忠。《汉书·张敞传》里写道：“退家则尽心于亲，进宦则竭力于君。”在家要做孝子，上朝要做忠臣，这已成为人生的基本原则。这样的观念也延展到其他社会生活领域，如与上级喝酒时要实践忠，与长辈聊天时要实践孝。也因为如此，全体社会成员的人生都受到了“忠孝”的支配。换句话说，要服从上级权威。而如果这一观念成为社会意识却从未受到丝毫质疑，那便逐渐会成为一种人人习以为常的生活方式。东亚传统社会对专制君主的顺从维持了那么长的岁月，这与忠孝观念的强调不无关系。《汉书·宣帝纪》里，宣帝说道：“导民以孝，则天下顺。”可见忠孝观念对政治起到的作用。

忠孝观念合并起来，就对君主与父亲的权威起到了升抬的作
用。忠提升孝，孝提升忠。君主可同时拥有父亲的权威，父亲则担 493
起与君主相同的责任。《盐铁论·备胡》篇写道：“天子者，天下之父母也。”《春秋繁露·顺命》篇写道：“父者，子之天也。”忠孝观念的扩大与扩散，无论是在家庭还是在朝政，都极大地加强了父权

制君主专制的权威。因为要成为孝子，所以比起个人意志更应该遵从父母的决定。正如《礼记·曲礼上》篇中写到：“父母存，不许友以死。”大意是，父母健在，就不应该承诺为友情卖命。且因为要当忠臣，就必须按照《新书·阶级》篇中所写的那样：“为人臣者，主而忘身，国而忘家，公而忘私。”孝子与忠臣不该拥有自己的财产，只可顺从不可固执。在那之上，君主与父亲则可以无忧无虑地行使权力。假如这种权力的行使是出于个人私欲，其后果会是什么样子呢！历史为我们作证！

自汉朝以来，中国古代社会一直追捧《孝经》与《忠经》，并以此作为人道和天道。它既是绝对的真理，也是世间万事的标准。之所以会形成这样的情况，研究“忠孝”的学者和政府主导的具体的义务性政策起了至关重要的作用。它被包装成具有普遍性的常识，并发展为社会意识。《孝经》规定了从天子到普通人的具体
494 “孝”的义务。《天子》篇中写道：“爱敬尽于事亲，而德教加于百姓，刑于四海。盖天子之孝也。”《忠经》里也规定了从君主到各种匠人，再到所有百姓的“忠”的义务。《圣君》章说道：“王者上事于天，下事于地，中事于宗庙，以临于人，则人化之。天下尽忠，以奉上也。”

“忠孝”观念的社会意识化，使百姓养成了顺从的品德，且越是把这一品德标榜为敦厚的人格、成为优秀人才的必要条件，其效果越是加倍显著。《忠经·政理》章将这一方法描述为：“夫化之以德，理之上也，则人日迁善而不知。施之以政，理之中也，则人不得不为善。惩之以刑，理之下也，则人畏而不敢为非也。”大意是，从上至下示以模范并进行道德教育是上策，动用政策手段引领是中策，用刑法惩戒强迫则是下策。所以，东亚传统时代一直对忠臣、孝子进行包装并重点宣扬，且往往予以大力赏赐，借此持续推行引

领忠孝的政策。

这虽然是中国政治思想的传统问题，但对身处下级的人来说，这很多时候只意味着义务的要求，而非权利的享有。这在“忠孝”观念的社会化过程中也是如此。无条件听从父母的话就是孝，诚实纳税与从军就是忠。《孝经·庶人》章里说：“谨身节用，以养父 495
母，此庶人之孝也。”《忠经·兆人》说：“服勤稼穑，以供王职，此兆人之忠也。”

当忠与孝相冲突的时候应该怎么办？如果君主与父母同时过世，应该先服哪个丧？实际上，历史上发生过无数次父母病危之际接到君主传唤的例子。有关这两者之间矛盾的历史记录不可胜数。《韩诗外传》卷七主张用君主的土地与俸禄去奉养父母：“受之于君，致之于亲，凡事君，以为亲也。”孝与忠并不同等，且孝应该是更重要的目的。李密的《陈情表》是中国文学史上抒情文的代表作之一，就写了为奉养把自己养大的祖母而辞去官职的事情。

“忠孝”观念的社会化是通过从天子到庶人的孝的实践去确认忠，以此构建道德模范社会的过程。因此，即使国难当头，父母的病危也应该是首要考虑的事。《忠经·保孝行》写道：“君子行其孝必先以忠，竭其忠则福禄至矣。”这是在说，行孝必须要以忠为前提条件。反过来想，强调行孝本身就是要以忠作为前提，所以这两 496
者并非是相互矛盾的概念。晋武帝看了《陈情表》后很受感动，特意赏赐给李密奴婢和衣服，这行为其实也是出于相同的观念脉络。因此，仅仅通过强调对父母的孝，也可以充分地达到忠的效果。这就是中国政治的孝治传统。

孝治思想

《孝经》中包含《孝治》章。这一章里写着：“明王之以孝治天下也。”汉朝对中国传统文化的影响是多方面的，其中将“孝”升华为社会核心价值的这一统治阶层的苦心，到现今仍然对东亚社会起着强大的影响作用。虽然对此有很多负面评价，称其为诱导对权威的无条件服从，从而构建顺民社会，此举是非常不正义的。但仍不可否认，延长“孝”观念的生命力，无疑是避开法律的强制性或赤裸裸的暴力支配的积极因素。

孔子非常重视“三年”这一时长，在《论语》的《学而》篇与《里仁》篇中记载的孔子思想都是有关孝的代表性论述，比如：

> 父在，观其志；父没，观其行；三年无改于父之道，可谓孝矣。

497 根据《论语·先进》篇，服丧三年以上也与此有关。汉朝政治一直强调的思想也是这一个，谥号里包含“孝”字的理由也是如此。即将继承君统正当化，对先帝的旨意和政策“不加修改”，好好维持下去并追求皇室的永存。为了将这一基调贯彻到社会的每一个角落，汉朝甚至设立了“孝悌”这样的地区官职。这是吕后摄政时期建立的制度，说这一制度“所以劝导乡里，助成风化也”。大意是，以此劝勉和启导乡里，有利于理顺风俗。[14]

这样的制度化大大宣扬了孝，且反映到了中央政治，甚至使“孝”成为选拔官员的基准。根据《汉书·武帝纪》，汉武帝元光元年（前134）：“初令郡国举孝廉各一人。”“需选用尽孝且清廉的人员担任官职”的“举孝廉”成为汉朝官僚任用的一个步骤，且这一制度持续了很久。随着“孝廉”选拔范围的扩大，且人们意识到孝
498 廉有可能是成为官员[15]的捷径后，“孝”成了知识分子乃至全体社会成员追求的核心价值。

据说“孝廉”是由董仲舒首次提出、由地方侯国分别选拔的，

到了后汉末期，政府将“孝廉”合而为一。到了东汉时期，这一观念进一步得到重视。《后汉书·荀爽传》：“故汉制使天下诵《孝经》，选吏举孝廉。”从《汉书》《后汉书》中的许多人物列传的记载来看，初期因“孝廉”而举用的官员、秀才们，大部分都行为检点，推崇儒家教化并特别强调纲常伦理。得益于他们，以儒家伦理来统一所有政治社会理念的名教普及化得到了极大发展，而“孝”成为其中最为重要的一个品德。当然，正如所有事发展到后来都会变质，渐渐地，人们不是因为“孝廉”出众才登上较高官职且获得利益，而是反过来，为了得到高官职和高利益，才去包装和利用“孝廉”的观念。

对孝行的褒扬和“孝廉”的制度化自然与“孝”教育的加强密不可分。汉代设立了研究五经，即《诗经》《尚书》《周易》《礼记》《春秋》的“五经博士”。汉武帝在此基础上又增加了强调孝的《论语》与《孝经》，形成了“七经”。自此，《孝经》成为国家规定的教科书，其教育对象包括秀才、百姓，乃至皇太子。这个制度持续 499
了很久，甚至连取代汉王室建立新国家的王莽都引用了《孝经》里的种种字句，而推倒王莽重新恢复刘氏王朝的光武帝刘秀也将“孝治”作为自己的治国思想。“孝悌”成了读书人最为重要的品德，且是进入官场必须通过的必修课。根据《后汉书·韦彪传》记载，掌管朝政礼仪的韦彪说：“夫国以简贤为务，贤以孝行为首。”

如前所述，对“孝”的强调引出了“忠”的观念，将君主支配正当化，从而起到了稳定上下级秩序的作用。东汉时期尤其赞扬“孝悌”行为，欲将其效果提升到最大。而在《后汉书》里更是大量描写了孝子与忠臣的“模范事例”。例如，《后汉书·江革传》记载着对东亚社会起到重大影响的著名孝行故事。江革“少失父，独与母居，备受阻险”，因为母亲年迈，江革不想车子过于晃动，便

“自在辕中挽车，不用牛马，由是乡里称之曰‘江巨孝’”。章帝说：
500 “夫孝，百行之冠，众善之始也。国家每惟志士，未尝不及革。县以见谷千斛赐‘巨孝’。”“巨孝”之命从此流行。

《后汉书》中，除了孝子的故事以外，还记载了许多关于忠臣和清廉官员的故事。几乎所有故事都会讲到皇帝亲自褒奖这些人，甚至在他们死后仍然加以称颂。这其实是通过树立榜样，将忠孝观念社会化的尝试。西汉以来的社会主流思想以儒家为主，在孔子被奉为圣贤的社会氛围中，大部分行为都被包装成了优秀的儒生事例，更加正当化了儒家思想的支配。《后汉书·盖勋传》里记载了很多中央和地方的学校都“今欲多写《孝经》，令家家习之，庶或使人知义”。

只不过这个孝不是强迫，而是发自内心的意愿，从这个观点看，可知“孝治”的奥妙之处。即不以单纯表扬孝的事例告终，而是告诉大家，统治阶级在强调“孝”时，自己也必须做出“孝”的表率。东汉皇帝们经常要求地方长官以身作则，因为若不做表率而一味向社会提要求，就很难将孝观念的推行最大化了。《后汉书·
501 刘恺传》说：“职在辩章百姓，宣美风俗，尤宜尊重典礼，以身先之。”

对“孝治”做出积极贡献的是将谥号定为“孝文帝”的鲜卑族北魏国君拓跋宏。他利用孔子的“上智下愚”[16]主张，将人的品德分为上、中、下三等，重新整顿了后汉末期的文官制度。《魏书·高祖纪》里说道：“上上者迁之，下下者黜之，中中者守其本位。”[17]综合考虑两个变数，可知从上上到下下有 9 个等级。[18]孝文帝根据这个九品制度整顿了官员的去留问题，一丝不苟地执行了孝廉选举。这位鲜卑族君主积极推行汉化政策，充分把握了儒家统治思想的精髓，立足于“忠孝”观念，主张“孝顺之道，天地之经”。（《魏书

·尉元传》）根据《魏书·高祖纪》的记载，孝文帝会从国家层面 502
对“孝梯”加以表彰，他本人恭敬老人，“诏会京师耆老，赐锦彩、衣服、几杖、稻米、蜜、面，复家人不徭役”。同时他也惩戒了不孝之举，使百姓信服并顺从自己的统治。《魏书·刑罚志》里收录了孝文帝的诏书，写道：“三千之罪，莫大于不孝。”正是这位孝文帝，在太后去世后，虽然身为君主，却仍然坚持服丧 3 年。

隋朝和唐朝的皇帝也主张“孝治”。《资治通鉴》卷一七五记载了一段隋文帝的话：“唯读《孝经》一卷，足以立身治国，何用多为!”只要读透一本《孝经》，就足以治国了。唐太宗则亲自拜访并倾听孔颖达讲解《孝经》。唐玄宗亲自在《孝经》里加上注解后出版。他们都将忠与孝一体化，强调这就是臣民侍奉君主的基本道理。其中特别强调的君父一体观念，在隋唐时期盛行于世。因此，作为皇帝，需要展开严谨精巧的忠孝理论，对忠与孝的关系也持有独到的见解。《臣轨·至忠》篇写道：“欲求忠臣，出于孝子之门，
非纯孝者，则不能立大忠。”这也意味着他将“孝”看作是更为基 503
本的理念。

“孝治”的目的之一就是要引出“忠”。自董仲舒以来，“三纲”一直是将这一秩序体制正当化的理论手段。《唐律疏议》援用了“三纲”，主张君主是臣下的天，父母是子女的天，丈夫是妻子的天，并以此立下法规，将“忠孝”的基本概念定义为恭敬与顺从，并具体写明了对“不恭不敬，不顺从”行为的惩罚措施。就此，孝治可以被看作是对臣民的一种统治技术。

明太祖朱元璋在《述非先生事》里有一条诏书：“为人臣必忠，为人子必孝。”这是朱元璋最常用的训话。虽然出身平民，但朱元璋仍然像其他皇帝一样，很明白孝是忠的基础。其在《相鉴贤臣传序》里则写道：“非孝不忠，非忠不孝。”直言不讳地说出他之所以

要强调孝治，其目的在于忠。在君主专制的中国政治传统里，“孝治”的存在即为了君权的强化与正当化。

第十一章

公　私

“公”“私”作为相互对立的两个概念，其意义伴随中央集权君主专制的确立而变化；“公”成为无条件必须优先确保的价值，而“私”则成了不能追求的负面价值。“天下为公”这一观念，即便存在着将“天下”视为公共之物的理论倾向，但也同时为理解以皇室为主的“私天下”理念支配中国政治史提供了非常重要的参考指标。 505

公私观念的形成 507

公的词源

如下图所示，早期的“公”字是由“八”字和“口”字结合形成的会意字。但是从这些字形可以看出，它们有着完全不同的形状，可以产生各种不同的解释：

甲 2546	京津 411	作册大鼎	秦宫簋	《说文解字》
甲骨文	甲骨文	早期金文	晚期金文	小篆

“公”字的变迁

徐中舒的《甲骨文字典》中，甲骨文“公”的用例主要分为两种情况：一是指代先公身份，如“毕公”，另一种指代大宗宫室，如“公宫”。

由象形字典网可知，“八”是“分”的本字，原意为“划分”，507 在此基础上添加了代表食物或村落的“𠙵”字。从把食物或物资平均分配这一意思来看，“公”字的原意仍然存在于如今“公正”等词语中。但小篆的下半部分不是“口”字，而是“ȯ”字，即“口”字上边插了一根棍子，可以视为与吃相关的生活方式。另外，公平分配这一抽象意义源于“公”字最初词源的说法，并不具有说服力。

508 《说文解字》中将“ȯ”视为“厶”，对“公”作如下解释：“平分也。从八从厶。八犹背也。韩非曰：‘背厶为公。’”大意为，公的意思是平均分配，为“八”与“厶”组成的会意字。八是背靠背的样子。韩非子认为与私相反的即为公。然而，在这种情况下，我们无法发掘出“公”字所具有的“爵位”之意和代表最高等级的大臣之意。同样，引用战国时代后期人物韩非的言论来阐述“公”字的古代意义也是不准确的。虽然孰先孰后目前无法考证，但正如赵城所言，甲骨文的“公”字是陶器象形的“甕”字，借此来指代祭祀祖先的场所和具有祭祀资格的族长。[1]无论是何种情况，“公”字都蕴含着与私人空间、地位相对立的公共、大众的意思。

但这并不意味着它从一开始就具有“公平”之意。《古文字诂林》记载了“公”字的数百种古文字。结合几个相关论点来看，正如许慎的主张一样，“公”字并非从一开始就拥有公平分配的意义。[2]首先，图中的文字下半部分很难看成是“厶”字。商承祚曾以毛公鼎和牛鼎为例进行说明。如《史晨碑》[3]展示的“公”字，隶书
509 很可能是小篆的进一步变形，被错误记载成了“△”（厶）字。

归根结底，“公”字最初是描述大型陶器的象形字，后来被通用为王公的“公”，转变为指代拥有它的君主。早期并不存在“公

私”观念的“公”含义，由于“公平分配”的意思对“私”概念进行了否定，后世才产生了与之相对立的“公”的概念。

私的词源 509

古代中国，“私”的本字是“厶”，两个字是通用的，其中“厶”是象形字。根据象形字典网所载，在出生之前，腹中胎儿头朝下的样子称为“厶”。“”指的是性别尚且不明的婴儿，“了”字的原型是指代初生婴儿“”象形，“子”的甲骨文为“”，指的是性别明确的婴儿，三者由此得以区分。“私”字的甲骨文、金文字形至今尚不明确。如下图所示，小篆中“厶”和“私”是作为两个字被分别记录的。

甲 555	《说文解字》	《说文解字》	睡虎地秦简
甲骨文	小篆	小篆	隶书

“私”字的变迁

甲骨文中有许多类似“”的字。徐中舒的《甲骨文字典》在大部分情况下将它解释为代表犁耙、犁铧的“耜”字的初期象形文 510
字“目”“以”或“巳”字，举例也多借鉴“以”字。[4]它与“厶”字同音，但意义大不相同。《古文字诂林》认为，“私”古文字的右半部并非“厶”，而是“口”。[5]

在“厶”的左侧加上代表粮食和财产的“”（禾）字，就形成了象形文字“私”。在《古文字诂林》里，马叙伦以王念孙的理论为基础，主张“私”是“禾”的转注，意思为稻穗，[6]并且“私”和“垣”的早期文字相同，后来与“垣”区分开来，形成了代表私

人空间的“公私”的“私”字。将“厶”视为“口”字，也能推出一样的结论。这一主张虽然很难得到充分的证明，但是目前也还没有其他的主张。

《说文解字》的解说也与此相关：“私，禾也。从禾厶声。北道名禾主人曰‘私主人’。”意即“私”指稻谷，字形为“禾”，发音为“厶”。北方将稻谷的主人叫做“私主人”。许慎的这一解释使得该词意义更加混乱。段玉裁的《说文解字注》对此进行了更加清楚
511 的说明：“韩非曰，仓颉作字，自营为私。”大意是，《韩非子·五蠹》说，仓颉造字，将自营称为厶。“自营”也被称为“自环”，指围绕自己转动或自行旋转之意。《五蠹》篇的相关内容如下：

> 古者仓颉之作书也，自环者谓之私，背私谓之公，公私之相背也，乃仓颉固以知之矣。

大意为，古代仓颉造字，将自行垒起界线称为私，与私相对的称为公，公与私是相对的，这是仓颉本已十分明了的。

若韩非的话是正确的，那这将是公和私的重要词源。虽然由于时间久远，对其是否为甲骨文和金文“私”的词源依然存疑，但是《说文解字》和《说文解字注》引用韩非子的话来说明“公”是“私”的反义词。这里的“背私”指的是为了公而舍弃自己，可以与先公后私等后代抽象政治观念联系起来。

512 总之，“厶”字最初可能指的是砌墙来形成私人空间，而“私”字可能是与公共财产相对的有关个人财产或粮食的观念。因此，“厶”也可能是“我”意思的另一种用法，即表示自行在自己周围划出界线。

公私观念的变迁 513

孔子之前的公私观念

公观念从很早开始便出现分化，含义得到扩充，有作为官职名称的公、代表公共机关公开场所的公，以及公共行为的公等意义。“公”字在《诗经》《尚书》等经典文献中出现了数百次，多数用来指代官职和宫室，如“周公”“三公”等。这种意义的“公”字时常见于早期文献《周易》的卦爻辞中，由此可推断，它从殷朝后期开始就已经普遍化了。与之相对，“私”字在《周易》中一次都没有出现。

“私”字在《诗经》和《尚书》中出现了许多次。《诗经·咸有一德》篇：“非天私我有商。”大意是，并不是苍天偏袒我们殷民族。句中强调了“并非私人决定”这一点，是为了强调公共性。《诗经》在谈及个人关系时会用到“私”字。

《诗经·小雅·大田》篇：“雨我公田，遂及我私。”大意是，雨滋润我们的公田，然后再惠及我们的私田。根据孟子的主张，周代早期实行井田制，田地九等分，中间那块由大家共耕来缴纳税
金，这块田地就称为“公田”。私田指以人口数为基准进行精确分 514
配、由各户单独耕作的土地单位。

像这样将公与私进行对比的观念由来已久。周朝早期文献《周礼·夏官司马》篇记录了如下趣事：

> 大兽公之，小兽私之，获者取左耳。

大意是，捕捉到的大野兽要献给“公”，即公室，捕捉到的小

飞禽归自己私有。抓到野兽的人会摘下它的左耳以作计算。

如果捕捉到老虎等大型野兽就要进献给公家，抓住野鸡一样的禽类就可以归自己私有，也就是说公是高于私的单位。由大型之物公有，小型之物私有的故事可知，公和私的概念已有了非常明确的区分。

在政治观念上将公与私对立起来的情况也早已出现。《孔传》对《尚书·周官》中的“以公灭私，民其允怀”（以公心灭私情，百姓才会心悦诚服）进行了注释：“从政以公平灭私情，则民其信归之。”意即“政治上能够用公平来消灭私情，百姓才会心甘情愿地归顺”。可以看出，“公”被视为摒除私情的公平公正的政治行为。

春秋时代，关于“公”和“私”的争论尤其激烈。正如前文所述，诸国既为社稷，也是君主，国即为公。相对君主之公而存在的是卿大夫，他们被称为“私”。《左传》襄公五年：“君子是以知季文子之忠于公室也：‘相三君矣，而无私积，可不谓忠乎？’”大意是，君子由此知道季文子对公室的忠心：“即便当过三位君主的宰相，却没有私人积蓄，怎么可以说这不是忠呢？”这种记录非常常见，君主被视为公室，臣子被称作“私”。

如此一来，在表示卿大夫家臣之时，也出现了将他们称为“私”的情况。《仪礼·士相见礼》篇“夫子的贱私”的私，指的就是家臣。《国语·晋语六》中“君主多私”的“私”，指的是诸侯和君王的妃嫔或姬妾。春秋后期，似乎为了与君主之“公”区别开来，其他存在都被统称为“私”。到春秋时期为止，与诸侯之“国”形成对比的是大夫之“家”，由此可见，“私家”是“公室”的从属概念。在《左传》昭公二十六年中，孔子时代的晏婴提过：“家施不及国。”

另一方面，在不与“公”形成对立的情况下，“私”的用法继承了之前的观念，用来表示私人、个人的意思。《论语·为政》中，孔子用“私”来形容个人言行：

吾与回言终日，不违，如愚。退而省其私，亦足以发，回也不愚。

大意是，我整天对颜回讲学，他像个蠢人一般，从不提出什么反对意见。然而，我后来观察其私，却发现他充分发挥了我的意思，可见颜回并不愚笨！

孔子时代的公、私观念与今日的理解基本上没有很大的差异，战国时代诸子百家们对两者进行了更加明确的对比。

诸子百家的公私观念 516

墨子主张兼爱，认为这样会对所有人都有益。庄子对儒家和墨家都进行了批判，《庄子·天道》：“夫兼爱，不亦迂乎？无私焉，乃私也。”大意是，兼爱不也是迂回的话吗，说是无私，正是一种私。他将“私”用作与“普遍”相对应的观念，指责无论是儒家的仁义还是墨家的兼爱，虽然都主张越过私人情感来实践大爱，但其实都是私。

与上文提及的《诗经》一样，《孟子·滕文公上》篇褒扬了井田制，作了如下说明。

方里而井，井九百亩，其中为公田。八家皆私百亩，同养公田。公事毕，然后敢治私事，所以别野人也，此其大略也。

大意是，方圆一里为一井，一井分为九百亩，中间那块是公 517
田。八家各以一百亩为私田，共同耕作公田；公田农事完毕后，方可料理私田之事，为的是必须区别君子与野人，这就是井田的大概。

围绕孟子这一章节的争论非常多。综观中国古代经济思想，井田制作为大众眼中理想的土地制度和纳税制度被多次提及，但在古代文献中，只有孟子的这一章节对井田制进行了具体说明，而他的论述也有自相矛盾之处。[7]但至于“公私”关系，他的观点与上文提到的《诗经》一样清晰：单独设置给“国”缴纳税金的公田，诸家耕种私田，先做公事而后做私事，公与私的关系被非常明确地视为政治经济关系。

518 孟子依然把“私”视为与“公”相对的概念，《荀子·修身》篇则更进了一步，提出了“法胜私也”，将私视为与法相对的概念。《荀子·议兵》篇：“若法分明，则无私下谄媚君王之事。”荀子是极度尊崇君王的尊君论者，但他认为对君主而言也存在“公”和“私”，并强调公义，国家大事位于君王个人之前，应当被视为公。《荀子·王霸》篇：“公道达而私门塞矣。”大意是，若公道通达，那私门之事便可被堵住了。同篇还写道：“人主不公，人臣不忠也。”大意是，如果君主不公，那么臣子也就不忠了。荀子认为君王的权势应在公正的道义之后，在这点上同法家的见解存在差异。

“公”作为“私”及其衍生的“家”的对立概念，在法家思想中体现得更为鲜明。如前所述，《韩非子·五蠹》：“背私之谓公，公私之相背也。”大意是，与私相背的叫做公，公与私是对立的。《说文解字》探索公私观念的词源时，甚至把这句话作为重要的历史资料。法家将法视为公，即“public”。《商君书·壹言》主张“上开功利而塞私门”。这里的“公”指的是国家和君主，“私”指的是贵族与大家族。

《韩非子·诡使》中，“公”作为“私”的对立面，指代的是国家维度上的“法”：“夫立法令者，以废私也。法令行而私道废矣。

私者，所以乱法也。”大意是，确立法令的目的是通过法令废止私行，法令得以贯彻，私道就必能废止。因为是私扰乱了法。韩非子似乎吸收了老师荀子的公私观念，并进一步将它集中到君主身上。让我们来看一下《韩非子·八说》篇：

> 匹夫有私便，人主有公利。不作而养足，不仕而名显，此私便也；息文学而明法度，塞私便而一功劳，此公利也。

大意是，匹夫图谋私利，君主谋求公利。不干活而衣食无忧，不做官而声名显赫，这是私利；禁止文艺学问，彰明法度，防止私利而统一功劳，这是公利。

韩非认为立法的最终目的是堵塞私门的利益，扩大公门的利益。对法家而言，公共秩序即法的秩序，其内容为强调君权和国家中心主义，法家的共同主张是灭私奉公。对后世东方人的政治思想产生最深远影响的这一主张并非出自儒家，而是来源于法家。

《老子》第十九章中说：“见素抱朴，少私寡欲。”大意是，彰 520
显朴实本质，胸怀树木的自然性，减少私欲杂念。这是非常经典的名句。追求生物自然的生活在于减少私欲杂念，这里的“私”指的是私人欲望。《老子》第七章在讲述圣人品格的同时，提出“以其无私，故能成其私”的观点。大意是，通过消除私利来成就其私利。前面所说的“私”指的是充满欲望的社会存在，后面的“私”指的是活在自然中的个别存在。对此，也有人批评追求“依道而行的人生”和“超越所有欲望的人生”本身就是一种很大的欲望，是自相矛盾的观点。[8]庄子同样追随老子的脚步，在《庄子·山林》中提出了“少私寡欲”的主张。

包含名家、墨家在内的战国时代诸子百家们，大部分都把“去私”视作重要的政治主张。诸子百家的“正名论”“名分论”主张端正名与分，都将消除私欲视为名分。先秦时代，“公”是一种“好东西”，那么与之相对的“私”便被赋予了“不好”的形象。例如，《尹文子·大道》：“名定则物不竞，分明则私不行。”

虽然老子和庄子十分推崇“公”观念，但没有把“私”放在其
521 相反面。在道家中，把公私观念放在对立面来提及，最多的是出土于长沙马王堆汉墓，被称为《黄帝四经》的《老子乙本卷前古佚书》。例如其中《经法·道法》篇：“使民之恒度，去私而立公。”大意是，统御百姓的永恒法度是去私立公。道家著作《鹖冠子·道端》篇提出“废私立公”的说法，汉初黄老思想对去私立公、废私立公的强调，体现出它是法家公私观念和道家的集成。

“去私立公”是黄老的中心思想，也是汉初政治思想的核心主题，这里的“公”指的是“法”。《管子》形成于战国时代至汉代，其中与法家相关的篇章从政治哲学角度深入探讨了公私观念，可以说是“大体上继承了慎到的理论。‘公’与‘法’是统一的，‘法’是制度，‘公’则是‘法’在观念上的表现，反映了统治者最普遍的和最一般的要求与利益”。[9]战国至汉代是君主集权形成的时期，公私观念也作为君主的统治理念发挥着作用。譬如，《管子·任法》中写到，圣君应当“任公而不任私”，而愚蠢的君主则将私人感情放在前面，按人情安排人事，拟定政策时挟杂个人偏见等。只有以“公”来平定社会风波，才是正确的政治发展道路。

522 帝国时代的公私观念

《吕氏春秋》是中国政治观念过渡到大秦帝国时期重要的著作，其核心主张是宣扬公。其中，《贵公》篇有以下论述：

> 昔先圣王之治天下也必先公，公则天下平矣，平得于公。

大意是，从前贤明圣王治理天下，一定会先做到大公，只有做到大公，天下才能太平，天下太平来源于大公。

正如前文所述，“公”遵循的是成文法规和传统习俗，指的是在国家与个人之间，要以国家事务优先的意思。反之，即便是君主的个人事务，也可以被视作“私”。《吕氏春秋》对“公”的推崇和对“私”的抑制，目的在于在观念上统一“公”的范畴。从《贵公》篇“天下，非一人之天下也，天下之天下也”一语来看，君主必须是一种公共存在，而不能是私人存在。史传评价秦始皇为独裁，就是认为他将天下看作私人物品。汉朝的开国皇帝刘邦在很大程度上也有着“私天下”“家天下”的意识。

儒家、墨家和道家思想都有“天下之天下”的意识，他们相互
融合，在进入帝国时代后以一种“公天下”的形式占据了一席之 523
地。在这个观念融合的过程中，杂家视角和黄老视角做出了十分重要的贡献。随着法家思想披上儒家思想的外衣，汉代政府着力于构建“外儒内法”的政治秩序，“公”全部染上了法的色彩。

秦汉帝国时代，各种思想汇聚一炉，“公天下”意识达到了顶点。据说《礼记·礼运·大同》篇成文于汉代，它从“大道之行也，天下为公”这一观点出发，精妙地描写了理想世界的政治面貌。东汉郑玄注释称，“公”与“共”相同，从朝廷、国家、公家等脉络去理解公共的含义。《大同》篇认为，从公平的人事政策到公平的社会福利政策，“大道”施行的“公天下”既符合道德要求，也体现了上天的意志。《礼记·孔子闲居》篇提到，无“私”之“公”世界立足于自然规律，原文如下：

> 天无私覆，地无私载，日月无私照。 524

大意是，上天不会覆盖私，大地不会承载私，日月不会照

耀私。

人也要像天地日月一样无私，人类世界的政治也要公平无私。针对《史记·张释之冯唐列传》中所写的“法者，天子所与天下公共也”一语，司马贞《索隐》中提出“犹公也，谓不私也”。汉代的“公”就是“法”，可理解为政策和制度。因此，这句话大意就是，法是天子赋予天下的公共之物。

标榜儒家思想的帝国时代思想家们几乎都成功吸收、内化了法家的“公私”观念。汉初，贾谊在《新书·阶级》中写道：“则为人臣者，主而忘身，国而忘家，公而忘私。”大意是，人臣为了君主忘记自身，为了国家忘记自家，为了公利忘记私利。在强调中央集权的背景下，中央政府的政策、事业、理念都属于“公”范畴，而地方或臣子之物则属于“私”范畴，应该摒弃。譬如，汉武帝时期，“盐铁官营”的主张便源于此论。私营被视为非公的、不好的违法行为。《史记·平准书》记载了武帝的一则命令：“敢私铸铁器煮盐者，釱左趾，没入其器物。”大意是，对胆敢私自铸造铁器或者煮盐的人，就要给他的左脚戴上镣铐，没收其器物。

随着对忠孝义务的强调，忠孝逐渐变成社会观念的核心，公私
525 观念也成为解释忠孝的重要方式。私人行为和敛财行为成为不忠不孝的象征，只有为公才是忠臣、孝子的象征。《礼记·坊记》：“父母在，不敢有其身，不敢私其财。”大意是，父母活着的时候，子女不可以自身为重，不可私藏财物。《忠经·天地神明章》：“忠者，中也，至公无私。”大意是，忠就是中，尽公则无私。

按照这个逻辑，忠孝一体，皇帝、皇室处于其顶端位置，又由于实行世袭制度，最终“私天下”“家天下”就变成了“公天下”。皇帝私有万物，而其他拥有私物的人都成了不忠不孝之人。

总之，在以君主为中心的政治体制下，代表君王的“公”都是

高贵、重要的好价值，相反，“私”则代表了问题很多的不好价值。西汉末、东汉初，外戚专权导致王朝覆灭，《汉书》主要记载了这段时期废私门、救公族的主张，由此可见，汉代后，公私对立的观念在百姓和知识分子之中可谓深入人心。一直到清帝国末年，思想家们都把破坏“公”利、谋取私利的人看作恶的化身。

当然，这并不意味着把皇帝的行为无条件视作公行为。《汉
书·谷永传》反复强调了“天下乃天下之天下，非一人之天下也”， 526
其目的在于强调君王的行为不能偏私，一定要符合公的要求。纬书将君主放在了最尊贵的位置，《尚书纬·璇玑灵》：“在位不私为公位，称之为帝。”大意是，政治上不自私，依公行事，才能被称为帝。公是君王必须具备的最高德行，君王应该以效仿上天为原则，在政策和制度上坚持公的立场。对君王提出要求的“公”德必须是符合自然、不掺杂私人情感的公平公正之物。王弼在《周易注·乾卦》中提出，君主在做事时要“用心存公，进不在私”。要用心立足于公，进而达到不产生私心的境界。

公私问题还是很多后代思想家观念的核心。魏晋时期，嵇康通过《释私论》阐述了公是顺从自然而生，而私是违反自然而生的观点。他反对当时已变质的儒家名教，特别讨厌人为的繁文缛节，认为这是对私的追求，并提出“夫公私者，成败之途，而吉凶之门乎”的观点，认为公与私是成败之路，也是吉凶之门。在其《答难养生论》中，他赞扬公，厌恶私。文中出现的“自私”一词（割天下以自私），在现代汉语中也用来指代践行利己主义的人。

当从政治上强调君王的公行为、臣子的忠诚和普通百姓的孝问题时，公私问题总会被提及。无论是在唐代贞观年间的争论，还是
在唐代中期有关封建的争论中，公和私都是与国家政策根本相关的 527
重要事项。例如，中央集权君主专制的郡县制是公还是私，地方分

权的分封制是公的体现还是对私的强调等。柳宗元在《封建论》中把唐太宗分封土地视作“以天下为私，非至公驭物之道”，认为秦始皇的郡县制是以大私来成就大公的体制。对君主个人而言，公和私是很难明确区分的概念。《贞观政要·公平》篇把公私和国家视为一体，写道：“君人者以天下为公，无私一物。朕以天下为家，不能私于一物。”说君王以天下为家，不会偏私于某物。虽然以百姓的眼光来看是“家天下”“私天下”，但从君主的角度来看，归根结底都是相同的“公天下”。正如明代张居正所主张的，政治改革强化了以君主为中心的公室，限制了其他私门。[10]

由于君主专制这一时代限制，无论对公私进行何种讨论，最终都会像黄宗羲在《明夷待访录·原君》中所说的一样，把“以我之大私为天下之大公也”，将君主的大私视为天下的大公。

529 法家的公私观念及公共性问题

先秦法家的公私观念[11]

法家主张强化君主专制，认为用公价值来压倒私才能创造美好世界。他们所主张的公价值大体上就是法，法由君主制定，君主即国家，其言行就是公。然而，如果君主即法，即国家，那么君主的所有言行不就都变成公共价值了吗？法家思想家苦恼的焦点集中于此。

首先来说一下在齐国稷下学宫活动的赵国人慎到。慎到对君主的势，即政治影响力和权势的发挥，做了许多深入研究。他主张君主权力的一元化，崇尚公正客观的法治。慎到把“身治”用作法治的反义词。《慎子·君人》：“君人者，舍法而以身治，则诛赏以夺，从君心出矣。”大意是，为君者，如果舍弃法而行“身治”，那么奖赏刑罚都将随君主心意而定。“身治”指的是君主根据自己的心情喜好实行的“人治”：君主虽然担任的是拥有权势的君王角色，但 530
从根本上来说，由于他仍是认知能力有限的个人，因此需要排除其私人视野。

慎到提出了两个立法原则，一是以好利的人类性情为基础来制定法律，二是要合乎天道，但此法不能保障所有个人的权益。也就是说，法律的制定，要在共同准则下使得本性的需求得到普遍保障。慎到在《慎子·威德》篇对作为共同准则的“公”进行了如下说明：

> 故著龟，所以立公识也；权衡，所以立公正也；书契，所以立公信也；度量，所以立公审也；法制礼籍，所以立公义也。

大意是，用蓍草和龟壳来占卜，目的在于以此确立公识；用秤来称量，目的在于以此确立公正；用文书来记录，目的在于以此确立公信；用度量衡丈量，目的在于以此确立公共尺度；设置法制、礼典，目的在于以此确立公义。

“法制”的目的在于像秤或度量衡一样进行公审，达成公共认识，是实现公正与“公义”的一般规定。由于法是总括性准则，因 531
此就意味着作为“公”的反义词的“私”是违背法的行为。“私”是公的反义词，意味着违反法律。慎到的公私观念是法律性观念，而不是用来指代道德或私有财产，他文章后面部分提出的“立公弃私”原则也来源于此。

慎到并不认为一个人一旦成为君主，便成为公正的化身。他将公放在比君主更高的位置。当然，这不是对“君主立法”的反对。

君主虽然立法，但法律一旦制定，便代表了公共价值，君主也必须遵守，而不能徇私枉法。一个人无论拥有多大的权势，也要在保持法律公共性的前提下行使权力。他坚决反对君主凭个人喜怒哀乐违反法律规定，私自行动。《慎子·逸文》："立法而行私，是私与法争，其乱甚于无法。"大意是，如果制定了法律，却还私自行动的话，这便是私与法的斗争，这种混乱比没有法律更严重。

慎到认为，私致使法律丧失权威、政治分裂，最终会让作为标准的"公识"和"公审"丧失功能。君主需要通过法律来践行灭私奉公的原则，慎到对此提出了"分"这一具体的方法。《慎子》中的"分"指的是"分清每个人的职务，明确每种行为的界限"。此外，慎到还要求君主采取克己奉公的态度，将"公"看作国家的官方机能。君王不能要求"公"成为自己的附属，而应担当国家机能的执行者。

532 商鞅通过强调法律，使得秦国由弱变强。他也十分重视"分"的作用，主张"定分尚公"。"明分论"是商鞅政治思想的中心理论。他想通过"明分"来制定国家的标准，使这一标准成为判断公和私的基准。

商鞅和所有的法家一样，将法视为公，将违背法的行为视为私，认为所有的私都必须服从公，即便君主处于公的顶点，也必须明确区分公和私。《商君书·修权》："尧舜之位天下也，非私天下之利也，为天下位天下也。"大意是，尧舜登上天下的帝位，不是从天下获取私利，而是为天下而上位。君王为天下而存在，意味着君主应该隶属于天下这一"公"。忤逆此公的君主不但会毁了自己，也会使国家危在旦夕。《修权》篇有以下论述：

533 今乱世之君、臣，区区然皆擅一国之利而管一官之重，以便其私，此国之所以危也。故公私之交，存亡之本也。

大意是，如今乱世的君臣都埋头只顾一国的利益，或者只掌管一个官府的权力，这正是国家危在旦夕的原因。所以说，公私的交织才是国家存亡的根本。

君主行事，应时刻把法和公放在心上，建立一切从法律出发的法治秩序，而不是为了私人利益实行“人治”，否则国家就会变得越来越弱。商鞅认为，强调个人修养和品格的目的在于“人治”，属于私行，只有法才能代表“公”的价值。

商鞅将国视为公，个人视为私，强调国家至上主义，反对一切个人行为。即便是君主也一样，一切行事都要为了天下的公，而不能介入个人情感。尤其在人事调动或有关国家纪纲的重要问题上，君王必须只重视“公”的价值。臣子们都想凭借私人利益关系来得到权力，对于这些人就要强迫他们只崇尚公。商鞅还担心会出现君主权势过大抑制法律施行的现象，于是提出了类似“法律恐怖主义”“法律面前万人平等”等主张，这些有关法的思想都来源于他对法所具有的公共价值的确信。

商鞅公私观念的其中一个特征，是认为“公”指代国家和君主，“私”指代贵族和大家族。商鞅在《商君书·壹言》等多处提
出“开公利”“塞私门”的主张。公利是国家的富贵，私门是个人 534
的富贵。《赏刑》：“富贵之门必出于兵。”他认为战争等国家行为是公众获取公共利益的唯一出路，所以应绝对禁止贵族们为一己之私敛财和请愿的行为。

商鞅变法将其公法观念运用到政治上，将一切官爵收拢到农事和战争，即“农战”这一价值体系中，并根据君主制定的法律来进行一切赏罚，不对某些宗室贵族另眼相看。他的“尚公抑私”主张

取得了巨大成功，沉重打击了贵族，达成了遏制法外特权的目的，最终起到了强化君主专制的作用。

韩非虽然将法与私作为对立观念进行了概念化，但在很多方面都将公置换为法，使法与私形成对立。他主张创造法的意义就在于消灭私。《韩非子·诡使》："夫立法令者，以废私也，法令行而私道废矣，私者，所以乱法也。"大意是，确定法令的目的是为了以此废除私，法令得以贯彻的话，私行就必然废止，因为私是扰乱法令的罪魁祸首。重私则乱世，重法则大治。如上文所述，《韩非子·五蠹》利用字形来区分公和私，"古者仓颉之作书也，自环者谓之私，背私者谓之公，公私之相背也"。

535 韩非说的"公"指的是君主，"私"指的是君主的对立面。所以，只有君主才会谋求公利，其他人都只谋求私利，也因此只有代表"公"的君主才可以立法，目的在于扩大公门利益，限制私门便利。只有为了君主，即公而担任官职，或为君主参加战争和从事农业，才算是公事。学习和专注于艺术，是为了谋取私利，应该加以阻止。

韩非对慎到的"势"、申不害的"术"、商鞅的"法"都进行了缜密的考察和分析，然后取长补短，综合而集为大成，其结果是将君主置于中点位置，形成了以法律为中心，势、术相结合的三角结构。他继承了前辈法家的理论，强调法的公开性、平等性、一元性，主张一旦法律制成，包括君主在内的所有人都应该遵守法律。韩非还认为，只要法律明确，臣子们就可以将法律视为老师，只需立足法律来参加政事，根本不需要另外的贤人。

韩非还仔细研究了老子的"道"，他了解到道存在于君主所追求的"公"价值的延长线上。无论是现实权力还是抽象权力，君主
536 都是至高无上的存在，除此之外的所有事物都属于私，都应该被革

除。应该消除私人风气，只留下通往君主的道路。《韩非子·扬权》：

> 为人君者，数披其木，毋使木枝扶疏；木枝扶疏，将塞公闾，私门将实，公庭将虚，主将壅围。数披其木，无使木枝外拒；木枝外拒，将逼主处。数披其木，毋使枝大本小；枝大本小，将不胜春风；不胜春风，枝将害心。

大意是，树木枝叶茂盛的话，就会充塞人们来来往往的公闾，私门因此殷实，公门因此空虚，君主将受百姓蒙蔽。因此需经常修剪树木，使其不要向外延伸。韩非认为，所有妨碍君主权力集中的事物都是必须铲除的私存在，当作为“私”存在的大臣权力受到抑制时，以君主为中心的公才能复活。可以说，韩非这种言论旨在将君主的专制权力正当化。

《管子》中法家的相关部分，也继承了慎到的思想，主张通过“分”来推崇公。只是《管子》的法将道德视为法的“分”作用，并对礼仪和孝道极度重视。在这一点上，《管子》与法家出现了差异。《管子·任法》：“所谓仁义礼乐者，皆出于法。此先圣之所以一民者也。”大意是，所谓仁义礼乐，都是从法里产生的，这是先圣试图统一百姓的原因。由此可见，重视法律，并不意味着排斥儒家思想。

《管子》的法坚持“破私立公”的基本态度，把公视为法的执行，认为私的发展会对公造成损害，任由百姓私下追求利益的国家最终会穷困潦倒。正如《管子·君臣》中提到的一样：“为人君者，背道弃法而好行私，谓之乱。”大意是，为君者，如果背离道、放弃法而喜好追求私行，那就可以称为乱了。管子的公私观念基本上和慎到的立场是一致的，如果说法就是公在制度上的体现，那么公就是法在观念上的表达。

537 ## 公共性和礼法的关系

秦始皇统一了中国，开创了帝国时代，他将法家理论应用于现实之中，建立了一个排除所有“私”的具有“公”性质的政府，并确立了具有“公”性质的法律。即使这样，秦国在16年后依然灭亡了。随后登场的汉朝在维持稳定的政府体系的同时，通过“公”（公共性，public）的法律体系和“共”（共同性，common）的礼义体系，持续统治了400多年，奠定了中国文化的基础。public是政治领域中强制性的概念，就如孔子说的“道之以政，齐之以刑”；common是社会领域中自律性的概念，就如孔子说的“道之以德，齐之以礼”。此后，历史上的众多王朝通过将公共性（public）与共同性（common）结合，即礼法并用，既建立了政治正当性，又使其正当性得到了认可。从这一点来看，世袭君主凭独裁权力组建政府、制定政策和制度的过程，也是一个不断往来于“公”与“共”之间的过程。

从历史上看，“公”既是“私”的反义词，也是“家”的相对
538 概念。慎到、商鞅、韩非子等法家在理论上都强调“尚公抑私”的国家至上主义，公共秩序有了法律秩序的内涵观念，其内容则构成了君权强化和中央集权政治。韩非认为立法的最终目的在于限制私门的便利并扩大公门的利益。

另一方面，“共”（common）意指社会历史方面的共同性。这点从《孟子·滕文公上》“自天子达于庶人，三代共之”这一表述即可看出。正如《论语·为政》中写到的“譬如北辰，居其所而众星共之”一样，“共”可以作共同之意，意指社会整体以某一点为中心，呈现众星捧月的形态。“公”是指国家权力不是“私”的，而是“公”的产物，而“共”概念的意思是，国家权力作为共有

物，应该由全体社会成员共同分享。《荀子》和《礼记》中很多章节都提到了礼作为整个社会通用的规范，正是属于“共”的范畴。

孔子、孟子、荀子等早期儒家学者们认为治国应以礼为主，以法为辅助手段。这体现了重视“共”的政治思想。以《孔子·为政》篇为代表，其中写道：“道之以政，齐之以刑，民免而无耻；道之以德，齐之以礼，有耻且格。”用政令来治理百姓，用刑法来整顿他们，老百姓只求能免于犯罪受惩罚，却没有廉耻之心；用道德引导百姓，用礼制去同化他们，百姓不仅会有羞耻之心，而且还会具备品格。孔子主张用德礼政治取代法律和权力政治，将礼治这种强调“共”的社会秩序体系和法治这种强调“公”的公共政府主导下的秩序体系进行了对比。

在古代中国，礼可谓影响着百姓的生活全局。作为占据“共” 539
中心位置的礼，与生活有着深刻的关联。孔子在《论语·颜渊》中说道：“非礼勿视，非礼勿听，非礼勿言，非礼勿动。”这里礼作为个人修养，规范着各种社会关系。《荀子·礼论》：“礼者，人道之极也。然而不法礼，不足礼，谓之无方之民；法礼，足礼，谓之有方之士。”大意是，礼仪是做人的准则，如果一个人不学习礼仪，不遵守礼仪，就叫做不懂规矩的人，学习礼仪，遵守礼仪才是有教养之士。

在早期儒家思想中，礼用于调节社会机能，一定程度上作为国家机构或体制基础的外在形式发挥着作用，所以也成了公法的准
则。《荀子·劝学》认为礼是“法之大术，类之纲纪”，但是《礼 540
记·曲礼》认为“礼不下庶人，刑不上大夫”，将刑罚看成是维持礼的辅助手段，《尚书》的《康诰》《酒诰》《召诰》篇也明文规定礼和德是需要恭敬对待的对象，刑罚是辅助实现道德的手段。礼作为社会全体通用的“共”，通过教化和刑罚两种手段得以体现。早

期儒者们通过学校教育来教授人伦，以此达到政治教化的目的。对他们而言，借助精巧复杂的方法所实现的教化，才是构成礼治社会的核心，而刑罚是保证礼法稳固实施的辅助工具。

虽然刑和法不同，但作为政策的辅助手段，却发挥着同样的作用。孟子等早期儒家思想家认为必须遵守公法，但在公法无法触及的地方，则必须守护天伦这一“共”的领域。舜放弃王位背着父亲逃跑的行为，可以说正好落在法网触及不到、避开了公秩序的“共”的范畴。如此，早期儒家的仁政以“共”为基础，把“法”作为辅助手段。肯定了以“共”为目标，将“礼”作为社会控制手段的同时，将“法”视作辅助手段的观点。儒家思想家构想了一个由礼义主导的社会形态，这个礼义发挥了“共”的作用。但他们并不忽视“公”的存在，只是将以礼义为主体的社会管理系统放在比国家公共管理系统更重要的位置。

但到了强调君权的战国时代，曾经主导社会的礼义的作用被削
541 弱，法得到了强化。形成于周王室家礼的“共”秩序，无法再统治以帝国为发展目标的大国，最后形成了以“公”为导向的社会。君主作为行使强大力量的“公”的权力者，变成了“public”性质的存在，君主的公权力必须贯穿社会生活的所有领域。《管子·任法》将此概括成“六柄”：“明主之所操者六，生之、杀之、富之、贫之、贵之、贱之。”即一切权力都要集中在君主之手。《商君书·更法》：“圣人苟可以强国，不法其故；苟可以利民，不循其礼。”大意是，圣人虽然能够使国家强盛，但并不是仿照过去的做法；虽然能够使百姓得到益处，但并不是遵循以前的礼制。战国时代，君权的强化强调了公秩序，使曾充当社会统治职能的“礼”被放弃。君主专制制度得到进一步加强，以“法”代替“礼”的秦国取得了最后胜利。

秦国不但让“礼”退出了国家运行维度，还把仍然在社会内部自发秩序体系中发挥作用的礼当作“私”对待，直接予以禁止，要求从民间到政府的一切都必须立足于“公”的法体系。秦法追求“公”，并建立了成功的政治制度，取得了统一六国这一伟大的政治成功。他们的“public”就是法。

新的问题也因“法”而产生，焦点在于该由何人制定法律。把 542
公视为君权，把立法权交给君主个人独断，最终必然导致失败。公作为与私相反的东西，地位必须高于君主个人。因此，法必须是能够制约君权的形态，法理应比君主地位更高。从上述可见，根据法家的理论，君主也应该被置于法律之下。但是，掌握立法权并实行皇帝至上主义的秦始皇成了违背民意的“公”，由此，法律也成了为君主个人制定的法律。

极端的君主万能损害了法的公共性，最终导致秦王朝的灭亡。汉初，陆贾在《新语》中对秦朝灭亡的原因进行了分析，再次提出了“共”在政治中的重要性。贾谊也在《过秦论》中把秦王朝的错误归结为仁义的缺失，即“共”的丧失，主张“制法廉，兴礼乐”，提出将儒家思想作为指导思想来改革制度，实现“公”和“共”的结合。贾谊在《新书·礼》中道：“礼者，所以固国家，定社稷，使君无失其民者也。”他主张将国家和社会生活全都纳入礼义的轨道，把“礼”扩展为联结“公”和“共”的概念。

贾谊主张把“公”的作用置于“礼”的主要位置，同时强调“共”。他试图通过使用与法家不同的方式来强化君权，这对于汉武帝来说是个福音。汉武帝采纳了贾谊所说的“统治者要尊孝悌，不
能兼并或奢侈，要勤俭节约，从百姓处获得思想和文化上的认同” 543
这一主张的外壳，但实际内部实行的是以礼命名的法，成功强化了政府的“公”机能。之后中国的皇帝也大都以此为榜样。

汉初的政治思想突显“共”的重要性，谋求“共”与“公”的融合，最终可归结为荀子所追求的“礼治”。对荀子而言，礼既能推行社会自发秩序这一“共”的正向功能，也能在“礼宪”“统类”的概念下总括法律，发挥国家或政府的“公”作用。董仲舒结合了荀子、陆贾和贾谊的观点，创造出“独尊儒术”的政治意识形态，通过礼制将代表朝廷地位的“公”和代表乡党秩序的“共”结合了起来。汉武帝时期，完善的“独尊儒术”作为统治帝国的原则，实现了“法”的公共机能的复苏。但是，政治内部蕴含的仍是秦代对“公”的过度追求，只不过表面形成了以皇帝德化为基础的对“共”的追求，即礼治的形象。宏观来看，直到中华民国建立为止，中国政治基本上始终没有脱离这样的框架。

第十二章
华　夷

华夷论这一观念主要产生于中国人对他者的自我意识。 545

本章将探索本来只单纯指代风俗习惯差异的华夷观念如何转变为华夏族的文化优越主义的过程。

华夷观念的形成

华的词源 547

目前，“华”作为动词有盛开之意，作为形容词有华丽之意，作为名词则有花、光彩、中国等意思。虽然尚未得到确认，但“华”的甲骨文是表示长满花朵的枝条的象形。根据象形字典网，“华”字的变迁如下图：

未确认	克鼎	《说文解字》
甲骨文	金文	小篆

“华”字的变迁

《古文字诂林》将出现在先秦以前陶器上的古陶文字“[illegible]”视为“华”字的古代文字，[1]这与金文的字形没有很大区别。“华”是“花”的本字，两字在古代是通用字。甲骨文“[illegible]”字是花朵绽放于枝条末梢的模样，金文消除了花的形状而保留花枝的样子，加上表示手的“𠂇”字，一同组成了手拿花束的形象。小篆把花束的形象稍微复杂

548 化，在上端加了表示草的“艸”字，以此展示植物属性。枝头绽放的花转变成了草本植物的花，也就成了今天的“华”字。

在古代中国，草本植物的花的盛开被称为“华”，木本植物的花的盛开被称为“荣”。《说文解字》：“华，荣也。从‘艸’从‘雩’，凡华之属皆从华。”大意是，华，即荣，指的是树木开花之意。字形为“艸”和“雩”组合而成的会意文字，与“华”字相关联的文字全部从属于“华”。其原意为表示花本体、花完全盛开的模样以及烟花的“荣”字。《尔雅·释草》将“华”与“荣”区分开来：“木谓之华，草谓之荣。”换言之，“华”字是绽放于树木茂盛枝头的花的形态化。《尔雅》很好地描述了“华”字在甲骨文时期的原意。

不难推测，“华”字从花的含义开始，衍生出了荣光、光彩、净化、精华等含义，但是它从何时开始演变为文化的核心，用于指代中国，成为代表中国民族的华夏（the Han nationality）之意，这个问题并没有一个确切的答案。张其昀先生认为，“华”是中华五岳其中之一，与现代中国人，即汉族祖先生活过的华山[2]有着密切关系。在据说建立了中国第一个王朝的二里头文化[3]中，“夏”在
549 字面上指代与周边民族相区别的中国人，从这一点上看，发音相同的“华”与“夏”也有可能被一起使用。[4]“夏”字的词源变迁如下图所示，被推定为“夏”字的甲骨文字形非常多样。

甲 1556	乙 4693	秦公簋	《说文解字》
甲骨文	甲骨文	金文	小篆

“夏”字的变迁

《古文字诂林》记载了许多有关“夏”字的解释[5]，比如有学说认为这个古文字是一个人披头散发空手赤脚的样子，因此是指代夏 550
天的文字；有学说认为夏处于中原地区，与意指中间的夏天达成了一致；还有学说认为这个字形是最高祭司跳舞的样子等。其中，戴君仁认为“夏”是一种音乐，表现夏日求雨祭祀时舞蹈的模样，这一主张具有相当的说服力。

象形字典网等主张“夏”字代表手持农具的中原人形象，同样不无道理。金文“[illegible]”很好地展示了“夏”字的原型。拆解来看，这个字包含了顶端之意的“[illegible]”（页）字、抓住之意的“[illegible]”（爪）、握住之意的“入”（执）、刀子之意的“[illegible]”（匕）、以天文观测来占卜之意的“[illegible]”（卜）、犁耙等农具之意的“[illegible]”（耒），结构十分复杂。总而言之，这一字形所展现出来的是一个人手中拿着农具、脚上踩着犁耙，还持有天文观测工具的形象。这个会意文字的上端是一个人的头的形状，中间是两只手，下面则是两条腿。古文中还保存着把“夏”写成“[illegible]”的象形含义，体现一个人通过观察天文，因时制宜从事农活的样子，是当时务农的中国人的形象。篆书省略了农具的形状，隶书的“夏”字则把手的模样也去掉了。如果只看“夏”字，很难想象出这是早期用来表现人们忙于务农情形的文字。文字受到大量修改这一事实，可能也意味着它已成为被多样且频繁使用的代表性字符。

“夏”与“华”字作为代表中国人自身及其文化的文字，具有
高度象征意义，这一事实似乎与夏、殷、周三个民族的融合以及单 551
一民族意识的形成有关。同时，在尊王攘夷的会盟政治秩序流行的春秋时代，所谓的华夏意识似乎变得更加牢固。魏晋时代的《说文解字》：“夏，中国之人也。从夊，从页，从臼。臼，两手；夊，两足也。”大意是，夏指的是生活在中原国家的人，字形为“夊”

“页”与“𦥑”相结合的会意文字，“𦥑”指的是两只手，“文”指的是两条腿。

“夏”字的古代发音为“胡与雅”的半切，读作“huā”。目前学界还无法推测出“华”与“夏”从何时开始发音互通，被用于一处的。在现代汉语中，“华”字本来表示鲜花的含义已经完全由“花”所取代。

551 **夷的词源**

韩语与中文的“夷”字写法一样，但是两者的含义截然不同。韩国人把东夷视为民族的祖先，字形结构是“弓”字与“大”字的结合，因此它体现的是一个擅长射箭的种族。在中国，据说“夷”字的使用要早于“华”字，一开始用“东夷”来指代不同于中国的民族，后来随着中华主义文化优越意识开始发挥作用，中国将他们视为无法接受华（与夏）文化的野蛮民族，“夷”也就成为所有异民族的代表名词。

552 《说文解字》中，“夷”被解释为“东方之人”，和把“夏”称为“中国之人”的现象相呼应：“夷，平也。从大，从弓，东方之人也。”大意是，夷，意思是平坦，字形为“大”与“弓”的会意文字，夷指的是生活在中国东方的人。在中国，“夷”的词源解释与韩国的相似，但是根据《古文字诂林》记载的各种主张，既有人将其字形解释为箭矢架在弦上的会意文字，也有人解释为俘虏蜷坐着的模样。“夷”字的变迁如下所示：

粹 519	甲 3058	兮甲盘	柳鼎	《说文解字》
甲骨文　尸	甲骨文　夷	初期金文	晚期金文	小篆

“夷”字的变迁

《古文字诂林》有关“夷”的内容最大的分歧在于是否将“尸”字视作其起源。[6]象形字典网认为“”字，即“尸”字是“夷”字的初期甲骨文，这正是吴大澂等人的主张。“尸”指的是被消灭的敌人，晚期金文“”字是由俘虏之意的“”字和捆绑用草绳之意的“”字结合成的会意文字。因此，这种主张认为，甲骨文“夷”字的原意指代被中原人用草绳捆住的异民族俘虏。在《古文字诂林》中，田倩君将“夷”字与弓箭联系起来，以配图的方式明确说明了“夷”字的词源并非“尸”，而是持有大弓的东方民族。[7] 553

徐中舒在《甲骨文字典》中提到，“夷”字的甲骨文字形为“”，而篆书“”字是后来才出现的文字。[8]根据他对“尸”字的相关解读，“”与“人”字类似，只是坐姿不同。然而这与象形字典网的解读不同，象形字典网认为，中原人采用的是跪坐，即屈膝跪下，而夷人采用的是蹲踞，即缩着身体蜷坐，因此“夷”字又被称为“跠”。

“夷”字的甲骨文、金文、小篆字形之间并没有太大的联系，即便是在甲骨文与初期金文时代，“夷”字一开始指的也是习惯与文化不同的人，后来随着华夏意识开始发挥作用，才开始指代东方之人，后来在政治上遭到贬低，又被加入了各种解释，逐渐形成了今天的“夷”字。如果说“夏”是举办祭礼的人，“夷”是拿着大弓的人的话，那么字的含义与力量便脱不开关系。这个“夷”（yi nationality）在殷代不过是用来指代生活于山东省、江苏省一带的东方之人的文字，到后来才转变为指代生活于夏之外的各个地方的异民族的代名词。[9]这便是“夏夷”，即“华夷”区分的开始。如上所述，从词源和原始含义上看，最早的华夷之别只是用来表现客观现实与表象差异的简单概念。 554

555

华夷观念的变迁

孔子之前的华夷观念

《尚书·舜典》记载了“蛮夷猾夏”这一短语，这段著名的语录引发了关于华夷论的历史争论。其意思是“蛮族与夷族侵扰夏族”，从“狡猾”的用法可以看出，“猾”字形容正当之物被不正当之物扰乱的状态。这一表达充分体现了对蛮夷侵扰本来和平安适的夏，即中原地区的愤慨之情。姑且不谈其史实如何，根据《史记》等历史记录，在舜时期使中原陷入混乱的三苗族指的就是蛮族，在夏朝初期，以后羿为首，夺取夏朝权力，引起社会混乱的，则是东夷族。虽然不知道“蛮夷猾夏”是不是反映了此历史事件的记录，但如果这是事实的话，那么将“夷”用作“夏”的反义词的现象便由来已久。从中可以看到，华夷观念在夏朝已经形成基础。

出现在《周礼·职方氏》中的“四夷八蛮”是对周边民族的统称。在周王直辖的王畿四周，散布着许多诸侯国与异民族国家，他们被称为“四夷”，他们的国家则被称为“邦”。《诗经》《尚书》等古文献记录了非常多的邦国，“万邦”“多邦”等用语出现在其中。如上所述，蛮相当于苗，苗族在当时具有与夏朝相抗衡的武力，以及相同规模的王朝疆域。[10]从这个角度来看，“蛮”这一称谓似乎是一种贬低对手的竞争意识的体现。由此开始，在文化，尤其在语言与文字记录方面，优于周边民族的华夏族以自我为中心的文化优越主义——华夏主义，作为一种政治正当化的手段正式登上历史舞台。

“华夏”一词是文字记录领先于世界的中原民族对自身的表达，

在这其中，文化优越主义可谓根深蒂固。周王室及中原地区文明程度较高的诸侯国被称为“华夏”，文明程度大体上相对较低的周边民族则被称为“夷”或者“夷狄”，具体包括秦、楚、吴等位于边缘地区的诸侯国。春秋时代，对异民族的歧视非常严重。《国语·周语上》篇认为“四夷”是遭受了墨刑的人们的后代，秉性不良，而“夷”则是在历史上犯了罪，被时代所淘汰的人群。周国一开始与西戎混杂而居，之后迁徙到中原地区，积攒力量开创了新王朝。周 557
代把西戎称为“昆夷”，即“混夷”[11]，“夷”字变成了指代周边民族的普通名词。

春秋战国是中国古代民族大融合的时代，中原的华夏民族与周边民族来来往往、混杂而居，而且由于战争十分频繁，作为战俘迁移而来的人数也有所增加。《左传》庄公三十一年：“凡诸侯有四夷之功，则献于王，王以警于夷。中国则否，诸侯不相遗俘。”大意是，凡是诸侯讨伐四夷所获得的东西，都会献给周天子，周天子则会利用这些来对夷发出警告。中原的情况不同，诸侯之间不会交换战俘或战利品。

其中，《春秋公羊传》从以中国为中心的华夏主义立场揭示了这一事实，《春秋公羊传》僖公四年：“南夷与北狄交，中国不绝若线。”《春秋公羊传》以内外来区分华与夷，成公十五年写道：“内其国而外诸夏，内诸夏而外夷狄。”试图把华夷关系理解为内外的和谐。《春秋公羊传》的作者认为，华夏民族的文化比夷狄水平高，是夷狄的主人，华与夷的关系就是统一与被统一的主从关系，这个关系无法逆转。

纵观全局，认为华夏在与异民族的交流中必须占据主导地位的 558
主张，在民族融合的春秋战国时代变得更加明显。《春秋公羊传》僖公二十一年：“不与夷狄之执中国也。”大意是，不让“夷狄”掌管中国之事。《春秋公羊传》定公四年记录了有关吴国称“子”的问题的争辩，此文也持有相同的观点。如此，认为只有中原的华夏民族才能主导中国之事的意识逐渐发展为一种政治战略，这就是所谓的“尊王攘夷”论。“尊王攘夷”政治战略的内在目的在于保护周天子作为政治中心以及天下“共同”主人的观念，它的逻辑使得通过强调“华夏内外的区别”来创造以华夏为中心的统一天下的过程和秩序的合理化。管仲成功打着“尊王攘夷”的政治旗号，将齐桓公打造成为春秋时代的首位霸主。华夷论还为古代中国主导当时的国际政治秩序积累了理由。

另一方面，“尊王攘夷”也是保护内部华夏文明不被外部异民族侵扰的现实性战略。孔子在《论语·八佾》篇就曾说过：“夷狄之有君，不如诸夏之亡也。”夷狄就算有君主，也比不上夏地区没有君主。这句话的内含意义是，夷狄等国文明落后，即便存在君主也不懂礼义，而诸夏之地就算没有君主，礼仪照样存在。除此之外，在《子罕》篇，孔子提到想去九夷居住，使用了带贬义的“陋”字；《子路》篇把文化愚昧之地称为“夷狄”。孔子与他的徒弟都把周边民族视为次等存在。

559 在古代中国，这种排他性的中华主义将周边异民族彻底定义为文化次等的族群，这一展开使得力图让中国对异民族的政治支配合理化的观念与言论层出不穷。譬如，随着礼观念占据政治的核心地位，礼的有无成为评价华夷的基准，为的是强调作为礼制核心的中国比“无礼”的异民族在政治上更加优越的事实。

当然，即便在春秋时代，也有一些论点认为异民族只是文化不同的国家，而无优劣之分。《左传》襄公十四年：“诸戎饮食衣服，不与华同，贽币不通，言语不达。”大意是，各个戎族的饮食和服饰与华不同，币帛和礼物不相通，语言上也无法交流。不过大部分观点还是把文化上的优劣视为前提，以此区分华与夷。

《春秋》把夷狄的君主都称作“人”，但是针对定公四年提到的“冬十有一月，庚午，蔡侯以吴子及楚人战于伯莒，楚师败绩”（冬季十一月庚午日，蔡侯利用吴子与楚人在伯莒展开战斗，楚国军队战败），《公羊传》曰：“吴何以称子？夷狄也而忧中国。”大意是，为什么要把吴称为“子”呢，是因为它虽然是“夷狄”，但却为了 560
中国而担忧。“中国”指的是蔡国。《公羊传》认为，这场战争“源于楚人无道”，因此“蔡非有罪”。《春秋》认为，吴的君主帮助“中国”对抗“夷狄”，这是置生死存亡于不顾却礼义周到的行动，因此依照华夏的前例，称呼它为“子”。然而，称号几天后又发生了变化，针对“庚辰，吴入郢”，《公羊传》做了以下解读：

> 吴何以不称子？反夷狄也。其反夷狄奈何？君舍于君室，大夫舍于大夫室。

大意是，为什么不把吴称作子，是因为它又回到了“夷狄”。回到“夷狄”的原因是什么呢？是因为君主住进了君主的寝宫，大夫住进了大夫的寝室。

何休的《春秋公羊解诂》写道：“舍其室，因其妇人为妻，日者，恶其无义。”大意是，（他们）住进寝室后，把敌人的妻子视为自己的妻妾，这天后，他们的无礼遭到厌恶。《公羊传》的作者认 561
为，吴国君臣攻入楚国之后，所作所为违背了礼义，因此《春秋》重新将吴国君主定义为“夷狄”。由此可知，礼义是华夷之分的关键。即便是“夷狄”之国，如果能够遵守礼义的话，也应该受到与诸夏同等的待遇；反之，即便是诸夏之国，如果背弃礼义的话，就应该降为夷狄，像《春秋公羊传》昭公二十三年所记载的那样：“中国亦新夷狄也。”中国也被称为“新夷狄”。

总而言之，无论是什么民族，只要进入由生活在中国的人们所设置的礼义之门，就都能被编入华夏文明的体系中。直到春秋时代，在古典文献中登场的大部分少数民族的名称都以“犬”或“虫”为偏旁部首，即便从这一点来看，我们也能一窥当时华夏民族在文化上对周边民族的轻视。

诸子百家的华夷观念

到了战国时代，民族间矛盾的激化仍在持续，战国七雄间的争霸愈演愈烈。在这种想要凭借武力实现统一的社会氛围中，对周边民族的轻视与华夷之分的观念逐渐陷入胶着状态。《中庸》第十四章：“素富贵，行乎富贵；素贫贱，行乎贫贱；素夷狄，行乎夷狄；素患难，行乎患难。”大意是，平日里富贵，就做富贵之事；平日里贫贱，就做贫贱之事；平日里住在夷狄的土地上，就做符合夷狄之事；平日里遭受患难，就做遭受患难时该做之事。“夷狄”之地比喻的是文化落后且不同于中国、行动也不及中国人文明的野蛮之地。

虽然程度不深，但墨子贬低夷文化的情况并不少。《墨子·兼
562 爱中》篇写道：“南为江，汉，淮，汝，东流之，注五湖之处，以利荆，楚，干，越与南夷之民。”文中强调了大禹的治水实绩，认为他疏浚南方的水路，最终“造福了荆、楚、干、越和南夷的百姓们”，坚持的是价值中立的立场。南边在此之前的称号为“蛮”，如今被称作“南夷”，并成了当时的普遍用语。然而，《非攻下》篇提出，周武王的政治教化“通维四夷，而天下莫不宾”。大意是，周武王的政治教化通达四夷，天下没有不归顺的地方。《节葬下》篇：“禹东教乎九夷，道死，葬会稽之山。”在这里，夷指的是东方民族，墨子把夷视为教化的对象。《墨子·鲁问》篇记载鲁国阳文君

和墨子之间奇妙的对话。阳文君说起了楚国南面一个食人国“桥”的恶劣风俗文化，父亲会杀死第一个出生的儿子，尝过味道后献给君主以换取赏赐。墨子听完后提出应该停止战争的见解，他说：“虽中国之俗，亦犹是也。杀其父而赏其子，何以异食其子而赏其父者哉？苟不用仁义，何以非夷人食其子也？”大意是，即便是中国的风俗，也是一样的，父亲死于战争后，他的儿子们因此受到赏赐，这个和吃掉子女后赐予父亲奖赏有什么区别呢？如果不施行仁义，拿什么去批判夷族吃掉自己子女的行为呢？由此可以了解到当时人们看待夷的社会氛围。

孟子的主张更清楚地表明夷是一个文化落后的地方，《孟子·
滕文公上》篇的以下语录淋漓尽致地展示了中国的华夷之辩： 563

> 吾闻用夏变夷者，未闻变于夷者也。

我只听过夏改变夷的话，不曾听过中国因夷而发生改变的话。

此时，夏指的是中华文化，夷指的是文化落后的野蛮民族。这个观点与孔子对异民族文化的贬低一脉相传，即认为即便蛮夷之国存在君主，也比不上没有君主的中国。[12]当然，考虑到孟子说他所敬仰的舜帝是东夷族出身等因素，他基本上并没有多少的民族歧视思想。

荀子也认为，华与夷基本上不存在生理差异，但在文化上有所
不同。《荀子·劝学》篇：“干、越、夷、貉之子，生而同声，长而 564
异俗，教使之然也。”大意是，干、越、夷、貉的孩子，刚生下来发出的声音是一样的，而长大后风俗习性却不相同，这是教育使然。他认为，“中国的教育是文明的，夷则不然”，这一发言极具差别意识。《正论》篇：“故诸夏之国同服同仪，蛮、夷、戎、狄之国同服不同制。”这句话的含义是，南蛮、北狄、东夷、西戎这些异

民族没有一套完善的礼法制度。

《庄子》不用夷来形容特殊的文化差异，《天下》篇只引用墨子的话，在“昔禹之湮洪水，决江河而通四夷九州也”等语境中提到夷这一周边区域而已。

法家的各种书籍没有特意用文化落后性来对夷加以说明。不过，《韩非子·难一》在称赞舜时讲道：“东夷之陶者器苦窳，舜往陶焉，期年而器牢。”大意是，东夷地区的陶器很粗劣，舜直接到那里去参与陶器的制作，一年后，他们的器皿变得非常坚固。这里引用了孔子称赞舜为圣人时所使用的“救败”，即“救济不对的地方”之语。

战国时代，如《管子·小称》所提及的一样[13]，承认中国华夏
565 民族与周边蛮夷民族的差异性，并把他们视为文化落后的教化对象的华夷论，似乎已经成为主流。而在这种中国文化优越主义的华夷论的壮大过程中，孔子以来的儒家学派发挥了最积极的推动作用。

帝国时代的华夷观念

秦始皇统一中国为华夷观念的变化增加了一个要点，即天下所有人都要服从皇帝，因此周边异民族也都要归顺皇帝。在《史记·秦始皇本纪》中，周青臣赞颂秦始皇：“赖陛下神灵明圣，平定海内，放逐蛮夷，日月所照，莫不宾服。”大意是，有赖于陛下的神灵与圣明，平定了天下，驱逐蛮夷，如同日月照耀一般，使得天下再无不服之人。这句话的含义是，秦始皇甚至统一了“蛮夷”，使他们归顺为一体。

推翻秦朝统治的汉朝延续了很长时间，创造出当今中国汉族文化的原型。在这一基础上，从文化层面区分华夷的儒家思想根深蒂固。华夷观念后续也发生了一个新的变化——认为世界上所有民族

都是黄帝的后裔，中国人和其他所有民族拥有相同的祖先，也就是所谓的“华夷共祖”观念。我们会在下一节对此展开详细论述，但在这里先提一个经典例子，即司马迁的《史记》[14]，长期的政治稳定使其带有很强的文化优越感和民族自豪感。

《礼记·明堂位》篇据说出现于汉代，以下内容公开展示了中国与异民族间的不平等性：

> 昔者周公朝诸侯于明堂之位：天子负斧依南乡而立；三 566
> 公，中阶之前，北面东上。诸侯之位，阼阶之东，西面北上。诸伯之国，西阶之西，东面北上。诸子之国，门东，北面东上。诸男之国，门西，北面东上。九夷之国，东门之外，西面北上。八蛮之国，南门之外，北面东上。六戎之国，西门之外，东面南上。五狄之国，北门之外，南面东上。九采之国，应门之外，北面东上。四塞，世告至。此周公明堂之位也。明堂也者，明诸侯之尊卑也。

大意是，过去周公在明堂会见诸侯时，天子背上斧头向南站立；三公立于中间台阶的前面，面朝北方，从东边升位。……诸位男爵立于大门西边，面朝北方，从东边升位；九夷各国立于东门之外，面朝西方，从北边升位；八蛮各国立于南门之外，面朝北方，从东边升位；六戎各国立于西门之外，面朝东方，从南边升位；五狄各国立于北门之外，面朝南方，从东边升位。……这是周公所制定的明堂列位。所谓明堂，为的是彰显诸侯尊卑。

天子朝南而立，公侯伯子男在四大门里按照顺序由内往外站立，异民族国家的首长连门都进不去，只能站在各门外参加朝会，而这个被称为彰显尊卑的位置设定，是古代华夏族坚持华夷统合的一个典型示例。

随着秦国的统一，曾经生活在山东省与江苏省沿岸的东夷也被称为秦人，包括他们在内的中国周边民族都被同化到具有高度统一性的华夏文化中去，这一趋势经过秦、西汉和东汉 400 年不断的整合，逐渐蔓延到疆域东南西北方向的所有地方。正如汉高祖刘邦把使臣陆贾派遣到相当于今天广东省与广西壮族自治区的桂林郡、象郡、南海郡等南越地区，试图达成以中原为中心的和解及统一一样，汉朝通过劝说或战争等政治手段，在各异民族地区设立了郡县，尝试通过中原的文化实力来实现民族融合。[15]

政治统一与民族融合在某些程度上取得了成功，但只有从以华夏族，即汉族为中心的角度才能这么说。从周边民族的立场上看，很难说这是基于真正共存意识而达到的成功。这从流行于秦汉交替期的公羊学派对异民族文化的轻视加深这一点，便可见一斑。如上文所述，《春秋公羊传》是大一统思想的核心，它认为异民族严重影响并妨害了中国的大一统进程。譬如《春秋公羊传》僖公四年认为："夷狄也，而亟病中国。"认为夷狄将是导致中国得病的原因，展现出了露骨的敌意。这种形式的以中国为中心的华夷观念，是汉代政治文化形成过程的重要内容。

从《春秋公羊传》开始流行的"内诸夏而外夷狄"的说法对汉代人意识的形成具有很大的影响，《汉书·匈奴传》展示了汉代人民族意识的极端偏向：

> 是以春秋内诸夏而外夷狄，夷狄之人贪而好利，被发左衽，人面兽心。

大意是，因此，《春秋》把诸夏视为内，夷狄视为外，夷狄的人贪婪成性，追逐名利，披散头发，衣襟左开，人面兽心。

难道这种不认可"左衽"的文化差异、把周边民族称作"人面兽心”的说法，不正是一种明显的文化歧视主义的表现吗？即便考虑到中原长期以来一直遭受匈奴逼迫的处境，这种稍显过激的言论也是有问题的。后代中国人的华夷论将习惯和文化的差异视为文明与野蛮的差异这一错误的倾向，与汉代初期这种意识化有着某种程度上的关系。因此，中国在历史上经常受到周边国家的批评，认为其没有同等认可其他文化，也没有平等对待其他民族。

汉代以来，与异民族的关系主要集中在北方地区的问题上，中国政府的政策大体上是想通过实力来使异民族服从，偶尔会打着仁义道德的旗号，把他们视作必须包容的对象。但无论是哪种情况，中国都处于中心地位，而夷则是受时松时紧的边疆羁縻政策约束的对象。《盐铁论》很好地反映了这种意识，《本议》篇认为中国统治者对周边民族施行了英明的政策，还把他们视为必须积攒仁义、建成风俗、广施明德来感化（畜仁义以风之，广德行以怀之）的对象；《结和》篇认为：“两主好合，内外交通，天下安宁。”两位君主和睦相处，内外相互交流，天下就会安宁。

魏晋南北朝时期，华夷观念的变迁出现了一个特殊的现象。汉代初期，华夷共祖观念风靡一时，而在所谓的五胡十六国时期，出现了以匈奴族和鲜卑族为中心，认为自己和中国人一样都是黄帝后代的思潮。正如《晋书》所示，这是因为五胡的汉化程度很深，产
生了自己是真正中国人的错觉，还是出于方便统治具有压倒性人口 570
数量的汉族，即华夏民族的目的而做的政治设想，答案无从得知。但是，他们既然接受了司马迁的“华夷共祖”说，也就等于把儒家思想当成自己的精神支柱。[16]

南朝，随着佛教的盛行，关于华夷的争论也随之而来。南齐道士顾欢写了一篇《夷夏论》来批判佛教，我们来看看《弘明集》的一部分内容：

端委缙绅，诸华之容；剪发缁衣，群夷之服；擎跽磬折，侯甸之恭；狐蹲狗踞，荒流之肃；棺殡椁葬，中夏之风；火焚水沉，西戎之俗；全形守礼，继善之教；毁貌易性，绝恶之学。

大意是，身着礼服，佩戴腰带的是中华人的外表；秃头秃脑，身披袈裟的是所有夷人的形象。拱手跪拜，屈身如磬是侯服、甸服的谦恭；如同野兽一般蜷曲蹲坐的是穷乡僻壤的肃穆。使用棺椁进行装殓，举办葬礼是中夏的风俗；采用火葬或者水葬是西戎的风俗。维持完整形体，遵守礼法是继承善举；损毁容貌，改变本性则是学习恶行。

根据封建制度的“五服”规定，侯服与甸服指的是生活在天子
571 都城方圆千里之内的诸侯，是可以分享王室高水平文化的地方，以此来强调其文化的优越性。这段话实际上表达的意思是，夏（即中国）是文化先进之地，佛教则产生于穷乡僻壤。顾欢不厌其烦地以华和夷的风俗为例，发表了歧视性言论。

唐朝，朝廷崇尚道教，民间流行佛教，即便在这种文化共存的环境下，那些排斥佛教的言论还是经常会以佛教属于夷文化为由来佐证他们的观点。《旧唐书·傅奕传》记载了傅奕利用华夷论来贬低佛教的主张，傅奕批判道：“佛在西域，言妖路远。汉译胡书，恣其假托。”大意是，佛祖生活在西域，言语荒诞，路途茫茫。用汉语翻译的胡书，内容可以随意虚构。这类主张认为，因为是“夷狄”的邪恶小人的观点，所以必须加以抵制，它展现了过激的中华主义者的典型面貌。虽然在理论上有所加工，但唐代韩愈也是典型的排佛论者。他在《送浮屠文畅师序》里说道：“民之初生，固若禽兽夷狄然。”人类刚出现的时候当然与夷狄和禽兽没有区别，但

是圣人给他们传授了文化和尊卑贵贱之分，这个是中华的特征。

佛教方面也展开了多种多样的“防御”。譬如，北宋著名僧人契嵩以严谨的逻辑对韩愈的主张表示反对，认为华夷的区别在于 572 “义”的有无，而非地域差别。他在文中很好地运用了儒家经典和孔孟的话来为佛教辩护。契嵩在《原教》中说了下面这番话：

> 今曰佛西方圣人也，其法宜夷而不宜中国，斯亦先儒未之思也。圣人者，盖大有道者之称也，岂有大有道而不得曰圣人，亦安有圣人之道而所至不可行乎？苟以其人所出于夷而然也，若舜东夷之人，文王西夷之人，而其道相接绍行于中国，可夷其人而拒其道乎？

大意是，最近有人认为佛祖是西方的圣人，因此其法则只符合夷，不符合中国，但其实这是先代儒者们不曾设想过的事。圣人指的是拥有大道的人，那怎么可以不把具有大道的人称作圣人呢？既然有圣人之道，又怎么会存在无法实践的地方呢？如果说因为这个人出生在夷才如此待遇，那么即便舜帝是东夷人，文王是西夷人，他们的道还是延绵不绝传到了中国并得到了实践，难道可以因为他们出生于夷，就拒绝他们的道吗？

区分华夷的核心是义。契嵩在《上仁宗皇帝万言书》说：“春秋之法，尊中国而卑夷狄。其诸侯虽中国，或失其义，亦夷狄之；虽夷狄者，苟得其义，亦中国之。是亦孔子用大中之道也。”大意 573 是，《春秋》之法敬重中国而贬低“夷狄”，那时，诸侯国就算身处中国，也会因为失义而被视为“夷狄”，反之，就算身处“夷狄”区域，也会因为获得真正的义而被视为中国。这个才是孔子运用大中之道的原因。他认为，儒家学者们把佛教视作夷狄的做法，是因为他们没有正确理解《春秋》的主旨。

明朝开国君主朱元璋利用华夷观念来使驱逐元朝的政治革命正当化。为了鼓动民族感情，增强自己的实力，他提出了“内中华外夷狄”的传统华夷分辨论。《明太祖实录》卷二十六：“自古帝王临御天下，中国居内以制夷狄，夷狄居外以奉中国，未闻以夷狄居中国，治天下也。”大意是，自古以来，帝王统治天下，都是中国占据内部来统治夷狄，而夷狄居住外部来侍奉中国，未曾听过诸侯占据中国来统治天下的言论。朱元璋由此发出了“驱逐胡虏，恢复中华”这一鲜明的口号。清朝越过山海关占据中原后，传统儒家学者群体里也出现了类似的口号，譬如黄宗羲在《明夷待访录未刊文·封建》篇提出了“自三代以后，乱天下者无如夷狄矣”的主张。再如孙文在打算驱逐满洲族、成立中华民国的时候，也推出了一样的口号。

574 大中华主义与华夷共祖论

华夷论与中国的文化优越主义

在东亚传统思想中，有关华夷的争论是一个非常古老而宽泛的话题，随着华夏（即中原）势力的兴衰更替，时代的评价发生着变化，它也逐渐成为一个敏感的话题。就韩国这个与中国打着交道一起生活过来的国家而言，既有自封为东夷的时候，也有被中国定义为东夷的时候。朝鲜王朝借助中国华夷观念，以小中华自居，在女真族，即满族的清朝面前也曾主张过不切实际的文化优越主义。

从文字的词源和早期含义来看，华和夷的区别指的只不过是客观情况以及外貌差异，这种单纯的差异转变为一种文化优劣关系或排他性关系，并与中华主义发生关联的过程，和历史事件密切相
575 关。与文化不同，文明具有政治性，因为它竞争优劣，同时伴随着

自我中心主义与将其正当化的过程。因此，它作为一种权力及权力行使的方式，很可能与标榜祭礼控制力的青铜器时代有关。殷周更迭期，周民族受到戎狄驱逐、迁往东方的事实也与其息息相关。

周民族一开始与戎族共同生活在今天的甘肃省一带，后来迁移到了东边，势力逐渐强大，最终以军事叛乱的方式摧毁了殷并建立起一个国家。如上所述，殷民族的活动舞台在洛阳盆地的东边，“夷”族则居住在位于它更东边的河北省、山东省、江苏省沿岸，即渤海、黄海附近。据推测，周国始终受到西边和北边“戎狄”的排挤，与东夷的冲突也很大。与西边和北边是传统的游牧民族不同，东夷很可能过着定居生活，同时还与华夏族存在竞争关系。

《诗经》里满满记载着把周国政治支配正当化的歌词，而“夷”字经常出现在其中，尤其是“淮夷”二字，共登场了8次之多。虽然有人认为“淮夷”是国名，但“淮”是从今天的河南东南部流向山东、江苏的一条江的名字。早期作品《大雅・江汉》篇中有“淮夷来求”“淮夷来铺”等没有表现出敌意的用例，后面出现的《鲁颂・泮水》篇则有“既克淮夷”“淮夷卒获”等将其视为敌人的用 576
法，两者共同存在于作品中。其中，《閟宫》篇的以下段落充满了鲜明的优越意识：

> 保有凫绎，遂荒徐宅。至于海邦，淮夷蛮貊。
> 及彼南夷，莫不率从。莫敢不诺，鲁侯是若。……

大意是，拥有凫山绎山，徐国得以开垦。将大海纳入国境，包括淮夷满族貊族。远到遥远蛮夷，天下无人不从。天下无国不顺，鲁国诸侯使然。

实际上，鲁国究竟何时出动军队，将领土扩展到今天的黄海和东海一带，无从考证。从《尚书》的《大诰》《蔡仲之命》《周官》

等篇所记载的周公辅佐侄子成王讨伐淮夷的话来看，这确实可能是曾担任鲁国诸侯的周公的功绩。《尚书·武成》篇提到，周公的讨伐使得“华夏蛮貊，罔不率俾”，华族、夏族、蛮族、貊族再无不
577 服从之人。周公摄政7年间，果断地进行讨伐，甚至以反叛为由残杀兄弟，那么对待异民族只会更加严厉。同时，他还把从殷代后期开始流行的德与礼当做政治意识形态，巩固中央政治权力。这些是构成《诗经》与《尚书》的主要内容。

可以说，周公的统治哲学造就了周国的文化优越主义政策，导致曾经是强大的东方民族的夷变成了文化落后的野蛮民族，周公才是中华主义的开创者。随着周国政府的稳定和《诗经》《尚书》的传播，中华主义的文化优越意识开始发挥作用。起初，夷只不过是与华夏族不同的民族，在这之后逐渐被视为一个无法接受华夏文化的野蛮民族。周朝作为一个征服王朝，随着它政治支配的正当化，加上语言及文字记录都领先于周边民族，中华主义开始显现出来，夷也随之开始成为“野蛮民族”的一种代表名词，指代所有异民族。

“夷”的反对面是“中”，根据《殷契粹编》记录，“中”字的早期甲骨文字形为“”，象形字典网认为它指的是一个中立的非军事区，军旗在那里飘扬并相互对峙。金文《颂鼎》中的“”字形也还是与旗帜相关联，后来发展成为指代内部或者中立的“中”字。如此，价值中立的“中”字借由《春秋》变为一个特别的观
578 念。我们来看看《春秋》的代表性说明文献《左传》。《左传》庄公三十一年所提及的“中国”的“中”指的是“内与中”，地处中央的“内华夏”有别于地处周边的“外夷狄”，这一点展现出了强烈的中心主义（centrism）。另一本对《春秋》的注——《春秋公羊传》，对巩固中国中心主义，或者说中华文化优越主义起了更大的

作用。

《春秋》与孔子有着莫大的联系，孔子也参与了《春秋》的撰写。他是周公的忠实信徒，即便在梦中也想与之相见。如上所述，周公选择了中华主义来稳定对华夏族的统治，这一战略构想经过孔子及其追随者们的努力，成为构成儒家文化轴心之一的重要观念。“华夏”与“夷狄”的差异原本只用来区分民族，之后变质为体现文化优劣的概念，尤其是随着深受政治意图影响的中华主义的发展，华夷论变得更加扭曲，衍生出对异民族的蔑视观念。[17]

纵观中国史，每当中国试图通过内部的社会融合来实现政治稳定，或者抵抗异民族的入侵时，华夷论就一定会出现。当然，余秋雨等学者也持反对意见，他们认为中华是各个民族相互和谐的多元文化的产物，现代中国必须通过这种多元文化的包容性来实现社会一体化。余秋雨以唐朝为例，认为唐朝对外并不强调华夷论，而是采用包容异民族的政策，从这一点来看，唐朝似乎实现了多文化融合。但是从内部来看，事实并非如此。知识分子们与属于异民族宗教的佛教展开论辩，由始至终坚持中华文化优越主义和华夷论，甚至都没把异民族的历史写到唐代多文化社会中心城市——长安的“教科书”上。

在中国古代思想史上，华夷论的论点大体分为三个方面。第一，民族间矛盾的激化导致了华与夷的区别。这个观点的历史论据是夏、商、周三代经常受到周边民族，特别是西方犬戎族的迫害。第二，中国与周边民族存在先天差异，本来就有优劣之分。《国语·周语中》篇指责“戎狄”具有“豺狼之德”，反对华夏族与戎族之间的通婚，甚至认为不应该把他们当人看。此外，《周语》还提出，中原内部的斗争是兄弟之间的斗争，而与“戎狄”的战争则是内与外的战争，如果遭受到外敌入侵，阋于墙的兄弟就应该重新

携手共同抵御外侮。第三，异民族是遭到历史淘汰的罪人们的后
580 代。遭到淘汰这句话的意思是，“戎狄”原本和华夏是一家，属于同一宗族，然而他们的祖先不讲究礼义，被驱逐到边疆，变成了异民族，《国语·周语上》篇中内史过的话就是一个典型例子。[18]

然而，我们仔细查看《左传》襄公四年等记录就会发现，无论是骂戎族为“禽兽”的部分，还是说他们不是人的语境，这些与其说是基于现实的表述，不如说是因受到伤害而产生的愤怒表达，或者说是一种自我安慰的“精神胜利法”。因此，上述的第一种和第二种见解都是一种扭曲了的文化优越主义。

在同一时期存在的其他观点与我们今天看待文化的方式非常类似。当然，根据中国人共通的传统神话，也有主张认为所有人都来自同一个根源，这在前文已有所提及，但《国语·郑语》、《左传》的襄公十四年和僖公二十二年等记录，揭示了他们不同的生活方式和由此带来的习俗及文化上的差异。譬如，戎族被视为四岳的后代，白狄因为文化与语言差异而被视为其他民族等。[19]从民族平等的立场来看，这种看待异民族及其文化的观点才是开创出华夷论的古代中国思想的真正意义。

581 这种认知先是升华为理论，再进一步融入中国传统政治文化，最终对中华民族的历史、政治、文化产生极其深远的影响。它为吸收了各种民族文化的中华民族的历史进程提供了必要的心理机制，有力地推动了民族融合。此外，它还促进了作为中国传统文化特色的包容性的形成，在某种意义上培养和增强了民族自尊心，也很容易激起人们反对异民族入侵的爱国主义抗争。

从中国人的立场来看，华夷论对华夏文明的保存和发展起到了重要的历史性和文化性作用。近代，章太炎曾在他的《国故论衡·原经》篇提道：“自秦氏以讫今兹，四夷交侵，王道中绝者数矣；

然擠者不敢毁弃旧章，反正又易。……故今国性不堕，民自知贵于戎狄。非春秋，孰纲维是。”大意是，从秦朝至今，四夷交替侵袭，王道中途断绝了好几次。但是捣乱者们不敢玷污、废除过去的礼法制度，很容易拨乱反正。因此，国民性今日也不曾堕落，百姓们也知道自己比戎狄高贵。如果不是《春秋》，那还有什么能守护它至此呢？这种有点极端的民族优越感，毕竟建立在认为“华夏”要比夷狄伟大的不平等性上，因此不管如何，也成了封建王朝的夸大妄想以及走向“闭关锁国”的社会文化基础。

魏晋南北朝时期，儒家政治思想的传承主要体现在德治、仁 582
政、节俭、华夷论等方面，虽然佛教与道教盛行一时，但总的来
说，它们在禅让、礼法制度、君臣制度等政治维度并未脱离儒家的
框架。儒家思想及其政治原则仍受到统治阶级的支持，被视作治国
平天下的基本方针和政策根本。到了隋唐，儒家与佛家之间发生的
争论正是与此相关，实际参政的统治阶层的儒家倾向，与对普罗大
众造成广泛影响的佛教这一现实之间，一场儒佛争辩不可避免。问
题不在争辩本身，而在于佛教被视为异民族的宗教，并被纳入华夷
论讨论范畴加以处理这一事实上。在这里，华夷论和中华主义再一
次被推到了风口浪尖。

有人说，佛教适合作为异民族的宗教，而不符合中华民族的人性，如《弘明集·三破论》的论点所说，其原因在于胡人们粗野豪放，品性不一样，他们没有道义，倔强无礼，无异于禽兽（胡人粗犷……胡人无义，刚强无礼，不异禽兽），即胡人们的风俗和生活习惯与中华不同。上文对此已作了详细的论述。

归根到底，华夏主义认为异民族没有孔子在上面例子中提到的
“礼义文化”。它的含义是，华夏族是文化民族，因此应该对周边民 583
族进行文化“支配”。而在历史上，华夏民族大部分时间都生活在

北方和东方“野蛮民族”的政治控制之下，而在现实力量单薄时，中国王室也曾平等对待过周边国家。[20]但根本的认知并没有发生改变，无论何时都以带着文化优越意识的眼光看待对方，以致无法脱离国粹主义和以自我为中心的框架。最后，力量强大的异民族与语言文化优越的华夏民族一直在竞争，而最终在这场竞争中取得历史性胜利的是文化的栽培者——华夏民族，他们的精妙文化迟早会战胜草原强者，这只不过是时间问题。中华主义既是中国人反抗的表现，也是团结中国人赢得文化胜利的终极武器。

中国封建的核心也与中华优越主义和中国中心主义相关联，其中心是天子，即皇帝。天子会在自己的辖区附近，设亲属为诸侯以确保自身安全。而在战国时期，朝廷还会在各地交叉安置建国功臣们和其他姓氏的人，以达成相互警戒的目的。所谓“五服”或“九服”，划分为必须服从并满足于王的教化与政治的地区、必须积极
584 执行王的文教的地区、因靠近夷狄之地而努力操练军队保卫天下的地区、因是蛮夷居所而被设为罪人流放地的地区、流放重罪人的未开化荒野。这个“五服”规则的要点蕴含着一种扭曲的中华主义，认为越靠近王城的地方文化水平越高，越远的地区文化水平越低，而那些文化落后，对王的服从度很低的蛮夷之地，并不值得人们关注。它还认为，中国周边民族所有文化都来源于中国。这是一种除了中国文化之外不会承认任何周边国家文化的态度。因此，古代中国的中华主义既是中华秩序，即以中国为中心的世界观的压缩性表达，也是不平等意识的产物。

584

华夷共祖观念的扩散与局限

孔子为什么致力于区别华与夷，划分文化上的优劣呢？因为他是周公的忠实信徒，将守护中原文化视为存亡绝续的价值所在。周

公通过优劣来划分华夷，孔子进一步发展了这个政治命题，认为只要能够守护中华，就算是独裁，也不失为一种伟大的行为。管仲打开了春秋时代霸者政治的大门，孔子对他的评价非常矛盾和特殊。管仲在《论语》中被提及了9次，《八佾》篇指责管仲是“气量小、不节俭、不知礼”的人，但是《宪问》篇又评论他“不仅是人才，还是无比仁爱的人”。其原因在于，如果不是管仲匡正了天下的政 585
治秩序，孔子自身和其他华夏族都只能生活在“被发左衽”的野蛮文化中。

这些话对后来的儒家学者产生了巨大的影响，到了大中华主义思潮达到顶峰的汉代，还为将所有“夷狄”都视为野蛮的论点提供了依据。班固在《汉书·匈奴传下》篇认为：“夷狄人贪而好利，被发左衽，人而兽心。”如此，他将服饰、风俗、饮食等差异视为文化上的野蛮。比起“华夏”的内部民族，大中华主义倾向于蔑视“夷狄”的外部民族，这种倾向成为当时中国人的核心思想之一。华夷共祖论包含了促进夷的中华化，即“野蛮的文明化”的意图。从这一点上看，可以说周公的追随者孔子的思想是华夷共祖论作为政治命题的开端。所有地区的文化都只是以最适合他们生活的形式存在着，怎么会有优劣高低之分呢？

孔子时代的《左传》襄公十四年中写道：“诸戎饮食衣服，不与华同，贽币不通，言语不达。”话中表现的不是民族优劣，而是文化差异。然而，春秋末期，许多“家”与“国”在政治上被合并，排他的中华主义彻底将周边异民族定义为文化劣等族群，这成 586
了当时华夏族知识分子们普遍的思想倾向。儒家思想家们将礼义视作政治核心，把礼义的有无当做评价华夷的标准，试图以此强调中国的政治优越性。公羊学派尤其如此，他们谋求大一统，为汉代儒学的传播作出了很大的贡献。他们认为，只要进入礼义之门就能通过中华文化来实现大一统。归根到底，华夷共祖论更讲究文化的先祖而非血统上的先祖，从这点上看，春秋公羊学是华夷共祖论的重要开端。

除儒家以外，道家或法家等诸子百家的文章几乎没怎么涉及“华夷之辩”，产生于儒学的墨家虽曾有提及，但并不多言。只有儒家积极地把华夷论视为重要的思想观念，自诩为孔子的忠诚继承者的孟子提出了更进一步的主张，觉得只有“华夏”的文化才能改变“夷狄”的文化。这种认为中国的先进文化能够改变异民族的落后文化的想法，赤裸裸表达了对周边民族的轻视。[21]但是孟子对夷的想法并不止步于此，他在《孟子·离娄下》篇提道，舜帝是东夷人，
587 周文王是西夷人，他们“得志行乎中国，若合符节。先圣后圣，其揆一也”。大意是，他们获得成功后，在中国展开实践，行动就像合并符节般一致。无论是过去的圣人，还是后代的圣人，他们的“揆”是一样的。揆指的是道义、法度、礼义等华夏文化。也就是说，孟子的“华夷之辩”意味着“夷狄”文化只有融入中国文化才有意义，而中国应该成为以宗主身份来率领周边文化的主体，它作为一种不平等的文化优越主义，可以说是华夷共祖论的又一个开端。

汉代，儒家思想不断扩散，在多个方面实现了制度化，这也带来了华夷观念的变化。[22]“华夷共祖”，即认为所有民族与中国人的祖先都一样的论调传播开来。其起源是战国时代后期形成的大一统观念。通过这一点，儒家的公羊学派特别强调以汉代为中心的天下一统的实践。司马迁的《史记》是呈现华夷共祖论内容的代表性实例，华指的是作为天下一统主体的华夏族，即汉族，夷指的是生活在统一郡县内外的各个民族。华夷共祖说的是他们的祖先是同一个人，而司马迁则把这个人“设置”为黄帝。虽然先秦的诸子百家们

也经常提到黄帝，但是系统地编撰系谱、整理出中国人祖先的原典为司马迁的《史记·五帝本纪》。

司马迁从《史记》的第一句话开始就引进了来历不详的少典氏帝系[23]这一系谱，按照黄帝、颛顼、帝喾、尧、舜这样的接续顺序，创造出生活在中国的所有人一脉相承的起源说，这在《五帝本纪》 588
结尾的“太史公曰”中得到很好的解释。[24]《史记·赵世家》的第一句话是“赵氏之先，与秦共祖”。司马迁以这种方式使得春秋战国各个国家的祖先同一化。《史记》以来的历史书都把匈奴、越国人视为黄帝的后代，甚至认为朝鲜、西南夷等也与黄帝有着某种关联，以此把华夷共祖论传播开来。且看《五帝本纪》的部分内容：

> 自黄帝至舜、禹，皆同姓而异其国号，以章明德。故黄帝为有熊，帝颛顼为高阳，帝喾为高辛，帝尧为陶唐，帝舜为有虞。帝禹为夏后而别氏，姓姒氏。契为商，姓子氏。弃为周，姓姬氏。

大意是，从黄帝开始到舜禹，他们的姓都是一样的，只是国号不一样，为的是彰明各自的德行。因此，黄帝号为有熊，帝颛顼号为高阳，帝喾号为高辛，帝尧号为陶唐，帝舜号为有虞。帝禹号为夏后，姓氏则不同，为姒氏。契号为商，姓子氏。弃号为周，姓姬氏。

针对这个毫无根据的主张，主持过古代史论辩的顾颉刚先生认为，黄帝是神话人物，这种说法不可信。[25]实际上，司马迁把《左 589
传》看作最重要的参考文献之一，《左传》成公四年篇写到：“非我族群，其心必异，楚虽大，非吾族也。”大意是，楚国和我们民族不同，那它的心思必然不同，楚国虽然很大，但不是我们的种族。即便如此，司马迁在《史记·楚世家》还是以共祖论开篇：“楚之先祖出自帝颛顼高阳。高阳者，黄帝之孙，昌意之子也。”

也有人主张司马迁这样的华夷共祖论是民族平等意识的体现。[26]综观上述“华夷之辩”与华夷共祖论的开端，它们反映了司马迁的
590 大一统思想。汉代大一统实际上确保的是文化的同质性而非血统的同质性，旨在实现华夏，即汉族文化的同化与统一。这是在秦汉统一，成长为强大帝国的过程中所产生的优越感，以及对外经历了与朝鲜、匈奴、西域、南越等周边民族的冲突后，从内部涌现的民族情感的产物。

司马迁走在主张“华内夷外”的公羊学大一统思想的前沿。只要打开《史记》，任何人都能轻易发现他的中华优越主义。而原封不动照搬了《史记》的《汉书》的情况更为严重。汉代以后，中国人对出现在华夷论中的异民族的观念表现出了极端倾向，将习俗与文化的差异等同于文明与野蛮的差异。汉朝与北方民族，尤其与匈奴的冲突十分激烈，匈奴的冒顿单于在北方建立了强大的帝国，使汉高祖刘邦蒙受了“平城之辱”[27]，他还嘲笑吕太后是寡妇，做出了种种侮辱性行为，可是汉朝廷仍旧不得不与之和亲，甘当“小弟”，赠送礼物。即便如此，司马迁在《匈奴列传》中还是把匈奴视为夏后氏的后代，声称彼此拥有同一个祖先。

汉朝廷还同时实施了战争政策与强调仁义道德的包容政策。无论是依靠武力镇压的政策，还是通过道德来谋求文化统一的政策，
591 作为中华守护者的汉都一定是中心，而异民族只不过是必须服从中华文化的未开化之人。归根到底，华夷共祖思想并非寻求血统同质性的智力层面努力的产物，而是当时实力欠缺的中国寻找文化优越正当性的政治逻辑促成的结果，这一论点应该不会有太大的错误。

华夷共祖思想因其根据的薄弱性，无法成为思想的主流，但是在魏晋南北朝时期以特殊的方式传播开来。有关北方少数民族推行

汉化政策的记录非常多，但他们究竟是真的错以为自己是中国人，还是为了统治在人口上具有压倒性优势的汉族，即华夏民族才采取这种方式，这个问题的答案还需要进一步探索。

此后，在新儒学发展过程中，“华夷之辩”变成了中国文化优越主义的公开宣扬与传播，尽管中国军事力量羸弱，与北方的契丹族、女真族、蒙古族无法比拟，但是性理学学者们由始至终都坚持主战论，以野蛮民族文化上的低劣作为强辩的论据。他们比任何人都更加推崇司马迁的华夷共祖论，坚守孟子主张的“用夏变夷”的华内夷外的文化优越主义立场。

《春秋公羊传》以来，在中国历史上特别强调华夷之辩，强化中国文化优越主义的做法，可能是对自己军事实力不敌部分周边少数民族的一种反应，尤其是中国君主被“夷”抓去的案例屡见不鲜。《春秋公羊传》不承认这是事实，并用贬低“夷狄”的术语和内容来包装它。[28]邢国在僖公元年，卫国在僖公二年都为“夷狄”所灭，日原利国对此评论道：“他们越是深切感受到自己在军事上的
劣势，就越会强调文化上的优势，这种认知日益高扬。”[29]在军事实 592
力一直不敌北方民族的时代，新儒学是华夷观念的权威以及大一统思想的核心。我认为，性理学者的“华夷之辩”无非是一种精神胜利法，而这种精神胜利法才是古代中国中华主义产生和传播的关键。

第十三章
探索观念的变迁

595 观念的变迁与中国政治的展开

观念史叙述方法

从甲骨文发展至现代汉语的3000多年间，中国一直以相同的文字和语言在记录着历史。一直以来，中国疆域不断扩大，但是从很早开始就以黄河、长江为中心，实行中央集权统治，拥有着丰富的政治经验。因此，想要通过对众多中国文献一一进行分析来全面解读中国政治思想的相关观念，根本不可能。但是，观念不会突然在某一天被某个特定的人改变，它是时代的产物，如果我们能把它放到一个大的框架中去研究，就能大致了解中国政治思想中的观念是如何发生变化的。我试图在各时代的代表性思想家的著作中找出使用相同文字的观念，通过解析它们的含义来了解政治思想相关观念的变迁。

首先在大框架上，我将每一章分为三个部分，第一节分析该观念的形成过程，解读其甲骨文、金文、小篆字形，并解释这些字形
596 所蕴含的初期意义；第二节按照时代顺序分析这些观念的变化情

况，特别是以三个阶段来区分时代环境的大变化，第一个阶段是从原始文献开始，到把原有概念上升为重要政治思想的孔子登场的时期，第二个阶段是对这些形成的观念展开激烈辩论的诸子百家时期，第三个阶段是秦汉以后，随着大帝国的出现，各种政治观念开始模式化的时期；第三节，我从主观立场出发，通过分析与这些观念相关联的政治哲学讨论中我认为重要的部分，揭示各个观念丰富的思想内涵。

一本书的容量有限，我罗列了非常多的观念，进行了慎重且严谨的挑选，最终选定了包含“政治”在内的 24 个观念及几个相关的观念。汉字的形成原理是一物一字，即一个字指代一个对象，因此原则是一字一意，即一个汉字蕴含一个意思。每章我所选定的中国政治观念，在现代汉语中已存在两个汉字连在一起读作一个概念的情况，然而在历史早期，它们分别都具有独立的含义。此外，既有像“公私”这样虽然被连在一起读，但两个字直到现在都以独立观念存在的情况，也有像“天命”这样如今已被认为是一个单一观念的情况。我在每章的第一节都分别探讨了每个字的词源，在第二章中，对孔子以前的观念，我主要是把两个字分开解释并寻找其关联性；对诸子百家时期的观念，分离的按分离的形式、合并的按合并的形式来研究；对帝国时代的观念，我一般会把两个字连起来作为一个观念来解读。在第三节中，除了部分观念以外，其余都被视为由两个字组成的单一词汇。

以 24 个观念的变迁为依据 597

以此为准则，本书所提及的观念的变迁情况简要总结如下。

政治的“政”字来源于意指讨伐的“征”字，一开始用来指政策和法令，《论语》之后发展成为表示利害关系的调整与秩序这一政治观念，以及支配人类全部内外在的生活及行为的综合性概念。随着形容秩序井然的“治”观念的加入，“政”的意思转变为“政的治状态”。这种政治观念在面对否定传统指向西洋这一近代化的分叉口时，马上步入了西方化进程。在这个过程中，政治丧失了其综合性，成了一个只留下有别于经济和法律意义的狭隘概念。

天与命原本是两个无关的概念，天指的是人头顶上的无限空间，命指的是上位之人让下位之人干某事。后来，天发展成一个意为至高无上的存在的概念，这一存在的命令变得有意义，“天命”观念由此得到确立。孔子认为人到50岁“知天命”。随着“天生万物，圣人成之”观念的建立，天子，即皇帝，被视为接受天命之人。帝国时代，天命观念与王朝更迭和相关的革命观念联系在了一起，经常受人操纵。

心与性字的出现孰先孰后尚无定论，心描写的是心脏的样子，
598 性的词源为“生”字，形容草从大地里生长出来的样子。“心性”一开始说的是生理器官以及人类本能，后来被视为“回应外界的感情之‘心情’”以及人类内在本性，这个转变的开始应该发生在孔子之前。民心也变成了一个抽象概念，随着诸子百家们对心性展开激烈讨论，心与性的意义有时对立、有时统一，掀起了深刻的哲学辩论。其中，宋明理学对其起了决定性作用。

国与家表示政治运行的空间，它们本来是不同的行政单位。国指的是具有城郭的诸侯们的都邑，而家字与猪有一点关联，指的是能够独立举办祭祀的大夫们的家。到了春秋战国，实力壮大的大夫们打败并取代了诸侯，使得国与家的界线变得模糊。战国时期，他们通过兼并整合周边家国，拥有了广阔的领土和众多的人口，设置了三公九卿的政府组织，国家具有了与今天国际政治单位“国家”类似的含义。帝国时代，天下的主人只有皇帝一人，此时的国家并

非一个独立的行政单位，而是一个隶属于皇帝统治领域的郡国的意思，封建性质的“国”的含义再度复兴，用来指代授予皇室姻亲和功臣们的封地。“国家”作为对应近代英语中“state”“country”等概念的词，与传统时代的观念既有相似之处，也有不同之处。

作为治理国家的最高领袖，君与王来源于现实的政治统治者，手持象征权力的拐杖的是君，手持斧头的是王。君王一开始指的是 599
掌握物理暴力的权力核心，在孔子时期逐渐把自己理想化为德行高尚的人。在中国政治思想史上，君王既是价值的终极判断者，也是施行严厉法律，掌握臣民生杀予夺大权的恐怖存在。帝国时代，君王作为理想化的统治者，必须保有圣人的形式，并追求君主独裁以保护自己免受残酷的权力斗争的伤害。

无论是作为权力装置来辅佐君王、统治百姓的臣，还是作为统治对象的被统治阶层的民，一开始都与奴隶相关。“臣”字展现的是一个正在听命的人的形象，“民”字是对奴隶、移民和农民的称呼。如果说“百姓”指的是贵族，那么“庶民”指的就是劳动阶级。后来，民成为承担兵役和缴纳税款的存在，而臣则成为存在于君主与民之间的人的统称。臣观念日渐抽象化，春秋末期开始，“臣民”变成必须效忠君主的存在的代名词，而到了帝国时代之后，这个词语被完全定型为指代君主仆从的观念。

有趣的是，道与德两个字的起源都是表示十字路口的“行”字。“道”一开始的意思是人们行走的大路，后来发展成为生活中必须追求的合理方法与手段。“德”的本义是笔直的道路，后来发展为形容人们心胸宽广的观念，“心”字被附加到“德”字上。早在殷代后期，道德观念已经与志向高远的高层次人格行为联系在一起，出现在各种早期典籍中的频率也非常高。“德”被周公升华为 600
一种政治意识形态，孔子把他的理想集中在道德上。另一方面，道家思想出现，把“道”设定为顺应自然规律的原理，把“德”设定为相应的实践方法，道德观念由此发展出各种政治哲学。但是如今，作为英语“moral”的翻译，“道德”变成了具有特殊性而非多样性的相对狭隘的观念。

仁与义很难从西方语言中找到相对应的词语，它们是中国思想史的独特概念。仁义是贯穿整个中国政治思想史的儒家思想的核心观念。早期的仁指的是人的同等，义指的是得到上天帮助的正义战争。在孔子之前，仁义没有被连起来实现观念化，义很早开始就被认为是一种正义的行为，但强调仁作为政治家的美德似乎是孔子时代的创造，而孟子和荀子首先提出把仁义连在一起使用，要求伟大的君主必须具备这种美德。诸子百家中，墨家学派尤其强调义，道家则反对之，认为仁和义全都是人为的美德。作为这样建立起来的理想政治，“仁政”“义政”等观念成为后世思想家们每次反对武力政治时都会拿出来使用的核心理念。

礼和法既有一起使用的情况，也有被当作完全对立的概念使用的情况。“礼”来源于宗教祭礼中展现出的崇拜意识，“法”字一开始与公平判决的刑罚有关。“礼”字包含祖先崇拜与祭礼在内，与一些适用于活人社会的规范联系在一起，逐渐发展成为与国家运行
601 的基本方针、制度与职务相关联的观念。除了刑法以外，法还衍生出制度的含义，在表示规则与规范的意义上，它与礼的联系成为可能。春秋时代，礼和法是相互并存的观念。到了战国时代，随着推崇法思想的学派的出现，有人认为法是时代的反映，而礼是传统的继承，两者是彼此冲突的政治观念。两种思想仿佛代表着进步与保守，在政治碰撞中经历了各种变化。最终秦始皇按照法的思想建立了统一帝国。虽然一部分道家把礼和法斥作伪善，但在打造了中华文化格局的汉代及其之后的时代里，中国政治形成了所谓“外礼内

法”，即表面标榜儒家的礼，实则依法施政的传统。

中国传统政治尤其强调忠和孝，把它们作为确保政权稳定、维护统治秩序的理念性与现实性教化内容。然而，早期的忠孝观念与现实政治并无关联，“忠”字形容的是内心公正无偏见，“孝”是子孙们搀扶、侍奉老人的样子。孝观念的传播与祖先崇拜的传统有关，意味着对在世和已故老人的所有尊重行为。从春秋时代开始，孝作为父权专制的扩张，经常被与君主权力的绝对化联系起来。忠成为社会观念的时间要晚于孝，但在春秋末期，它有时候会被视作一种侍奉君主的本分出现在文字记录里。随着战国时期君主专制主义政治的发展，忠孝观念开始在政权层面得到广泛宣传，在汉代以来的帝国时代，它作为政治伦理的核心观念得到了普及。成书于后 602
汉的《忠经》从理论层面总结了忠孝观念的政治化，众所周知，忠孝观念时至今日还在东方社会被反复地“扩大再生产”。

公与私最初是两个对立概念。“公”最原始的含义是均匀分配饮食，这个“公”的反义词就是“私”，即“厶”，它指的是属于私有财产的谷物，而非公有财产。“公”是地位显赫之人的象形，“私”指的是个人，这种用法也由来已久，但出处不明。殷代后期，官职分化，实现了以中央集权为导向的政治统治，公与私成为重要的政治观念。公田与私田分开，认为“公”应该总比“私”优先的观念也在这个时期形成了。战国诸子百家时期，公天下和私天下意识出现，公必须绝对优先于私的主张被人提了出来，对私的追求被认为是一种罪恶。帝国时代，只有作为天下唯一主人的皇室才能成为公天下，所有人都要以克己奉公的姿态消灭私。私所具有的作为个别存在的含义彻底消失，只留下隶属于公，即君主、国家和王室的公私观念支配着中国的传统社会。

华夷观念主要与古代中国面对他者时的自我认知有关。“华”

原本是一棵开花的树的象形，价值中立，后来随着它开始与具有相同发音的表示中国人的“夏”字一起使用，成了一个重要的政治思想观念。一开始，“夏”指的拿着农具的中国农夫，“夷”指的是拿
603 着弓的异民族或者蜷坐的人，两者只是用来区分具有不同风俗的民族。然而，面对被统称为“夷”的周边民族的入侵，华夏民族的自我意识萌芽，开始分辨文化上的优劣高低，并从很早以前就带着强烈的敌意贬低夷文化。由此产生的中国文化优越主义在大中华主义这个框架中获得了“扩大再生产”，以孔子为首的儒家思想家们就站在它的顶峰。在儒家思想被确立为核心政治理念以后的中国古代社会，华夷观念始终蕴含着对周边民族在文化上的轻视。

除了以上这些观念，中国还存在着其他与现实统治原理相关的各种政治思想观念，譬如，形容把锁在刑具中的人的头斩掉的“刑”字，表示逮捕、讯问和惩罚罪犯的“罚”字等，都是值得探讨的重要概念。政治思想中可以研究的观念数不胜数，如赏、正名、革命、律令、选举等，但由于篇幅和时间限制，本书仅分析了中国政治思想史上被认为最核心的 24 个观念，如果上述分析框架有用，可以在此后的研究中不断对此类观念进行补充。

注　释

第一章

1. 思想史与观念史的差别，参见黄俊杰《思想史方法论的两个侧面》一文。黄教授认为思想史与哲学史也有所不同，哲学史的研究对象是特定哲学传统的延续与变迁，侧重分析存在于特定的哲学体系中的逻辑关系。

2. ［韩］张铉根编：《中国政治思想入门》，知永社 1997 年版，第 47、50—57 页。

3. 一条发源于中国山东省东莱（今龙口市）曲城阳丘山，最终汇入大海的河流的名称。《说文解字》原文有记载："治，水，出东莱曲城阳丘山，南入海，从水，台声。"而象形字典网则用金文卯敦的字来表达"治"的意思，虽然将之解释为秉公整肃混乱，但并没有提供准确依据。

4. 李圃主编：《古文字诂林》第三册，上海教育出版社 2004 年版，第 629—630 页。

5. 孙文：《三民主义》第六讲"民主主义"。

6. ［韩］张铉根：《近代韩国政治学与"政治"认识的不连续性》，见《现代政治研究》第五卷第 1 号，韩国西江大学社会科学研究所 2012 年编印，第 155—180 页。

7. ［韩］张铉根：《以道家、法家观点看政治与教育》，《人文社会研究》创刊号，韩国龙仁大学人文社会科学研究所 1998 年编印，第 183—200 页；《儒家思想的养、教、治论：经济、教育、政治的相关性》，《高凰政治学会报》第 2 辑，高凰政治学会 1999 年编印，第 47—62 页。

8. ［美］本杰明・史华慈：《关于中国思想史的若干初步考察》，见段昌国、刘纫尼、张永堂译：《中国思想与制度论集》，联经出版事业公司 1976 年编印，第 1—20 页。

9. 余英时：《清代思想史的一个新解释》，见《历史与思想》，联经出版事业公司 1993 年编印，第 124 页。

10. 本书引用的甲骨文图示主要来源于《古文字诂林》，也参考了徐中舒主编的《甲骨文字典》（四川辞书出版社 2006 年版）以及赵诚编著的《甲骨文简明词典：卜辞分类读本》（中华书局 1999 年版）等。

11. 象形字典网（http://vividict.com）字形资料整理自三卷本《汉语大字典》（湖北辞书出版社、四川辞书出版社 1985 年版）。

第二章

1. 李圃编：《古文字诂林》第 8 册，上海教育出版社 2004 年版，第 775—780 页。

2. 〔清〕段玉裁：《说文解字注》“颠”全文如下：“颠也，此以同部叠韵为训也。凡门闻也，户护也，尾微也，发拔也皆此例。凡言元始也，天颠也，丕大也，吏治人者也皆于六书为转注而微有差别。元始可互言之，天颠不可倒言之，盖求义则转移皆是，举物则定名难假。然其为训诂则一也。颠者，人之顶也。以为凡高之称。始者，女之初也，以为凡起之称。然则天亦可为凡颠之称。臣于君，子于父，妻于夫，民于食皆曰天是也。至高无上，从一大。至高无上，是其大无二也。从一大，于六书为会意。凡会意合二字以成语，如一大，人言，止戈皆是。他前切。十二部。”

3. 李圃编：《古文字诂林》第 1 册，上海教育出版社 2004 年版，第 17—28 页。

4. 此处只反映了天观念变迁的一部分内容，更详细的分析可参看张铉根：《中国的天・天下观念的形成、普遍化及其界限》，收于《普遍主义：为了新世界的政治思想史反思》，冊世上出版社 2016 年版。

5. 李圃编：《古文字诂林》第 2 册，上海教育出版社 2004 年版，第 34—37 页。

6. 《说文解字》：“命，使也。从口，从令。”

7. 《说文解字》：“令，发号也，从亼卪。”

8. 意味着动植物生活能力的“生命”这一“命”，似乎也是从上面的某处接到命令所构成的东西，而“寿命”（lifetime）的“命”字同样来源于原义的引申。《史记・平原君虞卿列传》已有“王之命县于遂手”（大王的性命掌握在毛遂手里）的用法。由此看来，早在秦汉时期，这种引申含义便已经存在了。

9. 冯友兰：《中国哲学史新编》，人民出版社 2005 年版，第 103 页。

10. 傅佩荣：《儒道天论发微》，台湾学生书局 1985 年版，第 27 页。傅佩荣的书囊括了国际上关于天的观念的研究成果，给本书提供了许多灵感。虽然部分观点有待商榷，但本书部分内容相当仰仗傅佩荣书的分析。

11. 郭沫若：《先秦天道观之进展》，见《青铜时代》，人民出版社 1954 年版，第 5—6 页。陈梦家也在《殷墟卜辞综述》（中华书局 1992 年版，第 581

页）中主张卜辞的“天”没有“上天”的观念，这种观念产生于周代。

12. 《史记·殷本纪》及《尚书·汤誓》也有“天命殛之”一语，考古发掘和《尚书》各篇章的形成年代能出定论的话，有关“天命”观念何处首次出现这一问题的立场想必也会发生变化。

13. 对《左传》天观念的分析，参见许倬云：《求古编》，台北联经出版事业公司 1982 年版，第 423—428 页。

14. 详见崔文衡：《孔子与墨子的天概念比较》，《东洋哲学研究》2011 年第 68 辑，第 112—130 页。

15. 参见罗安宪：《道家天命论的精神追求》，《中国人民大学学报》2007 年第 3 期，第 37—42 页。

16. 有关孟子天命观的内容参见［韩］张铉根：《孟子：正确的政治端正人间》，韩吉社 2010 年版，第 184—207 页。

17. 参见刘泽华主编：《中国政治思想史·秦汉魏晋南北朝卷》，浙江人民出版社 2020 年版，第二章第一节。

18. 譬如，五经的神话化与包含了天命预言的纬书、图谶等的产生，不少都试图通过捏造天命来得到人们非理性的信赖，从而诱导出他们的政治性服从。

19. ［日］山田庆儿：《朱子的自然学》，［韩］金锡根译，原木出版社 1998 年版。

20. 参见刘泽华主编：《中国政治思想史·先秦篇》，［韩］张铉根译，书坛出版社 2019 年版，序文。

21. 可能正是因为这样，王充一直过着贫困潦倒的生活。《后汉书·王充传》提到，王充“家贫无书，常游洛阳市肆，阅所卖书，一见辄能诵忆，遂博通众流百家之言”。王充家境贫穷，买不到书，经常去逛洛阳集市，努力阅读那里所卖的书，看一遍就即刻能背诵出书上内容，于是精通了无数思想学派的主张。

22. 关于放伐与禅让是早期儒家思想家们创造出的“二重奏”这一点，可以参看张铉根：《放伐与禅让的二重奏：初期儒家思想对政权的正当化》，韩国政治学会编《韩国政治学会报》2012 年第 46 辑第 1 号，第 5—24 页。

23. 长沙马王堆汉墓发掘出的文书《黄帝四经》指的是《经法》《十大经》《称》《道原》，其中《十大经》的“大”字与“六”字很像，因此也有人将之称为《十六经》。

24. 刘泽华主编：《中国政治思想史·秦汉魏晋南北朝卷》，浙江人民出版社 2020 年版，第三章第二节。

第三章

1. 李圃主编：《古文字诂林》第八册，上海教育出版社 2004 年版，第 939—941 页。

2. 这是马叙伦的观点。李圃主编：《古文字诂林》第八册，上海教育出版社 2004 年版，第 945 页。

3. 李圃主编：《古文字诂林》第八册，上海教育出版社 2004 年版，第 95—99 页。

4. 也可用“生了很多”的“多生”之义来理解“百生”。殷代，区分“姓”字的早期观念已经形成了，大部分古文字用例都是把百生、多生、百姓、多子放到一个部类中看待。还有主张认为“百姓”指的是“百官”。参见李圃主编：《古文字诂林》第八册，上海教育出版社 2004 年版，第 98—99 页。

5、6. 参看张铉根：《孟子：正确的政治端正人间》，韩吉社 2010 年版，第 88—113、114—135 页。

7. 唐君毅：《孟墨庄荀之言心申义（下）》，《新亚学报》第 1 卷第 2 期，香港新亚研究所 1995 编印，第 63 页。

8. 徐复观：《中国思想史论集》，台湾学生书局 1974 年版，第 246 页。

9. 人性好利的主张也存在于荀子思想中，因此也有人认为荀子是法家的先驱。《荀子·性恶》篇提到：“今人之性，生而有好利焉。”然而，荀子这里所说的“生而好利”并不是指人本质上就喜欢利益，他的“性”指的是更加本源的自然存在性，因此不能认为这是人性好利说。

10. 刘泽华主编：《中国政治思想史·隋唐宋元明清卷》，浙江人民出版社 2020 年版，第 93 页。

11. 《商君书·开塞》篇将时代分为上世、中世与下世，上世由亲亲之德支配，中世由上贤之德支配，下世由贵贵之德支配。《韩非子·五蠹》篇把时代分为上古、中古（或中世）、近古（或当今），上古时代竞于道德，中世时代逐于智谋，当今时代争于气力。

12. 参见郑良树：《商鞅及其学派》，台湾学生书局 1987 年版。

13. 例如《朱子语类》第一卷中说道：“要之，也先有理，只不可说，是今日有是理，明日却有是气也，须有先后。”

14. ［日］三浦国雄：《人间朱子》，金永植、李胜延译，创作与批评社 1996 年版，第 234 页。

15. 陈荣捷：《朱学论集》，台湾学生书局 1982 年版，第 311 页。

16. ［日］大滨晧：《范畴视野中的朱子学》，李亨成译，艺文书院 1997 年版，第 156 页。

17. ［韩］宋荣培：《中国社会思想史·儒家思想、儒家式社会与马克思主义的中国化》，南风出版社 1991 年版，第 300 页。

18、19. 刘泽华主编：《中国政治思想史·隋唐宋元明清卷》，浙江人民出版社 2020 年版，第 338—342、289 页。

20. 参见张立文：《宋明理学研究》，中国人民大出版社 1985 年版，第 28—29 页。

第四章

1. 在古代汉语里，“或”字用作虚词时读“huò”，表示疆域时读“yù”，与“域”相同。

2. 根据段玉裁的注释，随着“或”字后来转变为“也许”等副词或虚词类用法，加“心”所组成的“惑”字被创造了出来，表示疑惑之意。

3. 周朝第五代天子穆王时期，伯雍父的家臣彔所制青铜器。

4. 周朝晚期著名青铜器，为厉王时禹所制作，上面有很长的青铜铭文，1942 年在陕西省岐山出土，也被称为“穆公鼎”。

5. 李圃主编：《古文字诂林》第六册，上海教育出版社 2004 年版，第 139 页。

6. 据推测，今天使用的简体“国”字出现于唐代，是在中间放进“王”字的指事字，表示诸侯王以武力守护的领地，可以说与古语有着相同的含义。马叙伦认为，在商鞅的书中有“囗强民弱”的表述，因而“國”的古文字为“囗”。参见李圃主编：《古文字诂林》第六册，上海教育出版社 2004 年版，第 138 页。

7. 虽然“邑”字的隶书字形是由“口”字与“巴”字组合而成，但在甲骨文与金文中，其字形上部为“口”字，下部为“人”的象形文字。

8. 李圃主编：《古文字诂林》第六册，上海教育出版社 2004 年版，第 246—248。

9. 当然还有一种可能，人们生活在筑城而成的“国”之中，被授予了封地，称之为“邦”，在这种情况下，“邦”与“国”观念出现的先后顺序就不得而知了。但是，从支配与服从、命令与接受的政治权力属性来看，“邦”与“国”作为政治观念，它们的关系存在着先后顺序。需要注意的一点是，我们所看到的资料都是经过汉代重新整理编纂而成的，在整理过程中会尽量避开开国者刘邦姓名中的“邦”字，使用“国”字。参见李圃主编：《古文字诂林》第六册，上海教育出版社 2004 年版，第 251 页。

10. 王国维也主张“封”与“邦”在古代是同一个字。《古文字诂林》第六册，第 249 页。

11. 譬如，在张爱平《朝代与中的国国家概念》(《读与写：教育教学刊》，2013年第12期，第146页）一文中，作者从有封地才有邦国，有邦国才有国都的逻辑出发，主张封地是其最根本的含义，认为在那之前虽然可能也有“国”这个概念，但其观念非常模糊。

12. 青铜器家戈爵上显示的文字。

13、14. 朱骏声：《说文通训定声》，艺文印书馆1975年版，第485页。

15—17. 李圃主编：《古文字诂林》第六册，上海教育出版社2004年版，第743—758、743—744、745页。

18. 尤其白川静认为，初期汉字全部是与司祭有关的象形文字。参见［日］白川静：《汉字的起源》，尹哲奎译，idamedia2009年版；［韩］张铉根：《圣王：东方领导力的原型》，民音社2012年版。

19. 赵诚编著：《甲骨文简明词典：卜辞分类读本》，中华书局2009年版，第127、179、213、280页。

20. 周代，人们会在地面立一根杆以测定太阳的影子，也用来测量土地的边界，此工具被称为“土圭”。

21. 有些见解认为，西方的领主制（Feudalism）与日本的幕蕃体制也属于封建。但是Feudalism的基础是领主与农奴间的契约，幕蕃体制则靠武士得以维持，从这些差别来看，两者与中国古代的分封制并不相同。

22. 殷朝是松散的氏族联合体，根据《尚书·盘庚》篇记载，盘庚借“天命”把首都迁到了今天的中国安阳，即如今的殷墟所在，并试图通过“以常旧服正法度”来强化王权。

23. 有关家与国的构造一体性及其派生问题的论述，参见孙仁宏：《简论中国古代家国关系与科举文化》，《盐城师范学院学报（人文社会科学版)》1995年第1期，第40—44页；谢长征、李敏：《论古代家国同构与腐败的关系》，《广西社会科学》2003年第11期，第154—156页。

24. 虽然《礼记·王制》等篇有夏朝禹王“设置三公九卿二十七大夫”的记录，但这一点难以证明，它以实质性政治制度登场的时间是周朝初期。

25. 家观念还象征代代传承的家业或家产等，《左传》文公十四年中有“尽其家，贷于公，有司以继之”的句子，这里的“家”说的是家中传承下来的家产。由此可见，“家”的家族、家门等意思变得牢固的同时，也为家族制度增添了社会经济含义。

26. 李圃主编：《古文字诂林》第七册，上海教育出版社2004年版，第717—719页。《尚书》称为“五服”，《周礼》则更详细地提到了“九服”。《国语·周语上》篇认为“五服”是先王的制度，以天子生活之处为起点，“邦内甸服，邦外侯服，侯卫宾服，蛮夷要服，戎狄荒服”。《荀子·正论》篇则把“邦”字写成“封”字，其他内容一致。“九服”则更加具体，以王畿为中心，由内而外分别为侯服、甸服、男服、采服、卫服、蛮服、夷服、镇服、藩服。

27. ［韩］金忠烈：《中国“天下思想”的基调与历史传统的形成》，收于全海宗：《中国的天下思想》，民音社 1988 年版，第 107、113 页。

28. 以上有关柳宗元与吕留良对“封建”的详细论述，可以参看刘泽华主编：《中国政治思想史·隋唐宋元明清卷》，浙江人民出版社 2020 年版，第三章第三节及第十三章第四节。

29. ［韩］柳仁善：《中越关系与朝贡制度》，收于全海宗：《中国的天下思想》，民音社 1988 年版，第 147—183 页。

30. ［韩］金汉圭：《汉代的天下思想与“羁縻之义”》，收于全海宗：《中国的天下思想》，民音社 1988 年版，第 58—79 页。文中非常详细地论述了关于天下观念的三种类似的争辩。他按照时代对汉代的天下论进行了划分，认为第一种“天下”指的是汉代初期和亲论所展示的平等独立的领域；第二种“天下”是汉武帝时期皇帝权力所反映的不分区域、所有受皇帝直接支配的场所；第三种“天下”则是武帝死后，以中国为中心的所有周边国家集合在一定的秩序之下，被赋予固定位阶的范畴。

第五章

1. 李圃主编：《古文字诂林》第一册，上海教育出版社 2004 年版，《古文字诂林》，第 44—56 页。

2. “谛也。王天下之号也。从上朿声。帝，古文帝。”由于“谛”字的出现不可能早于“帝”字，因此许慎的这一说法并没有多少说服力。《古文字诂林》第一册中所引许多文献都对此表示了否定。

3. 刘泽华先生认为，吴大澂把它解释为花蒂的“蒂”字，王国维也认同这种解读。虽然不知道“帝”字是怎么变成殷代的至上神，但如果说“帝”是“蒂”的初期文字，那么最初无论如何都是出于植物崇拜。有些学派认为，殷民族生活在黄河流域，这个地区的植物栽培农业在很早的时候就很发达了。殷代人们从很早开始就从事农业耕作，对植物格外崇拜。进入阶级社会后，对植物的崇拜逐渐升华成对至上神的崇拜。刘泽华主编：《中国政治思想史·先秦卷》，浙江人民出版社 2020 年版，第 2—3 页。

4. 在与“王”字有关联的文字当中，看上去像是形成于后世的“皇”字并未出现在甲骨文中，而是出现在金文中。《说文解字》以小篆为根据，记载了一则略显荒诞的解释：“大也。从自。自，始也。始皇者，三皇，大君也。自，读若鼻，今俗以始生子为鼻子，胡光切。”汉典网将它视为象形文字，认为金文中的“皇”字看上去是灯火辉煌的模样，上半部分的三点是烛火向上升起的形态，中间部分为灯盏，下半部分则是灯盏的托座，这种说法把“辉煌灿烂”中的“煌”字与“皇”字等同起来看待。谢光辉主编的《常用汉字图解》中的观点略有不同，认为下面是“王”字，上面是装饰华丽的帽子，这个帽子是古代帝王使用的官帽，在这里，该字的意义得到扩展，引出了帝王或君主的含义。参见谢光辉主编：《常用汉字图解》，北京大学出版社 1997 年版，第 365 页。

5、6. 李圃主编：《古文字诂林》第二册，上海教育出版社 2004 年版，第 33、32 页。

7. ［日］白川静：《汉字的起源》，尹哲奎译，idamedia2009 年版，第 292 页。

8. 李圃主编：《古文字诂林》第二册，上海教育出版社 2004 年版，第 32 页。

9—11. ［日］白川静：《汉字的起源》，尹哲奎译，idamedia2009 年版，第 292、47、46 页。

12. 譬如在干支辛日会给王亥举行祭祀，而接受王亥这一庙号的王被称为高祖辛。［英］吉德炜（Keightley N. David）：《甲骨文的世界》，闵厚基译，学研文化社 2008 年，第 79—80 页。

13. 赵诚编著：《甲骨文简明词典：卜辞分类读本》，中华书局 2009 年版，第 227 页。

14. ［日］白川静：《汉字的起源》，尹哲奎译，idamedia2009 年版，第 47—48 页。

15. 仅从甲骨文中出现的示例来看，王亥的弟弟王恒，以及另外名为“王矢”的人，他们的名字前面也都有“王”字。

16. 直到今天，中国人还是对此坚信不疑，认为开始商业的人也是王亥，因此将他视作“华商”的始祖。

17. 〔清〕罗振玉编：《殷虚书契前编》（上 1·1），宣统三年（1911）刊本。

18. 徐中舒主编：《甲骨文字典》，四川辞书出版社 2006 年版，第 227 页。

19. 参见董作宾：《殷虚文字·甲编》（573），商务印书馆 1948 年版。

20. 参见郭若愚：《殷契拾掇》（301），上海古籍出版社 2005 年版。

21. 〔清〕罗振玉编：《殷虚书契前编》（5·405），宣统三年（1911）刊本。

22. 参见贝冢茂树：《京都大学人文科学研究所藏甲骨文字》（2363）。

23. 当然，王有些时候也会指代先祖或者特定地区的首领。“王”字在《尔雅》中出现了 37 处，其中大部分分布在《释亲》篇，附在父系、母系的祖辈家族的称号之前。譬如，“父之考为王父，父之妣为王母。”王成为与其他一切人类对立的人上人的存在，并把自己称为“余一人”，即“我一人”。刘泽华主编：《中国政治思想史·先秦篇》，浙江人民出版社 2020 年版，第 9—11 页。

24. 有关晏婴“和同”的详细研究可参看［韩］张铉根：《早期儒家“和同”讨论的政治哲学含义》，《东洋政治思想史》2012 年第 11 卷 1 号，第 7—29 页。

25. 李圃主编：《古文字诂林》第六册，上海教育出版社 2004 年版，第 500 页。

26. 郑玄注《左传》成公二年云：“天子衰，诸侯兴，故曰霸。霸，把也，言把持王者之政教，故其字或作伯，或作霸也。”

27. 李圃主编：《古文字诂林》第七册，上海教育出版社 2004 年版，第 282 页。

28. 全文如下：公叔既死，公孙鞅闻秦孝公下令国中求贤者，将修缪公之业，东复侵地，乃遂西入秦，因孝公宠臣景监以求见孝公。孝公既见卫鞅，语事良久，孝公时时睡，弗听。罢而孝公怒景监曰：“子之客妄人耳，安足用邪!”景监以让卫鞅。卫鞅曰：“吾说公以帝道，其志不开悟矣。”后五日，复求见鞅。鞅复见孝公，益愈，然而未中旨。罢而孝公复让景监，景监亦让鞅。鞅曰：“吾说公以王道而未入也。请复见鞅。”鞅复见孝公，孝公善之而未用也。罢而去。孝公谓景监曰：“汝客善，可与语矣。”鞅曰：“吾说公以霸道，其意欲用之矣。诚复见我，我知之矣。”卫鞅复见孝公。公与语，不自知厀之前于席也。语数日不厌。景监曰：“子何以中吾君？吾君之驩甚也。”鞅曰：“吾说君以帝王之道比三代，而君曰：‘久远，吾不能待。且贤君者，各及其身显名天下，安能邑邑待数十百年以成帝王乎？’故吾以彊国之术说君，君大说之耳。然亦难以比德于殷周矣。”

29. 孟子痴迷于构筑王道社会的使命意识，刻意追求否认“霸”这一历史现实的政治目标。参见［韩］张铉根：《德之政治还是武力政治：孟子王霸争论的政治企划》，韩国政治思想学会编：《政治思想研究》2014 年第 20 辑第 1 号，第 65—86 页。

30. 在现代汉语中，“聖”字的简体“圣”字的本意是用力，读作“窟”。在甲骨文中，这一文字原先还指在汝江与颍江之间的土地上用手努力劳动之意。由于是近代以来不再使用的文字，因此被借来当作“聖”字的简体使用。

31. 谢光辉主编：《常用汉字图解》，北京大学出版社 1997 年版，第 95 页。

32. 徐中舒主编：《甲骨文字典》，四川辞书出版社 2006 年版，第 1287 页。

第六章

1、2. 李圃主编：《古文字诂林》第三册，上海教育出版社 2004 年版，第

521—523、523—533页。

3.〔清〕罗振玉编：《殷虚书契前编》（4·30·2），宣统三年（1911）刊本。

4.〔清〕罗振玉编：《殷虚书契后编》（上·22·1），宣统三年（1911）刊本。

5. 刘泽华主编：《中国政治思想史·先秦卷》，浙江人民出版社2020年版，第15页。一般而言，上级贵族把奴隶赏给下一级的贵族，把从事手工业生产的奴隶称作“百工”。

6. 李圃主编：《古文字诂林》第九册，上海教育出版社2004年版，第906—908页。

7.〔清〕陆次云：《陆云士杂著》，清康熙二十二年（1683）刊本。

8. 谢光辉主编：《常用汉字图解》，北京大学出版社1997年版，第95页。

9. 姚垚：《民字本义试探》，《学术论坛》2001年第3期，第98—99页。

10. 日本学者高田忠周对此有介绍，他把古文“民”字看作女子，这可能是从“母”字推导得出的。李圃主编：《古文字诂林》第九册，上海教育出版社2004年版，第907页。

11. 郭沫若：《郭沫若全集·历史编》第二卷，人民出版社1982年版，第41页。郭沫若以《作册矢令簋》的“作册矢令尊宜（进肴）于王姜，姜赏令贝十朋，臣十家，鬲百人”为例，认为“臣”也是奴隶身份，指的是有家有室的管家娃子，而“鬲”则是单身汉的普通娃子。

12. 在战国时代与秦朝，“黔首”用来表示被统治者的现象十分普遍。《吕氏春秋》的《执一》及《振乱》、《战国策·魏策》、《韩非子·忠孝》、李斯的《谏逐客书》、《礼记·祭义》等篇章都使用了“民”“庶民”等词。《史记·秦始皇本纪》还特别提到秦始皇二十六年（前221年）下达的将“民”改为“黔首”的命令。

13. 郑谯《通志·氏族略》：“三代以前，姓氏分而为二，男子称氏，妇人称姓。……三代之后，姓氏合而为一。”〔清〕顾炎武《日知录·氏族》认为，对“姓”与“氏”的称呼是从司马迁的《史记》开始被混在一起，合而为一。

14. 刘泽华主编：《中国政治思想史·先秦篇》，浙江人民出版社2020年版，第1页。

15. “民”“百姓”“国人”“黎民”等与“民”相关观念的详细变迁与主张的根据，可参看张铉根：《民的词源与意义之考察》一文。

16. 有关先秦儒家们的“民”观念可参看朴炳锡：《中国古代儒家的“民”观念：政治主体，政治对象?》，《韩国东洋政治思想史研究》2014年第13卷第2号。这一研究以“中国哲学书电子化计划”的相关资料为中心，从批判性角度记述了从古文字到儒家典籍为止的浩繁卷帙，认为“民”不过是统治的对象，而非政治的主体。

17. 出自《史记·礼书》，用来批判秦始皇。

18. 认为在天与民的关系中，民更加重要的代表人物是王夫之。参见《船山全书》第二册《尚书引义》卷四。

19. 也有人认为四民说的始创者正是管子。例如，顾炎武在《日知录》提到："士农工商谓之四民，其说始于管子。"

第七章

1—5. 李圃主编：《古文字诂林》第二册，上海教育出版社 2004 年版，第 455—461、456—461、470、474、472 页。

6. ［日］白川静：《汉字的起源》，尹哲奎译，idamedia2009 年版，第 472 页。

7、8. 刘泽华主编：《中国政治思想史·先秦卷》，浙江人民出版社 2020 年版，第 23、331 页。

9. 据说《邹子》有 10 万字，但全部遗失了，仅在后世《文选》等书中残存部分片段，使其主张得以传于后世。

10. 余英时：《反智论与中国政治传统》，见［韩］张铉根编译：《中国政治思想入门》，知永社 1997 年版。

11. ［韩］张铉根：《公（public）、共（common）概念和中国秦汉政府的再发现：礼、法的分化和结合》，见韩国政治思想学会编《政治思想研究》2010 年第 16 辑第 1 号，第 31—55 页。

12. ［韩］张铉根：《公（public）、共（common）概念和中国秦汉政府的再发现：礼、法的分化和结合》，见韩国政治思想学会编《政治思想研究》2010 年第 16 辑第 1 号，第 44—55 页。

13. ［韩］张铉根：《东洋的德治与法治》，韩国政治学会编《政治学理解指南（1）：政治思想》，法文社 2008 年版，第 87 页。

14. ［韩］张铉根编译：《中国政治思想入门》，知永社 1997 年版，第 33 页。

15. ［韩］张铉根：《公（public）、共（common）概念和中国秦汉政府的再发现：礼、法的分化和结合》，韩国政治思想学会编：《政治思想研究》2010 年第 16 辑第 1 号，第 51 页。

第八章

1. 李圃主编：《古文字诂林》第七册，上海教育出版社 2004 年版，第

266—269 页。

2. 李圃主编：《古文字诂林》第九册，上海教育出版社 2004 年版，第 995—996 页。

3. 日本学者竹内照夫比较了《论语》和《左传》《国语》里的“仁”。竹内照夫认为《左传》和《国语》著于《孔子》之前，或者和《孔子》同时期写成，春秋时期已经有了仁义。仁是时代的产物，而非孔子个人的创造。参见［日］竹内照夫：《东方哲学的理解：以四书五经为中心》，李南喜译，喜鹊出版社 1991 年版。屈万里着眼于《左传》的仁字意思和《论语》类似这点，主张《左传》作者受到了孔子的影响。参见屈万里：《古籍导读》，姜世厚译，梨花文化社 1998 年版。

4. 刘泽华主编：《中国政治思想史·先秦卷》，浙江人民出版社 2020 年版，第 82—83 页。

5. 例如嵇康在《难自然好学论》中写道：“以六经为芜秽，以仁义为臭腐。”

6. 萧公权：《中国政治思想史》，商务印书馆 2011 年版，第 59 页。

7. 也称作推恩、推广、扩充等，表示蔓延拓宽之意，充分揭示了孔孟思想的发展路径。孔子在《论语·学而》篇中提到，将对父母的爱一点点拓宽到社会，最终就能达到“泛爱众”的境界。孟子在《孟子·梁惠王下》篇中提到，如果无论对谁都怀有“不忍人之心”的话，那么就能达到“老吾老以及人之老，幼吾幼以及人之幼”的博爱境界。

8. 从《论语·雍也》篇的“知者乐水，仁者乐山；知者动，仁者静；知者乐，仁者寿”这一段证实自我生命的文字也可以看到，仁指的是一种道德情操。

9. 佛教中的有为观念指的是人为结缘，然而，字典中常用的“有为”的意思是指在世上做某事有一手，或者形容一个会做大事的人所做出的大动作。这里所用的“大有为”自然也包括了这样的含义，但是我想把它用作“无为”的对立观念，“无为”指的是没有人为操作，即没有强制性虚假行为的状态。在道家的含义里，比起“什么事都不做”的意思，“无为”更多指的是过着不受强迫的自由自在的生活。无论如何，既然“无为”也要以人类行为为前提，那么就可以是人为的，因此对比“人为”这一概念，这里重新使用了“有为”这一观念。

10. 关于仁与义的联系和导向问题，参见陈大齐：《孟子待解录》，台湾商务印书馆 1991 年版，第 25—68 页。

第九章

1. 李圃主编：《古文字诂林》第五册，上海教育出版社 2004 年版，第

106页。

2. 李圃主编：《古文字诂林》第五册，上海教育出版社2004年版，第106—113页、第114—122页。在《古文字诂林》里亦记作从两边敲击与鼓相似的乐器发出的声音，以及其模样的象形化文字。

3. 李圃主编：《古文字诂林》第五册，上海教育出版社2004年版，第87—89页。

4—6. 李圃主编：《古文字诂林》第八册，上海教育出版社2004年版，第510—512、512、512页。

7. 另外，在音乐领域内代表音准间秩序规则的律字，释义与“法”相似，两者一度混用。这是今天我们称之为“法律”的起始。有关“法”字的变迁，可参见张铉根：《先秦政治思想里“法”的意义》，韩国政治学会编：《韩国政治学会报》1994年第27辑第2号下，第75—96页。

8. 刘泽华主编：《中国政治思想史·先秦卷》，浙江人民出版社2020年版，第69页。

9. 徐复观：《荀子政治思想的解析》，见《中国思想史论集续篇》，时报文化出版事业有限公司1972年版，第443—465页。

10. 有关执着于法的“public”（公共）的机能而忽视了礼的“common”（共同）的机能。对“秦始皇的政治只能失败”这一观点的讨论，参见［韩］张铉根：《公（public）、公（common）概念和中国秦汉政府的再发现：礼、法的分化和结合》。

11. 余英时：《反智论与中国政治传统》，参见［韩］张铉根编译：《中国政治思想入门》，知永社1997年版。

12. 董仲舒在《春秋繁露·五刑相生》篇说道：“为鲁司寇，断狱屯屯，与众共之，不敢自专。”这一主张引导了被称为“春秋断狱”或“春秋决狱”的汉朝司法气氛。

13. 沈成添：《荀子的礼治思想》，《华冈法科学报》1978年第1期，第33页。

14. 有关《荀子》中“统”“类”两字的各种意义，参见韦政通：《荀子与古代哲学》，台湾商务印书馆1966年版，第16—18页。

15. 陈启天：《中国法家概论》，台湾中华书局1985年版。

16. “八奸”指篡夺君权的八种手段，韩非《八奸》归纳出“同床”“在旁”“父兄”“养殃”“民萌”“流行”“威强”“四方”八种。

17.《管子·任法》篇记载“六柄”：生、杀、富、贫、贵、贱。

18. 相对来说，比较特殊的例子是《商君书·去强》篇里出现的“重罚轻赏”主张。“王者刑九赏一，强国刑七赏三，削国刑五赏五”，称王天下的国家用十分之九的刑罚，十分之一的奖赏。强国用十分之七的刑罚，十分之三的奖赏。弱国用十分之五的刑罚，十分之五的奖赏。

第十章

1. 1977年，在河北省平山中山王墓中出土了中山王鼎、圆壶、方壶等所谓“中山三器”。中山王鼎铭文共有469字。中山国为西周初期诸侯国。

2. 1975年，湖北省云梦泽遗迹考古挖掘出土的秦国竹简文书。据推测，该文书形成时间在战国末期的前257年到秦朝的前217年之间。

3. “中”字曾指插在氏族部落村庄中央区域的旗帜，或在战场中央插上旗帜两军对峙的情形。参见李圃主编：《古文字诂林》第八册，上海教育出版社2004年版，第956—957页。

4、5. 李圃主编：《古文字诂林》第八册，上海教育出版社2004年版，第957、654—661页。

6. 周公所强调的“敬德保民”等品德，作为公共伦理得以普及化，并优先于家族理念的孝，能够引导对政治的服从，但从宏观角度上看，这也可称为是孝的一种形式。

7. 据传《忠经》由东汉马融（79—166）编著，但也存在其他观点。目前还无法确定著者。

8. 《孟子·离娄下》篇也写道：“惰其四肢，不顾父母之养，一不孝也；博弈好饮酒，不顾父母之养，二不孝也；好货财，私妻子，不顾父母之养，三不孝也。”

9. 关于“色难”，有些人的解释是，难以理解父母的脸色。这两种意思都是相通的。

10. 参见《史记·留侯世家》：“忠言逆耳利于行，毒药苦口利于病。”《说苑》称这是孔子的话，《孔子家语》也这么记载。

11—13. 杨华：《春秋战国时期“宗统”与“君统”的斗争——兼论我国古代忠孝关系的三个阶段》，《学术月刊》1997年第5期，第92—94、94、95页。

14. 关于《后汉书·明帝纪》里提到的“三老、孝悌、力田”，唐李贤注：“三老、孝悌、力田，三者皆乡官之名；三老，高帝置；孝悌、力田，高后置，所以劝导乡里，助成风化也。”

15. 汉代官员选拔制度被称为“察举征辟制”，考试科目有贤良、文学、方正、孝悌、孝廉、能言极谏、茂才、明经、明法等，其中最受重视的就是孝廉。

16. 《论语·阳货》篇中孔子写到“唯上知与下愚不移”，将人的品德区分成上下等级。

17.《魏书·高祖纪》该段原文："三载考绩，自古通经，三考黜陟，以彰能否。今若待三考然后黜陟，可黜者不足为迟，可进者大成赊缓。是以朕今三载一考，考即黜陟，欲令愚滞无妨于贤者，才能不壅于下位。……上上者迁之，下下者黜之，中中者守其本位。"

18. 最可信的说法是这开始于东汉末尚书令陈群的谏言。魏国时期推行了曹丕的"九品官人法"，又称"九品中正制"。北魏孝文帝将这个制度整顿了一番，并有效地利用了起来，以达到有效管理官员去留的目的。

第十一章

1. ［日］白川静：《汉字的起源》，［韩］尹哲奎译，idamedia2009 年版，第 146 页。参见徐中舒主编《甲骨文字典》，四川辞书出版社 2006 年版，第 71 页。

2. 李圃主编：《古文字诂林》第一册，上海教育出版社 2004 年版，第 652—658 页。

3.《史晨碑》刊刻于东汉建宁二年（169），为隶刻石碑，现保存于山东曲阜孔庙。

4. 徐中舒主编《甲骨文字典》，四川辞书出版社 2006 年版，第 1592—1593 页。

5、6. 李圃主编：《古文字诂林》第八册，上海教育出版社 2004 年版，第 205、608 页。

7. 这究竟是历史事实，还是谁的主张，如今没有明确的史实依据。井田制的实施对象也不明确。并且，孟子在其他地方提到了土地制度和纳税制度，却完全没有举例提及被称为理想制度的井田制。由于这些原因，关于井田制的争论仍然存在。

8. 参见刘泽华主编：《中国政治思想史·先秦卷》，浙江人民出版社 2020 年版，第七章。

9. 参见刘泽华主编：《中国政治思想史·先秦卷》，浙江人民出版社 2020 年版，第 497 页。

10. 参见张居正《与李太仆渐安论治体》一文。

11. 参见刘泽华主编：《中国政治思想史·先秦卷》，浙江人民出版社 2020 年版，第七章。

第十二章

1. 李圃主编：《古文字诂林》第六册，上海教育出版社 2004 年版，第

107 页。

2. 华山位于现陕西省东南部，黄河与渭水可辐射的传统中原地带。根据清末学者章太炎考证，中华、华夏这一名称来源于华山，张其昀先生也坚持同样的立场。参见张其昀：《中华五千年史》第一册，中国文化大学出版部 1963 年版，第 53—54 页。

3. 在现河南省洛阳盆地东部一个普通村庄偃师里发掘出来的金石并用的新石器时代文化。

4. 根据象形字典网的记载，为古代部落联盟时期做出杰出历史贡献的首领们，会被赋予符合他们特征的各种称谓。譬如，最早使用火的首领被称为“炎帝”，最早训练使用弓箭等武器的首领被称为“黄帝”，最早采集栽培植物的首领被称为“华”，最早进行农耕生产的首领被称为“夏”，最早用黏土来制作陶器的首领被称为“尧”，最早推行熟食制度的首领被称为“舜”，最早抓鱼钓鱼的首领被称为“鲧”，最早驱蛇治水的首领被称为“禹”。从象形文字的字形来看，这是非常有道理的分析。

5. 李圃主编：《古文字诂林》第五册，上海教育出版社 2004 年版，第 660—667 页。

6、7. 李圃主编：《古文字诂林》第八册，上海教育出版社 2004 年版，第 794—802、798—799 页。

8. 徐中舒主编：《甲骨文字典》，四川辞书出版社 2006 年版，第 1144 页。

9. 例如，《后汉书·东夷传》提到了“夷有九种”，即“夷族有九个种类”。

10. ［日］白川静：《汉字的起源》，尹哲奎译，idamedia2009 年版，第 181—184 页。

11.《孟子·梁惠王下》提到“文王事昆夷”，这与历史现实是一致的。

12. 这也证明了孔孟在当时已深入中国人群，成为普罗大众的尊崇对象。参见［韩］张铉根：《孟子：正确政治匡正人间》，韩吉社 2010 年版，第 16 页。

13. 譬如，“尝试往之中国诸夏蛮夷之国。以及禽兽昆虫之地，皆待此而为治乱。泽之身则荣，去之身则辱，审行之身而毋怠，虽夷貉之民，可化而使之爱。”

14. 王文光和翟国强周密分析了《史记》，并对此作出了非常详细的解读。参见王文光、翟国强：《“五帝”世系与秦汉时期“华夷共祖”思想》，《中国边疆史地研究》2005 年第 3 期。

15、16. 参见王文光、翟国强：《“五帝”世系与秦汉时期“华夷共祖”思想》，《中国边疆史地研究》2005 年第 3 期；［韩］张铉根：《中华主义之始源与华夷共祖论之批判》，《东方学》2014 年第 31 辑。

17. 关于华夷观在汉代如何发展的问题，参见［韩］洪承铉：《汉代华夷观的发展及其属性》，《东北亚历史论丛》2011 年第 31 号。

18.《国语·周语上》篇提到，被驱逐的后代们变成了狄、蛮的族群，作为遭受到墨刑的人们的后代，他们天性不佳，因此一点也不善良。

19. 譬如，《左传·襄公十四年》载："诸戎饮食衣服，不与华同，贽币不通，言语不达。"

20. ［韩］全海宗：《中国的天下思想》，民音社 1988 年版，第 58—79 页。

21. 讽刺的是，北方民族政权金、元、清等反而更加推崇孟子，视其为圣人。他们并不是不知道孟子对异民族的贬低，而是出于一种政治计算，利用一名早被中国人尊为"圣人"的人，在思想上统一中国汉人。参见［韩］张铉根：《孟子：正确政治匡正人间》，韩吉社 2010 年版，第 16 页。

22. 关于华夷观在汉代如何展开的话题，可以参看［韩］洪承铉：《汉代华夷观的发展及其属性》，《东北亚历史论丛》2011 年第 31 号。

23. 在中国神话中，少典氏是一种类似上天的存在，有关从中国远古的创世神话开始到黄帝的权力神话的内容，参见［韩］张铉根：《古代中国神话的变迁与政治化》，《政治思想研究》2004 年第 10 辑第 2 号，第 115—135 页。

24. 司马迁说他综合了孔子语录、《春秋》、《国语》等，周游全国，结合长者们的意见，叙述出了五帝的事实，但我在认真冷静研读后，把它理解为"创造"。

25. 顾颉刚：《顾颉刚古史论文集》第一册，中华书局 1988 年版。

26. 用华夷共祖论当主题撰写正式论文的人并不多，但王文光、翟国强在《"五帝"世系与秦汉时期"华夷共祖"思想》中强调了司马迁的民族平等意识，将"华夷共祖"提升到平等思想的维度。

27.《史记·匈奴列传》载，冒顿单于率领精兵攻击太原。刘邦马上带领 32 万步兵前去迎战，在平城（今天大同东南部）遭到包围，孤立无援，被饿了 7 天，最后通过贿赂冒顿的夫人阏氏才勉强突破了包围圈。

28. 关于《春秋公羊传》的这种记录笔法，参见［日］日原利国《国家与百姓之间的汉：汉帝国，德治与刑法的二重奏》，［韩］金东敏译，书坛出版社 2013 年版，第 59—263 页。

29. ［日］日原利国：《国家与百姓之间的汉：汉帝国，德治与刑法的二重奏》，［韩］金东敏译，书坛出版社 2013 年版，第 262 页。

参考文献

丛书、历史著作、辞典、字典

《十三经注疏》，中华书局 1980 年版

汉典网：https：//www. zdic. net

象形字典网：http://www. vividict. com

《汉语大字典》，武汉辞书出版社、四川辞书出版社 1985 年版

徐中舒主编：《甲骨文字典》，四川辞书出版社 2006 年版

赵诚编著：《甲骨文简明辞典・辞分类读本》，中华书局 1999 年版

朱骏声：《说文通训定声》，台北艺文印书馆 1975 年版

谢光辉主编：《常用汉字图解》，北京大学出版社 1997 年版

吴枫主编：《中华思想宝库》，吉林人民出版社 1990 年版

中国思想宝库出版委员会编：《中国思想宝库》，中国广播电视出版社 1990 年版

〔汉〕许慎：《说文解字》

〔清〕段玉裁：《说文解字注》

《康熙字典》《弘明集》《广弘明集》《群书治要》《史记》《汉书》《后汉书》《三国志》《隋书》《旧唐书》《唐会要》《资治通鉴》《元史》《明史》《明太祖实录》《明太宗实录》《明通鉴》

古代典籍

《诗经》《尚书》《周易》《周礼》《仪礼》《礼记》《春秋》《尔雅》《孝经》《左传》《国语》《春秋公羊传》《春秋穀梁传》《逸周书》《楚辞》《经法》《文子》《论语》《孟子》《荀子》《墨子》《老子》《庄子》《商君书》《尹文子》《慎子》《申子》《鹖冠子》《韩非子》《吴子》《孙子兵法》《淮南子》《吕氏春秋》《管子》《孔子家语》《忠经》《太平经》《乐纬》《尚书纬》《春秋纬》《孝经纬》《文选》

〔西汉〕陆贾：《新语》；〔西汉〕韩婴：《韩诗外传》；〔西汉〕贾谊：《新

书》；〔西汉〕董仲舒：《春秋繁露》；〔西汉〕刘向：《说苑》《战国策》；〔西汉〕桓宽编：《盐铁论》；〔西汉〕戴德：《大戴礼记》；〔东汉〕王符：《潜夫论》；〔东汉〕班固编：《白虎通义》；〔东汉〕王充：《论衡》；〔东汉〕荀悦：《申鉴》；〔三国魏〕王弼：《老子注》《周易注》；〔西晋〕嵇康：《嵇康集》；〔西晋〕郭象：《庄子注》；〔南朝宋〕刘义庆：《世说新语》；〔南朝宋〕颜之推：《颜氏家训》；〔唐〕慧能：《六祖坛经》；〔唐〕唐太宗：《唐太宗集》《帝范》；〔唐〕吴兢：《贞观政要》；〔唐〕武则天：《臣轨》；〔唐〕王通：《中说》；〔唐〕吴筠：《玄纲论》；〔唐〕孔颖达注：《五经正义》；〔唐〕柳宗元：《柳河东集》；〔唐〕韩愈：《韩昌黎集》；〔唐〕李翱：《复性书》；〔北宋〕司马光：《司马文正公傅家集》；〔北宋〕张载：《正蒙》；〔北宋〕程颢、程颐：《二程语录》《河南程氏遗书》；〔南宋〕朱熹：《四书集注》《朱文公文集》《朱子语类》；〔南宋〕陆九渊：《陆象山全集》；〔南宋〕郑樵：《通志》；〔明〕朱元璋：《明太祖文集》；〔明〕王守仁：《傅习录》；〔明〕张居正：《张文忠公全集》；〔明〕罗贯中：《三国志演义》；〔清〕黄宗羲：《破私论》《宋元学案》《明夷待访录》；〔清〕顾炎武：《日知录》；〔清〕王夫之：《船山全书》；〔清〕曹雪芹：《红楼梦》；〔清〕雍正帝：《大义觉迷录》；〔清〕章太炎：《国故论衡》；〔民国〕孙文：《三民主义》；[韩] 朴齐家：《北学义》；[韩] 洪大容：《毉山问答》。

专著及论文

顾诘刚：《顾诘刚古史论文集》，中华书局 1988 年版

郭沫若：《青铜时代一先秦天道观之进展》，人民出版社 1954 年版

郭沫若：《十批判书》，东方出版社 1996 年版

郭沫若：《郭沫若全集》（历史编），人民出版社 1982 年版

[英] 吉德炜：《甲骨文的世界》，[韩] 闵厚基译，学研文化社 2008 年版

[韩] 都贤哲：《高丽末士大夫的政治思想研究》，一潮阁 1999 年版

[日] 三浦国雄：《人间朱子》，[韩] 金英植、李胜妍译，创作与批评社 1996 年版

傅佩荣：《儒道天论天法微》，台湾学生书局 1985 年版

徐大同编：《中国古代政治思想史》，吉林人民出版社 1981 年版

[韩] 宋荣培：《中国社会思想史・儒家思想、儒家社会与马克思主义的中国化（1）：儒教思想与儒教社会结构分析》，南风出版社 1991 年版

[日] 白川静：《汉字的起源》，[韩] 尹哲圭译，idamedia 出版社 2009 年版

[日] 山田庆儿：《朱子的自然学》，[韩] 金锡根译，原木出版社 1998 年版

吕振羽：《中国政治思想史》，生活·读书·新知三联书店 1955 年版
余秋雨：《寻觅中华》，华夏出版社 2008 年版
［日］大滨皓：《范畴论下的朱子学》，［韩］李亨成等译，礼文书院出版社 1997 年版
韦政通：《荀子与古代哲学》，台湾商务印书馆 1966 年版
刘泽华主编：《中国政治思想史》，浙江人民出版社 1996 年版、2020 年版
刘泽华：《中国传统政治思想反思》，生活·读书·新知三联书店 1987 年版
张其昀：《中华五千年史》1 册，台湾中国文化大学出版部 1963 年版
［韩］全海宗等，《中国的天下思想》，民音社 1988 年版
郑良树：《商鞅及其学派》，台湾学生书局 1987 年版
［日］竹内照夫：《东方哲学的理解：以四书五经为中心》，［韩］李南熙译，喜鹊出版社 1991 年版
陈启天：《中国法家概论》，台湾中华书局 1985 年版
陈大齐：《孟子待解录》，台湾商务印书馆 1991 年版
陈来：《古代宗教与伦理一儒家思想的根源》，生活·读书·新知三联书店 1996 年版
陈梦家：《殷墟卜辞综述》，中华书局 1992 年版
陈荣捷：《朱学论集》，台北学生书局 1982 年版
屈万里：《古籍导读》，绿原书店 1964 年版
冯友兰：《中国哲学史新编》，人民出版社 2004 年版
许倬云：《求古编》，台北联经出版事业公司 1982 年版
［日］日原利国：《国家与百姓之间的汉：汉帝国，德治与刑法的二重奏》，［韩］金东敏译，书坛出版社 2013 年版
罗安宪：《道家天命论的精神追求》，《中国人民大学学报》2007 年第三期
唐君毅：《孟墨庄荀之言心申义下》，香港新亚研究所编：《新亚学报》1995 年第 1 卷第 2 期
朴炳锡：《中国古代儒家的“民”观念：政治主体？政治对象?》，韩国东洋政治思想学会编：《韩国东洋政治思想史研究》2014 年第 13 卷第 2 号
［美］本杰明·史华慈：《关于中国思想史的若干初步考察》，见《中国思想与制度论集》，台北联经出版事业公司 1976 年版
舒大刚：《〈周易〉·金文“孝享”释义》，《周易研究》2002 年第 4 期
谢长征、李敏：《论古代家国同构与腐败的关系》，《广西社会科学》2003 年第 11 期
徐复观：《荀子政治思想的解析》，《中国思想史论集续篇》，时报文化出版事业有限公司 1983 年版

孙仁宏：《简论中国古代家国关系与科举文化》，《盐城师范学院学报》（人文社会科学版）1995 年第 1 期

沈成添：《荀子的礼治思想》，《华冈法科学报》1978 年第 1 期

［韩］安在顺：《朝鲜后期实学的主体性问题：以朴趾源、朴齐家、丁若镛的北学论为中心》，《东洋哲学研究》2004 年第 40 辑

杨华：《春秋战国时期“宗统”与“君统”的斗争——兼论我国古代忠孝关系的三个阶段》，《学术月刊》1997 年第 5 期

余英时：《清代思想史的一个新解释》，见《历史与思想》，台北联经出版公司 1993 年版

王文光、翟国强：《“五帝”世系与秦汉时期“华夷共祖”思想》，《中国边疆史地研究》2005 年第 3 期

［韩］王元珠：《朝鲜后期北伐大义论的变化与影响：“朝鲜中华主义”试论》，延世大学社会科学研究所编：《社会科学论集》2009 年第 40 辑第 1 号

姚垚：《民字本义试探》，《学术论坛》2001 年第 3 期（总第 146 期）

［韩］李明洙、赵冠妍：《中华主义认知界限，本地人与他者：以对道统论对象认知的实学转变为中心》，东方哲学研究会编：《东方哲学研究》2010 年第 62 辑

张爱平：《朝代与中国的国家概念》，《读与写：教育教学刊》2013 年第 12 期

［韩］郑在勋：《朝鲜后期史书中出现的中华主义与民族主义》，韩国实学学会编：《韩国实学研究》2004 年第 8 号

［韩］崔文亨：《孔子与墨子的天概念比较》，东方哲学研究会编：《东方哲学研究》2011 年第 68 辑

［韩］崔熙载：《东亚国际秩序的变化与韩国：以 14—19 世纪的变化为中心》，檀国大学史学会编：《史学志》2007 年第 39 辑

［韩］洪承铉：《汉代华夷观的发展及其属性》，东北亚历史财团编：《东北亚历史论丛》2011 年第 31 号

主要参考引用的张铉根著作及论文

《中国政治思想史入门》，知永社 1997 年版

《商君书：乱世的富国强兵论》，Sallim 出版社 2006 年版

《孟子：正确政治匡正人间》，韩吉社 2010 年版

《圣王：东方领导的原型》，民音社 2012 年版

《荀子：通过礼仪匡正世界》，韩吉社 2015 年版

《商鞅的政论与变法》，台湾中国文化大学 1987 年硕士学位论文

《荀子政治思想之研究》，台湾中国文化大学 1991 年博士学位论文

《初期法家的人性与历史之认识》，庆熙大学行政大学院编：《庆熙行政论丛》1992 年第 7 卷第 1 号

《荀子政治思想中“礼”的机能》，韩国政治学会编：《韩国政治学会报》1993 年第 26 辑第 3 号

《先秦政治思想中“法”的意义》，韩国政治学会编：《韩国政治学会报》1994 年第 27 辑第 2 号夏

《东方思想与世界市民：中国天下思想与儒家的大同论》，韩国欧洲学会编：《欧洲研究》1995 年通卷第 3 号

《道家·法家观点下的政治与教育》，龙仁大学人文社会科学研究所编：《人文社会研究》1998 年创刊号

《儒家思想的养·教·治论：经济·教育·政治的相关性》，高凰政治学会编：《高凰政治学会报》1999 年第 2 辑

《朱子学的官学化与思想史界限》，韩国政治学会编：《韩国政治学会报》1999 年第 33 辑第 1 号

《“家”概念的由来和社会化》，《传统与现代》，2000 年冬刊

《中华秩序再构筑与文明国家建设：崔益铉·柳麟锡卫正斥邪思想》，韩国政治思想学会编：《政治思想研究》2003 年第 9 辑

《古代中国神话的变迁和政治化》，韩国政治思想学会编：《政治思想研究》第 10 辑第 2 号

《东方的德治与法治》，韩国政治学会编：《政治学理解的向导 1：政治思想》，法文社 2008 年版

《公（public）、共（common）概念和中国秦汉政府的再发现：礼、法的分化和结合》，韩国政治思想学会编：《政治思想研究》2010 年第 16 辑第 1 号

《韩国的中国观之变迁：中华主义、小中华主义、脱中华主义》，庆熙大学国际区域研究院编：《亚太研究》第 18 辑第 2 号

《圣人的再诞生与圣王对暴君结构的形成》，韩国政治思想学会编：《政治思想研究》2011 年第 17 辑第 2 号

《廉耻的没落与资本的帝国：现代韩国政治的幻想》，礼文东方思想研究所编：《今日的东方思想》2011 年第 22 号

《早期儒家“和同”论议的政治哲学含义》，《东方政治思想史》2012 年第 11 卷第 1 号

《放伐与禅让的二重奏：早期儒家思想政权的正当化》，韩国政治学会编：《韩国政治学会报》2012 年第 46 辑第 1 号

《近代韩国政治学与“政治”认知的不连续性》，西江大社会科学研究所编：《现代政治研究》2012 年第 5 卷第 1 号

《德之政治？武力政治？孟子王霸论战的政治企划》，韩国政治思想学会编：《政治思想研究》，2014 年第 20 辑第 1 号

《中华主义之始源与华夷共祖论之批判》，东方古典学会编：《东方学》2014 年第 31 辑

《中国天·天下观念的形成和普及化及其界限》，梁承泰等：《普遍主义：服务新世界的政治思想历史反思》，卌世上出版社 2016 年版

《中国古代政治思想“国家”观念的形成与变迁》，韩国政治学会编：《韩国政治学会报》2015 年第 49 辑第 2 号

《中国古代政治思想天命观念的出现与君权的正当化》，中国学研究会编：《中国学研究》2015 年第 73 辑

《中国古代忠君思想与忠孝观念的政治化》，韩国政治思想学会编：《政治思想研究》第 21 辑第 2 号

甲骨文与金文参考文献及简称出处

于省吾主编：《甲骨文字诂林》，中华书局 1999 年版

李圃主编：《古文字诂林》，上海教育出版社 2004 年版

铁 〔清〕刘鹗：《铁云藏龟》（六册），1903 年

前 〔清〕罗振玉：《殷虚书契前编》，清宣统三年（1911）刊本

后 〔清〕罗振玉：《殷虚书契后编》，1916 年

燕 孙海波：《甲骨文编》，1934 年

甲 董作宾：《殷虚文字·甲编》，商务印书馆 1948 年版

乙 董作宾：《殷虚文字·乙编》上、中、下辑，1948 年、1949 年、1953 年

粹 郭沫若：《殷契粹编》，1937 年

掇 郭若愚：《殷契拾掇》，1951 年

佚 商承祚：《殷契佚存》，1933 年

金 方法敛、白瑞华：《金璋所藏甲骨卜辞》，1939 年

京津 胡厚宣：《战后京津新获甲骨集》四卷，1954 年

合集及数字 郭沫若主编，胡厚宣总编辑：《甲骨文合集》《甲骨文合集补编》，1978—1982 年

屯 考古研究所：《小屯南地甲骨》

后　记

尽管有学者在与概念史相关的资料集或研究书籍中提到了中国思想，但至今没有一个“研究”是由特定的著者坚持始终一致的立场，从观念的词源出发，融会贯通中国 3000 多年思想史，发掘其超越时代的意义。偶尔会有一些书以单个观念为中心进行哲学性分析，但很少会有书贯穿全部政治思想，系统地论述各种观念。我曾游学中国许多地方，与中国政治思想史的学者进行了深入交谈，但他们中的大多数都尚未开始研究观念史。

因为没有充分的“中国政治思想中的观念史”的先行研究，所以我在本书中所下的定义和对变迁过程的说明可能存在错误，叙述方式或者解读也不可能毫无问题。我将会在接下来的研究中继续校正和修改其中的错误，同时扩大观念群的研究范围，并对时代进行进一步的细分。因此，期待之后出现更多的辩论与补充，以创造更完美的“思想变迁史”。

大约 25 年前，我获得了博士学位，在回国的飞机上产生了一个充满野心的想法，未来至少每一年要写两篇论文，书要写到齐膝高；到 50 岁之前要心无旁骛地专心研究中国政治思想（史），根据入门、观念史、论战、通史的顺序，写出四卷《中国政治思想史》；要时刻注意与西方思想的沟通，不要忽视在传统中发掘现代价值的工作……我带着诸如此类的觉悟回到韩国。总体而言，我始终坚持着这样的构想，除此之外还出版了许许多多的译作，写的书也一下子超过了膝盖高度。这个过程不是一般的艰辛，韩国政治学界一方面强调中国的重要性，另一方面又很奇怪地怠慢对中国政治思想的研究。这本书是我全力忍受这种气氛，艰难得到的成果。因此，我得出了一个悲伤的想法，论战史和通史也许得靠后辈们来实现了。

我感觉，人文学虽然总是反复进出一条又长又黑的隧道，但处于人文学与社会科学之间暧昧不清的政治学，却似乎才刚刚进入一条漫长的隧道，我只希望我的政治思想研究能够成为照亮隧道的一盏小灯。与之相反，“东方思想”或者“东方哲学”这一领域似乎起步黑暗，但之后很快得到了光明照耀，马上就能抵达隧道的末端。本书可以说介于这两个学科之间，既采用与生活在当下的人们对话的社会科学的方法，同时也试图展开与生活在过去的人的对话，审视他们内心的人文学探索。

以我研究中国 30 多年的浅薄见识来看，包括我自己在内，韩国的社会科学界虽然认识到中国研究的重要性，但至今仍处于初级阶段，而人文领域对中国的研究似乎已经脱离了初级，进入具有一定程度的自我主张的阶段。在西方国家进入东亚之前，生活在这片大地上的前辈学者们，曾是世界中国学研究的引领者，比起这样的时代，现在的情形实在太可惜了。教育是唯一的解决办法，我对孟子所说的父“不教子”（《孟子·离娄上》）持怀疑态度。我从孩子小的时候就开始直接教导他们“四书五经”，并颇有成效，为的是传承古典教育。韩国并不是没有教导汉文古典的教育机构，只是大部分专注于精英教育。无论什么时候，我总是愿意和任何想学习经典的人在一起，即便现在，我依然坚持举办免费讲座，甚至自掏腰包提供食品，召集各个大学本科及研究生院的学生，一起畅读国学经典。与这些学生的对话也给本书的完成提供了很大的支持。

在写这本书的过程中，我从前辈和同行学者的研究中得到了很大的帮助。由于篇幅限制，参考书目中只提到了直接引用的文献，但实际上我参考了比这多得多的学者著作，对此非常感谢他们所有人。尤其要感谢与古文字学相关的字典编纂者和致力于古文献电子化的研究者们，以及为了让研究更加方便而愿意全部公开这些资料的中国方，是他们大大减少了我考证文字与文本的时间。我是在韩国国家研究财团的写作支持项目下开始本研究的，部分成果还发表在了其他学术期刊上，但我没有直接引用之前写的论文，而是重新撰写并统一了本书的整体构想。在最后的语句修改阶段，我还得到了修读高丽大学博士学位的宋载赫和修读首尔大学硕士学位的张昊永的帮助。

秦始皇企图消除人们生存所需知识之外的所有文化和学问，但其皇朝不到一个世代就被摧毁了。从来没有一个认为法与权力的地位要高于德与学问的反智主义国家能走得长远。在这个大批聪明人赌上自己的生命，把追求金钱与地位视作唯一价值的令人无奈的世界，我还要深深感谢给我的书出版机会的韩吉社，以及使这种学术写作成为可能的韩国研究财团。

我又把《论语》通读了一遍。

这一次迷上的，是“切问”与“可追”。

张铉根

2016 年